# 14 Monate Sommer

## Unter Segeln in die Karibik und zurück

Das Schiff

Das eilende Schiff, es kommt durch die Wogen
Wie Sturmwind geflogen;
Voll Jubel ertönt's vom Mast und vom Kiele;
„Wir nahen dem Ziele!"
Der Fährmann am Steuer spricht traurig und leise:
„Wir segeln im Kreise."

Marie von Ebner-Eschenbach

Bibliografische Information der Deutschen Nationalbibliothek:
Die Deutsche Bibliothek verzeichnet diese Publikation in der Deutschen
Nationalbibliografie; detaillierte bibliografische Daten sind im Internet unter
http://dnb.dnb.de abrufbar.

6., überarbeitete Auflage, Dezember 2017 (1. Auflage Dezember 2016)

Copyright © 2017 Antje Paulus und Ingo Paulus
Unsere Website: www.unsereauszeit.de

Fotos:
Siegfried Schüle: Titel unten
Katja Hanoldt: Rückseite Mitte
Bernd Kneiser: Seite 19 oben
Walter de Lacasse: Seite 299 unten
Privatarchiv der Autoren: Übrige Fotos
Public Domain Datei: Karte der Route

Herstellung und Verlag:
BoD – Books on Demand, Norderstedt

ISBN: 978-3-7431-1334-3

# 14 Monate Sommer

Unter Segeln in die Karibik und zurück

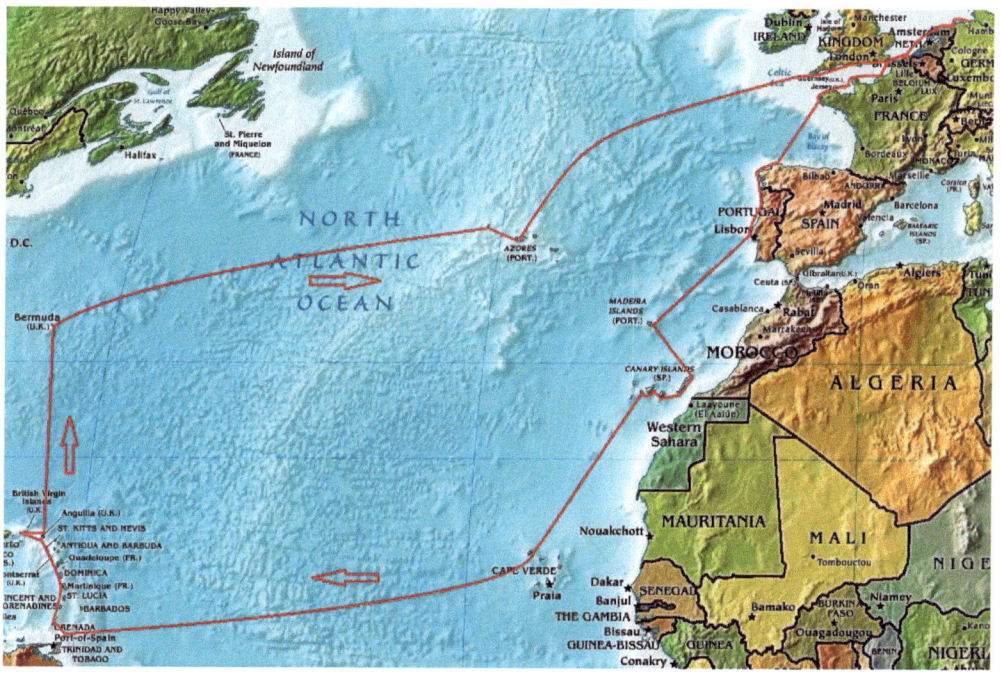

ANTJE UND INGO PAULUS

www.unsereauszeit.de

# INHALT

|  | Vorwort | 7 |
|---|---|---|
| 1 | Vorbereitungen treffen - dann heißt es endlich „Leinen los!" | 8 |
| 2 | Helgoland und die erste Gastlandflagge wird gesetzt | 14 |
| I | Erster Zwischenruf unserer „Amazone" | 20 |
| 3 | Belgien und Frankreich | 22 |
| 4 | Abstecher nach Guernsey und zurück nach Frankreich | 30 |
| 5 | Biskayaüberquerung, spanische und portugiesische Küste | 39 |
| II | Zweiter Zwischenruf unserer „Amazone" | 56 |
| 6 | Überfahrt nach Porto Santo und Aufenthalt auf Madeira | 57 |
| III | Dritter Zwischenruf unserer „Amazone" | 67 |
| 7 | Überfahrt nach La Graciosa | 69 |
| 8 | 100-Tage-Bilanz | 73 |
| 9 | Schöne Zeit auf den Kanaren | 75 |
| 10 | Überfahrt von Teneriffa zu den Kapverden | 101 |
| IV | Vierter Zwischenruf unserer „Amazone" | 107 |
| 11 | Zwischenstopp auf den Kapverden | 108 |
| 12 | Atlantiküberquerung Ost –West | 114 |
| V | Fünfter Zwischenruf unserer „Amazone" | 136 |

| 13 | Die Kleinen Antillen | 137 |
| A | Zwischenruf unserer „Kleinen Gummiwurst" | 190 |
| 14 | In den wunderschönen British Virgin Islands | 192 |
| VI | Sechster Zwischenruf unserer „Amazone" | 217 |
| 15 | Abschied von der Karibik und Zwischenstopp auf Bermuda | 219 |
| 16 | Atlantiküberquerung über die Azoren | 234 |
| 17 | Isles of Scilly bis Dünkirchen | 262 |
| VII | Siebter Zwischenruf unserer „Amazone" | 273 |
| 18 | Dünkirchen bis Bremerhaven | 275 |
| VIII | Letzter Zwischenruf unserer „Amazone" | 286 |
| 19 | Was danach geschah - 100 Tage zurück an Land | 288 |
| 20 | Unser Boot und die Ausrüstung | 291 |
| 21 | Die Autoren | 298 |

Für Henning und Malte.

*Auch für euch war unsere Reise ein Abenteuer.*

*Ihr habt es mit Bravour gemeistert.*

*Danke für eure Unterstützung!*

# VORWORT

„Segeln ist für uns nicht nur ein Sport, sondern eine Lebenseinstellung." Diesen Satz habe ich in einem Radio-Interview gesagt, das am Tag unseres Aufbruchs in das große Abenteuer gesendet wurde. Auch von einem Traum habe ich dort erzählt, von einem Lebenstraum, den wohl jeder hat und der für so viele Menschen immer ein Traum bleibt und nie verwirklicht wird. Die Gründe dafür sind so vielfältig wie die Menschen und ihre Lebenswege. Sich bewusst zu machen, dass das Leben nur einmal stattfindet, es am Ende nicht heißen wird „Geh zurück auf Los, versuche es noch einmal, mach es besser als beim ersten Mal", sich darüber im Klaren zu sein, dass das Schicksal von einer Sekunde zur nächsten alles auf den Kopf stellen oder gar beenden kann - das war für uns der erste Schritt auf dem Weg zur Verwirklichung unseres Traumes.

Es gehört eine ganze Menge Mut und Energie dazu, sich aufzuraffen, die Komfortzone, in der wir leben, zu verlassen und sich auf das Unbekannte einzulassen. Loszulassen, Familie, Freunde, den angestammten Arbeitsplatz hinter uns zu lassen und nicht genau zu wissen, was auf uns zukommt und wie wir damit fertig werden, das war die Hürde, die zuerst genommen werden musste. Wir wussten nicht, wie es sich anfühlt, auf 5.000 Meter tiefem Wasser zu segeln, 14 Monate lang auf 10 Quadratmetern zusammenzuleben, Wind und Wetter ausgesetzt, von Schlafmangel geplagt. Aber wir wussten, dass wir es nie erfahren würden, wenn wir nicht lossegeln. Die Neugier auf dieses andere Leben, auf fremde Menschen und Kulturen, die Sehnsucht nach der scheinbar unendlichen Weite der See war um so vieles größer als unsere Vorbehalte. So stand für uns fest, dass wir diese Reise unbedingt machen wollen, und zwar nicht eines fernen Tages, sondern so bald wie möglich. Im August 2013 haben wir uns entschieden, im Juni 2014 aufzubrechen. Für die vielfältigen Vorbereitungen hatten wir also nur zehn Monate Zeit, da mussten wir uns sputen.

Sich den Hausforderungen stellen, optimistisch in die Zukunft blicken und auf die eigenen Fähigkeiten vertrauen – wirf die Leinen los, lass uns segeln gehen!

Antje Paulus

## 1.

## VORBEREITUNGEN TREFFEN –
## DANN HEIßT ES ENDLICH „LEINEN LOS!"

Mit Anfang 20 lernten Ingo und ich uns auf einer Party in einem Segelverein an der Weser kennen. Schon bald stellten wir fest, dass es für uns nichts Schöneres gibt, als gemeinsam mit einem Segelboot unterwegs zu sein. In jedem Jahr war nach dem mehrwöchigen Urlaubstörn für uns klar, dass wir eigentlich gerne noch länger unterwegs gewesen wären. Wir träumten von dem ganz großen Törn, zu dem wir eines Tages aufbrechen würden. Zunächst musste dieser Traum aber noch hinten anstehen, es gab noch Wichtigeres in unserem Leben. Wir wollten eine Familie gründen, ein Haus bauen, beruflich vorankommen. Wir haben dabei aber den Traum nie aus den Augen verloren, ganz im Gegenteil. So hatten wir die Idee, unsere Familienplanung mit 30 abzuschließen, damit unsere Kinder etwa 20 Jahre alt sein würden, wenn wir dann mit 50 Jahren die Leinen für eine lange Reise loswerfen würden. Und tatsächlich wurden wir mit Ende 20 Eltern von zwei Söhnen. Ein Haus wurde gebaut, beruflich ging es voran, die Kinder wuchsen heran. Wenn unser Jüngster seine Ausbildung abgeschlossen haben würde, wollten wir 2015 lossegeln. Ein Atlantik-Rundkurs sollte es sein, 14 Monate dauern, von Bremerhaven über die Kanaren und Kapverden in die Karibik und über die Bermudas und die Azoren zurück nach Bremerhaven führen.

Verschiedene Erlebnisse und Überlegungen ließen uns im August 2013 den Entschluss fassen, bereits im Juni 2014 ins Abenteuer zu starten. Nur etwa zehn Monate blieben uns bis zur Abreise, eine ganze Menge musste bis dahin erledigt werden. Eines stand aber schon lange fest: Wir würden die Reise mit unserer „Amazone" unternehmen. Seit 2004 gehört sie zur Familie, eine Hanseat 70, Baujahr 1971 und eine äußerst solide, seegängige 35-Fuß-Yacht. 10,50 m lang, 3,20 m breit, 1,65 m Tiefgang und 6 Tonnen schwer. Kein leichtes Mädchen, sondern eine tapfere und treue Begleiterin.

# 1. Vorbereitungen treffen - dann heißt es endlich "Leinen los!"

Zunächst erstellten wir eine To-Do-Liste und arbeiteten diese Schritt für Schritt ab:

| ToDo | Status |
|---|---|
| „Machbarkeitsstudie" | ☺ |
| Entschluss fassen, wir machen es | ☺ |
| Familie informieren | ☺ |
| Arbeitgeber informieren | ☺ |
| Freunde und Bekannte informieren | läuft |
| Blog einrichten | ☺ |
| Neue Reisepässe | ☺ |
| Online banking/Kontovollmachten erteilen | läuft |
| Krankenkasse klären | ☺ |
| Auslandskrankenkasse | läuft |
| Arbeitnehmerkammer | ☺ |
| Arbeitsamt | ☺ |
| Kündigungszeit für Ingo klären | ☺ |
| Bootshaftpflichtversicherung | läuft |
| Bootskaskoversicherung | läuft |
| Detail-Kostenplan mit Budgetierung für Kinder, Haus, Boot und Reise | ☺ |
| Ausrüstungscheck | ☺ |
| Segelmachertermin | ☺ |
| Hausarzttermin (Impfungen) | ☺ |
| Zahnarzttermin | ☺ |
| Edelstahl-Fachmann beauftragen | läuft |
| Sperrmüllanmeldung | ☺ |
| Abos kündigen | läuft |
| Flohmarktanmeldung bei der BoatFit in Bremen | ☺ |
| Erste Hilfe Kurs für Langfahrtsegler | ☺ |
| Grobe Routenplanung | ☺ |
| Seekarten und Revierführer | läuft |
| Abschieds-/Geburtstagsfeier ( 2 x 50 ) | läuft |

Ein heikler Punkt war „Arbeitgeber informieren". Für mich als Beschäftigte im öffentlichen Dienst war es ein vergleichsweise leichtes Unterfangen, einen Antrag auf Beurlaubung aus privaten Gründen unter Wegfall der Bezüge zu stellen. Dies ist im Tarifvertrag geregelt und die Genehmigung ließ nicht lange auf sich warten. Bei Ingo sah es da als Angestellter in der privaten Wirtschaft ganz anders aus. Eine Beurlaubung kam für die Firma nicht in Frage, er musste nach 22-jähriger Betriebszugehörigkeit kündigen. Rückkehr nicht ausgeschlossen, aber ungewiss. Das war eine schwere, mutige Entscheidung. Dass Ingo sie getroffen hat, verdient meinen allergrößten Respekt.

War es einfach, für Ingo und mich eine Auslandskrankenversicherung abzuschließen und die deutsche Krankenversicherung ruhen zu lassen, war es dagegen nicht so einfach, den Kaskoversicherungsschutz für die „Amazone" für das geplante erweiterte Fahrtgebiet zu bekommen. Mit einem 43 Jahre alten Boot in die Karibik segeln? Da hielt es die Versicherungsgesellschaft für ratsam, die „Amazone" vor Vertragserweiterung durch einen Sachverständigen auf Herz und Nieren prüfen zu lassen. Viele Stunden hat er unseren Schatz unter die Lupe genommen, ist in die hintersten Winkel gekrochen und hat mit seiner Taschenlampe die Erleuchtung gesucht. Auch den Mast hat er in Augenschein genommen. Es ist noch der erste Mast, genauso alt und solide wie das Boot. Die Wanten und Stage hatten wir allerdings vor einem Jahr erneuert und konnten dies auch durch entsprechende Belege nachweisen. Letztlich hat die „Amazone" durch ihre solide Bauweise und ihren sehr guten Allgemeinzustand überzeugt, so dass wir den erweiterten Versicherungsschutz ohne Probleme bekamen.

Bis zur Abreise wurden alle Punkte der To-Do-Liste abgearbeitet. Nur ein paar Kleinigkeiten waren noch am Boot zu montieren, das konnte auch unterwegs erledigt werden und stand einer pünktlichen Abreise nicht im Wege.

Wind und Wetter führen bei unserer Reise die Regie. Damit wir möglichst immer zur rechten Zeit am rechten Ort sind, also mit günstigen Wetterbedingungen rechnen können, gibt es einige zeitliche Eckpunkte zu beachten.

## 1. Vorbereitungen treffen - dann heißt es endlich "Leinen los!"

Nach dem Studieren einschlägiger Literatur haben wir mögliche Zeitfenster ermittelt, wann wir wo sein sollten:

| Monat | Plan A | Plan B |
|---|---|---|
| Jun. 2014 | Nordsee – Schottland – Kaledonischer Kanal | Nordsee – Ems – Holländische Kanäle (Staande Mastroute) |
| Jul. 2014 | Irische See | Englischer Kanal |
| Aug. 2014 | Spanien - Portugal | Spanien - Portugal |
| Sep. 2014 | Madeira | Mauretanien |
| Okt. 2014 | Kanarische Inseln | Kanarische Inseln |
| Nov. 2014 | Kanarische Inseln | Kapverdische Inseln |
| Dez. 2014 | Atlantiküberquerung | Kapverdische Inseln |
| Jan. 2015 | Barbados | Atlantiküberquerung |
| Feb. 2015 | Weitere karibische Inseln | Tobago |
| März 2015 | Weitere karibische Inseln | Weitere karibische Inseln |
| Apr. 2015 | Weitere karibische Inseln | Weitere karibische Inseln |
| Mai 2015 | Bermudas | Azoren |
| Jun. 2015 | Azoren | Azoren |
| Jul. 2015 | Südwest-England | Frankreich |
| Aug. 2015 | Nordsee | Nordsee |

Beim letzten Impftermin fragt mich unser Hausarzt, ob wir uns auf die Reise freuen oder uns schon fragen „Mein Gott, was haben wir getan?" Da kann ich ihn beruhigen. Unsere Vorfreude ist riesig, wir haben überhaupt keinen Zweifel, die richtige Entscheidung getroffen zu haben. Trotzdem ist meine Gefühlslage diffus. Nach jahrzehntelangem Träumen und Monaten voller anstrengender Vorbereitungen und harter Entscheidungen steht der Abschied kurz bevor. Abschied vom bekannten, gewohnten und schönen Leben, Abschied von unseren Kindern, der Familie. Aufbruchstimmung und Abschiedsschmerz ergeben eine nie gekannte emotionale Mischung. Wir segeln vor nichts davon, sondern in etwas hinein - in Freiheit und Abenteuer. 14 Monate ohne Chefs und Termine, selbstbestimmt, nur dem Wetter unterworfen, ein Leben im Einklang mit der Natur, unter freiem Himmel mit Sonne, Wind und Wellen - kann es etwas Herrlicheres geben?

Ein letztes Mal sitze ich am Abend vor der Abreise auf unserer Terrasse und lausche dem Rufen der Eule, die sich seit einiger Zeit im nahegelegenen Park niedergelassen hat. Viele Gedanken gehen mir durch den Kopf. Ein letztes Mal schlafen wir in einem bequemen, großen Doppelbett und duschen am Morgen im eigenen Badezimmer, ohne Duschmarken und Zuschauer. Anschließend fährt Ingo zum letzten Mal zu unserem Lieblings-Supermarkt zum Einkaufen und sein Schutzengel muss verdammt gut auf ihn aufpassen: Es kommt mit einem Geisterfahrer zu einer Beinahe-Kollision. Ein älterer Herr hat mit seinem Auto die Orientierung verloren und ist in den Gegenverkehr geraten. Ein aufregender Start in den Tag!

Gegen Mittag des 6. Juni 2014 laden wir alles, was noch mit muss, ins Auto. Wir schließen die Haustür hinter uns ab und machen uns mit klopfenden Herzen auf den Weg zur „Amazone" nach Bremerhaven. Am späten Nachmittag wollen wir ablegen. Die letzten Taschen und Lebensmittel kommen bei strahlendem Sonnenschein an Bord, alles wird verstaut. Auch unser emotionales Rettungspaket - unser „Heimwehkarton" - ist dabei. Er enthält u. a. Marmeladen- und Honiggläser. Die Marmeladen sind selbstgemacht und ein Geschenk eines befreundeten Kollegen, Marmelade von einer Bremer Parzelle. Eine Ansichtskarte mit Bremer Sehenswürdigkeiten und eine Dose Beck's Bier, die wir auf unserer Geburtstags- und Abschiedsparty bekommen haben, liegen auch in dem Karton.

Nach und nach finden sich Segelfreunde, Kolleginnen und Kollegen, Freunde und Verwandte ein, um uns beim Ablegen zuzuwinken. Auf der „Amazone" und dem Steg wird es ziemlich eng. Dann ist es soweit - der Besuch geht von Bord. Ingo startet die Maschine, ich löse die Vorleinen. Unter dem Jubel der vielen Gäste, die uns fröhlich zuwinken und eine gute Reise wünschen, gleiten wir aus der Box, in die wir erst in 14 Monaten wieder hineinfahren werden. Als wir später aus der Schleuse herausfahren, sehen wir, dass sich auch auf der Mole viele Freunde eingefunden haben. Wir setzen die Segel, vom Land weht lautes Hupen herüber, auf einem Schifferklavier wird „Muss i denn" gespielt. Ich habe eine Gänsehaut und einen dicken Kloß im Hals. Wir setzen die Segel, winken ein letztes Mal und fahren auf die Weser hinaus, in einen wundervollen Sonnenuntergang und das große Abenteuer hinein.

# 1. Vorbereitungen treffen - dann heißt es endlich "Leinen los!"

Abschied mit der aufgerüsteten Amazone

Start zur Barfußroute – ab in den Sommer für die nächsten 14 Monate

## 2.

# HELGOLAND UND DIE ERSTE GASTLANDFLAGGE WIRD GESETZT

Wir genießen die Tage auf Helgoland und erholen uns vom Vorbereitungsstress und dem emotional sehr aufwühlenden Abschiedsgeschehen. Das Wetter ist immer noch prima und die Atmosphäre besonders. Wie jedes Jahr findet hier zu Pfingsten die Nordseewoche statt, verschiedene Regatten um Helgoland werden gesegelt. Die Segler haben die Insel fest im Griff und Partys gibt es natürlich auch.

Die Wind- und Wettervorhersage ist günstig, um nach Norderney weiterzusegeln. Wir legen die 43 Seemeilen bei leichtem Nordostwind und strahlendem Sonnenschein mit unserem bunten Leichtwindvorsegel, dem Gennaker, zurück. Den nächsten Tag verbringen wir auf Norderney. Das Wetter meint es weiterhin gut mit uns.

Dann heißt es Abschied nehmen von unseren Freunden Kirsten und Burkhard, die mit ihrem Schiff mit uns von Helgoland hierher gesegelt sind. Sie müssen zurück gen Heimat, weil ihr Urlaub zur Neige geht. Für uns soll es weiter nach Borkum gehen. Wir nehmen uns in den Arm, wünschen uns eine gute Reise und Burkhard schießt noch ein letztes Foto von uns. Nun sind wir endgültig allein auf unserem Weg ins Abenteuer. Irgendwie fühlen wir uns verlassen. Es ist der erste Abschied seit unserem Ablegen in Bremerhaven, sehr viele werden folgen. Daran gewöhnen werden wir uns nie. Die Abschiede gehören unvermeidlich dazu, kurz und schmerzlos sollen sie sein, gelingen wird es uns nicht immer. Die Menschen, die wir auf unserer Reise treffen, werden zu Wegbegleitern, manche zu Freunden. Zu einigen haben wir auch noch lange nach der Reise Kontakt. Unterwegs haben sie uns Familie und die daheimgebliebenen Freunde ersetzt. Wir waren eine Schicksalsgemeinschaft und teilten Freud und Leid miteinander. Im Laufe der Zeit werden wir lernen, dass es gerade die vielen Begegnungen sind, die diese Reise so einzigartig machen.

Am späten Nachmittag laufen wir in den Hafen von Borkum ein. Schon am nächsten Morgen legen wir wieder ab und erreichen nachmittags das niederländische Groningen. Die erste Gastlandflagge wird gesetzt. Es ist seemännischer Brauch, beim Einlaufen in die Hoheitsgewässer eines Landes auf der Steuerbordseite unter der Saling eine kleine Nationalflagge des Landes zu setzen, in dem sich das Schiff gerade befindet. Es ist eine höfliche Geste dem besuchten Land gegenüber. Außerdem wird mit dem Hissen der

## 2. Helgoland und die erste Gastlandflagge wird gesetzt

Gastlandflagge angezeigt, dass die Gesetze des Gastlandes anerkannt werden. Außerhalb Europas wird zusätzlich die gelbe Quarantäne-Flagge unter der Gastlandflagge gesetzt. Dies signalisiert den Behörden, dass eine Einklarierung - also die Anmeldung von Schiff und Besatzung beim Zoll, der Einwanderungsbehörde und der Hafenbehörde, manchmal auch der Gesundheitsbehörde - noch nicht erfolgt ist.

Es gibt leider technische Probleme - der Internetzugang funktioniert von Bord aus nicht. W-LAN ist für den PC zu weit entfernt und unsere eigens angeschaffte WeBBoat-Antenne von Glomex lässt sich auf das privat gesicherte Hafennetzwerk nicht einstellen. Ingo versucht stundenlang alles Mögliche und ist schließlich der Verzweiflung nahe. Wir packen unseren Laptop ein und versuchen an Land, eine Internetverbindung zu bekommen. So sitzen wir später bei Bier und Cappuccino in einer gemütlichen Brasserie und gehen den elektronischen Geschäften nach. Um wieder von Bord aus ins Internet gehen zu können, bestellen wir eine andere W-LAN Verbindungsmöglichkeit in Deutschland. Sobald sie ankommt, soll die Reise weitergehen. Das geht ja gut los - gerade erst eine Woche unterwegs und schon auf eine Lieferung aus Deutschland warten.

2014 ist das Jahr der Fußballweltmeisterschaft. Die Niederlande haben gestern in der Vorrunde 5 : 1 gegen Spanien gewonnen und hier war der Teufel los! Wildes Getröte und Jubelrufe überall. Der Renner sind kleine orangefarbene Megaphone. Auf Knopfdruck ertönt „Olé, olé, olé, we are the champions". Na ja, vielleicht etwas verfrüht. Aber dieser Auftakt war gelungen, das muss man ihnen lassen. Ich habe mir überlegt, mir auch so einen kleinen Radaumacher zuzulegen und es dann doch gelassen. Zu dem Zeitpunkt ahnte ich allerdings noch nicht, dass Deutschland Fußballweltmeister werden würde und ich mit dem kleinen Megaphon ganz groß rausgekommen wäre.

Es ist aber nicht nur das Jahr, in dem Deutschland Fußballweltmeister wird, sondern für Ingo und mich in anderer Hinsicht ein ganz besonderes Jahr: Vor 25 Jahren haben wir geheiratet. Ist es wirklich schon 25 Jahre her, dass wir aufgeregt wie nie zuvor, mit dem kleinen, weißen Ford Fiesta zum Standesamt gefahren sind? Ein Satz aus der Trauungszeremonie, den die Standesbeamtin zu uns sagte, ist mir noch in Erinnerung: „So, wie ich Sie hier heute erlebe, werden Sie auch noch die Silberhochzeit feiern." Vielleicht gehörte dieser Satz zu ihrem Standardrepertoire, aber auf uns trifft er zu. Unseren besonderen Hochzeitstag feiern wir aber nicht allein, unsere Söhne besuchen uns. Wir verbringen einen wunderbaren Tag zusammen und später fällt uns allen der Abschied sehr schwer. Wieder ist da dieser dicke Kloß im Hals, ich kämpfe mit den Tränen, am liebsten möchte ich die beiden gar nicht ziehen lassen. Dabei sind doch Ingo und ich diejenigen, die losgezogen sind.

Wir müssen da jetzt durch, den Abschiedsschmerz überwinden, tapfer sein, es mit Fassung tragen und den Jungs den Abschied nicht noch schwerer machen. Denn auch auf sie kommen einige Herausforderungen zu - Abenteuer Alltag. Plötzlich sind sie für Haus und Hof allein verantwortlich, der Kühlschrank füllt sich nicht mehr wie von selbst, die Wäsche findet ihren Weg nicht mehr gewaschen und gebügelt in die Schränke. Mama und Papa waren einfach immer da, ganz selbstverständlich, wenn Rat und Tat gefragt waren oder Not am Mann war. Das alles gibt es in den kommenden 14 Monaten nicht mehr.

Auf unserer geplanten Route durch Holland, der Staande Mastroute, also der Strecke, die wir mit stehendem Mast befahren können, ist eine Brücke defekt und lässt sich nicht öffnen. Es gibt zwar eine Umleitung, aber diese kann nur von Booten mit einem Tiefgang bis 1,50 m befahren werden. Unsere „Amazone" hat mit der besonderen Zuladung für diese Reise ca. 1,70 m. Von der defekten Brücke habe ich zufällig beim Plaudern mit unserem dänischen Bootsnachbarn erfahren. Die Hafenmeisterin hat sich in der betreffenden Provinz telefonisch erkundigt und die Information bestätigt. Wir werden deshalb die Staande Mastroute verlassen und bei Harlingen auf die Nordsee fahren.

Unser dänischer Bootsnachbar erzählt mir nicht ohne Stolz, dass er mit etwa zwanzig anderen dänischen Yachten an einer Gemeinschaftsfahrt zu der englischen Kanalinsel Guernsey teilnimmt. Aha, deshalb ist der Anteil der dänischen Yachten hier im Hafen so ungewöhnlich hoch. Als der Skipper mich fragt, wo unsere Reise denn hingehen soll, sage ich „Karibik." Er guckt mich mit großen Augen an und fragt vorsichtshalber noch einmal nach. Ungerührt wiederhole ich „Karibik." Ich hole dann doch etwas weiter aus und erzähle ihm von unserer Auszeit und der geplanten Route. Zum Abschied wünschen wir uns eine gute Reise, aber ich habe das Gefühl, dass er mir unser Vorhaben nicht so richtig abnimmt.

Zwei Tage später trifft das ersehnte Päckchen mit dem Hotspot Extender für W-LAN ein. Es kann endlich weitergehen und der Start läuft dann in etwa so ab:

12.48 Uhr - Die Hafenmeisterin wedelt laut „Amazone" rufend mit unserem Päckchen und sagt uns, dass um 13.00 Uhr die erste Brücke geöffnet wird, damit die Boote im Konvoi durch Groningen fahren können. Sekunden später gibt der Skipper das Kommando, das Boot zum Ablegen vorzubereiten. Sofort wird von der Crew (also von mir) die angefangene Zubereitung des Mittagessens abgebrochen, das Kühlwasserventil des Motors geöffnet, der Stromschalter für den Motor umgelegt, am Schaltpaneel die Navigation und das Funkgerät eingeschaltet. Dann hechte ich an Deck, um an den Vorleinen bereitzustehen.

## 2. Helgoland und die erste Gastlandflagge wird gesetzt

12.49 Uhr - Der Skipper startet den Motor, gibt Kommando zum Leinenlösen, legt den Rückwärtsgang ein

12.51 Uhr - Die „Amazone" verlässt nach diesem Blitzstart den Oosterhaven in Groningen

12.54 Uhr - Die „Amazone" erreicht die erste von 18 Brücken.

Die Brücke wird kurz nach 13 Uhr geöffnet. Die Zuckelei durch das schöne Groningen mit seinen vielen Brücken beginnt. Bei den allermeisten warten wir nur kurz, bei einer Eisenbahnbrücke etwa eine halbe Stunde. Na ja, Züge sind eben schwerer aufzuhalten als Autos, Fußgänger und Radfahrer. Für die Strecke von etwa vier Seemeilen haben wir sage und schreibe vier Stunden benötigt. Am Abend machen wir im Yachthaven Hunzegat/Zoutkamp fest.

Am nächsten Morgen legen wir um 7.00 Uhr schon wieder ab, um bei Dienstbeginn um 9.00 Uhr bei der ersten Schleuse zu sein. Auf der Strecke von Zoutkamp nach Harlingen bezahlen wir zum ersten Mal Brückengeld. Um den Obolus zu entrichten, müssen wir aber nicht erst umständlich anlegen. Der Brückenwärter lässt einfach einen an einer Angel befestigten kleinen Holzschuh herunter. Man legt den Betrag bei der Brückendurchfahrt in den Schuh, mal sind es 5 Euro, mal 7 oder auch nur 3,50 Euro. Ob der Brückenchef wohl Wechselgeld auf diese Weise herausgibt? Keine Ahnung, wir haben es passend. Am späten Nachmittag machen wir in Harlingen fest. Am nächsten Morgen ist der Blick aus dem Cockpit nicht sehr vielversprechend. 16 Grad Lufttemperatur, gelegentliche Regenschauer, Wind aus Nord mit sechs Windstärken, in Böen sieben.

Drei Tage später bessert sich das Wetter und wir legen am frühen Nachmittag mit dem Ziel Texel ab. Bei Sonnenschein und vier Windstärken aus Nordwest können wir durchgehend bis nach Texel segeln. Das waren 26 ganz entspannte Seemeilen. Allerdings immer noch nicht barfuß, sondern in Seestiefeln und mit dicken Socken. Wir haben also die Staande Mastroute verlassen, wobei wir hoffen, dass der Mast trotzdem stehen bleibt.

Hafentag in Oudeschild auf Texel, Zeit die Umgebung zu erkunden. Im ersten Hafenbecken liegen die großen Fischkutter, daran schließen sich zwei weitere Becken an. Das erste ist den einheimischen Seglern vorbehalten, die Gäste machen an den Stegen im zweiten Becken fest. Jetzt in der Vorurlaubszeit ist nur knapp die Hälfte der Plätze belegt.

Wir verlassen Texel ein paar Tage später in aller Frühe um 5.30 Uhr. Ganz ehrlich, wenn morgens um 4.45 Uhr der Wecker klingelt und ich in Erwartung eines herrlichen Segeltages freiwillig aus der Koje krabble, fühlt sich das doch viel besser an, als um 6.00 Uhr aufzustehen, um ins Büro zu fahren.

Wir segeln bei schwachem Nordwestwind und Sonnenschein an Den Helder vorbei an der niederländischen Küste entlang. Später nimmt der Wind dann immer mehr ab und schläft schließlich ein, der Motor muss mithelfen. Nach 62 Seemeilen fahren wir um 17.00 Uhr in Scheveningen in den Hafen. Aber nicht, ohne uns vorher ordnungsgemäß anzumelden. Und das klingt dann auf UKW Kanal 21 so: „Trafficcenter Scheveningen, this is sailing vessel „Amazone", requesting the permission to enter the harbour, the second harbour, to the marina." Die Antwort kommt prompt, alles okay, kein Gegenverkehr. Wir dürfen einlaufen und in die Marina im zweiten Hafen fahren. Beim Näherkommen sehen wir eine Rauchwolke, im Hafen brennt ein Frachter. Keine Übung, sondern ein Ernstfall. Wie wir später erfahren, brennt bei dem Schiff die Isolierung, die Löscharbeiten dauern schon den ganzen Tag.

Die Boxenplätze in der Marina sind alle belegt. Wir müssen im Päckchen, also neben einem anderen Boot, liegen. Unser Nachbar, erstes Boot am Steg, teilt uns zunächst mit, dass er am nächsten Morgen um fünf Uhr ablegen möchte. Später entscheidet er sich um, jetzt will er erst um sieben Uhr ablegen. Das ist doch prima, dann brauchen auch wir nicht so früh hoch. Doch dann kommt bei uns noch ein Boot längsseits und dessen Skipper möchte wiederum morgen früh um fünf Uhr ablegen. Also gut, dann wird die Nacht doch gegen fünf Uhr zu Ende sein. Das „Im-Päckchen-liegen" ist eben nicht sonderlich komfortabel, lässt sich aber leider manchmal nicht vermeiden.

Mir fällt auf, dass die Nachbarschaft allmählich bunter wird: Am Heck der anderen Segelboote flattern die Nationalflaggen von Frankreich, Belgien, England, Portugal und Finnland.

2. Helgoland und die erste Gastlandflagge wird gesetzt

Erwischt von Bernd Kneiser während der Kanalfahrt durch Leeuwarden

Das brennende Schiff in Scheveningen

# I

## ERSTER ZWISCHENRUF UNSERER AMAZONE:

„Antje und Ingo schreiben ja ziemlich regelmäßig im (B)logbuch - aber jetzt bin ich auch mal dran. Schließlich wären die beiden jetzt nicht hier, wenn es mich nicht gäbe!

Alles fing eigentlich ganz harmlos an. Im Herbst ging es mit den anderen Booten aus dem kalten Wasser in die trockene, gemütliche Halle. Von einem Winterschlaf träume ich aber schon lange nicht mehr, bin ich doch jedes Jahr an manchen Winterwochenenden die einzige in unserer Halle, an der gewerkelt wird. Na ja, ich werde nicht jünger, da müssen Schönheitsreparaturen eben sein und auf dem neuesten Stand der Technik zu bleiben, hat ja auch etwas für sich.

Aber im letzten Herbst kam Antje dann mit diesem fremden Mann an Bord. Er hatte Papiere bei sich und eine Taschenlampe. Er hat viele Fragen gestellt, sich viele Notizen gemacht und sich durchaus positiv über meine solide Bauweise geäußert. Das hat mir geschmeichelt und ich dachte gleich, der Mann kennt sich aus. Es war mir dann aber doch etwas peinlich, dass er in meine intimsten Winkel gekrochen ist und alles beleuchtet hat. Ich habe nichts zu verbergen, das möchte ich hier ganz klar sagen. Aber trotzdem, so mir nichts dir nichts in meine Privatsphäre einzudringen, das passte mir nicht.

Jedenfalls machte Antje einen ganz gelassenen Eindruck und nach ein paar Stunden, war das Ganze überstanden. Ich hätte es vielleicht auch vergessen, aber im Nachhinein habe ich den Eindruck, dass das irgendwie der Beginn einer ganz besonderen Sache war.

Die Wintermonate gingen ins Land, das Frühjahr kam und Ingo hat munter an mir herumgeschraubt, gebohrt und leider - das muss ich hier mal loswerden - haben Antje und Ingo eine unendlich hässliche, große Gerätschaft an meinem eleganten, kleinen Heck angebaut. Mag ja nützlich sein, aber begeistert bin ich nicht! Umso größer war die Begeisterung bei den beiden, als sie ihre Schandtat am Ende des Tages betrachteten.

Aber diese Gerätschaft war nur der Auftakt zu weiteren Gemeinheiten: Die beiden haben doch tatsächlich die Frechheit besessen, an meinem kleinen Heck jeweils an Backbord und Steuerbord ein oberhässliches Metallrohr anzudengeln. Tut mir leid, dass ich das hier so offen sage, aber so sehe ich es nun mal. Inzwischen weiß ich auch, wozu diese Rohre eigentlich gut sein sollen: An dem einen Rohr haben sie eine kleine Windmühle angebracht, sieht ganz lustig aus. Aber an dem anderen Rohr haben sie eine Art Kugel befestigt. Soll wohl so etwas wie eine Antenne sein, na ja. Neumodischer Kram, wenn ihr mich fragt.

Als ich dann im April wieder im Wasser war, ging es mit den Ungereimtheiten weiter. Normalerweise putzt Antje mich fein heraus und dann bringen sie die Polster, Betten, Lebensmittel und die eine oder andere Flasche Schnaps an Bord und los geht die Saison. Aber in diesem Frühjahr? Weit gefehlt! Endlos lange war bei mir im Salon alles heillos durcheinander. Nichts mit Polstern, nichts mit Betten, von Gardinen ganz zu schweigen. Ihr ahnt es vielleicht schon: Auch im Wasser hat Ingo fleißig weiter an mir gewerkelt, kilometerweise Kabel verlegt und weitere moderne Geräte eingebaut.

Aber dann kam endlich mal etwas an Bord, das ich richtig klasse finde - ein neues Großsegel. Unter uns gesagt, das wurde auch Zeit. Das vorherige Segel war zwar auch noch nicht alt, aber was für ein Lappen.

Dann kamen noch sehr, sehr viele Dinge an Bord, zum Beispiel ein neuer Anker. Sieht gut aus, wie er da so am Bug hervorguckt. Zwar nicht so blank, wie sein Vorgänger, dieser Angeber aus Edelstahl, aber er soll mich noch besser am Grund halten. Mal sehen, ob er hält, was er verspricht.

Wie dem auch sei, an einem sonnigen Freitag im Juni kamen Antje und Ingo dann mit vielen Taschen an Bord, nachdem sie tags zuvor den halben Supermarkt leer gekauft haben mussten, so viele Lebensmittel, wie sie bei mir verstaut haben. Aha, dachte ich so bei mir, jetzt geht's ab in den Urlaub. Vier Wochen unterwegs, das wird schön!

Aber nein - etwas war wieder anders als sonst. Plötzlich kamen viele bekannte und auch wildfremde Menschen zu uns an Bord, guckten hier, staunten dort, stellten Fragen über Fragen, es wurde viel gescherzt und gelacht. Was soll's, dachte ich, Besuch bekommen ist ja auch ganz nett. Beim Ablegen aus der Box haben sie dann alle gewunken. War das ein Gedränge auf dem Steg! Doch dann kam der Hammer: Beim Auslaufen aus Bremerhaven standen ganz viele Leute auf der Mole, winkten uns zu, tuteten und es wurde sogar ein Lied für uns gespielt. Ingo hat mich extra eine Ehrenrunde drehen lassen. Das war eine Stimmung, sage ich euch. Wenn ich es gekonnt hätte, hätte ich eine Gänsehaut bekommen.

Und dann vor ein paar Tagen bin ich sogar in Leeuwarden in Holland bei der Fahrt durch eine der vielen Brücken fotografiert worden. Das kommt auch nicht oft vor, dass am Ufer ein bekanntes Gesicht in einer wartenden Gruppe auftaucht, der Mensch uns fröhlich winkt, eine gute Reise wünscht und Fotos von uns macht."

# 3.

# BELGIEN UND FRANKREICH

Um 4.30 Uhr legt unser Nachbar, der außen am Päckchen liegt, ab. Angekündigt hatte er sein Ablegen ja für 5.00 Uhr. So ist das immer wieder, Segler sind eben Individualisten. Da wir nun schon mal wach sind, machen wir uns und die „Amazone" fertig zum Auslaufen, um 5.30 Uhr geht's los. Es liegen verschiedene Häfen auf unserer Route, die wir anlaufen könnten: Vlissingen (Niederlande) oder einen der belgischen Häfen Zeebrügge, Oostende oder Nieuwport. Vielleicht geht es auch gleich durch bis zum französischen Dünkirchen.

Die Bedingungen sind gut, weiterhin zeigt sich die Nordsee von ihrer sehr freundlichen Seite. Der Wind kommt mit drei bis vier Windstärken aus Nord, es ist sonnig. Da wir Kurs Südwest segeln, ist die Windrichtung optimal, nur flaut der Wind zwischendurch immer mal wieder ab. Wir können den Gennaker setzen und kommen damit gut voran. Seine Segelfläche ist mit 80 Quadratmetern genauso groß wie die Wohnfläche unserer ersten Wohnung. So ziehen wir an der Küste entlang, mal unter Motor, mal mit Großsegel und Gennaker, mal nur mit Gennaker, mal mit Großsegel und Unterstützung durch den Motor.

Ingo hat auf dieser Reise heute zum ersten Mal die Angel ausprobiert. Abgesehen von unserem Flaggenstock hat er aber leider nichts gefangen. Und noch etwas passiert heute zum ersten Mal - wir streiten uns! Ich bin genervt, weil der zahlreiche Besuch des Nachbarbootes gestern Abend unser Deck total verdreckt hat und die Typen auch immer wieder über den Aufbau gestiefelt sind, statt - wie es sich gehört - auf dem Deck zu laufen. Jetzt muss ich alles wieder saubermachen und gerate in Rage und lasse meinen Zorn an Ingo aus. Es kracht heftig, die Brötchen fliegen tief, der Bordsegen hängt schief. Das mentale Unwetter zieht aber so schnell wie es aufgezogen ist, wieder ab. Nachdem wir uns ausgesprochen haben, ist alles wieder gut. Es wird der einzige Streit in den 14 Monaten bleiben.

Ingo setzt heute die zweite Gastlandflagge, wir sind jetzt in Belgien. Später bekommen wir noch eine schöne Abendbrise, so dass wir beschließen, nicht in Oostende festzumachen, sondern noch ein bisschen weiterzusegeln. Genau diese Freiheit, solche Plan- oder Kursänderungen, die wir aufgrund des Wetters oder aus Lust und Laune unterwegs treffen, schätzen wir beide sehr. Verabredet man sich, gemeinsam mit anderen Booten zu einem bestimmten Ziel zu segeln, gibt man diese Freiheit zu einem großen Teil auf. Eine

## 3. Belgien und Frankreich

Abstimmung ist dann unterwegs bei einer Planänderung erforderlich, vielleicht auch eine Rechtfertigung und darauf haben wir keine große Lust.

Der Gennaker zieht die „Amazone" mit sechs Knoten Fahrt durchs Wasser, das macht Spaß. Tolles Finale eines wunderbaren Tages auf See, auch wenn er mit dem blöden Streit etwas holprig begann. Gegen 20 Uhr nehmen wir Kurs auf den Hafen von Nieuwport. Wir waren heute 15 Stunden unterwegs und haben 80 Seemeilen zurückgelegt. In diesem großen Hafen sind viele Boxen frei, also können wir morgen selbst bestimmen, wann wir aufstehen. Nieuwport hat mit seinen ca. 2.000 Liegeplätzen den größten Sportboothafen Nordeuropas. Klingt imposant, länger als nötig wollen wir uns hier aber nicht aufhalten.

Wir rauschen bei Nordost vier, zeitweise auch mal fünf Windstärken, bei Sonnenschein mit Großsegel und Genua unserem heutigen Ziel Dünkirchen in Frankreich entgegen. Parbleu! Die dritte Gastlandflagge kann heute gesetzt werden, die Tricolore. Wir haben 21 Seemeilen in vier Stunden zurückgelegt und machen mittags im Hafen Grand Large in Dünkirchen fest.

Unser Radio spricht seit heute perfekt Französisch, oh là là! Ich hatte zwar in der Schule als zweite Fremdsprache Französisch gewählt, aber das ist sehr lange her. Einen Satz weiß ich noch: „La famille Leroc est dans la salle de séjour." Hm, dass die Familie Leroc im Wohnzimmer ist, hilft mir hier aber auch nicht weiter.

Wir fahren mit der „Amazone" kurz zur Tankstelle, die sich hier in der Marina auf einem Schwimmponton befindet. Diesel heißt auf Französisch Gazole. Ja, ich erweitere meinen Wortschatz zusehends. Das kleine Langenscheidt Wörterbuch aus meiner Schulzeit haben wir dabei. Auf unserer Liste der meistgelesenen Bücher rangiert es hinter dem Reeds Nautical Almanac, dem Revierführer von Norwegen bis Gibraltar, derzeit auf Platz 2.

Wir bummeln durch Dünkirchen. Da es im Zweiten Weltkrieg in der Schlacht von Dünkirchen fast vollständig zerstört wurde, gibt es kaum historische Gebäude. Wir besuchen den Friedhof und sehen die Gräber französischer, belgischer und britischer Soldaten aus dem Ersten Weltkrieg. Die großen Felder mit den unzähligen Kreuzen sind bedrückend, jedes Kreuz steht für ein Schicksal. Außerdem entdecken wir ein Denkmal zur Erinnerung an die 4.700 britischen Soldaten, die im Zweiten Weltkrieg in den Jahren 1939 bis 1940 hier am Festland vermisst wurden. Damals hatten die deutschen Truppen über 300.000 alliierte Soldaten eingekesselt, die in einer unglaublichen Rettungsaktion durch die britische und französische Armee befreit wurden.

Wir sind jetzt etwa drei Wochen unterwegs und wir müssen mal wieder einkaufen. Zu Hause hätte ich schnell das Auto aus der Garage geholt,

Klappkisten und einige Kisten Leergut eingeladen und wäre mal eben zum nahegelegenen Lieblings-Supermarkt gefahren. In etwa einer Stunde wäre die ganze Angelegenheit erledigt. Doch diese Zeiten sind erst einmal vorbei. Also zunächst den Hafenmeister fragen, wo sich der nächstgelegene Supermarkt befindet. Er malt einen großen Kringel in einen kleinen Stadtplan. Aha, da irgendwo wird es sein. Es ist wohl ein Fußmarsch von drei Kilometern. Gleich hier am Hafen gibt es eine Station, an der wir Fahrräder mieten könnten. Die Betonung liegt auf „könnten". Wir haben es gestern schon versucht und sind gescheitert, aber das ist wieder eine andere Geschichte. Glücklicherweise stehen hier in der Marina kleine Handwagen zur Verfügung. Davon schnappen wir uns einen und brechen zum kleinen Abenteuer Großeinkauf auf. Es geht immer an der Strandpromenade entlang. Dann heißt es, an der richtigen Stelle abzubiegen und sich Richtung Stadt zu orientieren. Wir haben den äußeren Rand des Hafenmeisterkringels erreicht, wir nähern uns dem Ziel! Zweifel kommen aber doch auf, sind wir hier noch richtig?

Es kommt uns ein Herr mit Einkaufstüten entgegen - ein Indiz. Wir sprechen ihn einfach an, es sollen nur noch 300 Meter bis zum Einkaufsparadies sein. Stimmte auch! Dann den Einkaufszettel hervorkramen und sich im Markt orientieren. Der kleine Handwagen füllt sich; die Preise sind ähnlich wie in Deutschland. Alles aufs Band legen, bezahlen, Wägelchen wieder beladen und Abmarsch Richtung Marina. Handwagen ausladen, zurückbringen und die Einkäufe an Bord verstauen. Das ganze Manöver hat gut drei Stunden gedauert. Es wird deutlich, dass etwas, das zu Hause ganz selbstverständlich ist und nebenbei erledigt wird, unterwegs eine gewisse Herausforderung darstellt und warum der Tag irgendwie immer so schnell herum ist.

Am Nachmittag lernen wir Ursula und Eckhardt kennen. Sie sind Mitte 60, segeln seit 16 Jahren über die Weltmeere und sind jetzt auf dem Weg zurück nach Deutschland. Sie sitzen braungebrannt und mit sich und der Welt zufrieden, so ist zumindest unser Eindruck, in unserem Cockpit. Wir stellen den beiden Fragen über Fragen. Zum Beispiel wie das so funktioniert mit der Passatbesegelung auf dem Atlantik. Eckhardts abgeklärte Antwort: „Wind von achtern ist immer Scheiße."

Der nächste Törn wird geplant. Dabei ist das zurzeit meistgelesene Buch an Bord der „Amazone" sehr hilfreich: der Reeds Nautical Almanac, 1.000 Seiten dick, zwei Kilo schwer. Darin enthalten sind alle wichtigen Informationen über Häfen, Küsten, Tiden etc. für die Seegebiete von Norwegen bis Gibraltar. Es soll nach derzeitigem Stand und der derzeitigen Wettervorhersage nach Dover an der englischen Südküste gehen. Also Seekarten, Kursdreiecke, Zirkel, Bleistift, Reeds Nautical Almanac,

## 3. Belgien und Frankreich

Strömungskarten und Tidenkalender gezückt und los geht die Rechnerei. Wir wollen den Englischen Kanal an seiner schmalsten Stelle bei Calais im rechten Winkel kreuzen und dabei möglichst den vielen Fähren nicht zu nahe kommen. Dabei wollen wir bei der Abfahrt mit der Strömung segeln und bei der Kanalquerung nicht so viel Querströmung haben.

Doch dann gibt es eine Planänderung. Aufgrund der gestrigen Windvorhersagen segeln wir schon heute nach Boulogne-Sur-Mer, statt erst morgen nach Dover. Wir bleiben also an der französischen Küste, die englische Gastlandflagge bleibt im Schapp. Nachdem wir am Morgen um 8.00 Uhr die aktuelle Wind- und Wettervorhersage abgewartet haben, legen wir um 8.30 Uhr in Dünkirchen ab. Wegen der Gezeitenströme wird es dann auch Zeit, loszukommen. Ein ordentlicher „Tidenknecht" fährt ja möglichst mit der Strömung, macht sie sich zunutze. Mit zehn Knoten Fahrt über Grund - sieben Knoten durchs Wasser, der Gezeitenstrom schiebt mit drei Knoten mit - schmiergeln wir an Calais vorbei. Es herrscht reger Fährverkehr, wir kommen uns aber nicht in die Quere. Der Wind lässt dann leider immer mehr nach. Also Genua einrollen, Großsegel bergen und Gennaker setzen. Der Wind schläft schließlich ein. Kurz vor Cap Gris Nez wendet sich das Blatt auch von der Strömung her für uns. Quälend langsam geht es mit drei Knoten Gegenstrom um Cap Gris Nez herum. Der Gegenstrom nimmt dann auf unter einen Knoten ab. Nach 46 Seemeilen machen wir um 17.30 Uhr in Boulogne-Sur-Mer fest. Hier beträgt der Tidenhub annähernd sieben Meter, das ist doppelt so viel wie in Bremerhaven.

Boulogne-Sur-Mer hat südländisches Flair und neben wuchtigen Hochhäusern eine rustikale Innenstadt und ein historisches Altstadtviertel. Uns gefällt das hübsche Städtchen mit seiner Burg und dem dazugehörigen Wassergraben sehr gut, wir wollen aber gleich am nächsten Tag weitersegeln. Am Abend machen wir die Navigation, berechnen Tidenströme, stecken den Kurs ab und geben die Daten in den Plotter ein. Nachdem wir am nächsten Morgen „frisches Wetter", also die aktuelle Wind- und Wettervorhersage, bekommen haben, entscheiden wir uns, nach Cherbourg aufzubrechen.

Es liegen 140 Seemeilen vor uns, wir werden etwa 27 Stunden unterwegs sein. Unter Maschine geht es los, eine Stunde später können wir den Gennaker setzen. Das ist allerdings nur ein kurzes Vergnügen, denn leider lässt der Wind immer mehr nach. Also Maschine starten und Gennaker wieder einrollen. Gegen 18.00 Uhr setzt dann auch der Strom ein und wir kommen gut voran. Kurz nach 20.00 Uhr empfangen wir über das Satellitentelefon die Email mit der aktuellen Wind- und Wettervorhersage. Es werden weiterhin Winde der Stärke drei bis vier, später vier, aus Nord, Nordost und später Ost vorhergesagt.

Allmählich wird es dann Zeit, die „Amazone" für die Nachtfahrt vorzubereiten. Dazu gehört zum Beispiel, die Lampen im Boot auf Rotlicht umzustellen. Damit hat es folgende Bewandtnis: Um trotz Dunkelheit gut sehen zu können, sollten die Augen zwischendurch möglichst keinem hellen, weißen Licht ausgesetzt sein. Es bräuchte sonst etwa eine halbe Stunde, bis sich die Augen wieder ganz an die Dunkelheit gewöhnt haben. Rotes Licht verhindert diesen Effekt. Der Salon und das Bad mutieren bei Nachtfahrten zum Rotlichtviertel.

Zur weiteren Vorbereitung gehört für uns auch, eine wasserdichte Tasche zu packen, bzw. weitere Gegenstände hineinzulegen. Diese Tasche würden wir im Seenotfall mit in die Rettungsinsel nehmen. Sie ist immer parat, wird aber vor Nachtfahrten weiter bestückt und enthält: Proviant, Wasser, Taschenlampe, Ersatzbatterien, GPS-Handplotter, Wolldecke, Handfunkgerät, Seenotsignale und das Satellitentelefon kommt auch mit hinein.

Ungeschriebenes Gesetz ist es bei uns an Bord, auf See niemals ungesichert das Cockpit zu verlassen. Wir sichern uns mit Lifelines. An verschiedenen Punkten am Boot können wir uns mit Karabinerhaken einklinken und sind so immer mit dem Boot verbunden. Für den Fall, dass es so unglücklich kommt, dass wir diese Verbindung kappen müssen, hat jeder ein spezielles Gurt-Messer in seiner Rettungsweste dabei. Die Rettungswesten tragen wir auf See ständig (außer in der Koje...). Sie sind mit einem Lämpchen, einer Signalpfeife und einem AIS-Sender ausgestattet.

Das AIS (Automatisches Identifikationssystem) ist ein Funksystem, das seit dem Jahr 2000 in der Berufsschifffahrt Pflicht ist. Durch den Austausch der Navigations- und anderen Schiffsdaten verbessert es die Sicherheit der Schifffahrt ganz entscheidend. Schiffe, die sich auf Kollisionskurs befinden, können schon in großer Entfernung ausgemacht werden. Die Kontaktaufnahme wird erleichtert, da die Schiffsdaten auf dem Navigationscomputer, dem Plotter, angezeigt werden. Auf Sportbooten ist ein AIS-Sender/Empfänger zwar nicht vorgeschrieben, aber er bringt ungeheuer große Vorteile und wir möchten es an Bord nicht mehr missen. Zusammen mit dem Radargerät leistet das AIS unschätzbare Dienste.

Zur Vorbereitung für die Nacht gehört auch, dass wir die Segelfläche aus Sicherheitsgründen verkleinern. Im Falle eines aufziehenden Gewitters oder falls der Wind unerwartet zunehmen würde, müsste ich trotzdem in der Lage sein, das Ganze alleine zu beherrschen. Außerdem koche ich mehrere Kannen Kaffee und Tee, Brote werden geschmiert und Knabbersachen bereitgelegt.

Wir gehen konnsequent Wache, es ist rund um die Uhr immer einer von uns beiden im Cockpit und hat den Kurs, die Segel und Wind und Wetter im Blick. Mit einem Vier-Stunden-Rhythmus kommen wir am besten zurecht und wechseln uns alle vier Stunden ab. Die sogenannte Hundewache von 0.00 bis 4.00 Uhr übernehme ich, anschließend ist Ingo bis 8.00 Uhr dran. Meist frühstücken wir dann gleich, anschließend legt Ingo sich hin und ich habe die Wache bis 12.00 Uhr. Bis 16.00 Uhr habe ich Freiwache, in der Zeit koche ich, räume auf, lese, backe, putze, schreibe den Blogbeitrag, helfe Ingo bei den Segelmanövern oder schlafe ein bisschen. In der Zeit zwischen 16.00 und 20.00 Uhr sind wir oft gemeinsam im Cockpit oder einer von uns beiden versucht, etwas Schlaf nachzuholen. Bis 0.00 Uhr hat Ingo Wache, dann bin ich wieder an der Reihe.

Die sternenklare Nacht verläuft zunächst sehr ruhig. Einen kurzen Aufreger erlebt Ingo allerdings, als er kurz nach vier Uhr die Wache übernimmt. Auf unserem Plotter war schon längere Zeit das AIS-Signal eines Fischkutters, der etwa vier Seemeilen an Steuerbord voraus unterwegs ist, auszumachen. Er fuhr in dieselbe Richtung wie wir, bis er seinen Kurs ändert und unseren Kurs kreuzt. Macht ja nichts, er ist ja weit voraus. Wie Ingo aber alsbald feststellt, hatte die Kursänderung des Kutters allerdings einen Haken: Der Fischer hatte bei 55 Meter Wassertiefe Netze oder etwas Ähnliches ausgebracht und mit Bojen markiert. Und durch dieses Bojen-Minenfeld brausten wir nun ahnungslos mit sieben Knoten über Grund Geschwindigkeit. Hoppla! Plötzlich taucht in der Dunkelheit knapp neben uns eine große orangefarbene Boje auf. In so tiefem Wasser haben wir bisher noch nie Fischerbojen gesehen. Noch einmal gutgegangen. Hätte böse ausgehen können, wenn wir die Boje überfahren und sich die Leine der Boje am Kiel oder am Ruderblatt verfangen hätte.

Die Nordsee verabschiedet sich sehr freundlich von uns, der Englische Kanal empfängt uns ebenso freundlich. Was haben wir bisher für ein Glück mit dem Wetter! Das wird unser Motor allerdings etwas anders sehen - muss er doch in letzter Zeit oft aushelfen. Leider ist es dann auch nichts mit den vorhergesagten vier Windstärken und der Motor läuft und läuft. Nach 18 Stunden kommen die vier Windstärken doch noch, wir können den Diesel endlich abstellen, mit der Genua segeln und die Windfahnensteueranlage arbeiten lassen. Diese Ruhe im Boot - herrlich! Kurz nach 17.00 Uhr erreichen wir nach 26 Stunden und knapp 150 Seemeilen den Hafen von Cherbourg.

Es ist wider Erwarten gar nicht so leicht, in diesem großen Hafen, der immerhin 1.500 Liegeplätze hat, eine Box für die „Amazone" zu bekommen. Die Stege, die für die Gäste vorgesehen sind, sind für die Teilnehmer einer Veranstaltung reserviert, die hier in den nächsten Tagen stattfindet. Es werden Regatten gesegelt und es gibt ein großes Fest auf dem weitläufigen Hafengelände.

Am nächsten Vormittag statten wir dem Segelmacher einen Besuch ab.

Unser Bimini, der Sonnenschutz über dem Cockpit, hat zwei Scheuerstellen bekommen und muss repariert werden. Wenn wir es nicht benötigen und aufgerollt zurückklappen, scheuert es am Achterstag. Wir brauchen also eine Schutzhülle. Das „Scheuer-Thema" dürfen wir nicht vernachlässigen. Auf unseren bisherigen, eher kurzen Törns, war das überhaupt kein Problem. Wenn wir aber viele Tage unterwegs sind und auf demselben Bug segeln, müssen wir unbedingt darauf achten, dass sich nirgends die Segel oder Schoten an der Reling oder den Wanten aufscheuern können.

Den Rest des Tages verbringen wir mit allerlei Organisatorischem - Wäsche waschen, Diesel tanken, Mails beantworten, die Wind- und Wettervorhersage für die nächsten Tage auswerten und die Navigation für den nächsten Törn erledigen.

3. Belgien und Frankreich

Leben auf 10 Quadratmetern – kochen und essen

und die Navigation erledigen

# 4.

## ABSTECHER NACH GUERNSEY UND ZURÜCK NACH FRANKREICH

Es soll weitergehen, und zwar nach Guernsey. Die Wind- und Wettervorhersage ist weiterhin günstig, das wollen wir nutzen. Bei Sonnenschein, 24 Grad Lufttemperatur und leichtem Westwind legen wir um 13.50 Uhr ab. Diesen Zeitpunkt haben wir errechnet unter Berücksichtigung der geplanten Ankunftszeit und der Strömungsverhältnisse. Auf unserer Route können Gezeitenströme von bis zu sieben Knoten auftreten. Die wollen wir nutzen und nicht gegen uns laufen haben. Unter Großsegel und Genua geht's los, aber eine Dreiviertelstunde später müssen wir das Vorsegel wieder einrollen und die Maschine mitlaufen lassen. Der Wind hat gedreht und abgeflaut.

Um 20.30 Uhr erreichen wir die Hauptstadt Guernseys, Saint Peter Port. Hier herrscht heute ein Tidenhub von 7,80 Meter, er kann bei Springtide (besonders hohes Hochwasser) sagenhafte 9,50 m betragen. Nur an wenigen Orten auf der Welt ist er höher. Bei Nipptide (besonders niedriges Niedrigwasser) erreicht er hingegen „nur" 6,20 m. Unser Ziel ist die Victoria Marina. Sie kann aber nur zu bestimmten Zeiten angelaufen werden. Eine Schwelle von 4,20 m Höhe befindet sich in der Einfahrt zur Marina. Diese muss für uns etwa 2 m unter der Wasseroberfläche sein, sonst wäre die Gefahr einer Grundberührung zu groß. Das heißt, das Hochwasser muss 6,20 m aufgelaufen sein. Das Zeitfenster zum Einlaufen in die Marina ist für uns heute zwei Stunden vor und zwei Stunden nach Hochwasser. Bei Nipptide können wir nur genau bei Hochwasser einlaufen. Das Hochwasser sollte gestern hier um 23 Uhr sein. Von daher war klar, dass wir frühestens um 21 Uhr über die Schwelle in die Marina fahren können. Woran wir allerdings nicht gedacht haben und uns erst kurz vor dem Ziel einfiel: Auf Guernsey ticken die Uhren anders! Hier gilt die britische Sommerzeit, nicht die mitteleuropäische Sommerzeit. Wir hätten also noch eine Stunde dazurechnen müssen. Vor der Marina gibt es einen Warteponton, an dem die Yachten festmachen, die auf das Einlaufen in die Marina warten. Als wir uns dem Ponton nähern, kommt ein Hafenmeister in einem kleinen Boot angebraust und fragt uns, ob wir in die Marina fahren wollen. Das bejahe ich. Dann fragt er, ob wir *keine* Haustiere oder andere Tiere an Bord haben. Das bejahe ich auch. Er fragt erstaunt: „You have pets and animals on board?" Das verneine ich wahrheitsgemäß. Dann übergibt er mir eine Broschüre über

## 4. Abstecher nach Guernsey und zurück nach Frankreich

Guernsey und die Papiere für die Einklarierung. Jawohl, wir klarieren heute zum ersten Mal ein! Es ist allerdings eine „Einklarierung light". Guernsey ist die zweitgrößte der englischen Kanalinseln. Diese sind weder Teil des Vereinigten Königreichs noch Kronkolonie, sondern als Kronbesitz direkt der britischen Krone unterstellt. Sie sind auch nicht Teil der Europäischen Union. Den Fragebogen füllen wir aus und der Skipper - und *nur* der Skipper - muss den Umschlag in einen extra hierfür vorgesehenen Briefkasten in der Marina werfen. Erst wenn dies geschehen ist, darf auch die Crew von Bord.

Der Hafenmeister weist uns einen Platz im Pulk der wartenden Yachten zu. Etwa 30 Boote warten schließlich darauf, dass genug Wasser über der Schwelle steht. Endlich ist es soweit, der Pegel an der Kaimauer zeigt zwei Meter an. Immer schön der Reihe nach lotst der Hafenmeister eine nach der anderen Yacht in den Hafen und weist die Liegeplätze zu.

Kurz nachdem wir die „Amazone" in einer Box festgemacht und alles aufgeklart haben, werden wir von Dietmar begrüßt. Er und seine Frau Katja sind mit ihrer Segelyacht „Summer" seit Anfang Mai unterwegs. Die beiden laden uns ein, bei ihnen am nächsten Abend das Fußballspiel Deutschland - Frankreich anzusehen.

Ingos erster Gang führt ihn am nächsten Morgen in das Hafenmeisterbüro. Das Liegegeld muss noch bezahlt werden. Wir hatten schon in Bremen Englische Pfund besorgt, so dass Ingo bar bezahlen kann. Strom kostet extra. Darauf können wir aber verzichten, weil die zwei Solarzellen und der Windgenerator uns gut mit Strom versorgen. Eine Solarzelle ist stationär zwischen den beiden neuen Masten am Heck installiert. Eine weitere können wir bei Bedarf an der Reling befestigen. Diese zweite Solarzelle hat Ingo heute erstmals hervorgeholt und sie arbeitet fleißig.

Wir wollen uns die Insel ansehen und unternehmen eine Rundfahrt mit dem öffentlichen Bus. Die Fahrt einmal um die ganze Insel dauert 90 Minuten, pro Person bezahlen wir 1 Englisches Pfund. Der Linksverkehr ist für uns ganz ungewohnt, die Straßen sind sehr eng. Für die geübte und couragierte Busfahrerin ist das alles natürlich kein Problem. In flotter Fahrt geht es über die Insel entlang an endlosen Fuchsien- und Hortensienhecken, vorbei an von Wildblumen gesäumten Klippenpfaden, über verschlafene Dörfer mit wetterbewährten Cottages.

Der Fußball-Fernsehabend bei leckerem Essen und einem Glas Rotwein an Bord der „Summer" war unterhaltsam und spannend. Zu der guten Stimmung hat natürlich auch der Erfolg der deutschen Nationalmannschaft über das französische Team beigetragen. Vielleicht ist es gut, dass wir zurzeit nicht mehr in Frankreich sind. Dort hatte in Dünkirchen ein junger Bursche schon vor diesem Fußballergebnis mit Blick auf unsere Nationalflagge am Heck ganz offen zu seinem Freund gesagt: „C'est une boche!" „Boche" ist eine herablassende Bezeichnung für Deutsche. Das hätte ich von einem jungen Mann in dieser offenen Art und Weise nicht unbedingt erwartet.

In der Marina feiert eine Segler-Vereinigung ein Fest. Es ist ein großes Zelt aufgebaut. Wir liegen mit der „Amazone" in direkter Nachbarschaft. Am Abend findet offenbar die Preisverteilung einer Regatta statt, Reden werden gehalten, verhaltener Applaus gespendet. Und dann geht es los mit der Musik. Hört sich gut an, wir machen es uns mit einem Drink im Cockpit bequem und lauschen Diana Ross - „I will survive" - das nehmen wir als gutes Omen.

Nachdem wir die aktuelle Wind- und Wettervorhersage eingeholt haben, entscheiden wir uns, weiterzusegeln und die Nacht vor Anker in einer Bucht der Nachbarinsel Sark zu verbringen. Also noch einmal frische Lebensmittel einkaufen, den Trinkwassertank auffüllen und abwarten, dass genügend Wasser über der Schwelle in der Hafeneinfahrt steht, um auslaufen zu können.

An diesem Morgen können es zwei Skipper nicht abwarten und fahren bei zu niedrigem Wasserstand stumpf gegen die Schwelle. Einer langsam, ein anderer relativ schnell. Aua! Der Schnellere von beiden versucht es kurze Zeit später erneut und scheitert wieder. Beim dritten Versuch klappt es dann. Bevor wir Guernsey endgültig verlassen, fahren wir noch zur Tankstelle. Die Kanalinseln sind zollfreies Gebiet, da bietet es sich an, hier zu tanken.

Nach einem kurzen Törn von neun Seemeilen erreichen wir die Nachbarinsel Sark. Hier sind in einer Bucht Ankerbojen (Moorings) ausgelegt, an denen die Boote vertäut werden können. Der eigene Anker kann in der Halterung am Bug bleiben. Die Bucht ist gut besucht, wir erwischen die vorletzte freie Mooring. Die Bojen liegen ziemlich eng beieinander, das behagt uns eigentlich nicht. Bei sehr wenig Wind und Strömung, so wie jetzt, liegen die Boote nicht ruhig und vor allem nicht in derselben Richtung an der Boje - sie kreiseln, schwojen genannt. Zwei Boote sind bereits aneinandergeraten. Gerade hat an der letzten freien Boje nicht weit von uns ein Boot festgemacht. Na, wenn das man gutgeht. Wohl ist uns nicht dabei.

An einer der anderen Bojen liegt ein einheimisches Boot. Dessen Eigner sitzt in seinem Cockpit und sieht lange und irgendwie interessiert zu uns herüber. Später kommt er mit seinem Schlauchboot bei uns vorbei und wir kommen ins Gespräch. Ihm gefällt die „Amazone". Seine Begeisterung gipfelt in der Frage: „You don't want to sell it?" Meine Antwort kommt prompt: „Yes, we don't want!" Allgemeines Gelächter.

Die Nacht verläuft ohne besondere Vorkommnisse. Die „Amazone" und das Nachbarboot haben sich nicht in die Haare gekriegt. Um 7.30 Uhr verlassen wir die Bucht mit Ziel Camaret-Sur-Mer an der französischen

## 4. Abstecher nach Guernsey und zurück nach Frankreich

Küste, setzen kurze Zeit später das Großsegel und rollen auch die Genua ganz aus. Die Sonne scheint, es weht ein laues Lüftchen aus West. Kurz nach acht Uhr holen wir die aktuelle Wind- und Wettervorhersage nochmals ein. Es soll dabei bleiben, Wind aus West bis Nordwest mit vier Beaufort, norddrehend, in Böen fünf bis sechs. Also sollte der Wind im Laufe des Tages für uns günstiger kommen. Der Wind nimmt dann auch zu und dreht - aber leider südlicher. Gegen Mittag rollen wir die Genua ein, schlagen das Kutterstag an und setzen ein kleiners Vorsegel . Im Laufe des Tages nimmt der Wind weiter zu, drehen will er allerdings nicht. „Gegen den Wind kann keiner" - wir müssen kreuzen, können also nicht den direkten Weg segeln. Im Zickzack-Kurs segeln wir etwa die doppelte Strecke und benötigen die dreifache Zeit.

Es wird uns klar, dass es heute mit Camaret nichts mehr wird. Also mal wieder eine Planänderung. Ziel soll jetzt das nähergelegene Roscoff sein. Laut Plotter werden wir um 23 Uhr dort ankommen. Inzwischen hören wir über Funk die ersten Windwarnungen der verschiedenen Coast Guards. Der Wind hat weiter auf gute sechs Beaufort zugelegt, dunkle Wolken lassen nichts Gutes ahnen - also auch das Großsegel verkleinern. Mit einem Reff und dem kleinen Vorsegel machen wir immer noch sieben Knoten Fahrt durchs Wasser. Die dunklen Wolken bringen zwar keinen Regen, aber heftige Böen. Was für ein Finale kurz vor dem Hafen. Hei, wie das Wasser in Lee über das Deck rauscht, um die Relingsstützen schießt und gurgelnd in den Speigatten verschwindet! Die „Amazone" scheint ganz in ihrem Element zu sein. Welle für Welle nimmt sie brav, ohne Murren und Knurren. Heute haben alle ihren Spaß: Ingo und ich, weil wir segeln können und nicht nur den Mast spazieren fahren, die „Amazone", weil sie zeigen kann, was in ihr steckt und der Motor, weil er - fast - nichts tun muss.

Abends um halb elf erreichen wir nach 87 Seemeilen den Vorhafen der Marina Roscoff, nehmen die Segel herunter und machen die „Amazone" zum Anlegen klar. Es sind viele Boxen frei. Durch den Hafen läuft eine kräftige Tidenströmung, weshalb das Anlegemanöver besondere Aufmerksamkeit erfordert, zumal es schon fast dunkel ist. Es geht aber alles gut. Wir klaren das Boot auf und trinken noch einen Absacker im Cockpit. Weit nach Mitternacht fallen wir todmüde, aber glücklich und zufrieden mit uns und der „Amazone", in die Kojen.

Ausschlafen, uns im Marinabüro anmelden, duschen und in aller Ruhe frühstücken, das ist doch ein ganz netter Tagesbeginn. Für uns gilt seit gestern wieder die mitteleuropäische Sommerzeit. Wir haben die eine Stunde, die wir auf Guernsey geschenkt bekommen haben, zurückgegeben. Die Bloscon Marina in Roscoff ist erst 2013 fertiggestellt worden. Die Doppelboxen sind sehr breit, die Stege und Ausleger großzügig bemessen.

33

Über 600 Liegeplätze gibt es hier. Gehbehinderte Personen können von der Pier mit einem Fahrstuhl auf den Steg fahren - hoffentlich hält er auch bei Hochwasser immer rechtzeitig an. Direkt am Hauptsteg gibt es sogar eine behindertengerechte Toilette. Sehr vorbildlich, aber noch nie vorher irgendwo gesehen.

Am nächsten Morgen klingelt schon um viertel vor sechs der Wecker, weil wir uns überlegt haben, von Roscoff zu dem Hafen mit dem komisch klingenden Namen L'Aber Wrac'h (sprich Laberwrack) zu segeln. Die Wind- und Wettervorhersage ist einigermaßen günstig. Das heißt, sonnig, wenig Wind und diesen nicht direkt auf die Nase. In Natura bedeutet es: sonnig, sehr wenig Wind und viel Arbeit für den Motor. Trotzdem ändern wir unterwegs unseren Plan und segeln bzw. fahren durch bis Camaret-Sur-Mer. Klingt auch viel besser als Laberwrack.

Wir haben jetzt den Englischen Kanal hinter uns gelassen und den Nordatlantik erreicht. In der Marina in Camaret kommt uns der Hafenmeister im Schlauchboot entgegen. Leider kann er uns keine Hoffnung auf einen Boxenplatz machen, es ist alles belegt. Nur im Päckchen geht noch was. Da kann man nichts machen, also erst mal längsseits gehen.

Die großen, modernen Marinas sind oft seelenlose Bootsparkplätze mit allem Komfort, aber leider ohne Atmosphäre. Hier ist es anders. Jede Menge Flair, aber leider nur zehn Boxenplätze für Gäste. Duschen kostet pro Durchgang zwei Euro. Für diese zwei Euro kann ich hier nicht nur duschen, sondern den Männern beim Rasieren zusehen, da Männlein und Weiblein hier gemeinsam einen Duschraum nutzen. Manchmal kommt sogar ein Flitzer vorbei, um eine weitere Duschmarke aus dem Automaten zu ziehen.

Es wird eine Box frei und schnell wie die Wiesel verholen wir, ehe uns jemand zuvorkommen kann. Danach steht ein Großeinkauf an. Anschließend kümmert sich Ingo wieder mal um den Motor, Filter und Öl müssen gewechselt werden. Dies ist unser letzter Hafen vor der Überquerung der Biskaya, da muss alles in Ordnung sein. Wir warten hier auf ein günstiges Wetterfenster, um dieses berüchtigte Seegebiet bei möglichst guten Bedingungen zu überqueren.

Jawohl, dieser Hafen hat Flair. Auf einem der Nachbarboote wird Akkordeon gespielt und singen kann der Musiker auch noch. Ein etwas melancholisches Lied hat er angestimmt.

Heute haben wir Günter kennengelernt. Er segelte drei Jahre allein mit seiner Yacht „Großer Bär" durchs Mittelmeer. Jetzt ist er auf dem Rückweg nach Norddeutschland und freut sich darauf, nach langer Zeit mal wieder Amrum und Helgoland anzulaufen. Er war bei uns an Bord und konnte uns viel über spanische und portugiesische Häfen erzählen. Natürlich statten wir auch Günter einen Besuch ab. Bei einem richtig guten Becher Kaffee gibt er

## 4. Abstecher nach Guernsey und zurück nach Frankreich

uns viele weitere nützliche Tipps aus seinem großen Erfahrungsschatz.

Wenn zukünftig die Rede vom Finale der Fußballweltmeisterschaft 2014 sein wird, werden wir das immer mit einem wunderschönen Abend in Frankreich verbinden. Ausgerechnet Frankreich, haben die Deutschen die Franzosen doch aus dem Turnier gekickt. Aber nein, sie sind gute Verlierer. Heute Morgen hat unser französischer Bootsnachbar uns ganz herzlich gratuliert. Wir haben das Spiel in einer Kneipe direkt an der Hafenpromenade gesehen. Es war rappelvoll, außer uns waren nur wenige Deutsche dabei. Die Stimmung war ausgelassen, die Franzosen haben sich sehr sportlich verhalten. Als dann endlich das erlösende Tor für die Deutschen gegen Argentinien fiel, haben sie sich mit uns gefreut. Ingo hat mit unserem mitgebrachten Nebelhorn ordentlich Radau gemacht.

Zeitgleich mit der Verlängerung des Spiels, gab es um Mitternacht ein fünfzehnminütiges, großes Feuerwerk. Soweit ging die Sympathie der Franzosen mit uns Deutschen nun aber doch nicht, das Feuerwerk hatte natürlich nichts mit dem Endspiel zu tun. Heute ist der französische Nationalfeiertag. Es wird an diesem Tag an den Sturm auf die Bastille am 14.07.1789 erinnert. Er ist aber auch ein beliebtes Volksfest mit allem was dazu gehört und wird traditionell von der Feuerwehr ausgerichtet. In manchen Städten findet dieses Fest in der Nacht zum 14.07. statt und Camaret gehört zu diesen Städten. So gab es auch einen großen Laternenumzug, angeführt von mindestens zehn Dudelsackspielern.

Heute müssen wir Günter verabschieden. Die Leinen loswerfen, noch einmal eine gute Reise wünschen, winken. Er fährt aus dem Hafen und wir werden ihn wohl nie mehr wiedersehen. Wir haben ihn hier nur kurz kennengelernt, trotzdem ist unsere Stimmung gedrückt.

Die Sonne lacht vom strahlend blauen Himmel. Und was machen wir heute, gehen wir zum Strand? Nein! Der heutige Tag ist der „Amazone" und der Sicherheit an Bord gewidmet. Vor unserer Abreise sind wir leider nicht mehr dazu gekommen, an der Spritzkappe eine Verstärkung und zwei extra Bügel anzuschrauben. Alles Notwendige für den Anbau haben wir dabei - Bügel, Schrauben, Edelstahlrohr, Buchsen und das erforderliche Werkzeug. Die Montage ist sehr aufwendig, weil der Bügel und die Verstärkung an das Gestänge der Spritzkappe angepasst werden müssen. Ingo hat sich Gedanken gemacht, wie es am besten gehen könnte. Nach einigen Stunden Anpassen, Bohren, Sägen, Abdichten und Anschrauben sitzt alles, wie und wo es sein soll. Wenn wir das Cockpit verlassen müssen, finden wir jetzt an diesem zusätzlichen Griff Halt beim Gang auf das Vorschiff.

Wenn das Werkzeug schon mal ausgepackt ist, kann Ingo auch gleich die zusätzlichen Augbolzen im Cockpit montieren, an denen wir uns auf See mit den Lifelines einklinken können. Helfen kann ich bei all dem nur wenig, es hilft schon sehr, wenn ich nicht im Weg sitze oder stehe.

Wie viel Zeit verbringt der Mensch im Laufe seines Lebens mit Warten? Warten auf einen heiß ersehnten Brief; warten, dass der Zahnarzt die Schmerzen lindert; warten auf die Kinder, die längst zu Hause sein wollten oder bei Kälte in der Dunkelheit warten, bis der Bus endlich kommt. Da warten wir doch gerne bei Sonnenschein in diesem netten Hafen auf ein gutes Wetterfenster für einen sicheren Törn. Vor uns liegen 320 Seemeilen, wir werden also ungefähr drei Tage nonstop unterwegs sein. Zurzeit sind für den Zeitraum ein bis sieben Windstärken aus allen Richtungen vorhergesagt.

Eigentlich gut, dass die Wind- und Wettervorhersage so ungünstig war, dass uns am nächsten Morgen schon vor dem Blick aus dem Cockpit klar war, dass wir noch nicht lossegeln können. Dichter Nebel hüllt den Hafen ein, da wäre ans Ablegen nicht zu denken gewesen, frei nach dem Motto: Irgendwas ist ja immer.

Als sich der Nebel später verzieht und die Sonne vom Himmel lacht, machen wir uns auf den Weg zu einer ausgedehnten Klippenwanderung. In der Normandie, auf Guernsey und hier in der Bretagne sind an den Küsten die deutschen Hinterlassenschaften aus dem Zweiten Weltkrieg allgegenwärtig. Sie gehören zum Atlantikwall. Dieser war eine 2.685 Kilometer lange Linie von befestigten Stellungen entlang der Küsten des Atlantiks, des Ärmelkanals und der Nordsee. Die deutschen Besatzer haben sie in den Ländern Frankreich, Belgien, den Niederlanden, Dänemark, Norwegen, den englischen Kanalinseln und im Deutschen Reich in den Jahren 1942 bis 1944 geplant und teilweise erbaut. Mit dem Atlantikwall wollten die Deutschen diese Gebiete vor einer alliierten Invasion schützen. Etwas außerhalb von Camaret befindet sich ein kleines Museum zu dieser Thematik. Das ist ein Vorteil, wenn wir länger an einem Ort bleiben: Wir lernen etwas von der Umgebung kennen und nicht nur die Steganlage, die Duschen, Waschmaschinen und den Supermarkt. Nach unserer Wanderung hat sich Ingo wieder der „Amazone" gewidmet. Ja, so ist das - es gibt zwei Frauen im Leben eines Skippers. Aber mit dieser Nebenbuhlerin kann ich sehr gut leben.

Es gilt, aus der „Not" eine Tugend zu machen und das Positive darin zu sehen. Es ist wirklich keine Strafe, in diesem gemütlichen Hafen auf passendes Wetter zu warten.

Seit dem Start in Bremerhaven habe ich im (B)logbuch auf der Homepage unsere kleinen und großen Erlebnisse fast täglich festgehalten. Am Ende der Reise werden es etwa 400 Einträge mit ca. 1.200 Fotos sein. In erster Linie wollten wir damit Familie und Freunde über unsere Reise auf dem Laufenden halten. Andererseits sind die Berichte aber vielleicht auch für andere Seglerinnen und Segler von Interesse. Auch ich habe in den letzten Jahren

## 4. Abstecher nach Guernsey und zurück nach Frankreich

gerne die verschiedenen Blogs von Yachten auf Langfahrt gelesen. Die allermeisten Crews, die wir auf unserer Reise getroffen haben, schrieben mehr oder weniger regelmäßig einen Blog. So wussten wir meistens, wo sich befreundete Crews gerade aufhielten, wie es ihnen ergangen war und welche Pläne sie hatten.

Das Blog-Schreiben war mir keine Last, obwohl es natürlich einige Mühe bereitet hat und Disziplin erforderte. Gerade nach einem langen, anstrengenden Segeltörn oder einem Landausflug war die Müdigkeit manchmal groß, aber trotzdem bin ich nicht in die Koje gegangen, ohne den Tag im (B)logbuch Revue passieren zu lassen. Selbst auf hoher See, wenn es draußen ordentlich zur Sache ging und wir mit dem zweiten Reff im Segel unterwegs waren, habe ich die Beiträge geschrieben, die wir unserem Sohn per Satellitentelefon übermittelten und die er für uns ins Netz stellte. Schon bald gehörte der Blogbeitrag zur täglichen Bordroutine. Manch ein gemeinsamer Sonnenuntergang fiel ihm zum Opfer, weil ich in der Kajüte saß und schrieb und Ingo allein im Cockpit sitzen musste.

Aber ich konnte nicht anders. Obwohl ich im normalen „Landleben" keine Tagebuchschreiberin bin, wollte ich diese besondere Zeit, für die wir so unheimlich dankbar waren, festhalten und auch gerne mit anderen teilen. Wobei es für Ingo so manches Mal eine große Herausforderung war, eine stabile und einigermaßen schnelle Internetverbindung zu bekommen. Hierzu hat er im Laufe der Reise ungeheuer viel Erfahrung gesammelt und einiges an Ausrüstung gekauft. Auch auf noch so abgelegenen Ankerplätzen in einsamen Buchten hat er es geschafft, eine Internetverbindung herzustellen, so dass wir ganz bequem von Bord aus unsere Blogbeiträge und Fotos hochladen und vor allem die aktuellen Wind- und Wettervorhersagen bekommen konnten. Hatten wir noch Zeit zum Glücklichsein, wenn wir so oft damit beschäftigt waren, es zu dokumentieren? Die Antwort lautet eindeutig: Ja und wie!

Erst das Vergnügen –

und dann die Arbeit!

# 5.

# BISKAYAÜBERQUERUNG, SPANISCHE UND PORTUGIESISCHE KÜSTE

Die Überquerung der Biskaya, Sonnabend, 19.07. bis Montag, 21.07.2014
Am Sonnabend, dem 19.07.2014, klingelt um 7.00 Uhr der Wecker, weil wir vor unserem Biskayatörn noch einiges zu erledigen haben. Noch ein letztes Mal die Peepshow im Duschraum erleben. Fällt aber leider aus, weil Ingo und ich alleine im Duschraum sind. Anschließend frühstücken und kurz nach acht Uhr die Wind- und Wettervorhersage auf den Rechner laden und auswerten. Sieht nicht schlecht aus: zunächst nur schwacher Wind von vorne, in der ersten Nacht soll er auf Nordwest drehen und auf vier bis fünf zunehmen. An den weiteren Tagen und Nächten soll der Wind mal mehr, mal weniger aus Nordwest und Ost wehen. Wir segeln Kurs Süd-Südwest (207 Grad), so dass die vorhergesagten Winde aus diesen verschiedenen Richtungen in den vorhergesagten Stärken von eins bis sechs, also keine sieben Beaufort mehr, für uns annehmbar sind. Günstiger bekommen wir es hier wohl nicht.
Um 10.15 Uhr verlassen wir bei strahlendem Sonnenschein und wenig Wind Camaret, unseren letzten französischen Hafen. Die erste große Herausforderung der Reise liegt direkt vor unserem Bug. Ziel ist eine geschützte Ankerbucht bei Cedeira in Spanien, 27 Seemeilen nordöstlich von La Coruna. Nach drei Tagen und zwei Nächten auf See wollen wir dort ankern und ausschlafen.
Quel malheur!
Es geht unter Maschine los, Sonnenschein, relativ ruhiges Wasser. Ingo hat die Angel ausgepackt und versucht sein Glück damit, ich erledige den Abwasch. Das reinste Idyll, aber das dicke Ende kommt alsbald: Entgegen jeder Regel und Vernunft, habe ich kurz nach dem Verlassen des Hafens die Luken im Salon und Vorschiff geöffnet. Frische Luft sollte ins Boot kommen. Gegen 13.30 Uhr erreichen wir die Landspitze Pointe du Raz, der Seegang wird rauer. Wir sind mit acht Knoten Fahrt über Grund unterwegs, als sich vor uns wie aus dem Nichts eine Art Brandungswelle erhebt. Ingo nimmt sie im letzten Moment wahr, dann fallen ihm die offenstehenden Luken ein! Aber es ist zu spät: Durch die große Luke im Vorschiff ergießt sich unser ganz persönlicher Niagarafall.
Ich kann es nicht fassen, blicke wie erstarrt auf diesen Schwall von gefühlten 348 Liter reinen Atlantikwassers. Dumm gelaufen! Die See verzeiht

keine Fehler und es war ein Fehler, die Luken auf See zu öffnen. Nun bricht an Bord hektische Betriebsamkeit aus. Das Vorschiff muss komplett ausgeräumt und die Bilge trockengelegt werden. Gemeinsam gehen wir die Schadensbegrenzung an und bekommen das Malheur ganz gut in den Griff. Im Salon und im Cockpit herrscht ein unglaubliches Durcheinander. Zum Glück ist es warm, die Sonne scheint, die Polster können im Cockpit getrocknet werden, einiges wird an der Reling aufgehängt.

Und so kommt es, dass die stolze „Amazone" die ersten Seemeilen ihrer Biskayaüberquerung als fahrender Wäscheständer zurücklegen muss. Wie peinlich ist das denn?

Die erste Nacht verläuft ganz ruhig. Unter Großsegel und Motorunterstützung fahren wir bei schwachem südlichen Wind durch die Nacht. Nur ein einziger Segler kommt uns entgegen, sonst gibt es keine weiteren Kontakte. Irgendwann nach Mitternacht besuchen uns Delphine und tauchen leider bald wieder ab. Der Sternenhimmel ist beeindruckend, die Atlantikdünung langgezogen und sanft. Gegen ein Uhr erreichen wir allmählich den Festlandsockel. Hier fällt die Wassertiefe von 100 auf über 5.000 Meter ab. 5.000 Meter, das sind ungefähr 50.000 Handbreit Wasser unter dem Kiel. Schwindelerregende Zahlen und auch ein bisschen gruselig, wie ich finde.

Sonntag, 20.07.2014

Endlich kommt der vorhergesagte Nordwestwind mit drei bis fünf Beaufort. Mit Großsegel und Genua ist es schönstes Segeln. Die Polster trocknen weiter in der Sonne im Cockpit. Die „Amazone", dieser kleine Hochseevogel, sieht mit den Gerätschaften wie dem Windgenerator, der Windfahnensteuerung und dem Solarpaneel nicht nur aus wie ein Hochseevogel, jetzt ist sie wirklich einer. Auch die zweite Nacht verläuft ruhig. Die Sterne weisen uns den Weg, der Motor ruht sich aus, die „Amazone" zieht mit sechs bis sieben Knoten Fahrt mit Großsegel und Genua auf ihrem Halbwindkurs über die Biskaya, alles ist gut.

Montag, 21.07.2014

Wir sind jetzt den dritten Tag auf See, die Bordroutine kehrt ein. Bei östlichen Winden von drei bis sechs Beaufort kommen wir gut voran. Am Nachmittag kommt Land in Sicht, es sind die Berge der spanischen Küste. Ingo versucht noch einmal sein Anglerglück. Plötzlich kommt Unruhe auf, die Angel biegt sich enorm, ein großer Fisch muss angebissen haben! Beim Einholen der Angel stellen wir enttäuscht fest, dass Ingo leider nur eine Plastikfolie aufgefischt hat. Schade. Die Folie packen wir zu dem anderen Plastikmüll, der sich an Bord angesammelt hat.

## 5. Biskayaüberquerung, spanische und portugiesische Küste

Gegen 20.30 Uhr ist es soweit: Wir laufen in die Ankerbucht von Cedeira ein. Wir rollen die Genua ein und suchen uns einen Ankerplatz. Die Bucht ist sehr geschützt, einige Boote dümpeln hier schon. Sie kommen aus England, Belgien, Frankreich und Schweden. Jetzt kommt mit der „Amazone" ein deutsches Boot hinzu. Der Anker fällt bei 3,30 Meter Wassertiefe und hält sofort. Schnell ein Fertiggericht heiß gemacht, kaum zu glauben, wie lecker Dosen-Ravioli sein können! Mit dem Teller in der Hand sitzen wir im Cockpit und genießen den Sonnenuntergang.

Die erste Herausforderung dieser Reise haben wir bestanden. Das fühlt sich sehr gut an. Für den 320 Seemeilen langen Törn haben wir 58 Stunden gebraucht. Die Hälfte der Strecke konnten wir prima segeln, die andere Hälfte haben wir mit Großsegel und freundlicher Unterstützung unseres Motors zurückgelegt. Der Motor fragt sich wahrscheinlich schon, wer eigentlich die Idee zu dieser Reise hatte!

Der Anker hat seine Sache gut gemacht, am nächsten Morgen liegt die „Amazone" noch genau dort, wo sie abends zur Ruhe gekommen ist. Wir haben geschlafen wie die Murmeltiere, ausgiebig gefrühstückt und am späten Vormittag geht es Anker auf und hinaus aus der geschützten Bucht.

Es weht mit drei bis fünf Beaufort, wie vorausgesagt aus östlicher Richtung. Mit Großsegel und Genua geht es los, dann setzt Ingo den Gennaker. Als der Wind zunimmt, verschwindet der Gennaker im Segelsack, die Genua wird wieder ausgerollt. Später lässt der Wind wieder nach und wer muss es richten? Der Motor.

Gegen 17.00 Uhr erreichen wir die Marina La Coruna. Hier haben wir die Qual der Wahl, es sind so viele Plätze frei. Da entdecken wir ein Boot mit deutscher Flagge. Die dazugehörige Crew hat uns auch entdeckt und hilft uns beim Anlegen. Es sind Violetta und Martin, sie heißen uns herzlich willkommen und versorgen uns mit den ersten Informationen über die Marina. Tut das gut, so nett empfangen zu werden.

Zuerst bekommt die „Amazone" ihre Süßwasserdusche, anschließend sind wir dran. Sehr noble Sanitäranlagen. Marmor und riesige quadratische Brausen, aus denen ordentlich Wasser kommt. Ist das herrlich! „Froh zu sein, bedarf es wenig und wer froh ist, ist ein König." Wir sind Könige.

Bei der Anmeldung im Marianbüro werden zum ersten Mal unsere Reisepässe verlangt. Das heißt, Ingos Pass, mein Pass und „Amazones" Reisepass - der Internationale Bootsschein. Andere Länder, andere Sitten.

Wegen des Luken-Malheurs wartet viel Arbeit auf uns, selbstgemachtes Leid, zugegeben. Als erstes werden die Polster gründlich mit Süßwasser gespült, weil das Salz aus dem Bezugsstoff und dem Schaumstoff gespült werden muss. Als nächstes räumen wir das Vorschiff erneut komplett aus. Alle dort verstauten Gegenstände werden mit Süßwasser abgespült, abgewischt und getrocknet. Anschließend wird auch noch das Vorschiff ausgewischt und nachdem es getrocknet ist, räumen wir alles wieder ein. Die Polster trocknen derweil an Deck. Hatte ich zunächst die Hoffnung, dass meine Kleidung in den Taschen trocken geblieben ist, so wurde ich doch enttäuscht. Fast der gesamte Inhalt muss gewaschen werden. Ingo beschäftigt sich außerdem noch mit unserer Positionslaterne im Bugkorb. Seit kurzem leuchtet sie nicht mehr. Wir haben noch eine Dreifarbenlaterne im Masttopp, so dass der Ausfall nicht so schlimm ist. Aber sie muss in Stand gesetzt werden. Werkzeug hervorkramen und auf Fehlersuche gehen. Es stellt sich heraus, dass es einen Kabelbruch gegeben hat. Jetzt ist wieder alles in Ordnung, sie leuchtet wieder.

Immer kam etwas dazwischen, aber heute soll es endlich klappen: Wir gehen zum Strand - vamos a la playa, wie die Spanierin und der Spanier sagen. Wie praktisch, dass die kleine Bucht mit dem Strand ganz in der Nähe des Herkulesturmes liegt, den wir uns gerne aus der Nähe ansehen wollen. Erst ein bisschen Kultur und später am Strand in der Sonne entspannen. Der Torre de Hércules ist der einzige Leuchtturm aus der Antike, der noch heute in Betrieb ist. Er wurde im 2. Jahrhundert n. Chr. von den Römern errichtet. Der Leuchtturm hat einen quadratischen Grundriss mit 11,40 m Seitenlänge, ist 59 m hoch und befindet sich in 120 m Höhe über dem Meeresspiegel. Im Jahre 2009 (auch n. Chr.) wurde der Turm zum UNESCO Welterbe erklärt. Nachgemessen haben wir die Angaben nicht, sie stammen aus der Broschüre, die wir am Turm bekommen haben. Er ist aber wirklich beeindruckend. Dann geht's endlich an den Strand. Die kleine Bucht liegt sehr zentral. Auf Bremen übertragen so etwa beim Weserstadion. Sie ist sehr gepflegt und Kollegen von David Hasselhoff und Pamela Anderson passen auf, dass kein Badegast verloren geht. Es gibt sogar Toiletten und eine Dusche und das schier Unglaubliche: Es wird keine Kurtaxe erhoben.

Es klopft am Boot, auf dem Steg steht ein Paar. Die beiden stellen sich als Dörte und Paul vor. Sie sind mit ihrer Segelyacht „Man suutje" aus Flensburg unterwegs und wollen auch in die Karibik segeln. Wir bitten sie an Bord und ganz bald stellt sich heraus, dass Dörtes und meine Eltern sehr lange befreundet waren. Sie waren Vereinskameraden im Oberweser-Segel-Verein in Bremen. Die Welt ist doch manchmal sehr klein! Dörte und ich würden jetzt gerne unsere Mütter anrufen, um ihnen von unserer Begegnung zu erzählen. Leider leben sie nicht mehr.

## 5. Biskayaüberquerung, spanische und portugiesische Küste

In den Tag hinein leben, das machen wir zurzeit gerade. Die Frage ist nur, in welchen Tag. Ist heute eigentlich Donnerstag oder schon Freitag und warum arbeitet auf der Baustelle am Hafen heute niemand? Ganz einfach, weil heute Sonnabend ist. Sonntag ist jedenfalls dann, wenn es ein Frühstücksei gibt. Es sei denn, wir sind auf See, dann gibt es das Sonntagsei auch schon mal am Mittwoch, im Hafen. Gar nicht so einfach, die Übersicht zu behalten.

Faules Strandleben ist nicht so mein Ding, daran muss ich mich erst noch gewöhnen. Ja, auch entspannen will gelernt sein. In den ersten Wochen der Reise fühlte es sich noch wie Urlaub an. Daran schloss sich eine Phase an, in der ich ein schlechtes Gewissen hatte, wenn ich daran dachte, dass andere Leute zur Arbeit gehen müssen, während ich meine Auszeit genieße. Es hat tatsächlich eine Weile gedauert, bis ich mir erlaubt habe, frei zu haben und auf Reisen zu sein.

Dass es während unserer Reise schwierig werden könnte, unsere Gasflasche füllen zu lassen oder gegen eine volle zu tauschen, darauf waren wir vorbereitet. Ein Freund hat uns mehrere Camping-Gasflaschen gegeben, die unterwegs leichter zu tauschen sind, als die normalen deutschen fünf Kilo Propan-Gasflaschen. Nach fast acht Wochen ist unsere Gasflasche jedenfalls sehr leicht und wird bald leer sein. Von Paul haben wir erfahren, dass es hier in La Coruna einen Gashandel gibt, wo auch Gasflaschen gefüllt werden.

Dass es auf unserer Reise schwierig werden könnte, in Spanien Briefmarken für Postkarten nach Deutschland zu bekommen, darauf waren wir allerdings nicht vorbereitet. Dieses Projekt beschäftigt mich jetzt schon drei Tage. An einem Kiosk habe ich hübsche Ansichtskarten gesehen und dort gefragt, ob sie auch Briefmarken verkaufen. Nein, die bekomme ich im Tobacco Shop. Aha. Schade nur, dass die Tobacco Shops gerade Siesta halten und erst um 17 Uhr wieder öffnen. Okay, zweiter Anlauf am nächsten Tag. Im Tobacco Shop bitte ich um zehn Briefmarken, um Postkarten nach Deutschland senden zu können. Alemania? Nein, solche Briefmarken gibt es nur direkt im Post Office. Ach. Also auf den Weg zum Post Office machen, das zum Glück ganz in der Nähe der Marina liegt. Schade nur, dass das Post Office bereits geschlossen ist. Okay, morgen starte ich einen dritten Anlauf. Im Post Office muss ich eine Nummer ziehen. Die 79 ist gerade an der Reihe, bis zur 90 - meiner Nummer - dauert es geraume Zeit. Dann bin ich endlich an der Reihe, das Objekt meiner Begierde kommt in greifbare Nähe, glaubte ich. Ich bringe mein Anliegen vor. „Zehn!?" fragt mich die Mitarbeiterin etwas entgeistert. Ich bestätige es. Sie sperrt ihren Computer, holt einen Schlüssel aus einem Schrank, verlässt die Schalterhalle und kommt erst mal nicht zurück. Aber so leicht gebe ich nicht auf. Ich bin jetzt wegen der Briefmarken schon so weit gekommen, jetzt halte ich durch. Da, die Mitarbeiterin kommt zurück und hat tatsächlich Briefmarken dabei! Sie erklärt mir, dass sie leider nicht die passenden Marken gefunden habe und sie mir stattdessen 20 Marken verkaufe, ich also auf jede Karte zwei Marken kleben müsse. Ich kann nur schwer an mich anhalten und lächle freundlich. Macht 7,60 Euro. Ich gebe ihr 20,60 Euro, müsste also 13 Euro herausbekommen. Sie gibt mir 3 Euro. Ich wende ein, dass noch zehn fehlen. Sie sagt, es sind 20 Briefmarken, für jede Karte zwei. Ich bleibe aber dabei, dass noch zehn Euro Wechselgeld fehlen. Irgendwie sieht sie wohl ein, dass hier etwas nicht stimmt und gibt mir einen 5-Euro-Schein. Auch damit gebe ich mich nicht zufrieden und ziehe erst von dannen, als sie noch einen 5-Euro-Schein herausrückt.

Unser nächstes Ziel sollen die galizischen Rias sein, das sind fjordähnliche Flussmündungen. Sie nicht zu besuchen und an ihnen vorbeizusegeln, sei eine Sünde, heißt es. Wir haben gestern Abend die aktuelle Wind- und Wettervorhersage bekommen und uns entschieden, La Coruna zu verlassen und nach Camarinas zu segeln, unserer ersten Ria. Kurz vor elf Uhr geht es los. Bei frischem Wind aus Nordnordost können wir mit Großsegel und voller Genua die galizische Küste entlangsegeln. Nach 48 Seemeilen fällt am Abend der Anker in der Bucht von Camarinas. Landschaftlich ist es hier reizvoll, Strand, Felsen und Wald.

Am nächsten Vormittag lichten wir den Anker und nehmen Kurs auf die Ria de Muros, weiter die Costa da Morte entlang. Am frühen Nachmittag haben wir das Kap Finisterre querab. Es ist ein weiterer Meilenstein auf unserem Weg nach Süden. Kap Finisterre heißt übersetzt „Ende der Welt", weil die Menschen früher glaubten, dass hier die Welt zu Ende sei. Für viele Pilger auf dem Jakobsweg gilt das Kap als das eigentliche Ende des Pilgerweges. Außerdem gilt es als Wetterscheide und allmählich sollten wir jetzt den sogenannten Portugiesischen Norder bekommen, mit dem wir gut weiter Richtung Süden segeln könnten.

Die bergige Küste Galiciens mit ihren Felsen, Stränden und imposanten Wolkengebilden ist wunderschön anzusehen. Und obwohl uns der Wind leider im Stich lässt, macht es Spaß, an dieser eindrucksvollen Küstenlinie bei wenig Seegang unserem Ziel entgegenzuschaukeln.

Im Slalom geht es schließlich in die Ria de Muros. Slalom deshalb, weil hier so viele Fischerbojen liegen. Die Einfahrt scheint durch Fischerbojen geradezu abgeriegelt, ein richtiges Minenfeld. Am frühen Abend fällt nach knapp 37 Seemeilen der Anker. Die Sonne hat sich heute fast gar nicht blicken lassen. Unterwegs war mir so kalt, dass ich meine Seestiefel mit den dicken Socken aus dem Schrank geholt habe. Ich hatte eigentlich eher an Flip-Flops gedacht. Die Wassertemperatur beträgt eisige 15 Grad - nicht nur

## 5. Biskayaüberquerung, spanische und portugiesische Küste

die Felsen erinnern uns an Norwegen.

Ein dänisches Ehepaar, das mit seiner Yacht gleich vor uns ankert, kommt mit seinem Schlauchboot zu uns herüber. Die Zwei sind vor einem Monat in Sonderburg gestartet und wollen in die Karibik segeln. Vor zehn Jahren waren sie schon einmal auf Langfahrt. Damals waren sie so alt wie wir, ihre Kinder waren genauso alt, wie unsere jetzt, sie hatten genau wie wir 15 Monate Zeit und sie sind die gleiche Route gesegelt, die wir segeln wollen - viele Parallelen. Sie heißen Isabella und Adolf. Ja, wie kommt ein Däne ausgerechnet zu diesem Vornamen? Wir haben nicht gefragt. Schließlich sucht sich niemand seinen Vornamen selbst aus. Adolf erzählt uns im Laufe des Abends von sich aus, dass es eine Familientradition war, den Sohn wie den Vater, in diesem Fall eben Adolf, zu nennen. Gar nicht so einfach, mit so einer Hypothek durchs Leben zu gehen, wie wir anhand einiger Erlebnisse erfahren, die er uns schildert. Isabellas und Adolfs Sohn heißt übrigens nicht Adolf.

Wir gehen gegen Mittag Anker auf. Ziel ist die Ria de Arousa. Der Wind ist weiterhin schwach, zu schwach zum Segeln. So geht es im Sonnenschein bei leichter Atlantikdünung unter Maschine Richtung Süden. Nach knapp 25 Seemeilen fällt unser Anker in einer kleinen, geschützten Bucht in der Ria de Arousa, vor dem Ort Santa Uxia de Riveira. Ingo beschließt, baden zu gehen und dabei den Propeller zu putzen. Bei 17 Grad Wassertemperatur ein sportliches Vorhaben. Auf der Schiffschraube haben sich kleine Seepocken niedergelassen. Er versucht es mit „Hansi Strahlemann", „Edelstahl-Spirale rostfrei - mühelos saubere Töpfe, Pfannen sowie Grill und Backofen" steht auf der Verpackung. Mühelos war es zwar nicht, aber immerhin glänzt der Propeller wieder. Die Ringanode an der Welle ist angefressen und eine Schraube hat sich gelöst. Angefressen ist in Ordnung, lose ist schlecht. Wir haben eine Ersatzanode dabei und ruck, zuck tauscht Ingo sie aus. Ziemlich abgekühlt klettert er wieder an Bord.

Ein schwarzes Speedboat kommt mit Höchstgeschwindigkeit auf die Ankerbucht zugeschossen. Wir vermuten zunächst die Küstenwache, dann sehen wir die großen Buchstaben: ADUANAS. Schnell im Wörterbuch nachgeschlagen: Der Zoll ist im Anmarsch! Wir haben keine verbotenen Substanzen an Bord, Schnaps und Zigaretten gehen zur Neige, unsere Papiere sind in Ordnung, aufgeräumt haben wir auch, also kein Grund zur Aufregung. Aber ich bin so was von aufgeregt! Die Papiere legen wir bereit. Als das Zollboot ganz nah bei uns ist, werden wir gefragt, ob wir Spanisch sprechen und wie viele Personen an Bord sind. Es wird uns mitgeteilt, dass die Beamten jetzt gerne zu uns an Bord kommen möchten. Ganz vorsichtig kommen sie längsseits, einen riesigen Kugelfender halten sie zwischen uns und ihr Schnellboot. Zwei Männer, die sogar Bootsschuhe tragen, steigen zu

45

uns über und nehmen im Cockpit Platz. Sie möchten unsere Pässe und den Internationalen Bootsschein sehen. In ein Formular, von dem wir eine Durchschrift bekommen, wird einiges eingetragen. In die Kajüte gehen sie nicht, weitere Fragen stellen sie auch nicht und nach etwa zehn Minuten gehen sie freundlich grüßend von Bord. Zum Abschied winkt der Kollege, der das Zollboot steuert, uns lächelnd zu.

Es ist doch merkwürdig, dass ich so aufgeregt war. Wir haben ja keine verbotenen Dinge, wie Drogen oder Waffen dabei und nichts zu befürchten gehabt. Bei Helligkeit am ruhigen Ankerplatz Besuch vom Zoll zu bekommen, ist doch nicht schlimm. In Dunkelheit auf See vom Zoll oder der Küstenwache „geentert" zu werden ist da sicher etwas anderes.

Wir wollen in die nächste und letzte Ria weitersegeln, nach Baiona, in der Ria Vigo. Die knapp 30 Seemeilen legen wir bei strahlendem Sonnenschein und schwachem Wind zumeist mit Hilfe unseres Motors zurück. Fischerbojen all überall, bloß keine übersehen! Am frühen Nachmittag erreichen wir Baiona. Hier können wir den originalgetreuen Nachbau der „Pinta" besichtigen. Sie war eines der drei Schiffe, mit denen Kolumbus losgesegelt ist und Amerika entdeckt hat.

Wir lernen Peter kennen, der mit seiner Yacht „Tanee" in unserer unmittelbaren Nachbarschaft ankert. Er ist etwa zur selben Zeit wie wir in Deutschland gestartet und will mit seiner Mutter an die portugiesische Südküste, die Algarve, segeln. Peter ist Mitte fünfzig und nicht zum ersten Mal auf großer Fahrt. Viele Geschichten hat er zu erzählen, Geschichten aus der Karibik und auch aus Hamburg, seiner Heimat.

Wir wollen mit dem angekündigten Nordwind Richtung Süden nach Viana do Castelo segeln. Das liegt in Portugal, die nächste Gastlandflagge liegt für ihren Einsatz bereit. Unter Maschine geht es aus der Bucht auf den Atlantik hinaus, hier rollen und baumen wir die Genua aus, das Großsegel hat Pause. Der Wind kommt von achtern, da würde das Großsegel die Genua abdecken und wir kämen auch nicht schneller voran. So rollen, schaukeln und geigen wir bei Sonnenschein und zunehmendem Wind unserem Ziel entgegen. Nach 32 Seemeilen erreichen wir am Nachmittag die Marina und machen an der Gästepier fest. Im Laufe des Nachmittags füllt sich die Pier. Jetzt liegen hier sechs Boote aus sechs Nationen: Deutschland, Belgien, Niederlande, Norwegen, Dänemark und gerade hat noch eine Yacht aus Frankreich festgemacht.

Am nächsten Tag geht es auch schon weiter, und zwar nach Leixoes. Mit dem zunächst noch etwas schwachen Norder schaukeln wir an der Küste entlang. Wie in der Windvorhersage angekündigt, nimmt er im Laufe des Tages zu und es geht nur mit der Genua ganz flott voran. Nach 30 Seemeilen fällt am Nachmittag im Hafen von Leixoes neben der Marina der Anker.

## 5. Biskayaüberquerung, spanische und portugiesische Küste

Leixoes hat den größten künstlich angelegten Hafen Portugals. 25 % des portugiesischen internationalen Handels wird über diesen Hafen abgewickelt. Wir wollen uns die Stadt ansehen und paddeln zunächst mit dem Schlauchboot zu einem kleinen Anleger, der zu einem Restaurant gehört und binden das kleine Boot dort an. Leider schließt das Restaurant um 19.00 Uhr, so kämen wir später durch das verschlossene Tor nicht mehr zu unserem Beiboot zurück.

Dann versuchen wir unser Glück eben an dem benachbarten kleinen Strand. Sieht zwar alles abgeriegelt und eingezäunt aus, weil dort dicke Gaspipelines verlaufen, aber irgendwas geht ja immer. Hingepaddelt, Schlauchboot den Strand hochgezogen und am Zaun festgebunden, über die großen Steine am Zaun entlanggehangelt und am Ende des Zauns nur noch die sechs oder sieben dicken Rohre überwinden, dann haben wir es geschafft. Dachten wir.

Wir haben die Rohre gerade krabbelnderweise überwunden - Ingo übrigens mit dem Müllbeutel in der Hand - als uns ein nicht sehr freundlich dreinschauender junger Mann in Uniform entgegenkommt und anspricht. Er sagt, es sei hier alles hochexplosiv und sehr gefährlich, was wir hier gemacht hätten. Er würde uns jetzt von dem Gelände begleiten und die Sache wäre erledigt. Na ja, für ihn erledigt. Für uns wäre das aber sehr schlecht, wie sollen wir zu unserem Schlauchboot zurückkommen? Ohne Schlauchboot auch keine Rückfahrt zur „Amazone".

Auf unseren Einwand erwidert er, dass er jetzt mit uns zu einem Kollegen gehen würde, der besser Englisch spricht. Dieser Kollege beharrt darauf, dass wir auf schnellstem Wege vom Gelände zu verschwinden hätten. Rückweg zum Schlauchboot käme nicht in Frage. Ingo, immer noch mit Müllbeutel in der Hand, antwortet, dass wir auf jeden Fall noch einmal auf das Gelände gehen müssen, um zu unserem Beiboot zu gelangen. Der Mitarbeiter sagt, wenn wir darauf bestehen und wieder auf das Gelände gehen, würde er die Polizei holen. Ingo sichert ihm zu, dass wir nicht über die Rohre klettern, sondern uns bis zum Strand ganz dicht am Zaun halten. Ich füge noch an, dass wir auch nie wieder kommen würden. Ein zugegeben untauglicher Versuch, unsere Situation zu retten: Die Antwort des Security-Mannes darauf ist, dass er davon sowieso ausgehen würde. Nun ja, die beiden Herren unterhalten sich auf Portugiesisch und schließlich dürfen wir mit Geleitschutz des einen Herrn am Zaun entlang zurück zum Strand über die Steine klettern. Er bleibt auch so lange am Zaun stehen, bis wir tatsächlich ein Stück weggepaddelt sind. Wir fahren nun in die Marina und binden das Schlauchboot dort am Steg an. Im Marinabüro können wir uns leider nicht melden, weil die Mitarbeiter schon Feierabend haben. Ach ja, den Müllbeutel wird Ingo hier auch los.

47

Nach einem kurzen Spaziergang kehren wir zur „Amazone" zurück und genießen das Besondere an diesem Ankerplatz. Wir liegen mit dem Heck zur Hafeneinfahrt. Gerade kommt ein großes Containerschiff in den Hafen und wird von Schleppern gedreht. Dieses Manöver können wir von unserem Logenplatz aus gut beobachten.

Am nächsten Morgen verholen wir uns in die Marina. Wir wollen einen Ausflug nach Porto, der zweitgrößten Stadt Portugals, machen. Die Bushaltestelle ist gleich hier am Hafen. Wir sind eine knappe Stunde unterwegs und dann gleich mitten drin im Trubel dieser quirligen Stadt, im historischen Stadtzentrum. Die Bauten sind beeindruckend, wenn sie auch zum Teil einen recht baufälligen Eindruck machen. Die Perspektiven und Ausblicke auf den Rio Douro, dem Fluss, an dem Porto liegt, sind bemerkenswert. Wir bummeln durch die Gassen, es geht treppauf und treppab. Alle namhaften Portweinkellereien bieten Führungen mit Weinproben an. Einer Empfehlung folgend suchen wir die Kellerei Taylor und nehmen an der sehr interessanten Führung teil. Vorher gibt es ein Gläschen zur Probe und anschließend noch zwei. Hicks. Wir bummeln noch ein bisschen durch die Stadt, trinken einen Cappuccino und nehmen den Bus zurück zur Marina.

Der Himmel ist zwar wolkenlos, aber wegen des Windes, dem Portugiesischen Norder, ist es ziemlich kalt. Typischerweise ist es so, dass der Wind am Morgen noch schwach ist und im Laufe des Tages immer mehr zunimmt. Die Lufttemperatur beträgt um die 23 Grad, abends kühlt es rasch ab.

Wir bekommen Besuch. Als ich die uniformierten Herren auf unser Boot zukommen sehe, die Pistole griffbereit am Gürtel, fällt mir zunächst unsere gestrige Krabbelaktion über die Gaspipelines wieder ein. Das schlechte Gewissen holt mich ein. Die zwei Herren sind aber nicht von der Polizei, sondern von der Brigada Fiscal, dem Zoll. Sie möchten unsere Papiere sehen. Sie sind sehr freundlich, schreiben die erforderlichen Daten auf und verabschieden sich nach ungefähr zehn Minuten wieder.

Der Wecker wirft uns am nächsten Morgen um sechs Uhr früh aus der Koje. Heute wollen wir nach Figueira da Foz segeln. Der Törn ist etwa 60 Seemeilen lang, wir werden also 10 bis 11 Stunden unterwegs sein, je nachdem, wie uns der Norder anschiebt. Laut Wettervorhersage soll er heute Vormittag schwach loslegen und im Laufe des Tages auf vier bis fünf, in Böen sechs, Windstärken zunehmen. Kurz nach acht Uhr sind wir segelklar und starten den Motor. Auch auf dem Nachbarschiff aus England ist man schon wach. Von dort zieht der Duft von gebratenem Speck zu uns herüber. Die Familie mit zwei kleinen Mädchen ist gestern hier angekommen. Die Bordfrau wünscht uns „A safe journey!" und schon geht es hinaus auf den Oceano Atlantico.

## 5. Biskayaüberquerung, spanische und portugiesische Küste

Unter Maschine legen wir die ersten Seemeilen zurück, als der Norder endlich aufbrist und wir die Genua ausrollen und ausbaumen. Als der Wind nicht mehr direkt von achtern kommt, wechseln wir das Vorsegel und der Gennaker kommt zum Einsatz. Bei Sonnenschein und konstanten vier bis fünf Windstärken rauschen wir mit bis zu sieben Knoten Fahrt an der Küste entlang, dass es eine Freude ist. Am späten Nachmittag nimmt der Wind immer mehr ab, wir rollen den Gennaker ein und starten die Maschine. Etwa eine Stunde vor Figueira da Foz runden wir die Landspitze Cabo Mondego. Der Himmel ist immer noch wolkenlos und strahlendblau. Allmählich kommt wieder etwas Wind auf und wir rollen die Genua ganz aus. Innerhalb von etwa 30 Minuten frischt er von zwei auf acht Beaufort auf, immer noch von achtern. Die Genua rollen wir nach und nach immer weiter ein, sie mutiert zur Sturmfock und wir lassen die Maschine im Standgas mitlaufen. Mit mehr als sieben Knoten Fahrt pflügt die „Amazone" bei mäßigem Seegang auf die Hafeneinfahrt zu.

Bei immer noch sieben Windstärken machen wir in der Marina am Rezeptionsponton fest und melden uns an. Die Pässe werden wieder einmal verlangt. Wir verholen in eine der letzten freien Boxen am Gästesteg. Hier stehen schon drei hilfsbereite Segler und nehmen unsere Leinen an. Wir haben heute knapp 65 Seemeilen zurückgelegt und waren etwa 11 Stunden unterwegs. Was für ein abwechslungsreicher Törn!

Die portugiesische Küste ist mit Vorsicht zu genießen. Es gibt nur wenige Häfen, die bei jedem Wind sicher anzulaufen sind. Bei starkem Westwind bilden sich vor vielen Häfen ganz gefährliche Grundseen und die Häfen werden dann auch gesperrt. Einlaufen verboten! 2013 hat es vor Figueira da Foz, „da Foz" heißt auf Deutsch „an der Flussmündung", einen sehr schweren Unfall gegeben. Eine deutsche Segelyacht ist beim Versuch, in den gesperrten Hafen einzulaufen, verunglückt. Ein Besatzungsmitglied der Yacht und ein Seenotretter sind ums Leben gekommen.

Zum Glück klingelt nicht an jedem Tag der Wecker und schreibt uns vor, wann es Zeit ist, aus der Koje zu kommen. Wir legen einen Hafentag ein. Es gibt sogar ein Frühstücksei. Schließlich ist Sonntag und wir sind nicht auf See. Danach bummeln wir die sehr lange Strandpromenade entlang. Nicht nur die Promenade ist sehr lang, auch bis zum Wasser ist es ein sehr langer Weg, geschätzt vielleicht 500 bis 600 Meter. Auf dem Rückweg gehen wir durch die kleinen Straßen und Gassen und freuen uns tatsächlich über Schatten. Es ist an die 30 Grad heiß, der Wind weht nur schwach und bringt kaum Abkühlung. Das Deck der „Amazone" ist so heiß, dass wir es barfuß gar nicht betreten können. Was ist das denn nun mit der sogenannten Barfußroute? Erst ist es zum Barfußgehen zu kalt und jetzt zu heiß! Am späten Nachmittag packen wir die Tasche und sind gleich neben dem Hafen auch schon am Strand. Trotz des schwachen Windes gibt es eine hohe Brandung. Es baden allerdings nur vereinzelt ein paar Hartgesottene, die Wassertemperatur beträgt nur 15 Grad.

Geplant haben wir, gegen 10.00 Uhr abzulegen und zu unserem nächsten Zielhafen Nazaré zu segeln. Es ist nur wenig Wind vorhergesagt, morgens soll es diesig sein. Es ist auch diesig, sehr diesig sogar. Dichter Nebel hüllt den Hafen ein, es ist dementsprechend kühl und feucht. Wir ändern unseren Plan und bleiben schön im Hafen. Wir nutzen den Hafentag, um alltägliche oder allwöchentliche Dinge zu erledigen. Ein größerer Einkauf, der wegen der gestrigen Hitze ausgefallen war, wird nachgeholt. Der Hackenporsche wird einer Belastungsprobe unterzogen, die er glänzend besteht. Vollgestopft bis oben hin mit Mineralwasserflaschen, Getränkedosen und Milchkartons geht es den etwa zwei Kilometer langen Weg über Bordsteinkanten und andere Hindernisse zurück an Bord.

Ein Blick aus dem Cockpit verrät uns am nächsten Morgen, dass es zwar etwas diesig ist, aber unseren heutigen Reiseplänen insoweit nichts entgegensteht. Noch schnell die Trinkwasservorräte auffüllen und wir verholen zum Rezeptionsponton zum Abrechnen. Um kurz nach 10 Uhr legen wir in Figueira da Foz endgültig ab. Unser heutiges Ziel ist Nazaré. Es ist schwacher Wind vorhergesagt, der allmählich zunehmen soll. Schwach war er tatsächlich, zugenommen hat er, zumindest dicht an der Küste, wo wir unterwegs waren, nicht. So wird es eine ganz entspannte Fahrt, was unser guter Freund, der Motor, mal wieder etwas anders sehen wird. Mit seiner Hilfe legen wir die 37 Seemeilen gemütlich schaukelnd zurück und gegen 16.30 Uhr machen wir in der Marina in Nazaré fest.

Es ist eine kleine, ziemlich heruntergekommene Anlage mit wenigen Gästeplätzen. Wir ergattern aber noch eine Box und Ingo macht sich mit unseren Papieren auf den Weg zum Hafenmeister. Das Gebäude mit dem Hafenmeisterbüro und den sanitären Anlagen ist in einem genauso schlechten Zustand wie die Stege. Als Ingo seinen Reisepass vorlegt und meinen Pass aus der Dokumentenmappe ziehen will, sagt der Hafenmeister zu ihm: „Sie sind doch mit Antje Grimm unterwegs. Alles schon registriert." Grimm ist mein Mädchenname, aber ansonsten funktioniert der Datenaustausch unter den portugiesischen Hafenbehörden anscheinend ausgezeichnet.

Der Ort ist etwa einen halbstündigen Fußmarsch von der Marina entfernt. Wir sind von der Atmosphäre, den vielen kleinen hübschen Gassen und Fischrestaurants ganz angetan. Im Gegensatz zur Marina lädt es hier zum Verweilen ein.

Mit einer Bergbahn können wir zu dem höher gelegenen Ortsteil Sitio fahren. Das sich uns von dem Felsplateau bietende Panorama ist grandios. Wenn wir schon mal hier oben sind, besichtigen wir auch gleich den Farol de

## 5. Biskayaüberquerung, spanische und portugiesische Küste

Nazaré, den Leuchtturm von Nazaré im Fort Sao Miguel. Das Fort wurde bereits im 16. Jahrhundert zum Schutz gegen Piraten errichtet, 1903 kam der Leuchtturm hinzu.

In dem Fort gibt es eine Ausstellung. Es geht um einen Weltrekord, der im Guinness Buch der Rekorde aufgeführt ist: Am 01.11.2011 hat Garrett McNamarra hier vor Nazaré den Weltrekord im Wellenreiten aufgestellt - 23,77 Meter war die Welle hoch. Dass es hier so hohe Wellen geben kann, hat verschiedene Ursachen. Zum einen befindet sich hier vor der Küste der Nazaré Canyon, eine mehr als 230 km lange und bis zu 5.000 m tiefe Meeresschlucht. Das Ende dieser Schlucht liegt unmittelbar vor der Küste von Nazaré, dadurch ändert sich die Wassertiefe sehr schnell. Zum anderen gibt es unter bestimmten Wetterbedingungen Meeresströmungen vom Strand um den Felsvorsprung in den Atlantik, was zu einer weiteren Erhöhung der Wellen beiträgt. Habe ich nicht gesagt, dass die portugiesische Küste mit Vorsicht zu genießen ist? Wer hält schon einen Weltrekord im Wellenreiten?

Unser heutiges Ziel ist die Insel Berlenga. Eine kleine Insel mit einem Fort und einem Campingplatz. Sie ist etwa 25 Seemeilen entfernt und liegt vier Seemeilen vor der Küste, etwa auf der Höhe von Peniche. Alternativ könnten wir heute auch den dortigen Hafen anlaufen. Aber im Revierführer wird Peniche als „Busy fishing harbour with small yacht marina" beschrieben, geschäftiger Fischereihafen mit kleiner Sportbootmarina, das hatten wir gerade und muss jetzt nicht gleich wieder sein.

Der Wind weht auch heute nur schwach, so dass es zum Segeln wieder nicht reicht. Was aber den Vorteil hat, dass wir bei dem ruhigen Wetter diesen besonderen und ungeschützten Ankerplatz anlaufen können. Besonders ist der Platz deshalb, weil wir direkt unterhalb der hochaufragenden Felsen der Insel liegen. Als wir gegen 15 Uhr eintreffen, ankern hier einige Fähren und Ausflugsboote. Es herrscht reger Betrieb auf dem Wasser, große Schlauchboote mit vielen Ausflüglern an Bord fahren vorbei, kleine Fischerboote ebenfalls. Es liegen noch mehrere andere Segelboote vor Anker, ausnahmslos Portugiesen.

Im Laufe des Nachmittags gehen die Ausflugsboote Anker auf und holen ihre Gäste von dem Anleger auf der Insel ab, um sie ans Festland zurückzubringen. Ingo hat unser Schlauchboot aufgepumpt und wir unternehmen einen Ausflug auf die kleine Insel. Unterhalb des Forts können wir mit dem Schlauchboot anlanden. Wir besichtigen das Fort, in dem ein Hotel untergebracht ist und machen einen Spaziergang zum Leuchtturm. Es war eine gute Entscheidung, hier zu ankern und uns die kleine Insel anzusehen. Es bieten sich viele spektakuläre Ausblicke.

Trotz des ruhigen Wetters war die Nacht etwas schaukelig und auch beim Frühstücken müssen wir aufpassen, dass die Atlantikdünung das Nutellaglas und die Müslischale nicht vom Tisch rutschen lässt.

Gegen 9.00 Uhr gehen wir Anker auf, um diesen etwas anderen Ankerplatz zu verlassen. Unser heutiges Ziel ist Cascais, etwa 45 Seemeilen entfernt. Die Windvorhersage verspricht zunächst drei bis vier Windstärken aus Nord, zunehmend auf fünf bis sechs. Leider sind es tatsächlich nur zwei bis drei Windstärken, erst eine Stunde vor Cascais nimmt der Wind auf vier bis fünf Beaufort zu. Mit ausgerollter Genua laufen wir auf die Ankerbucht zu. Kurz vor 18 Uhr fällt der Anker in der Bucht neben der hiesigen Marina.

Im Reeds Nautical Almanac, unserem (fast) allwissenden Revierführer, lesen wir, dass das Liegegeld in der Marina pro Meter 4,30 Euro beträgt. Für die „Amazone" wären also mindestens 45 Euro pro Tag fällig. Kein Wunder also, dass die Bucht gut besucht ist. Hier haben wir heute das absolute Kontrastprogramm zu unserem Ankerplatz vor Berlenga. Die geschützte Bucht ist riesig, die „Amazone" liegt ruhig im Wind, viele Boote aus verschiedenen Nationen sind zu Besuch, am großen Strand herrscht reges Treiben, das Panorama mit der Promenade und den vielen modernen Gebäuden ist eindrucksvoll. Die Portugiesen, wie auch die Spanier, mögen es laut: Wenn gefeiert wird, dann richtig! Am Strand findet ein Konzert statt, unsere CDs können wir im Schrank lassen.

Wir haben eine ruhige Nacht verbracht - einschließlich Guter-Nacht-Musik vom Strand. Nutellaglas und Müslischale haben heute keinen Drang, sich vom Tisch zu verabschieden. Gegen zehn Uhr lichten wir den Anker und fahren in die fünf Seemeilen entfernte Marina Oeiras am Rio Tejo, dem Fluss, an dem Lissabon liegt. Der Skipper macht sich auf in das Hafenmeisterbüro, um uns anzumelden und einen Liegeplatz für die „Amazone" zugewiesen zu bekommen. Er kommt mit einer Tasche zurück, ein Geschenk der Marina mit deren Werbung darauf. Darin befindet sich ein Stadtplan, die Preisliste, eine Postkarte (Motiv: die Marina von oben) und eine Flagge mit Werbung für die Marina. Aha, sehr schick. Von unserem Liegeplatz aus sehen wir die „Ponte 25 de Abril" (auf Deutsch: Brücke des 25. April). Sie ist weltweit die zweitlängste Hängebrücke mit kombiniertem Straßen- und Eisenbahnverkehr. Sie verbindet in Nord-Süd-Richtung den Lissaboner Stadtteil Alcantara mit der Stadt Almada. Die Einheimischen nennen sie einfach nur Ponte. Die Bremer nennen die Karl-Carstens-Brücke ja auch einfach nur Erdbeerbrücke.

Von hier aus wollen wir zu dem ca. 480 Seemeilen langen Törn nach Madeira starten. Wir werden etwa vier Tage unterwegs sein. Dafür brauchen wir natürlich wieder ein gutes Wetterfenster.

Vor diesem langen Törn füllen wir noch einmal unsere Vorräte auf, d. h. also Hackenporsche ahoi. Der nächstgelegene Supermercado ist unser. Danach wartet der Skipper den Motor, diesen unfreiwilligen Hauptdarsteller

## 5. Biskayaüberquerung, spanische und portugiesische Küste

in unserer Geschichte. Wird Zeit, dass er eine Nebenrolle übernimmt, noch besser wäre eine Statistenrolle. Folgendes wird erledigt und akribisch im Logbuch festgehalten: Dieselvorfilter (Schauglas) überprüft; Motoröl und Getriebeöl kontrolliert; Wellendichtung gefettet; Seewasserfilter gereinigt; Kühlwasserstand kontrolliert; Keilriemenspannung sowie Impeller der Seewasserpumpe geprüft; eine allgemeine Sichtkontrolle durchgeführt.

Alles in allem waren wir heute ziemlich fleißig und lauschen jetzt der Musik, denn auch hier am Hafen wurde eine Bühne aufgebaut. Pünktlich um 22 Uhr legt die Band los.

Das Wetter führt die Regie. Nachdem wir in Camaret relativ lange auf ein gutes Wetterfenster für die Biskaya-Überquerung warten mussten, geht es hier ruck, zuck. Die gerade frisch eingeholte Wind- und Wettervorhersage verspricht für den 480-Meilen-Törn zum Madeira Archipel gute Bedingungen zum Segeln. Wir werden bei zunehmendem Wind bis fünf, in Böen sechs, Beaufort starten. Später sollen es durchschnittlich vier Windstärken sein, das Ganze aus nördlichen Richtungen. Wir segeln Südwest-Kurs, es sollte also passen. Die Segel werden sicher endlich wieder eine Hauptrolle übernehmen! Wenn wir erst morgen starten würden, müssten wir sehr viel mit Motorunterstützung fahren, wer will das schon? Unser geplanter Ausflug nach Lissabon fällt nun leider aus, aber die Wettervorhersage ist einfach zu verlockend.

Spanien, La Coruna – links das markante Gebäude der Hafenbehörde

und im Hafen Polster mit Süßwasser spülen

5. Biskayaüberquerung, spanische und portugiesische Küste

Besuch vom Zoll in den spanischen Rias

Blick auf den Strand von Nazaré/Portugal

# II

## ZWEITER ZWISCHENRUF UNSERER AMAZONE:

„Habe ich nicht gesagt, da ist etwas ganz Großes im Gange? Und, habe ich recht gehabt? Winterlagerhalle fällt für mich in diesem Jahr jedenfalls aus, repariert und geschraubt wird jetzt im Schweiße des Angesichts unter der Sonne Frankreichs und den Palmen Spaniens und wer weiß noch wo.

Das hier ist mein zweiter Frühling - mindestens - und bis jetzt ist es der beste! Andere werden aufs Altenteil geschoben - aber ich, ich starte noch einmal richtig durch.

Helgoland war der letzte bekannte Hafen, den wir angelaufen haben. Meine Süßwasserdusche bekomme ich nach den Törns regelmäßig. Neulich gab es zur Abwechslung eine Salzwasserdusche fürs Vorschiff, und zwar von innen. Unglaublich so etwas. Mensch Leute, wir sind hier doch nicht auf dem Werdersee! Da war ich zwar noch nicht, aber ich stelle mir vor, dass es da wesentlich kleinere Wellen gibt, als auf der Biskaya. Ich vermute, dass die Luken in Zukunft auf See geschlossen bleiben. Die beiden haben jedenfalls gute Vorsätze, so wie ich es mitbekommen habe.

Wir haben also die Biskaya überquert und bis auf den kleinen Zwischenfall war alles prima. Ich kann mich nicht erinnern, schon mal so viel Wasser unter dem Kiel gehabt zu haben. Manchmal zählt jeder Zentimeter und hier hatte ich mehr als verschwenderische 5.000 Meter zur Verfügung.

Geankert haben wir auch schon, macht sich gut der neue Anker. Obwohl es eigentlich keine richtige Bewährungsprobe war, geschützte Bucht und kaum Wellen. Mal sehen, wie es mit ihm klappt, wenn er wirklich gefordert wird. Hallo, du da vorne am Bug - ich zähl auf dich!

Es ist alles soweit paletti. Wobei ihr aber bitte nicht glauben sollt, dass bei uns an Bord 24 Stunden lang die Sonne scheint. Neulich hat es zwischen den beiden ganz schön gekracht, das kann ich euch sagen. Vor kurzem hat einer unserer zahlreichen neuen Bekannten gesagt: „An Bord zählt jedes Jahr Partnerschaft wie zwei Jahre an Land." Ihr kennt das ja wahrscheinlich: „In einer Ehe kämpft man zunächst um die Vorherrschaft, dann um die Gleichberechtigung und später ums nackte Überleben." Fragt mich jetzt nicht, wer von den beiden gerade in welcher Phase steckt, das ist nämlich nicht eindeutig zu sagen. Aber eines ist ganz sicher: Wenn es darauf ankommt, halten sie zusammen. Da kann ich mich auf die beiden verlassen.

Bei uns wird es jedenfalls nicht langweilig. Ich bin gespannt, was wir noch alles erleben werden!"

# 6.

## Überfahrt nach Porto Santo und Aufenthalt auf Madeira

I. Bericht von hoher See 24./25.08.2014

Nachdem wir am Sonntagvormittag in der Marina Oeiras abgelegt haben, empfing uns die Mündung des Rio Tejo zunächst mit schwachem Südwind. Wie jetzt, südlicher Wind? Eine gute Stunde später verließen wir die Bucht und erreichten den Atlantik. Jetzt kam auch der Wind. Und zwar so, wie vorhergesagt, aus nördlicher Richtung, mit vier bis fünf Beaufort. Im Laufe des Tages nahm er, auch wie vorhergesagt, immer mehr auf fünf bis sechs zu. Gegen 16.00 Uhr banden wir ein Reff ins Großsegel und rollten die Genua ein Stück ein.

Die Berufsschifffahrt war auch unterwegs, einige Tanker und Frachter kreuzten unseren Kurs. Endlich Wind, endlich segeln! Unser Motor hatte endlich Pause! Die Segel übernahmen die Hauptrolle. Wie losgelassen preschte die „Amazone" durch die See und ritt mit über sieben Knoten Fahrt Welle für Welle ab. Laut Vorhersage, sollte der Wind gegen Mitternacht etwas abflauen und mit fünf Beaufort wehen. Und genau so geschah es auch. Wir rauschten immer noch mit mehr als sechs Knoten Fahrt durch diese mondlose Nacht.

Der Sternenhimmel war so atemberaubend, dass ich mich zwingen musste, den Blick auch mal auf den Plotter zu werfen, um den Kurs zu kontrollieren. Die Kämme der brechenden Wellen wirkten durch fluoreszierende Meeresalgen wie hell erleuchtet. Der Windgenerator surrte, das Wasser rauschte, zischte und gurgelte an der Außenhaut. Ab und zu klatschte eine Welle ans Boot und Wasser spritzte ins Cockpit. Ich kleiner Mensch saß angeleint im Cockpit, düste mit der „Amazone" über 2.000 Meter tiefes Wasser und war ganz überwältigt. Um Mitternacht löste Ingo mich ab und übernahm die Wache bis kurz nach fünf.

Dann war ich wieder dran. Am Morgen rollten wir die Genua ganz aus, etwas später refften wir das Großsegel aus. Der Wind nahm, wie vorhergesagt, immer mehr ab und wehte jetzt noch mit vier Beaufort. In 24 Stunden haben wir 150 Seemeilen zurückgelegt. Wir berechnen normalerweise unsere Routen mit einer Durchschnittsgeschwindigkeit von fünf Knoten, also fünf Seemeilen pro Stunde. Das bedeutet, dass wir durchschnittlich 120 Seemeilen in 24 Stunden zurücklegen. Am frühen Nachmittag bargen wir das Großsegel, rollten die Genua ein und der

Gennaker hatte mal wieder seinen großen Auftritt. Bis zum Abend zog er die „Amazone" mit gut sechs Knoten Fahrt gen Südwesten. Der Wind nahm auf fünf Beaufort zu, der Gennaker wurde geborgen und die ausgebaumte Genua war wieder dran.

II. Bericht von hoher See 26.08.2014

Mit der ausgebaumten Genua segelten wir durch die Nacht und kamen ganz gut voran. Später rollten wir die Genua ein und setzten wieder den Gennaker. Leider ließ der Wind immer mehr nach, gegen Mittag rollten wir den Gennaker ein und ließen den Motor auch mal wieder mitmischen. So fuhren wir schaukelnd über den Atlantik und ließen uns erst mal einen leckeren Nudelauflauf schmecken. Später am Nachmittag baumten wir die Genua bei Wind von drei bis vier Beaufort aus und Ingo setzte zum ersten Mal zusätzlich zur Genua am Kutterstag die kleinere Genua, die Genua III. Wir hatten also jeweils ein Vorsegel an Backbord und eines an Steuerbord. Das ist unsere Passatbesegelung. Damit wollen wir später von den Kapverden den ganz langen Törn über den Atlantik in die Karibik machen. Jetzt war der richtige Moment, diese Besegelung auszuprobieren. Es gab eine Menge einzustellen, aber schließlich standen beide ausgebaumten Vorsegel. Die „Amazone" nahm ordentlich Fahrt auf. Das funktionierte also, ein schönes Erfolgserlebnis! Der Wachwechsel hatte sich schon eingespielt. Wir versuchten, das Schlafdefizit über den Tag verteilt wieder auszugleichen. Es wurde jeden Tag etwas wärmer, wir segelten tatsächlich barfuß und in kurzen Hosen! Auch während der Nachtwachen mussten wir uns nicht mehr dick einpacken. Gleich bekommen wir die neue Wind- und Wettervorhersage und wir hoffen, dass wir mit unseren zwei Vorsegeln gut durch die kommende Nacht segeln können.

III. Bericht von hoher See 27.08.2014

Wir konnten tatsächlich mit der Passatbesegelung die Nacht durchsegeln. Die „Amazone" sieht damit ein bisschen wie eine Fledermaus aus. Die Windvorhersage hatte vier Windstärken angekündigt und so kam es auch, genau von achtern. Es war eine ruhige Nacht mit phantastischem Sternenhimmel, Meeresleuchten und nur mäßig bewegter See. Mit der Berufsschifffahrt gab es nur eine Begegnung. Mit zwei Seemeilen Abstand passierte uns an Backbord ein Frachter mit Ziel Lissabon. Der Wind flaute immer weiter ab, wir bargen zuerst die Genua III und segelten nur noch mit der ausgebaumten Genua mit freundlicher Unterstützung unseres Motors. Ja, mein Freund, ganz ungeschoren kommst du leider nicht davon. Aber es muss doch ein gutes Gefühl sein, gebraucht zu werden!? Am späten Nachmittag

## 6. Überfahrt nach Porto Santo und Aufenthalt auf Madeira

sind es noch schlappe zwei bis drei Windstärken, alle Segel sind geborgen und der Diesel brummt. Wir haben jetzt noch etwa 33 Seemeilen vor uns, 436 liegen hinter uns. Voraussichtlich gegen Mitternacht werden wir Porto Santo erreicht haben, vor dem Strand vor Anker gehen und morgen in die Marina verholen. So ist der Plan.

28. August 2014 - Wir sind angekommen!
Kurz vor Mitternacht fiel der Anker vor Porto Santo. 476 Seemeilen war der Törn lang, vier Tage waren wir unterwegs. Die Inseln Porto Santo und Madeira sowie die unbewohnten Inseln Selvagens und Desertas bilden den Archipel Madeira. Die Inseln sind 1.000 Kilometer vom europäischen Festland und 500 Kilometer von der afrikanischen Küste entfernt.

Am Morgen verholen wir in die Marina. Ein Mitarbeiter weist uns von der Mole aus einen Liegeplatz zu und nimmt uns dort mit einem „Welcome! All okay on board?" in Empfang. Yes, it's all okay. Nachdem die „Amazone" ordentlich festgemacht ist, meldet Ingo uns im Marinabüro und bei der Polizei, der Guarda Nacional Republicana (GNR), die ihr Büro in der Nähe hat, an. Der Internationale Bootsschein bleibt bis zu unserer Abreise in der Verwahrung der Marinaverwaltung. Wir sind völlig von den Socken, als wir feststellen, dass schräg gegenüber von uns eine alte Bekannte von der Weser liegt: Die ehemalige „Pirol"! Wir kommen mit ihrem Eigner ins Gespräch. Die „Pirol" heißt jetzt „Freya" und ist auf dem Weg zu ihrem neuen Heimathafen auf Gran Canaria.

Die „Amazone" bekommt erst mal eine Süßwasserdusche. Sie schwimmt in türkisblauem Wasser, vom Steg aus sehen wir ihren Kiel schimmern. Die Segel werden mit Persenningen abgedeckt, die Kajüte geputzt, ein Schwätzchen mit dem deutschen Stegnachbarn gehalten. Anschließend machen wir uns zu einem ersten Erkundungsgang auf. Gleich neben dem Hafen beginnt der traumhafte feine Sandstrand. Im Büchlein der Touristeninformation lesen wir: „Gesundheit und Wellness gehen an diesem phantastischen Strand Hand in Hand - nicht nur wegen der klaren Gewässer, sondern auch aufgrund der seltenen therapeutischen Wirkung des Sandes. Dieser ist sehr weich und feinkörnig und reibt kaum. Er setzt sich hauptsächlich aus Kalziumcarbonat in der Form von Kalzit zusammen, welches ganz besondere thermische Eigenschaften besitzt." Die therapeutische Wirkung können wir bestätigen, wir fühlen uns pudelwohl!

Noch vor dem Frühstück geht es erst mal zur Therapie, äh, an den Strand. In der Brandung lassen wir uns ordentlich durchschütteln. Frisch geduscht lassen wir uns anschließend das Frühstück schmecken. Nächster Punkt auf der heutigen Tagesordnung ist „Edelstahl putzen". Auch die regelmäßigen Süßwasserduschen können nicht verhindern, dass die Edelstahlteile Flugrost ansetzen. Da heißt es wehret den Anfängen.

Anschließend wenden wir uns dem nächsten Punkt zu. Getränke und einige frische Lebensmittel müssen eingekauft werden. Irgendwie ist das ja ein Teufelskreis: Wegen der Wärme trinken wir mehr, die Getränke gehen also schneller zur Neige, Einkäufe müssen häufiger sein. Einkaufen ist schweißtreibend, also wird wieder mehr getrunken.

Gestern hat Ingo zum ersten Mal an Land eine gesehen - uma barata, auf Deutsch eine Kakerlake. Höchste Zeit also, an Bord Vorkehrungen zu treffen. Vor einiger Zeit hatten wir in Spanien schon Kakerlakenfallen gekauft, jetzt verteilen wir sie im Boot. Außerdem bleiben unsere Schuhe jetzt draußen und die Einkäufe werden genauestens untersucht, ob sich Eier dieser Tierchen irgendwo versteckt haben. Kakerlaken gehören in warmen Ländern zum Alltag, wobei es sie ja auch in Deutschland gibt. Sie sind zwar unappetitlich und eklig, aber nicht gefährlich. Sie beißen und stechen nicht. Trotzdem möchten wir diese Untermieter nicht an Bord haben. Zu einer weiteren Plage können Rüsselkäfer werden. Sie können sich mühelos durch Kartons und dünne Plastikverpackungen bohren. Deshalb bewahren wir Mehl, Zucker, Nudeln, Reis und Müsli in Plastikdosen und PET-Flaschen auf. An den Besuch von Ratten und Mäusen mag ich gar nicht denken!

Ausschlafen, baden und frühstücken, kann ein Tag besser beginnen? Wir nehmen uns heute frei und wollen mit dem Touristenbus eine Rundfahrt um Porto Santo machen. Die Fahrt dauert ca. zwei Stunden und führt bis hinauf auf den Pico da Castela in 437 m Höhe. Allein die Fahrt mit dem betagten Bus ist ein Erlebnis an sich. Und erst die Ausblicke, großartig!

Wollen wir erst baden oder erst frühstücken? Die Antwort ist leicht. Die Sonne lacht vom Himmel, wir stürzen uns in die Fluten und frühstücken anschließend. Genau heute in einem Jahr werde ich mir ganz andere Fragen stellen: Wann fährt der Bus, wo ist die Fahrkarte, habe ich die Gleitzeitkarte und den Büroschlüssel eingesteckt? Es wird nämlich mein erster Arbeitstag nach unserer Reise sein. Knapp drei Monate sind wir jetzt unterwegs, knapp zwölf liegen noch vor uns.

An der langen Kaimauer haben sich hunderte Crews mit kleinen, phantasievollen Bildern verewigt. Hübsch anzusehen, außerdem soll es Glück bringen und garantieren, dass man eines Tages hierher zurückkehrt. Wir suchen uns an der Kaimauer schon mal einen Platz, wo wir uns mit unserem ganz persönlichen „Kunstwerk" verewigen wollen. Das Design haben wir uns überlegt, die Mauer mit der Drahtbürste gereinigt, das Feld abgeklebt, Farben und Malutensilien besorgt und die Grundierung aufgebracht. Jetzt kann es losgehen. Ingo arbeitet konzentriert. Einige Zeit später prangt unser

## 6. Überfahrt nach Porto Santo und Aufenthalt auf Madeira

hübsches kleines Werk neben vielen anderen.

Gestern sind Isabella und Adolf mit ihrer „Amarillo" hier angekommen. Sie finden tatsächlich ihr Bild wieder, das sie bei ihrem ersten Besuch vor zehn Jahren an der Kaimauer hinterlassen haben.

Bei südlichem Wind ist die Ankerbucht gänzlich ungeschützt und der Wind hat heute wie angekündigt auf Süd gedreht. Der Ankerplatz ist dementsprechend verwaist, die Marina hat sich gefüllt. Obwohl es nur ein leichter Wind ist, haben wir jetzt am Strand ein richtiges Meerwasserwellenbad mit tosender Brandung.

Im Nachhinein hat sich unsere Entscheidung, das sich bietende Wetterfenster in Oeiras zu nutzen, den Landausflug nach Lissabon sausen zu lassen und hierher zu segeln, als goldrichtig erwiesen. Wir haben von mehreren Crews, die nach uns hier angekommen sind, gehört, dass sie entweder sehr viel Geduld aufbringen mussten oder sehr viel Diesel verbraucht haben.

Neben Baden, Sonnen, Lesen und der Bootspflege steht heute Brotbacken auf dem Programm. Nach den ersten ziemlich kläglichen Versuchen zu Hause habe ich meine Fähigkeiten inzwischen ausgebaut. Das ist auch dringend geboten, denn spätestens auf unserer Atlantiküberquerung in wenigen Wochen können und wollen wir auf frisches Brot nicht verzichten. Brot backen gehört auf Langfahrt zur Bordroutine, also frisch ans Werk.

Weiterhin ist Wind aus südlicher Richtung vorhergesagt, aber nur schwach, übermorgen soll er für unseren Törn nach Madeira günstiger wehen. Aber wer weiß, ob es dabei bleibt? Wir beschließen deshalb, schon heute Porto Santo zu verlassen und nach Madeira, zur Marina Quinta do Lorde, zu segeln oder zu fahren. Ingo meldet uns im Marinabüro ab, zahlt das Liegegeld und bekommt „Amazones" Reisepass zurück.

Wir verabschieden uns von Isabella und Adolf und legen am späten Vormittag ab. Wie erwartet kommt der wenige vorhandene Wind fast direkt von vorn. Wir setzen das Großsegel und der Motor hilft kräftig dabei, die 30 Seemeilen zurückzulegen. Etwa eine Stunde vor unserem Ziel nimmt der Wind auf vier Beaufort zu und Neptun lässt es sich nicht nehmen, ab und zu etwas Gischt ins Cockpit zu spucken. Aus der Marina kommt uns ein Schlauchboot mit dem Hafenmeister entgegen. Er winkt uns zu und ruft: „Please follow me!" Das machen wir doch gerne! Er fährt voraus in den Hafen, zeigt uns den Liegeplatz, nimmt unsere Leinen an, heißt uns willkommen und stellt sich als „Bruno" vor. Als wir unsere Namen nennen, wiederholt er: „Ah, Ingo and Angela." Na ja, fast.

Jeder Hafen hat sein ganz eigenes Flair. Das macht es ja auch aus, immer wieder etwas Neues, Anderes. Hier ist mal wieder alles ganz anders als im vorherigen Hafen. Die Marina in Porto Santo ist gewissermaßen rustikal, sehr einfache Duschen und Toiletten, eine kleine Marina mit Charme. Und hier? Allein die steilen Felsen, unter denen sich die Marina in die Landschaft duckt, sind beeindruckend. Die Anlage gehört zu einem Resort. Es gibt ein 5-Sterne-Hotel, dessen Swimmingpool wir gegen eine Gebühr benutzen könnten. Die Gebäude rund um den Hafen sind ziemlich neu, nicht alle Läden sind vermietet. Alles ist sehr grün und gepflegt, die Hortensien und der Oleander duften herrlich. Es sind nur wenige Menschen unterwegs, das Restaurant am Hafen ist fast menschenleer. Irgendwie wirkt die Anlage etwas gespenstisch. Und diese Sanitäranlagen, fast möchte ich sagen „Sanitärgemächer". Piekfein, Marmorwaschtische, riesige Duschkabinen und Spiegel. Wir fühlen uns hier einerseits ganz gut aufgehoben, andererseits haben wir aber das Gefühl, in einem goldenen Käfig zu sitzen. Das Resort-Areal ist mit einem Zaun gesichert und ein Zutritt ohne vorherige Erlaubnis über eine Sprechanlage nicht möglich. Auch wenn ein Käfig golden ist, so bleibt er doch ein Käfig. Wir wollen weitersegeln nach Funchal, der Hauptstadt Madeiras. Den 14,5 Seemeilen kurzen Törn legen wir in knapp drei Stunden bei leichtem Wind motorsegelnd zurück.

In Funchal sind wir erstaunt, den im Hafenhandbuch ausgewiesenen Strand und den Ankerplatz nicht vorzufinden. Hier wird gebaggert und gebaut, den Strand gibt es nicht mehr, ankern ist wegen der Baustelle nicht möglich. Der Hafenmeister erklärt uns, dass noch einige Boote den Hafen verlassen müssen, weil ab morgen 50 Plätze für die Teilnehmer einer Regatta reserviert sind. Wir könnten nur für eine Nacht an der Pier anlegen. Wir hatten zuvor mehrfach vergeblich versucht, mit der Marina Kontakt aufzunehmen, so dass wir von den Bauarbeiten und der Regatta nichts wussten. Ich mache ein ziemlich mauliges Gesicht und erkläre kategorisch: „We will not stay!" Der wirklich sehr hilfsbereite Hafenmeister ruft bei der Marina in Calheta an, ob sie einen Platz für uns haben - leider nein, alles belegt. Nun fragt er uns, ob wir Diesel tanken möchten. Ja, keine schlechte Idee, der Motor hat immer Durst. Während des Tankens kommen Ingo und der Hafenmeister weiter ins Gespräch. Der freundliche Mensch erzählt, dass im Vorhafen, wo die großen Ausflugskatamarane ankern, eine Mooring frei ist. Der Katamaran, der dort gelegen hat, fährt jetzt in Porto Santo Touristen spazieren. Wir könnten uns die Mooring für ein paar Tage ausleihen. Super Idee! So kommt es, dass sich die „Amazone" jetzt zwischen den riesigen Ausflugskatamaranen tummelt.

Nachdem wir uns bei der GNR ordnungsgemäß angemeldet haben, sitzen wir abends im Cockpit, genießen den tollen Blick auf die tausende Lichter Funchals, Kirchenglocken läuten und Mondschein gibt es auch noch gratis dazu. Ende gut, alles gut.

## 6. Überfahrt nach Porto Santo und Aufenthalt auf Madeira

Heute wollen wir uns Funchal ansehen und auf jeden Fall eine Fahrt mit einem Korbschlitten machen. Dieses Vergnügen gibt es weltweit nur auf Madeira und das seit über 100 Jahren. Ursprünglich wurden auf diese Weise kranke und gehbehinderte Menschen vom oberen Teil Funchals in tiefer gelegene Stadtteile befördert. Um zum Startpunkt der Schlittenfahrt zu gelangen, könnten wir mit einer Seilbahn fahren oder ein Taxi nehmen. Wir haben uns noch nicht entschieden, als uns ein Mann anspricht und seine Dienste als Taxifahrer anbietet. Er ist irgendwie aufdringlich und unsympathisch, wir lehnen ab. Das lässt ihn nicht freundlicher werden. Im Weggehen sagt er etwas wie „Shit Seilbahn!" Wir sind etwas irritiert und in diesem Moment betritt ein weiterer Mann die Bühne: Toni. Er rechnet uns vor, was die Seilbahnfahrt für zwei Personen und die Rückfahrt kostet. Er zeigt uns auf einer Karte, welche verschiedenen Sehenswürdigkeiten er mit uns anfahren würde. Eine zeitliche Begrenzung gäbe es nicht, er stehe uns den den ganzen Tag zur Verfügung. Toni ist uns sympathisch, er spricht Englisch und ganz gut Deutsch. Sein Angebot erscheint uns fair und wir nehmen in seinem Taxi Platz.

Er fährt uns den ganzen Tag durch Funchal und Umgebung. Einige Aussichtspunkte stehen auf dem Programm, eine günstige Seilbahnfahrt, Kirchenbesichtigungen, eine Likörverkostung und der kostenlose Besuch des botanischen Gartens eines Hotels. Wir bekommen von ihm viele Informationen über Land und Leute. Dieser Tag mit Toni war ganz wunderbar wird uns noch lange in guter Erinnerung bleiben.

Die letzte Nacht war ziemlich unruhig. Nicht, dass es windig war, ganz im Gegenteil - fast windstill. Das hat aber zur Folge, dass die „Amazone" sich wegen des fehlenden Winddrucks nicht so recht entscheiden kann, wohin mit ihrem Bug. Und so kommt es, dass sie auf die Ankerboje treibt. Die Boje ist aus Kunststoff, also eine Berührung nicht schlimm. Aber es gibt ein Geräusch, das da nicht hingehört und wir sind sogleich hellwach. Ingo verkürzt daraufhin die Leine zur Boje und nimmt der „Amazone" die Entscheidung, wohin mit dem Bug, ab. Nach dieser Aktion schlafen wir schließlich auch wieder ein. Als nächstes werde ich von einem anderen Geräusch geweckt. Die „Amazone" schaukelt gemächlich von Backbord - „tock" nach Steuerbord - „klock". Irgendwo in der Pantry, der kleinen Küche, rollt etwas hin und her und macht dabei diese nervtötenden Geräusche. Zunächst versuche ich es mit Ignorieren, vergeblich. Nach dem das „Tock" verklingt, warte ich geradezu gespannt auf das „Klock". Zweite Möglichkeit: Vielleicht ist Ingo auch genervt und er geht auf die Suche. Klappt aber nicht, der Skipper hat einen gesunden Schlaf. Es hilft also nichts, raus aus der gemütlichen Koje und auf die Suche gehen. Ich orte den Verursacher auch relativ bald. Im Kühlfach rollt bei jeder Welle eine

Getränkedose hin - „tock" und wieder zurück - „klock". Dose besser verstaut, Geräusch abgestellt. Irgendwann bin ich auch wieder eingeschlafen.

Im Laufe des Tages treffen mehrere Segelyachten ein. Die Skipper sind einigermaßen überrascht, dass sie hier weder in den Hafen fahren noch ankern können. Auf die hoffnungsvolle Frage eines Seglers, wie lange wir wohl noch an dieser Ankerboje bleiben wollen, bekommt er die für ihn sicher unbefriedigende Antwort: „Noch ein paar Tage."

Wenn wir ankern, duschen wir mit unseren Solarduschen auf dem Vorschiff. Solardusche, das hört sich nach etwas Großartigem an, ist aber in Wirklichkeit ein ca. 12 Liter fassender schwarzer Wassersack aus Kunststoff mit einem kleinen Schlauch und einem Mini-Brausekopf daran. Nach dem Befüllen legt man ihn in die Sonne und erhält so warmes Wasser. In der letzten Nacht hat gegenüber an der Pier ein Kreuzfahrtschiff angelegt. Auf der Mole auf unserer Hafenseite hat sich die Regattaleitung mit Ferngläsern bewaffnet und nimmt die Zeiten der jetzt nach und nach eintreffenden Yachten auf. Ich habe mir überlegt, dass es wohl heute besser wäre, bei diesem Betrieb nicht nackt, sondern im Bikini zu duschen. Gute Entscheidung, denn während ich mich einseife und Ingo mir mit dem kleinen Brausekopf behilflich ist, nähert sich zunächst unbemerkt von uns das Lotsenboot. Erst als es fast längsseits von uns ist, nehmen wir die Barkasse wahr. Es sind mehrere Mitarbeiter der Hafenbehörde an Bord. Sie lachen und bitten uns freundlich, ein Anmeldeformular für Ankerlieger auszufüllen, das sie uns herüberreichen. Sie bleiben mit ihrem Schiff derweil in der Nähe und holen das ausgefüllte Formular kurze Zeit später wieder ab. Bevor wir weitersegeln, müssen wir uns bei der Hafenbehörde abmelden und bezahlen. Die GNR erwartet ebenfalls eine ordentliche Abmeldung von uns, so dass wir vor unserer Abreise auch dort noch einmal vorstellig werden müssen.

Am frühen Abend legt das Kreuzfahrtschiff, die „Oceana" mit Heimathafen Hamilton, schon wieder ab. Dies geschieht mit musikalischer Untermalung, Neil Diamonds „Sweet Caroline" weht zu uns herüber.

Der Tipp aus einem Reisebericht im Internet, ein bestimmtes Restaurant zu besuchen, in dem Fado gesungen wird, erweist sich als richtig gut. Was ist eigentlich Fado? Fado, zu Deutsch „Schicksal", ist ein portugiesischer Musikstil. Die Texte drehen sich meist um unglückliche Liebe, soziale Missstände und der Sehnsucht nach besseren Zeiten. Wie drückte es gestern eine der Sängerinnen aus: „Man muss den Text nicht verstehen, man muss den Fado fühlen!" Das Restaurant, ein Familienbetrieb in Funchals Altstadt, in der Travessa das Torres, gibt es inzwischen seit 2011. Das Essen ist wirklich sehr lecker und der Preis in Ordnung. Das hat den Restaurantbesuch aber nicht ausgemacht, sondern der Unterschied zu anderen Lokalen ist eben, dass hier nicht nur gegessen werden kann, sondern Fado live gesungen wird.

## 6. Überfahrt nach Porto Santo und Aufenthalt auf Madeira

Zwei Herren aus der Familie spielen Gitarre und begleiten die Damen und einen jungen Mann der Familie, die abwechselnd singen. Die Damen nehmen die Bestellungen auf, servieren, kassieren, kommunizieren mit dem Küchenchef und singen dabei. Es ist wirklich faszinierend, ihnen allen zuzuhören und zuzusehen. Sie verstehen ihr jeweiliges Fach.

Unser nächstes Ziel sind die Kanarischen Inseln. Als erste Insel wollen wir La Graciosa nördlich von Lanzarote anlaufen und dort in einer geschützten Ankerbucht, die zu einem Naturschutzgebiet gehört, ankern. Hinsegeln und den Anker dort werfen, so einfach ist das allerdings nicht. Zunächst ist eine Genehmigung bei der zuständigen spanischen Behörde einzuholen. Die E-Mail haben wir gestern Abend abgeschickt und schon heute Morgen ist die Antwort da. Wir dürfen vor La Graciosa vor Anker gehen.

Die Wind- und Wettervorhersagen sind für uns günstig, so dass wir planen, morgen früh zu dem ca. 270 Seemeilen langen Törn nach La Graciosa zu starten. Wir erledigen deshalb heute noch einmal einen großen Einkauf. Auf dem Rückweg zum Hafen treffen wir zufällig Isabella und Adolf. So eine Überraschung! Sie liegen vor Anker bei Machico und sind mit dem Bus hierher gekommen. Ihr nächstes Ziel ist auch La Graciosa, so dass es dort ein Wiedersehen geben wird.

Der Supermarkt ist zum Glück ganz in der Nähe. Aber mit dem schweren Hackenporsche, den prallen Rucksäcken und einigen Taschen mit dem kleinen Schlauchboot zurück zur „Amazone" zu fahren, ist schon etwas abenteuerlich. Dort angekommen, gilt es, alles aus dem schaukelnden Schlauchboot an Bord zu wuchten und in den Schapps zu verstauen. Anschließend gibt es eine kurze Verschnaufpause, bevor Ingo sich den nächsten Punkten auf der heutigen Tagesordnung zuwendet: bei der GNR abmelden, also in Portugal ausklarieren und dort fragen, ob wir an dem Steg, an dem das Schiff der GNR hier in der Marina liegt, Wasser tanken dürfen. Beides klappt. Ausklarieren verläuft problemlos und Ingo bekommt die Erlaubnis, unsere Wasserkanister aufzufüllen.

Aus den Kanistern hat Ingo unseren eingebauten Wassertank und die Solarduschen aufgefüllt und natürlich die Kanister zum Schluss. Auch muss noch das Schlauchboot samt Zubehör gesäubert, getrocknet und verstaut werden. Der Außenbordmotor des Schlauchboots wird am Heckkorb befestigt und der Benzintank verstaut. Nachdem alles erledigt ist, sind wir endlich reisefertig.

Passatbesegelung

Rasante Korbschlittenfahrt auf Madeira

# III

# DRITTER ZWISCHENRUF UNSERER AMAZONE:

„Habe ich da gerade gehört „Land in Sicht!"? Ja und es war auch nicht zu überhören. Also ist unser bisher längster Törn bald zu Ende und wir sind in Porto Santo. Eigentlich schade, dass wir schon da sind, hat mir richtig Spaß gemacht. Was ich auf meine alten Tage noch alles erleben darf. Ihr glaubt es ja nicht. Wir segeln jetzt in ganz ungewöhnlich blauem Wasser. Ja wirklich. So etwas von einem phantastischen Blau habe ich noch nie gesehen. Es war auch wieder unheimlich viel davon unter meinem Kiel, mehr als 5.000 Meter. Komisches Gefühl. Und allmählich wird mir auch ein bisschen warm um den Kiel. Und erst dieser Sternenhimmel, so unglaublich schön, wie ich es mir gar nicht hätte vorstellen können.

Endlich hatten wir auch passenden Wind und ich konnte mal so richtig aus mir herauskommen. Diesmal hat der Skipper sich aber auch etwas ganz Besonderes für mich ausgedacht. Zur selben Zeit gleich zwei Vorsegel hat er gesetzt, eins an Backbord, eins an Steuerbord. Hatte mich schon gewundert, dass sie einen zweiten Fockbaum angeschafft haben. Man, hat er da lange rumgetüddelt. Echt super, wie es tatsächlich funktioniert hat. Wie ich es mitbekommen habe, segeln wir irgendwann ganz lange in dieser Aufmachung. Ich sag's ja, es gibt selbst für mich immer noch Überraschungen.

Und ganz zum Schluss unseres langen Törns war es stockfinster. Da haben wir Besuch bekommen, von Flipper und seinen Freunden. Das sah so toll aus, wie sie um mich herum durchs Wasser geflitzt sind. Sie haben im Wasser eine Leuchtspur hinterlassen und einmal ist ein Delphin aus dem Wasser gesprungen, das ganze Tier hat geleuchtet. Oha, im Dunkeln sind wir auf dieser Reise bisher auch noch nirgends angekommen. War aber nicht schlimm, der Skipper war sich seiner Sache sehr sicher, nur Antje machte einen etwas angespannten Eindruck.

Mein Motor hat sich ja bisher das eine oder andere Mal ziemlich reingehängt. Allerdings unfreiwillig. Ich glaube, er ist deshalb ein bisschen, na sagen wir mal - genervt. Aber was glaubt er denn, was hier sein Job ist, nur grün sein und gut aussehen? Er bekommt jedenfalls jede Menge Zuwendung und Aufmerksamkeit, der soll sich mal nicht so haben.

Vor ein paar Tagen habe ich Post von der „Pirol" bekommen. Super, dass mir auch mal jemand schreibt. Wer freut sich nicht über liebe Grüße? Aber sie war auch etwas besorgt um mich, dass ich vielleicht „verloddert" wieder nach Hause kommen könnte. Da konnte ich sie aber beruhigen. Bis jetzt ist alles paletti. Die beiden kümmern sich ganz rührend um mich. Allerdings befürchte ich, dass es so „sweet, soft and lazy" wie bisher nicht immer weitergehen wird. Jedenfalls habe ich Gespräche mitbekommen, dass unser Rückweg im nächsten Jahr die eigentliche Herausforderung sei. Die eine oder andere Schlacht werde ich also noch zu schlagen haben und das sieht man mir dann vielleicht auch an. Aber wie ich meine Leute kenne, wird das nach unserer Rückkehr bestimmt wieder in Ordnung gebracht.

Aber jetzt kommt der Hammer: Wir haben die erste Nacht hier geankert und sind gerade in die Marina gefahren. Und wer liegt hier schräg gegenüber von uns am Steg? Die Ex-"Pirol"! Also die Vorgängerin der jetzigen. Unglaublich, oder? Das muss ich der „Pirol" und ihren Leuten sofort schreiben.

Wie dem auch sei, wir sind weiterhin fröhlich unterwegs. Ich melde mich wieder."

# 7.

## ÜBERFAHRT VON MADEIRA NACH LA GRACIOSA

I. Bericht von hoher See (Madeira - La Graciosa)
Sonntag, 14.09.2014

Auch wenn wir länger in einem Hafen oder vor Anker liegen, bekommen wir morgens und abends die Wind- und Wettervorhersage auf unseren Rechner. Und so haben wir schon beobachtet, dass Madeira am morgigen Montag von einem Tiefausläufer der Azoren gestreift wird. Dies wird Regen und vor allem Wind in Sturmstärke von acht Beaufort mit sich bringen. Die „Amazone" schaukelt und rollt schon bei wenig Wind an der Ankerboje, wie sie sich wohl bei Sturm hier gebärden würde? Die Wind- und Wettervorhersage von heute Morgen bestätigt es noch einmal: Wenn wir heute lossegeln bleibt der Tiefausläufer mit dem schlechten Wetter und dem starken Wind hinter uns. Er streift Madeira und schwächt sich ab. Für unseren Törn nach La Graciosa ist für die nächsten Tage westlicher Wind von vier Beaufort, in Böen auch mal fünf bis sechs, vorhergesagt. Die Wellen sollen 1,50 m bis 1,70 m hoch sein. Auf geht's. Was ist das denn? Regen? Das haben wir nicht gebucht. Wie jetzt, Regenzeug anziehen, das volle Programm? Wir entscheiden uns für die kleine Lösung, Badehose und Badeanzug, Rettungsweste darüber, fertig.

Um kurz nach acht Uhr lösen wir die Leinen von der Ankerboje, setzen das Großsegel und rollen kurze Zeit später die Genua komplett aus. Schon klart es wieder auf, der Regen ist vergessen. Nach einer guten halben Stunde haben wir uns so weit von Madeiras Bergen entfernt, dass der Westwind richtig einsetzen kann und wir auf die Unterstützung des Motors verzichten können. Mit sechs Knoten Fahrt zieht die „Amazone" bei vier Windstärken und halbem Wind über dieses unglaublich tiefe und extra-blaue Wasser ihre Bahn. Es ist herrliches Segeln. Wir sichten unterwegs noch vier weitere Segelyachten, die den gleichen Kurs haben, wie wir. Allmählich geht dieser erste Tag auf See in den Abend über. Berufsschifffahrt ist bisher nicht in Sicht, bzw. auf dem Plotter nicht auszumachen.

Nun beginnen wieder die Wachen, schlafen im Vier-Stunden-Rhythmus.

II. Bericht von hoher See (Madeira - La Graciosa)
Montag, 15.09.2014

Der gestrige Abend und die letzte Nacht verliefen ruhig. Wir segelten unter einem grandiosen Sternenhimmel. Der Wind flaute wie vorhergesagt etwas ab, so konnten wir abwechselnd gut schlafen. Am frühen Morgen kam der Wind mit konstanten vier Beaufort zurück. Um 8.10 Uhr, also 24 Stunden nachdem wir in Madeira abgelegt haben, beträgt die zurückgelegte Distanz 130,6 Seemeilen. Mit unserer Weather Infobox empfangen wir u. a. auch nautische Warnnachrichten parallel auf drei Frequenzen (Deutscher Wetterdienst, NAVTEX Englisch und NAVTEX National). Das können Mitteilungen über vertriebene Seezeichen, defekte Leuchttürme, Schifffahrtshindernisse allgemein und natürlich Wind- und Sturmwarnungen sein. Für Madeira und das umliegende Seegebiet ist eine Sturmwarnung (acht Beaufort) herausgegeben worden. Nur das Gebiet südöstlich von Madeira, also da, wo wir sind, ist nicht betroffen.

Gerade haben wir die neue Wind- und Wettervorhersage von den Wetterfröschen der Firma Wetterwelt bekommen. Für die Zeit unserer Reise haben wir dort ein Abonnement abgeschlossen und werden zuverlässig per E-Mail mit Wind- und Wetterdaten versorgt. Wir empfangen sie auf See zweimal täglich mit unserem Satellitentelefon und leiten sie auf unseren Laptop weiter. Der Wind soll wieder von West vier in Böen fünf auf West drei bis vier abnehmen und wir hoffen wieder auf eine ruhige Nacht. Die Ankunft in der Ankerbucht bei La Graciosa wird morgen früh gegen 08:00 Uhr sein.

La Graciosa - „Die Anmutige" - Wir sind angekommen!
Dienstag, 16.09.2014

Wie von der Wettervorhersage angekündigt, hatten wir eine ruhige zweite Nacht auf See. Weiterhin wehte der Wind mit konstanten vier Beaufort. Mit halbem Wind preschte die „Amazone" mit sechs Knoten Fahrt über den Atlantik. Ideale Bedingungen also und so war es der bisher schönste Törn auf dieser Reise. Auf den Motor konnte getrost verzichtet werden, Segelwechsel oder Reffen war nicht nötig. Nur hin und wieder die Segel etwas fieren oder dichter holen, das war alles. Achteraus konnten wir in der Ferne den von Blitzen hellerleuchteten Himmel beobachten. Erreicht hat uns von dem schlechten Wetter aber nichts. Wie geplant, sind wir dem schlechten Wetter und dem vielen Wind davongesegelt.

Um nicht vor Sonnenaufgang bei Dunkelheit in die Ankerbucht bei La Graciosa einzulaufen, müssen wir die „Amazone" am frühen Morgen etwas bremsen. Mit eingerollter Genua nehmen wir sie sozusagen an die kurze Leine. Nach 48 Stunden und 266,5 Seemeilen fällt der Anker gegen 8.00 Uhr

## 7. Überfahrt nach La Graciosa

in dieser imposanten Bucht. Die „Amarillo" mit Isabella und Adolf ankert hier schon, ebenfalls Yachten aus Irland, Frankreich, England, Spanien und Deutschland. Geschützte Ankerplätze sind auf den Kanaren allerdings leider die Ausnahme.

La Graciosa, „Die Anmutige", ist die kleinste und nördlichste bewohnte Insel der Kanarischen Inseln. Sie liegt nördlich von Lanzarote und ist von dieser Insel nur etwa eine halbe Seemeile entfernt.

Nach dem der Anker gefallen ist, gehen wir gleich im türkisblauen Wasser schwimmen, duschen anschließend, frühstücken und holen ein Stündchen Schlaf nach. Am Nachmittag schauen wir noch kurz bei der „Amarillo" vorbei und fahren mit dem Schlauchboot an den Strand. Nach einem etwa vierzigminütigen Spaziergang erreichen wir den Hauptort Caleta del Sebo. Die Insel hat einen ganz eigenen Charme. Es gibt keine asphaltierten, befestigten Straßen. Die Häuser sind ausnahmslos weiß und höchstens zweistöckig.

Im Vordergrund La Graciosa, im Hintergrund die Berge Lanzarotes

La Graciosa – keine befestigten Straßen, flache, weiße Häuser und ab und zu ein Tourist

# 8.
## 100-Tage-Bilanz

100 Tage sind seit unserer Abreise in Bremerhaven vergangen. Ein guter Zeitpunkt, eine erste Bilanz zu ziehen.

Zunächst die Zahlen:
- 2.020,72 Seemeilen haben wir in 40 Reisetagen mit durchschnittlich 50 Seemeilen zurückgelegt
- 73 Nächte haben wir im Hafen gelegen
- 20 Nächte haben wir vor Anker/Mooring gelegen
- 7 Nächte haben wir auf See verbracht

Bisher benötigte Ersatzteile:
- Kühlwasserpumpe des Motors
- WC-Pumpe
- Großschot
- Impeller für den Außenborder
- Solardusche

Persönliches Fazit/Eindrücke:

Wir haben viele hilfsbereite, freundliche und interessante Menschen kennengelernt. Es sind Einhandsegler unterwegs, auch Familien mit kleinen Kindern, aber die meisten Besatzungen, die wir getroffen haben, sind Paare. Nicht zu vergessen, Peter, der mit seiner Mutter Ruth segelt. Die Lebenswege sind sehr verschieden, jeder hat seine ganz eigene Geschichte. Die Mehrheit der Seglerinnen und Segler, denen wir begegnet sind, ist etwas älter als wir. Die älteren sind entweder schon einige Jahre unterwegs oder sie starten jetzt zu ihrer zweiten Reise.

Bobby Schenk, der „Blauwasserpapst" schreibt in einem seiner Bücher, dass die wichtigsten persönlichen Voraussetzungen für einen Langfahrttörn technisches Verständnis und Zielstrebigkeit seien. Das können wir bestätigen. Allerdings würden wir gerne ergänzen, dass uns auch ein gewisses Maß an Segelerfahrung zum Gelingen erforderlich erscheint. Vielleicht hat Bobby Schenk dies aber auch nicht explizit erwähnt, weil er es für selbstverständlich hielt.

Die Reise hat uns jetzt schon insofern verändert, als dass sie uns zu Tagebuchschreibern hat werden lassen. Die täglichen Berichte in unserem (B)logbuch waren zu Beginn der Reise nicht geplant, es hat sich vielmehr so ergeben. Sie sind keine Last, ganz im Gegenteil. Sie sind fester Bestandteil unserer Bordroutine. Die vielen positiven Rückmeldungen, die wir von Verwandten, Freunden, Kolleginnen und Kollegen, aber auch ganz fremden Menschen, die unsere Reise virtuell begleiten, zu unseren Berichten bekommen, sind für uns Motivation und Ansporn zugleich.

Monatelang 24 Stunden zu zweit auf zehn Quadratmetern, wie hält man das aus? Diese Frage ist uns vor unserer Abreise hin und wieder gestellt worden. Die Antwort lautet immer noch: Sehr gut! Wir gehen respekt- und liebevoll miteinander um, wir können uns aufeinander verlassen. Konflikte werden nicht „unter den Teppich gekehrt", wo sie sich entwickeln können, sondern werden geklärt. Der Skipper ist der verantwortliche Schiffsführer, sein Wort gilt. Trotzdem treffen wir die Entscheidungen, ob wir auslaufen oder noch bleiben, wohin es als nächstes gehen soll, die Segel gerefft oder noch gewartet werden kann, gemeinsam.

Dass die Stimmung so gut ist, hängt sicher auch damit zusammen, dass wir beide diese Reise machen wollten. Keiner ist losgesegelt, um dem Anderen einen Gefallen zu tun. Außerdem haben wir ja eine lange gemeinsame Segelbiographie.

100 Tage mit der „Amazone" unterwegs, das sind mehr als drei Jahresurlaube nahtlos aneinandergereiht. So viele Eindrücke stürmen auf uns ein, dass es gar nicht so leicht ist, mit der Verarbeitung hinterherzukommen. Manchmal, wenn bei der Anmeldung bei den Behörden nach dem letzten und unserem nächsten Hafen gefragt wird, müssen wir ernsthaft nachdenken, wie der letzte Hafen doch gleich hieß und wohin es weitergehen wird.

Wenn dies eine Bilanz sein soll, gilt es auch Negatives zu erwähnen. Nun also zu dem Negativposten. Wir vermissen vor allem unsere Familien und Freunde. Da hilft nur, ab und zu die vielfältigen Kommunikationsmittel wie z. B. das Skypen zu nutzen. Da können wir nicht nur miteinander sprechen oder uns schreiben, sondern uns auch sehen, was immer sehr schön ist.

Die „Amazone" hat es in ihrem dritten Zwischenruf ja schon vermutet, so „sweet, soft and lazy" wie bisher, wird es wohl nicht immer weitergehen. Recht hat sie: Man sagt, dass jede Yacht auf dieser Tour mindestens einmal verprügelt wird. Das sagen wir ihr aber jetzt noch nicht. Wenn es dann soweit ist, stehen wir Drei das durch - ganz sicher!

Fazit:
Schade, dass diese Reise irgendwann zu Ende geht.

# 9.

## SCHÖNE ZEIT AUF DEN KANAREN

Was können wir auf La Graciosa unternehmen, außer Schwimmen, Schnorcheln, am Strand spazieren gehen, durch die sandigen Gassen des kleinen Ortes schlendern, am Hafen in einem Café einen Cappuccino trinken, in dem kleinen Laden leckeres Obst kaufen, in dem Mini-Baumarkt stöbern oder in einem der kleinen Supermärkte Butter aus Oldenburg kaufen (die gibt es dort wirklich)? Wir können an einer Jeep-Safari über die Insel teilnehmen. Die Fahrer warten am Hafen, dort wo die Tagestouristen aus Lanzarote ankommen, mit ihren Jeeps auf Fahrgäste. Mit solch einem Gefährt über die sandigen Pisten zu entfernten Stränden düsen, das hört sich gut an. Wir steigen mit zwei weiteren Paaren in den Wagen. Der Fahrer und die beiden anderen Paare sprechen Spanisch, was ja nicht verwunderlich ist und unterhalten sich angeregt. Wir sprechen so gut wie kein Spanisch und fühlen uns ausgeschlossen. Aha, so kann es einem ergehen, wenn er Ausländer ist. Der Spruch „Alle Menschen sind Ausländer, fast überall" fällt mir ein.

Nach kurzer Fahrt erreichen wir den Playa de las Conchas. Kurzer Stopp, alle raus aus dem Wagen, Fotos machen und nach zehn Minuten drängt unser Fahrer zur Weiterfahrt. Wir haben gelesen, dass hier der berühmte Werbefilm für Bacardi Rum gedreht worden sein soll. Kann sein, kann aber auch nicht sein. Auf jeden Fall ist der Strand wunderschön, die Brandung beeindruckend. Allerdings ist das Baden verboten, weil es wegen der tosenden Brandung und der Strömung zu gefährlich ist.

Wir sind zurück am Hafen, die beiden noch ausstehenden Haltepunkte Playa Francesa (unsere Ankerbucht) und der Montana Amarilla, dem Berg, unter dem wir ankern, fallen aus. Warum, kann oder will uns der Fahrer nicht erklären. Wenn wir Spanisch sprechen könnten, hätten wir es vielleicht erfahren. Trotz allem war es eine interessante Tour und hat Spaß gemacht. Ich musste heute oft an Toni denken. Wie sympathisch, engagiert, freundlich, ohne Zeitdruck und in deutscher und englischer Sprache hat er uns sein Funchal gezeigt!

Bevor wir frühstücken, schwimmen wir erst mal eine Runde um die „Amazone". Es ist gerade Niedrigwasser, wir können bis auf den Meeresgrund sehen. Das Wasser ist etwa acht Meter tief. Wir sehen die Ankerkette, wie sie in die Tiefe geht, am Grund in einem Bogen liegt und wenn wir sie schwimmend mit unseren Blicken verfolgen, sehen wir auch ein

Stückchen vom Anker. Er hat sich fein im Sand eingegraben, so soll es sein.

Später fahren wir in die knapp zwei Seemeilen entfernte Marina. Wie erwünscht, haben wir vor zwei Wochen schon eine Mail dorthin geschickt und wegen eines Liegeplatzes angefragt. Eine Antwort haben wir leider nicht erhalten. Vorgestern sind wir persönlich im Marinabüro vorstellig geworden und haben gefragt, ob wir ab heute einen Platz bekommen können. Wir bekamen die Auskunft, dass wir einlaufen dürfen und uns einen Liegeplatz aussuchen sollen. Am Wochenende sei das Büro geschlossen, aber die Security würde von der Marina über unser Kommen informiert werden. Abrechnen könnten wir am Montag morgen.

Als wir in der Marina ankommen, werden wir gleich von zwei Herren der Security in Empfang genommen, ein Liegeplatz wird uns zugewiesen. Trinkwasser ist am Steg vorhanden, es wird allerdings am Abend abgestellt. Stromanschlüsse für 230 Volt gibt es auch, aber sie funktionieren nicht. Das hat leider den sehr unangenehmen Nebeneffekt, dass einige Bootseigner stundenlang ihre Maschine laufen lassen, um Strom zu produzieren. Bei dem großen Motorboot schräg gegenüber von uns läuft der Motor jetzt schon seit mehr als sechs Stunden. Es liegt mit dem Heck zum Steg und wir haben noch Glück, dass der Wind uns wenigstens die Abgase nicht ins Boot weht. Mit unseren beiden Solarpaneelen und dem Windgenerator können wir uns ganz gut selbst mit Strom versorgen.

Die sanitären Anlagen dieser staatlichen Marina sind mehr als bescheiden. Es gibt jeweils eine Toilette und eine Dusche für Männlein und Weiblein. Wobei Weiblein ohne Brausekopf auskommen muss, der fehlt nämlich. Es empfiehlt sich, bei Tageslicht zu duschen, weil nur ein paar traurige Kabel aus der Wand hängen. Bisher hat niemand Zeit oder Lust gehabt, eine Lampe anzuschließen. Als ich den Marinamitarbeiter nach einer Waschmaschine frage, hat er nur ein müdes Lächeln für mich übrig. Waschmaschine und Trockner Fehlanzeige. Fehlanzeige heißt es hier auch zum Thema Internet. Wir müssen mal wieder auf WLAN der hiesigen Restaurants zurückgreifen.

Na ja, jedenfalls hat die „Amazone" ihre Süßwasserdusche bekommen, sie strahlt wieder. Jetzt liegt sie hier auch ganz ruhig, es hat sich vorerst ausgeschaukelt! Uns fällt auf, dass hier viele Boote liegen, die schon lange nicht mehr bewegt wurden, teilweise wohl sehr lange. Sie wirken verlassen, ja aufgegeben. Die Unterwasserschiffe sind mit Algen und Seepocken stark bewachsen, eine dicke rote Staubschicht hat die Boote zugedeckt und sich in den Fallen und Leinen festgesetzt. Die Sonne hat den Leinen und Persenningen ebenfalls heftig zugesetzt. Auch der Lack auf den Holzteilen hat den Kampf gegen die sengende Sonne schon lange verloren. Der Wind hat die Fenster einer Spritzkappe zerfetzt. Die an Deck festgezurrten Schlauchboote haben wohl schon lange keine Luft mehr, sie sind nur noch

## 9. Schöne Zeit auf den Kanaren

schlaffe Hüllen. Es sind Yachten aus Deutschland, Belgien und Schweden. Auch in anderen Häfen sind uns diese „Ritter der Traurigen Gestalt" aufgefallen. Die Gründe und Schicksale, die dahinter stecken, sind sicher so vielfältig, wie das Leben Fallstricke bereithält.

Heute bummeln wir durch den kleinen Ort Caleta del Sebo. Wir kommen an der Kirche vorbei und gehen hinein. Solch eine maritim ausgestattete Kirche haben wir bisher noch nicht gesehen. Das Taufbecken besteht aus einem großen Schildkrötenpanzer, zwei gekreuzte Riemen bilden den Kerzenständer, der Altar wird von einem großen Anker getragen, hinter dem Altar prangt ein riesiges Halbmodell eines Schiffes an der Wand. Dieses wiederum wird von einem Fischernetz überspannt. Und nicht zu vergessen, das Steuerrad, das als Ablage am Rednerpult dient.

Es geht weiter nach Lanzarote, der Nachbarinsel von La Graciosa. Wir wollen in der neuen Marina Lanzarote in Arrecife, der Hauptstadt Lanzarotes, anlegen. Bei strahlendem Sonnenschein, leichtem Wind und wenig Seegang legen wir die 25 Seemeilen mit ausgerollter Genua und Motorunterstützung zurück. Am späten Nachmittag erreichen wir die Marina und werden von einem Mitarbeiter zunächst in eine Box gelotst, die für die „Amazone" zu kurz ist. Die zweite Box passt besser, aber wir haben trotzdem Pech. Das Ende des Auslegers ist zwar mit Gummi geschützt, aber ein kleines Stück Metall lugt hervor und zieht der „Amazone" an der Außenhaut eine ordentliche Schramme. Kein Weltuntergang aber trotzdem sehr ärgerlich.

Die Marina ist noch eine Baustelle, erst in ein paar Wochen soll sie fertig sein. Der Internetauftritt ließ hiervon allerdings nichts erahnen. Das Büro ist ein Provisorium, die gesamte Infrastruktur, wie Segelmacherwerkstatt, Restaurants und Läden ist erst im Rohbau fertig. Die sanitären Anlagen sind noch in Containern untergebracht und machen einen recht verwahrlosten Eindruck. Es wird also auf dem Steg geduscht. Immerhin gibt es Landstrom und Trinkwasser. Das WLAN ist zwar vorhanden, reicht aber nicht bis zu unserem Boot.

Kommen wir irgendwo an, heißt es zunächst, sich zu orientieren. Die freundliche Dame im Marinabüro malt die für uns wichtigen Kringel in den Stadtplan von Arrecife. An unserem Steg liegen noch weitere Boote aus Deutschland, wir kommen mit den Crews ins Gespräch. Nach dem ersten Austausch „woher - wohin" werden wir kurzerhand in die nahegelegene Stadt begleitet. Ein paar Tipps gibt es auch, so erfahren wir, dass wir hier ganz in der Nähe unsere Gasflasche füllen lassen können. Jeder Hafen ist anders und dieser ist wieder ganz speziell. Ein paar Tage wollen wir noch bleiben, um von hier aus Ausflüge auf die Insel zu unternehmen. Ingo will gleich heute die Schramme ausbessern, die wir uns gestern geholt haben.

Seit ein paar Tagen spricht unser Radio wieder Deutsch! Durch Zufall haben wir einen deutschen Sender gefunden, Radio Europa. Seit 1984 versorgt er die Zuhörer auf den Kanarischen Inseln mit Nachrichten aus aller Welt, Klatsch und Tratsch und einem „Gute-Laune-Musik-Programm". Radio Europa begleitet uns an Bord durch den Tag. Selbstverständlich gibt es auch eine Wettervorhersage für heute: 19 Grad Tageshöchsttemperatur, 9 Grad in der Nacht, sonnig mit Schauern - ach, das ist ja die Wettervorhersage für Norddeutschland. Für Lanzarote klingt es etwas anders: Die Temperaturen erreichen am Tage heiße 30 Grad, nachts sind es noch 21, der Atlantik ist 24 Grad warm.

Als nächstes machen wir uns auf den Weg zu einer Autovermietung und reservieren für zwei Tage ein Auto. Auf den morgigen Ausflug werden uns Isabella und Adolf begleiten. Sie ankern ganz in der Nähe und wir haben sie, wie schon in Funchal auf Madeira, zufällig in der Stadt getroffen.

Wir starten zu viert zu unserer Rundfahrt in den Süden Lanzarotes. Als erstes wollen wir die Vulkanlandschaft im Nationalpark Timanfaya besuchen. Von 1730 bis 1736 dauerten die Vulkanausbrüche auf Lanzarote und begruben fast ein Viertel der Insel unter sich. Es entstand das größte Lavafeld der Welt. Danach revoltierte die Erde 1824 noch einmal, es entstanden drei weitere Vulkane. Heute ist alles erstarrt und kann gefahrlos besichtigt und bestaunt werden. Mit großen Bussen werden die Besucher durch den Park gefahren. Es geht auf ganz schmalen Straßen dicht an Felsen und tiefen Abhängen vorbei. Eine überwältigende Landschaft mit tollen Ausblicken in den Farbschattierungen schwarz, braun und rot bietet sich uns.

Auf Lanzarote kommen wir an dem berühmtesten Sohn der Insel nicht vorbei: César Manrique. Er wurde 1919 in Arrecife geboren und war als Maler, Bildhauer, Architekt, Designer, Autor und Umweltschützer erfolgreich. Nach Stationen in Madrid und den USA kehrte er 1968 auf seine Heimatinsel zurück. Er verwandelte Lavatunnel und Grotten in atemberaubende Traumgebilde, errichtete Monumente und Windspiele. Er hatte einflussreiche Freunde, wie man so schön sagt und konnte dadurch die Betonexzesse, wie es sie auf anderen Kanareninseln gibt, verhindern. Gegen viele Widerstände wurden strikte Auflagen durchgesetzt und so blieb Lanzarote eine Verschandelung mit Bettenburgen erspart. 1992 kam César Manrique bei einem Verkehrsunfall in der Nähe seines Wohnhauses in Tahiche auf Lanzarote ums Leben.

Wir sind auf seinen Spuren unterwegs, da er das Umfeld der allermeisten Sehenswürdigkeiten gestaltet hat. Es gibt auch kaum eine Verkehrsinsel, auf der sich nicht ein von Manrique entworfenes, buntes Windspiel dreht.

Als erstes fahren wir zum Jardín de Cactus. 1.420 verschiedene Kakteen-Arten gibt es hier zu bewundern. César Manrique hat den Kaktusgarten in

## 9. Schöne Zeit auf den Kanaren

einem weiten Kessel eines alten Steinbruchs angelegt. Es war seine letzte Arbeit.

Auf unserer Rückfahrt nach Arrecife wollen wir noch das ehemalige Wohnhaus von César Manrique in Tahiche besuchen. In dem beeindruckenden Haus ist die Stiftung César Manrique untergebracht. Ein großer Teil seiner Kunstwerke ist hier ausgestellt, doch schon allein das Haus ist einen Besuch wert. Einige der unterirdischen Salons wurden in futuristisch wirkende Lavablasen hineingebaut, wohnen und leben in der Lava.

Nachdem wir zwei Tage auf Achse waren, lassen wir es heute ruhiger angehen. Auf der Baustelle am Hafen wird allerdings auch am Wochenende gearbeitet. Den ganzen Tag über lärmt der Presslufthammer, die Zementmischmaschine brummt oder wenn die beiden mal für einen kurzen Moment Ruhe geben, kreischt eine Kreissäge.

Es soll weitergehen zur Marina Rubicon im Süden Lanzarotes. Mit nördlichem Wind von vier bis fünf Beaufort geht es nur unter Gennaker an Lanzarotes Küste entlang. Mit teilweise mehr als sieben Knoten Fahrt braust die „Amazone" unserem Ziel entgegen. Später tauschen wir den Gennaker gegen die Genua, da der Wind immer mehr von achtern kommt. Nach 19 Seemeilen erreichen wir die Marina Rubicon. Es war ein genz wunderbarer Törn. Zu dieser Marina gehört auch ein Swimmingpool, den wir kostenlos nutzen dürfen. Wir packen unsere Badesachen und erfrischen uns in dem schönen Pool. Anschließend bummeln wir durch die Anlage. Sie ist architektonisch ansprechend gestaltet und gut besucht. Zahlreiche Bars und Restaurants laden zum Verweilen und Entspannen ein. Hier kann man sozusagen entspannen bis zum Umfallen.

Es zieht uns wieder weiter. Fuerteventura ist unser nächstes Ziel. Bei nördlichem Wind von vier Beaufort, in Böen fünf bis sechs, segeln wir nur unter Genua gen Süden. Der Seegang ist beachtlich, schätzungsweise knapp zwei Meter hoch. Die Wellen kommen schräg von achtern und die „Amazone" rollt und schaukelt, als bekäme sie dafür bezahlt.

Zeit, mal wieder die Angel auszuwerfen. Wir haben eigentlich eine ganz stabile Ausrüstung: ein großer Kescher, ein Gaff (das ist ein Stock, an dessen Ende ein großer, massiver Haken befestigt ist), eine neue Hochseeangel, die mit einer stabilen Hochseeangelrolle ausgestattet ist. Extra dicke Angelleine und ein brandneuer, super schöner Köder, der einen Doppelhaken kaschiert, gehören dazu. Alles mindestens eine Nummer größer, als unsere Nordseeausrüstung.

Die Selbststeueranlage hält den Kurs, die „Amazone" düst an Fuerteventuras Küste entlang. Die Schleppangel ist schon fast vergessen, als plötzlich Leben in die Angel kommt, es hat etwas angebissen! Hektik kommt auf, schnell Fahrt aus dem Schiff nehmen und alles vorbereiten: Wo ist der

Eimer, liegt der Gaff bereit, wo ist der Kescher? Ingo holt die Angel Meter für Meter ein. Es hat eine Goldmakrele, auch Mahi Mahi genannt, angebissen. Der Fisch schimmert golden, grün und kobaltblau. Alles Zappeln hilft ihm nichts, er liegt schließlich an Deck. Es klappt alles wunderbar, was der Fisch sicher ganz anders gesehen hat. Die Filets wandern in das Kühlfach, das Abendessen ist gesichert. Unser erster Fisch!

Uns hat das Jagdfieber gepackt, wir versuchen erneut unser Glück. Und tatsächlich, alsbald tut sich erneut etwas. Mit einem Mal rauscht unheimlich viel Angelleine von der Rolle. Ich sehe achteraus den großen weißen Bauch eines riesigen Fisches. Ingo muss die Bremse der Rolle immer fester ziehen, damit nicht die gesamte Schnur abrollt. Das gelingt mit Ach und Krach. Wir müssen unbedingt noch mehr Fahrt aus dem Boot nehmen und rollen das Vorsegel fast ganz ein. Ingo versucht weiter, die Angel einzuholen. Aber die neue Rolle streikt. Er muss die restliche Leine per Hand einholen und die Angelleine um ein Brett wickeln. Wir sehen, wie dieses Ungeheuer von einem Fisch aus dem Wasser springt, es ist ein großer Schwertfisch! Gleich fallen uns Szenen aus Fernsehfilmen ein, wir können kaum glauben, dass dieses Monstrum an unserer Angel angebissen hat. Ingo kämpft heftig mit dem Fisch, der hohe Seegang macht die Sache nicht leichter. Der Fisch wehrt sich verzweifelt und wir sind uns auch nicht sicher, ob wir dieses Ungetüm wirklich an Bord haben wollen. Zwischenzeitlich taucht er in die Tiefe ab, kommt wieder hoch und etwa zehn Meter neben unserem Boot setzt er zu einem letzten Sprung an. Schlauer Fisch, mit diesem Sprung befreit er sich von unserer Angel und verschwindet mit unserem Köder auf Nimmerwiedersehen in den Tiefen des Atlantiks. Wir schätzen, dass er etwa zwei Meter lang war. Und da hatte doch tatsächlich neulich ein Bekannter gemeint, unser Köder mit 120 mm Länge wäre zu klein. Wir kaufen sicher keinen größeren.

Nach einem furiosen Finale, der Wind frischt kurz vor unserem Zielhafen auf sechs bis sieben Beaufort auf, erreichen wir gegen 18 Uhr nach 43 Seemeilen die Marina in Gran Tarajal auf Fuerteventura. Bei einem Herrn der Security melden wir uns an, da der Hafenmeister erst morgen früh wieder am Hafen ist. Anschließend lassen wir uns den Mahi Mahi schmecken, er ist köstlich.

Am nächsten Morgen besuchen wir gleich den Hafenmeister. Es ist eine staatliche Marina, ohne Schicki und Micki, aber mit großzügigen Stegen, auch die sanitären Anlagen sind sehr ordentlich. Nach dem Frühstück sehen wir uns den nahegelegenen Ort an. Gran Tarajal ist wenig touristisch, nicht mal einen Souvenirladen sehen wir. Die Touristeninformation ist in einem ganz kleinen Pavillon untergebracht.

Heute steht eine Inselrundfahrt mit öffentlichen Verkehrsmitteln auf dem

## 9. Schöne Zeit auf den Kanaren

Programm. Fuerteventura ist nach Teneriffa die zweitgrößte Insel des Archipels. Der Bus bringt uns nach einstündiger Fahrt zunächst nach Puerto Rosario, dem Hauptort. Dort steigen wir in den Bus um, der nach Corralejo fährt. Es geht durch Dörfer, bergige Landschaften und an der Küste entlang. Uns fallen einige Bauruinen auf, im Stadium des Rohbaus steckengebliebene Bauvorhaben. Aber auch verfallene Häuser, geschlossene Restaurants, große verlassene Apartmentanlagen und leer stehende Supermärkte. Uns drängt sich der Eindruck auf, dass Fuerteventuras Norden schon bessere Zeiten gesehen hat.

In Corralejo kommen wir an dem unter Naturschutz stehenden Dünenpark vorbei. Langer, weißer Sandstrand, an dem sich Kitesurfer und andere Wassersportler vergnügen. Der Ort an sich spricht uns nicht an, auch hier viele leer stehende Ladenlokale und Restaurants. Am späten Nachmittag geht es zurück. Für die Busfahrkarten haben wir rund 35 Euro für uns zwei ausgegeben. Wir erinnern uns: Auf Guernsey haben wir eine Inselrundfahrt für 1,33 Euro pro Person unternommen.

Unser nächstes Ziel ist Morro Jable im Süden Fuerteventuras. Wir legen um kurz nach zehn bei strahlendem Sonnenschein und schwachem nördlichen Wind in Gran Tarajal ab. Die knapp 22 Seemeilen legen wir unter Motor zurück. Nur kurz ist ausreichend Wind da, um die Genua ausrollen zu können. So fahren wir an Fuerteventuras bergiger Küste entlang. Je südlicher wir kommen, desto mehr gelber Sandstrand, Hotels und Apartmentanlagen erblicken wir. Mit dem Ankern wird es heute leider nichts, weil der Wind im Laufe des Tages von Nord auf West dreht. Wir würden also bei auflandigem Wind ganz ungeschützt ankern und entscheiden uns deshalb für die Marina. Gegen 14.30 Uhr laufen wir in den Hafen ein und stellen fest, dass die im Hafenhandbuch ausgewiesenen Gästeplätze von Dauerliegern belegt sind. Also nun doch ankern, in einer für Ankerlieger ausgewiesenen Ecke im Vorhafen.

Ingo bereitet auf dem Vorschiff alles für das Ankermanöver vor, als ein gellender Pfiff zu hören ist. Er gilt uns, ein Mitarbeiter der Security winkt uns heran und zeigt auf eine leere Box. Es sind bereits Festmacherleinen an den Klampen auf der Anlage belegt, so dass wir davon ausgingen, dass der Platz nicht frei ist. Nachdem die „Amazone" ordentlich festgemacht ist, suchen wir das Hafenmeisterbüro, um uns mit unseren Papieren anzumelden. Das Hafengelände ist nicht besonders groß. Trotzdem finden wir das Hafenmeisterbüro nicht gleich und wollen fast aufgeben, als wir das versteckte, kleine Büro doch noch entdecken. Der Hafenmeister fragt uns, wann wir denn wohl angekommen seien, gestern? Aha, dieser Mitarbeiter hat seinen Laden im Griff. Wir verraten ihm, dass wir gerade erst vor dreißig Minuten eingelaufen sind und wer uns welchen Liegeplatz zugewiesen hat.

81

Aber das interessiert ihn nicht weiter. Er kassiert das Liegegeld für eine Nacht. Sanitäre Anlagen gibt es nicht, also wird morgen früh wieder mal auf dem Steg geduscht. Später machen wir uns zu einem Bummel in den nahegelegenen Ort und einen Spaziergang am Strand auf. Es gibt hier viele große Hotels und auch eine schöne Strandpromenade. Und wer kommt uns dort entgegen - Isabella und Adolf. Wir treffen die beiden mal wieder ganz zufällig.

Unser heutiges Ziel ist Gran Canaria, bis dahin sind es knapp 60 Seemeilen. Die Sonne lacht vom fast wolkenlosen Himmel, der Seegang ist moderat und bei nördlichem Wind von zunächst vier, später fünf Beaufort, segeln wir bei halbem Wind mit vollem Großsegel und ausgerollter Genua an Fuerteventuras Küste entlang und unserer vierten Kanarischen Insel entgegen. Es ist ein Segeltag wie aus dem Bilderbuch. Ein Tag, an dem uns mal wieder klar wird, was für eine außergewöhlich schöne Zeit wir gerade erleben dürfen. Am späten Nachmittag erreichen wir Las Palmas, die Hauptstadt Gran Canarias. Die Hälfte der Bevölkerung Gran Canarias lebt in der Hauptstadt. Las Palmas hat einen großen Industrie- und Fährhafen. Schon von weitem sehen wir die großen Kräne, es herrscht reger Schiffsverkehr. Die Skyline ist beeindruckend, wir haben das Gefühl geradewegs in eine Großstadt zu segeln.

In der Marina von Las Palmas wollen wir versuchen, einen Liegeplatz zu ergattern. Das könnte schwierig werden, weil dort Ende November die Atlantic Rally for Cruisers, eine Regatta über den Atlantik, mit ca. 300 Booten und mehr als 1.000 Seglern startet. Es ist zwar ein sehr großer Hafen mit 1.200 Liegeplätzen, aber wenn „ARC-Zeit" ist, geht dort, außer für die Teilnehmer dieser Atlantikregatta, gar nichts. Wir haben unseren Aufenthalt auf den Kanaren so geplant, dass wir vor dem „ARC-Rummel" in Las Palmas sind. Aber dieses Großereignis wirft seinen langen Schatten schon jetzt, Anfang Oktober, voraus. Wir haben uns aber nicht abschrecken lassen und siehe da, für die „Amazone" ist im Hafen von Las Palmas ein Platz frei. Es sind genaugenommen noch sehr viele Plätze frei. Trotzdem will der Hafenmeister uns erst mal nur für zwei Tage einen Liegeplatz geben, dann sehen wir weiter, ob wir noch ein paar Tage „bewilligt" bekommen.

Nachdem wir die „Amazone" ordentlich festgemacht und mit Süßwasser geduscht haben, gibt es für uns zur Stärkung eine warme Mahlzeit. Danach machen wir uns noch zu einem ersten Rundgang durch diesen großen Hafen mit seinen Yachtausrüstern, Restaurants und Bars auf. Das war heute ein schöner, langer und auch anstrengender Tag, ich bin ziemlich müde. Doch ohne den Tag im Blog Revue passieren zu lassen, gehe ich mal wieder nicht in die Koje.

## 9. Schöne Zeit auf den Kanaren

Der erste Weg führt Ingo am nächsten Morgen ins Büro des Hafenmeisters. Das Büro ist noch nicht geöffnet, aber es haben sich schon andere Seglerinnen und Segler eingefunden, die dort auch etwas zu erledigen haben. Eine Dame hat es sich vor dem verschlossenen Büro mit einem Buch gemütlich gemacht und vertreibt sich damit die Zeit. Als das Büro um neun Uhr öffnet, heißt es, eine Nummer ziehen und warten, bis diese aufgerufen wird. Ja, bei einer Marina mit 1.200 Liegeplätzen fällt viel Büroarbeit an. Aber das Warten hat sich gelohnt. Ohne Probleme kann Ingo unseren Aufenthalt verlängern lassen, so dass wir die nächsten Tage hier bleiben werden.

Wir haben heute einen Mietwagen für die nächsten drei Tage reserviert und werden diese interessante Insel auf vier Rädern erkunden. Einen weiteren Hafen wollen wir aus verschiedenen Gründen nicht anlaufen. Ein Grund ist, dass z. B. für die Marina in Puerto de Mogán eine Reservierung vier Wochen im Voraus gewünscht wird.

Wir haben uns gestern schon an den Schaufenstern der verschiedenen Yachtausrüster und des Angelgeschäfts die Nasen plattgedrückt, jetzt wollen wir endlich unser Geld loswerden. Unser Motor muss bei Laune gehalten werden, so haben wir ein paar schöne Dinge für die nächste Wartung für ihn gekauft. Da wird er sich aber freuen. In einem anderen Geschäft haben wir eine weitere Seekarte für die Karibik und verschiedene Hafenhandbücher erstanden. Schließlich kaufen wir in einem Angelgeschäft eine stabile Angel mit einer soliden Rolle. Auch ein paar neue Köder haben wir angeschafft. Einer hat sogar bewegliche Augen! Ja, so etwas gibt es wirklich.

Ein Auto zur Verfügung zu haben ist eine luxuriöse Angelegenheit. Wir nutzen den Wagen am heutigen Vormittag zunächst für einen größeren Einkauf. Am Nachmittag starten wir zu einem Ausflug zu verschiedenen Dörfern ins Landesinnere im Norden Gran Canarias. Bei strahlend blauem Himmel starten wir in Las Palmas zur Cumbre, der zentralen Bergregion. Hier zeigt sich die Insel von ihrer stillen, ursprünglichen Seite. In engen Serpentinen geht es bergauf, die Sonne wird von dichten Wolken und Dunst verdrängt, die Wärme ist verschwunden. Es herrscht eine Sichtweite von deutlich unter 50 Meter. Nach einiger Zeit lassen wir die Wolken hinter bzw. unter uns, die Sonne ist wieder da. Grandiose Ausblicke bieten sich uns. Welch ein Kontrast, eben noch Strand und quirliges Großstadtleben, jetzt Abgeschiedenheit, Berge und Wälder. Zwischen Teneriffa und Gran Canaria stauen sich oft die Passatwolken. Da sie selten höher als 1.700 Meter steigen, bleibt der Süden Gran Canarias ohne Regen, der Norden dagegen ist dank der Niederschläge grün.

Unser erstes Ziel ist Teror, 540 Meter über dem Meeresspiegel gelegen. Ein verschlafen wirkender Ort, deren gesamte Altstadt unter Denkmalschutz steht. Im Reiseführer wird er als „kanarischster" aller Orte bezeichnet, was mit der Architektur, der Religiosität und den kulinarischen Genüssen begründet wird. Als nächstes steuern wir Artenara an, den mit 1.270 Meter über dem Meeresspiegel höchst gelegenen Ort Gran Canarias. Das Besondere an diesem Ort sind die noch heute bewohnten Höhlenwohnungen. Die ältesten in den Tuffstein geschlagenen Behausungen sind einige hundert Jahre alt. Im Sommer kühl, im Winter warm, so machen sich die Einwohner von Artenara das einzigartige Klima einer Höhle zu nutze. Interessante Bauweise. Ein Abstecher zu dem 1.050 Meter hoch gelegenen Dörfchen Tejeda steht als nächstes auf dem Programm. Ein ganz entzückendes, verträumtes Örtchen mit schmalen Gassen und Stiegen. Es liegt auf mehreren Hügeln und Plateaus am sonnendurchfluteten Südhang einer mächtigen Schlucht und wird von hohen Bergen eingerahmt. Auf unserer Rundfahrt halten wir immer mal wieder an, um die Ausblicke und den intensiven Duft der Eukalyptusbäume zu genießen. Am frühen Abend geht es zurück nach Las Palmas, wieder in die Großstadt, wieder zurück ins Gewimmel.

    Seit einiger Zeit rumort es in einem meiner Zähne, dies zu ignorieren wäre eine schlechte Idee. Die Suche im Internet nach einem deutschsprachigen Zahnarzt in Las Palmas, ein Anruf bei meiner Reisekrankenversicherung und die Empfehlung des hiesigen Trans-Ocean-Stützpunktleiters René Ernert ergeben jeweils dieselbe Praxis. Trans-Ocean ist ein deutscher Segelverein, der sich der Förderung des Hochseesegelns verschrieben hat. Verteilt über den gesamten Globus gibt es Stützpunkte, die von Ehrenamtlichen geleitet werden. Sie stehen den Seglerinnen und Seglern mit Rat und Tat zur Seite. René hat sich als Helfer in der Not angeboten und mich sogar vorgestern zur Zahnarztpraxis gefahren. Heute hatte ich den dritten Termin, meine Zahnschmerzen bin ich los. Ein Backenzahn hat jetzt eine spanische Füllung.

    Am letzten Tag, an dem wir den Mietwagen zur Verfügung haben, wollen wir noch einmal einen Ausflug machen. Es soll in die grandiose Bergwelt und später in den Süden zu den Dünen bei Maspalomas gehen. Gegen Mittag fahren wir los und nach wenigen Kilometern sind wir in der Cumbre. Wir können in der Bergregion herrliche Aussichten genießen und unternehmen auch eine kurze Wanderung zum Roque Nublo, dem 1.813 Meter hohen Wahrzeichen Gran Canarias. Inzwischen ist Ingo ein ganz routinierter Serpentinenfahrer. Die Straßen sind zum Teil sehr schmal, extrem kurvig und steil. Hinter jeder Kurve bietet sich ein neuer atemberaubender Ausblick.

    Wir fahren weiter in den Süden und erreichen am späten Nachmittag Maspalomas, einen lebhaften Touristenort. Schon von weitem erkennen wir die großen Hotel- und Apartmentanlagen. Das Besondere an diesem Ort sind die Dunas de Maspalomas, die Dünen. Sie gehören zu den großartigsten Naturphänomenen Gran Canarias und stehen unter Naturschutz. Die Dünen bestehen vor allem aus von der Brandung zerriebenem, angespültem

## 9. Schöne Zeit auf den Kanaren

Korallen- und Muschelkalk. Das Gebiet ist 418 Hektar groß. Den Sonnenuntergang genießen wir an der Strandpromenade. Zurück nehmen wir den direkten Weg über die Autobahn. Auf dem Mittelstreifen wachsen kurzstämmige Palmen und Oleander, der weiße und rote Blüten trägt.

Es gibt mal wieder eine nette Begegnung. Wir lernen Katja und Christoph kennen, die mit ihren zwei kleinen Pöksen mit der Segelyacht „Muline" auf demselben Kurs segeln wie wir. Sie sind auch seit Anfang Juni unterwegs und in Stralsund gestartet. Wir haben etwas gemeinsam: Genau wie wir sind sie für den Artikel der Segelzeitschrift „Yacht" zum Thema Auszeit und Sabbatical interviewt worden.

Er wird nicht geliebt, ist aber manchmal unverzichtbar - der Wecker. Heute reißt er uns kurz vor sechs Uhr aus den Träumen, um nach Teneriffa zu segeln. Die Stadt ist schon lange wach, auf den großen Straßen am Hafen herrscht bereits reger Verkehr. In der Marina ist noch alles ganz still und verschlafen. Nur die „Amazone" verlässt ihren Liegeplatz und fährt durch das spiegelglatte Wasser auf den Atlantik hinaus. Wir starten zu unserem Törn nach Santa Cruz im Norden Teneriffas. Sie ist die größte der Kanarischen Inseln und die fünfte, die wir anlaufen. Knapp 60 Seemeilen liegen vor uns. Nur wenig Wind ist vorhergesagt, der im Laufe des Tages etwas zunehmen soll.

Wir setzen das Großsegel, rollen die Genua aus und es geht im Norden an Gran Canaria vorbei. Hin und wieder kommt uns ein Segler entgegen, ab und zu überholt uns eine Fähre. Am späten Vormittag kommen die Berge von Teneriffa in Sicht. Am Nachmittag nimmt der Wind tatsächlich auf fünf Beaufort zu und wir können flott segeln. Die „Amazone" pflügt mit mehr als sechs Knoten durch die See.

Kurz bevor wir gegen 17.00 Uhr in den Hafen von Santa Cruz einlaufen, müssen wir uns über UKW-Funk dort melden. Das war zuletzt beim Einlaufen in den Hafen von Scheveningen in den Niederlanden erforderlich, aber wir wissen noch, wie es geht. Eine Antwort bekommen wir auch. Es ist alles okay, kein Gegenverkehr, sailing vessel „Amazone" darf in den Hafen von Santa Cruz einlaufen. Als nächstes melden wir uns über Funk bei der Marina an. Die Antwort kommt prompt: „Wait a second." Die Sekunde ist lang, sehr lang. Genauer gesagt bleibt das Funkgerät still, aber es kommt uns aus der Marina ein Mitarbeiter in einem kleinen Boot entgegen. Er bittet uns, ihm zu folgen, weist uns einen Liegeplatz zu und ist uns beim Anlegen behilflich. Genau gegenüber der „Amazone" liegt ein Boot aus Deutschland, die „Jasina". Schnell kommen wir mit Regina und Matthias ins Gespräch. Schon wieder eine neue Bekanntschaft. Dann wird es Zeit für die Anmeldung im Marinabüro, anschließend bekommt die „Amazone" ihre Süßwasserdusche. Als alles aufgeklart ist, unternehmen wir einen ersten

Bummel in die nahegelegene Stadt.

Bevor wir uns hier in Santa Cruz auf Teneriffa richtig orientieren können, müssen wir erst mal einige Dinge auf den Weg bringen. Zunächst suchen wir den Yachtausrüster, von dem wir auf Lanzarote schon gehört haben. Wir brauchen eine neue Toilette, ein RM 69. Das bekommen wir aber nicht so leicht. Andere Marken schon, aber ein RM 69 nicht, es wird nicht mehr produziert. Der hiesige Ausrüster soll noch einige Exemplare haben. Und richtig, er hat noch einige auf Lager, morgen können wir eins abholen.

Zweiter Punkt auf der Liste ist der Besuch eines Segelmachers. Wir brauchen einen Sonnenschutz für unsere Gurtrolle am Heckkorb. Außerdem muss ein Reißverschluss am Bimini erneuert werden. Der Herr vom Yachtausrüster „Spinnaker" ruft einen Segelmacher an, Senor Eduardo und bespricht mit ihm, worum es geht. Senor Eduardo sagt zu, sich bei uns zu melden. Der dritte Punkt ist ein Besuch bei einer Zahnärztin. Ja, schon wieder. Fünfte Insel, zweiter Zahnarzt. Diesmal aber ein anderer Zahn und diesmal ist auch nur ein Besuch erforderlich.

Der nächste Tag fängt richtig gut an. Ein früherer Kollege von Ingo macht zurzeit gerade mit einem Kumpel Urlaub auf Teneriffa und sie besuchen uns an Bord. Es wird viel erzählt und gelacht, die Zeit vergeht viel zu schnell.

Kaum sind die zwei von Bord, klingelt das Telefon und Senor Eduardo kündigt sein Erscheinen an. Leider spricht er nur sehr wenig Englisch und wir kein Spanisch. So haben wir ihm mit Händen und Füßen erklärt, was repariert, bzw. neu angefertigt werden soll. Er hat die Spritzkappe, die Kuchenbude und das Bimini mitgenommen, um die Reißverschlüsse auszutauschen. Zwei Tage später bringt er die Sachen wieder vorbei, alles passt und die Reißverschlüsse sind auch dran. Gute Arbeit, schnell, zuverlässig und der Preis stimmt auch.

Seit unserer Ankunft, ist die Marina merklich voller geworden. Schätzungsweise die Hälfte der Yachten hat die französische Nationale am Heck. Wir sind nicht die einzigen, die sich allmählich auf den großen Törn über den Atlantik vorbereiten. Es herrscht geschäftiges Treiben, Treibstoffkanister werden an Bord gebracht, hier und da wird gesägt und gebohrt. Das eine oder andere Crewmitglied wird zum Rigg-Check in den Mast hochgezogen.

Der nächste Tag ist leider ganz verregnet, es donnert und blitzt. Seit Harlingen ist es für uns der erste komplette Regentag. Er kommt nicht ganz überraschend, die Wettervorhersage hatte ihn angekündigt. Wir haben uns deshalb für heute vorgenommen, am Laptop zu arbeiten. Einige Daten müssen gesichert werden und Ingo hat sich mit unseren Videoaufnahmen beschäftigt. Als es am frühen Abend endlich zu regnen aufhört, machen wir

## 9. Schöne Zeit auf den Kanaren

uns noch zu einem Stadtbummel auf. In der Stadt hat der viele Regen deutliche Spuren hinterlassen. Große Pfützen überall, Erde und Kieselsteine sind auf die Gehwege gespült worden, die Feuerwehr ist mit Pumpen im Einsatz. Das Hafenwasser ist von der eingeschwemmten Erde ganz braun, einiger Unrat schwimmt darin. Obwohl es hier in Santa Cruz nicht gestürmt hat, steht einiger Schwell in den Hafen und die Boote zerren an ihren Leinen. Eins schaukelt noch aufgeregter als das andere. Die „Amazone" macht bei diesem Schaukelwettbewerb natürlich auch mit.

Heute stehen noch einmal Besuche beim Yachtausrüster und beim Elektronikhändler „TV Nalber" auf dem Programm. Beim Yachtausrüster haben wir ein Solarpaneel bestellt. Es soll die beiden Paneele, die wir bereits an Bord haben, ergänzen. Beim Elektronikhändler haben wir neulich WLAN-Zubehör gekauft und heute noch fehlende Teile bestellt. Wir sind jetzt seit einer Woche hier und werden noch eine Weile bleiben, auch um uns für die Törns zu den Kapverden und in die Karibik auszurüsten und mit Proviant zu versorgen.

In Santa Cruz gibt es mehrere verschieden große Parks. Auf dem Rückweg zur „Amazone" schlendern wir durch den Park Garcia Sanabria. Er ist über sechs Hektar groß und befindet sich im nördlichen Teil der Innenstadt. Von der ersten Idee 1881 bis zur Eröffnung des Parks 1926 hat es 45 Jahre gedauert. Gut Ding will Weile haben. Der Park ist nach dem ehemaligen Bürgermeister Santiago Garcia Sanabria benannt, der maßgeblich die Anlegung des Parks unterstützt hat.

Einkaufen, kochen, putzen, waschen, an der WLAN-Anlage basteln, das füllt den heutigen Tag aus. Bei „TV Nalber" werden wir schon fast mit Handschlag begrüßt. Auch heute haben wir dort brav eine Nummer gezogen und uns in die Warteschlange eingereiht. Die technischen Unwägbarkeiten und ihre Überwindung sind Ingos Thema. Ich finde das alles sehr kompliziert. Der Antennenwald wächst, der Frust ist zwischendurch ziemlich groß, aber es gibt zum Glück auch Erfolgserlebnisse. Zum jetzigen Zeitpunkt funktioniert unsere WLAN-Verbindung jedenfalls mit den neuen Produkten von Alfa bestens. Die Spielverderber WeBBoat und Engenius haben Pause.

In den vergangenen Tagen waren wir sehr beschäftigt und haben einiges erledigt bzw. auf den Weg gebracht. Höchste Zeit also, mal wieder etwas zu entspannen. Wir sind mit Kirsten und Burkhard verabredet, die auf Teneriffa Urlaub machen. Im Juni haben sie uns mit ihrem Schiff bis Norderney begleitet, jetzt gibt es hier ein Wiedersehen. Wie praktisch, dass die beiden ein Auto gemietet haben. Die nächsten Tage verbringen wir zusammen und absolvieren ein ausgiebiges und buntes Ausflugsprogramm. Ein Höhepunkt ist der Besuch des Parque Nacional del Teide, der das Zentrum Teneriffas bildet. Der Nationalpark liegt nicht nur mit über 2.000 Höhenmetern über allen anderen Regionen der Insel, sondern er grenzt sich zusätzlich durch einen Bergring von seiner Umgebung ab. Seit 2007 ist das Gebiet von der UNESCO als Weltnaturerbe anerkannt. Alle Gesteinsfarben leuchten hier: braun, schwarz, weiß, rot und sogar grün. Es gibt fast weiße, brettflache Ebenen, goldfarbene turmhohe Felsen, dunkle wilde Steinströme und in seiner Mitte den Teide, den höchsten Berg Spaniens, die höchste Erhebung im Atlantik.

Nach den vergangenen Tagen, die so voller Eindrücke waren, gönnen wir uns heute eine Pause. Ingo ist ein bisschen erkältet, mir macht die Hitze zu schaffen. Es ist ein heißer und windstiller Tag. Wir schlafen, dösen, lesen und schwitzen ordentlich. Nur zu den allernotwendigsten Tätigkeiten können wir uns aufraffen. Könnte bitte mal jemand abwaschen? Diese Lethargie wird am späten Nachmittag ganz plötzlich durch ein Klopfen am Boot unterbrochen. Kirsten und Burkhard wollen uns zu einem Stadtbummel abholen. Gute Idee! Ein Spaziergang ist jetzt genau das Richtige und wir betätigen uns als Stadtführer.

Der gestrige Ruhetag hat uns beiden gutgetan. Es ist heute auch nicht ganz so drückend heiß wie gestern, obwohl das Thermometer in der Kajüte heute die 30 Grad-Marke geknackt hat. Fast windstill ist es immer noch, also die beste Gelegenheit, die neuen „Windfänger" auszuprobieren. Wir haben für jede Luke einen. Ihre Aufgabe ist es, auch das kleinste Lüftchen ins Boot zu leiten. Die Premiere ist gelungen, weitere Auftritte hat es im Laufe der Reise allerdings nicht gegeben. Auf den Ankerplätzen in der Karibik war es immer windig, so dass auch ohne die Windfänger genügend frische Luft ins Boot kam.

Es stehen einige Erledigungen an und die To-Do-Liste muss mal wieder abgearbeitet werden. Da müssen Kirsten und Burkhard leider allein auf Entdeckungstour gehen. Wir sind jetzt mehr als zwei Wochen in diesem Hafen. Diese für unsere Verhältnisse sehr lange Liegezeit haben wir zu vielen Ausflügen genutzt und mehrere Bestellungen bei Yachtausrüstern und den Herrn von „TV Nalber" aufgegeben. Heute sind nun alle Dinge abholbereit. Wir machen uns auf den Weg, um weiteres WLAN-Zubehör und ein flexibles Solarpaneel abzuholen. Wir haben zwar schon zwei Solarpaneele, ein fest installiertes zwischen den beiden Gerätemasten auf dem Achterdeck und eines, das wir beim Ankern an die Reling hängen können. Dieses dritte, flexible Paneel ist aber viel einfacher in der Handhabung.

Wir wissen, wo wir morgens frische Brötchen bekommen; den Weg zum nächsten Supermercado kennen wir auswendig; wo die Straßenbahn fährt und wie das mit dem Ticketentwerten funktioniert, haben wir kapiert; den Wochenmarkt mit dem herrlichen Obst und Gemüse kennen wir; um den Weg zu den Yachtausrüstern zu finden, brauchen wir keine Straßenkarte

## 9. Schöne Zeit auf den Kanaren

mehr und zu „TV Nalber" finden wir im Schlaf, untrügliche Zeichen, dass wir uns schon ganz gut auskennen und wissen, „wie hier der Hase läuft". Oder anders gesagt, auf geht's zum nächsten Hafen oder Ankerplatz. Morgen soll es weitergehen in den Süden Teneriffas, nach Las Galettas.

Also mal wieder den Wecker stellen, denn es gibt noch einiges zu erledigen. Ingo macht sich nach dem Frühstück noch einmal auf den Weg zum Yachtausrüster. Es fehlt noch ein Kabel für das neue Solarpaneel, zwei zusätzliche Ruckfender wären fein und Dieselkanister. Ja, wir geben es zu, auch uns hat die „Rote Hysterie" erfasst. Auf den Booten, die sich demnächst auf die Reise über den Atlantik in die Karibik machen, sind sie allgegenwärtig. Kaum ein Boot, auf dem nicht eine ganze Batterie roter Dieselkanister an Deck festgezurrt ist. Wir haben schon acht 10-Liter-Kanister zusätzlich zu dem 120 Liter Einbautank dabei. Jetzt kommen noch drei 20-Liter-Kanister dazu. Man weiß ja nie.

Doch bevor wir ablegen, erleben wir noch eine nette Überraschung. In La Coruna haben wir Dörte und Paul mit ihrer „Man suutje" das erste Mal getroffen und hier sehen wir uns ganz unverhofft wieder. Es gibt viel zu erzählen. In den Zeiten des „Blogschreibens und -lesens" sind die Gespräche manchmal zum Piepen. Wechselseitig berichten wir von unseren Erlebnissen und immer wieder heißt es „Ja, ich weiß. Hab' ich in Eurem Blog gelesen."

Gegen 11.00 Uhr kommen wir los, unter Großsegel und Genua zieht die „Amazone" an Teneriffas Küste entlang Richtung Süden. Endlich wieder Seeluft schnuppern, das tut gut. Bei vier Windstärken und raumem Wind kommen wir mit durchschnittlich sechs Knoten gut voran. Etwa eine Stunde vor unserem Ziel nimmt der Wind ab, die letzten Meilen legen wir unter Maschine zurück. Gegen 18.00 Uhr machen wir nach 38,7 Seemeilen in der „Marina del Sur" in Las Galletas fest.

Wir wollen morgen weitersegeln zur Nachbarinsel La Gomera, Kirsten und Burkhard bleiben noch ein paar Tage auf Teneriffa. Eine letzte Umarmung, gute Wünsche und ein „Tschüß bis August!" Das ist hart.

Der Törn zur Marina in der Hauptstadt La Gomeras, San Sebastian, ist etwa 25 Seemeilen lang. Die Windvorhersage spricht von Wind aus nordöstlicher Richtung von zwei, zunehmend vier bis fünf, in Böen sechs bis sieben Beaufort. Wir legen um 10 Uhr ab und fahren zunächst mit Motor. Nach etwa einer Stunde erblicken wir die Rückenflossen mehrerer Wale. Sie lassen sich einfach träge im Wasser treiben. Bis ein Schlauchboot und mehrere Jetskis angefahren kommen, dann tauchen sie ab.

Als der Wind nicht mehr direkt von vorne kommt, setzen wir das Großsegel, lassen aber die Maschine mitlaufen, da der Wind immer noch ziemlich mau ist. Uns kommen zwei Segelboote entgegen, die ihre Großsegel gerefft haben. Aha, dort wo sie herkommen muss es wohl Wind geben. Wir haben etwa zwei Drittel der Strecke zurückgelegt, als wir sehen, dass auf einem Segelboot, das etwa eine Seemeile vor uns segelt, versucht wird, das Vorsegel einzurollen. Da vorne sieht der Atlantik auch nicht mehr so freundlich aus, wie auf unserer Höhe. Wellen mit Schaumkronen sind deutlich zu sehen. Im Imray Revierführer hatten wir gelesen, dass man bei dem Törn von Teneriffa nach La Gomera darauf vorbereitet sein sollte, dass oft im letzten Drittel der Tour starke Winde auftreten. Dies hängt mit den geografischen Gegebenheiten und der daraus entstehenden Wind-Düse zwischen den Inseln zusammen.

Wir beschließen, ein Reff ins Großsegel zu binden. Kaum ist das erledigt, pustet es auch schon los! Wir haben die Landabdeckung von Teneriffa verlassen und bekommen den Wind jetzt aus erster Hand. Die Genua rollen wir ein kleines Stück aus und ab geht die Post! Mit sechs bis sieben Knoten Fahrt pflügt die „Amazone" hoch am Wind durch die Wellen. Ab und an ziehen wir sogar die Relingstützen in Lee durchs Wasser und wir überlegen, das zweite Reff ins Segel zu binden. Der Ruderdruck ist aber nicht besonders stark, wir können die Höhe gut halten und preschen auf La Gomera zu. Die tapfere „Amazone" enttäuscht uns auch heute nicht. Wunderbar, wie sie mit Wind und Wellen klarkommt! Die Wellen sind etwa zweieinhalb Meter hoch und das überkommende Spritzwasser durchnässt mich nach kurzer Zeit, da ich in T-Shirt und kurzer Hose an der Pinne sitze. In meinen Bootsschuhen steht das Wasser und es ist kein Regenwasser, der Himmel ist nämlich wolkenlos.

Gegen 14.30 Uhr erreichen wir La Gomera und melden uns über UKW-Funk in der Marina an. Wir dürfen einlaufen, uns wird ein Liegeplatz zugewiesen. Das Marinabüro ist heute schon geschlossen, der Papierkram muss also bis morgen warten. Die „Amazone" und wir bekommen eine Süßwasserdusche, an Bord wird alles aufgeklart, etwas zu essen gekocht und anschließend unternehmen wir den ersten Erkundungsgang.

Touristeninformation, Supermercardo, Wäscherei und eine Bäckerei sind schnell gefunden. San Sebastian de la Gomera ist ein hübsches Städtchen. Um die Insel kennenzulernen, wollen wir ein Auto mieten und fragen bei mehreren Vermietungen hier am Hafen nach. Aber wir können erst ab übermorgen ein Auto bekommen, weil alle Mietwagen vorbestellt sind, ein Kreuzfahrtschiff wird erwartet. Im „Wochenblatt", der deutschen Zeitung der Kanarischen Inseln, lesen wir, dass die „AIDAcara" San Sebastian anlaufen wird.

Wir haben heute die Segel kontrolliert, ob alle Nähte in Ordnung sind oder es irgendwo Scheuerstellen gibt. Außer einer Kleinigkeit am Fockschlauch haben wir nichts gefunden. Bei dieser Gelegenheit hat Ingo das Großsegel und die Genua auch gleich mit Süßwasser gespült, um das Salz einmal gründlich auszuwaschen. Außerdem hat er ein neues Fall für die Genua eingezogen. Auf das Großsegel soll ein Scheuerschutz genäht werden. Bei achterlichem Wind scheuert das Segel an den Unterwanten. Dies ist durch dunkle Linien, die der Schmutz in den Wanten auf dem Segel hinterlassen hat, schon zu sehen. Das Segel ist ja ganz neu und solch ein Schutz kann erst aufgenäht werden, wenn die Wanten sich abgezeichnet haben, so dass klar ist, wo der Scheuerschutz genau aufgenäht werden muss. Im Ort gibt es eine Segelmacherei. Der junge Segelmacher ist im Stress, da im Moment sehr viele Segel bei ihm abgegeben werden. Nach dem er sich mit einem Mitarbeiter besprochen und in einem dicken Buch nachgesehen hat, kann er uns zusagen, das Segel in zwei Tagen fertig zu haben.

Seit dem wir auf La Gomera sind, ist es windig. Wenn wir uns eine Box aussuchen können, nehmen wir nach Möglichkeit eine, in der die „Amazone" im Wind liegt, also der Wind von vorne kommt. Hier in der zugewiesenen Box liegen wir leider nicht im Wind, sondern der Wind weht ins Cockpit und ins Boot. Mit dem Wind kommt feiner schwarzer Lavasand an Bord, der sich überall festsetzt. Alles fühlt sich rau an, die „Amazone" sieht wie ein kleiner Dreckspatz aus. Gestern Abend hat der Wind allmählich nachgelassen, heute Morgen weht nur noch ein laues Lüftchen. So schließt Ingo den Wasserschlauch an und spült das Boot ordentlich ab. Unseren kombinierten Koch-Wohn-Arbeits- und Schlafraum, sprich die Kajüte, putze ich derweil.

Am nächsten Vormittag klopft es vorsichtig am Boot. Draußen steht ein kleines blondes Mädchen von einer Yacht aus Kopenhagen. Es hat eine Sammlung hübscher selbstgeflochtener Armbänder dabei, Stück für 50 Cent. Gerne kaufe ich ihr eines ab. In Deutschland wird ja immer wieder vor Haustürgeschäften gewarnt, aber dieses Relingsgeschäft war ganz harmlos.

Pünktlich um 10 Uhr finden wir uns bei der Autovermietung hier am Hafen ein. Unsere Tour soll uns in den Süden nach Playa Santiago und von dort in den Westen nach Valle Gran Rey führen. Es wird, wie schon auf Gran Canaria und Teneriffa, eine atemberaubende Serpentinenfahrt mit grandiosen Ausblicken. Obwohl der Norden der grüne Teil der Insel ist, sehen wir auch auf unserer heutigen Tour in den Süden viel sattes Grün.

In Valle Gran Rey bietet sich uns ein sehr trauriger Anblick. Vor kurzem ist hier eine Segelyacht verunglückt. Es gab Probleme mit dem Ankergeschirr und bei auflandigem Wind konnten die alarmierten Seenotretter nicht verhindern, dass die Yacht auf die Steinböschung trieb und dort zerschellte. Von dem einst stolzen Schiff, einer Hanseat 40 aus Deutschland, ist nicht mehr viel übrig geblieben. Wie der Zufall es wollte, haben wir später in der Karibik ein Ehepaar getroffen, das ebenfalls in Valle Gran Rey geankert hatte und diesen Unfall live miterlebte. Das Ereignis hat sie tief bewegt.

Bevor wir heute zu unserem Ausflug in La Gomeras Norden und Mitte starten, holt Ingo unser Großsegel beim Segelmacher ab. Es ist gestern wie verabredet fertig geworden. Prima Arbeit zu einem vernünftigen Preis und pünktlich fertig, das hat doch super geklappt. Nun aber los auf die Piste bzw. die Serpentinen. Wir besuchen die Orte Hermigua und Agulo, fahren an die Küste, durchqueren den Nationalpark Garajonay, kommen durch Vallehermoso, gehen spazieren und abends sind wir wieder zurück in San Sebastian. Auch wenn ich mich wiederhole, die Ausblicke sind sensationell! Allein heute habe ich fast 100 Fotos gemacht. Aber selbst das schönste Foto kann nicht annähernd zeigen, wie beeindruckend diese Insel tatsächlich ist. Man muss es selbst gesehen haben.

Der erste Punkt auf der ewigen Liste der zu erledigenden Dinge ist die Rückgabe des Mietwagens. Zweiter Punkt ist das Einziehen des Großsegels, das ja beim Segelmacher war. Dabei haben wir auch gleich die dritte Reffleine mit angeschlagen, man weiß ja nie, was noch kommt. Die „Amazone" ist jetzt wieder segelklar. Nächster Punkt ist die Reinigung des eingebauten Wassertanks. Diese Arbeit steht jedes Jahr im Herbst kurz vor dem Winterlager an. Winterlager fällt aus, die Reinigung muss aber sein. Jetzt ist der Tank gereinigt und gefüllt, Punkt abgehakt.

Wir wollen heute zurück nach Teneriffa segeln, wieder in die Marina del Sur in Las Galletas. Es ist das erste Mal auf dieser Reise, dass wir einen Hafen zweimal anlaufen. Von dort aus waren wir ja nach La Gomera gesegelt. Wir erwarten wieder Besuch aus Deutschland. Am Vormittag legen wir in San Sebastian ab. Es weht mit sechs Beaufort aus Nord, das Großsegel haben wir einmal gerefft, die Genua nur zum Teil ausgerollt. Los geht die wilde Fahrt. Bei strahlendem Sonnenschein kommen wir gut voran. Nach etwa einer Stunde sind wir in der Landabdeckung von Teneriffa. Wie schon auf der Hinfahrt ändert sich die Windstärke von einem Moment zum nächsten, so als hätte jemand einen Schalter umgelegt. Von jetzt auf gleich nimmt der Wind auf schlappe zwei bis drei Beaufort ab. Wir kommen kaum noch voran und bald starten wir die Maschine und rollen das Vorsegel ein.

Auf der Mole entdecken wir zwei bekannte Gesichter: Isabella und Adolf sind mit der „Amarillo" hier im Hafen und nehmen unsere Leinen an, erste Neuigkeiten werden ausgetauscht. Wie schön, in einem fremden Hafen so herzlich begrüßt zu werden.

Der Vorschiffsbereich hat sich in den letzten Wochen zu einem Abstellraum entwickelt. Ab morgen wird der Platz im Vorschiff aber gebraucht, weil unser ältester Sohn Henning und seine Freundin uns besuchen und einige Tage mit uns an Bord leben. So haben wir diesen Tag dazu genutzt, auf- bzw. umzuräumen. Jetzt ist das Vorschiff bezugsfertig, wir freuen uns darauf, die beiden morgen in die Arme zu schließen!

Die Maschine aus Bremen landet pünktlich und wir können die beiden auf

## 9. Schöne Zeit auf den Kanaren

Teneriffa willkommen heißen. Sie sind in fünf Stunden von Bremen hierher „gerast", wir haben dafür ungefähr drei Monate gebraucht. Es gibt natürlich viel zu erzählen, wir planen die nächsten Tage und freuen uns, zusammen zu sein.

Heute legen wir mal einfach so zum Spaß ab. Das ist auf dieser Reise etwas ganz Neues. Unter „normalen Umständen" legen wir immer einfach so zum Spaß ab. Aber auf Langfahrt ist das tatsächlich etwas anders. Immer gibt es ein Ziel oder eine Etappe, manchmal eine Herausforderung. Es kommt niemand auf die Idee, einfach mal so zum Spaß abzulegen, einen Tag auf dem Wasser zu verbringen und abends in den Hafen zurückzukommen.

Wir legen also ab, um Wale zu beobachten, zu angeln und vor dem Strand von Los Cristianos zu ankern. Zum Segeln ist zu wenig Wind, an die Angel geht kein Fisch, aber mit dem Walebeobachten klappt es! Ganz in der Nähe der verschiedenen professionellen Walbeobachtungs-Schiffe tauchen mehrere Grindwale vor unserem Bug auf. Ein beeindruckendes Erlebnis für uns alle. Wir fahren weiter zum Strand von Los Cristianos und werfen den Anker. Unsere Gäste sind ganz begeistert vom Panorama, dem Sonnenschein und dem kristallklaren, warmen Wasser. Das Wasser ist etwa elf Meter tief, wir können bis auf den Meeresgrund sehen.

Während sich Ingo der Reinigung des Propellers widmet, schwimmen wir drei an den Strand. Wir bummeln in Bikinis und Badehose die Promenade entlang, können uns aber kein Eis kaufen, weil wir natürlich kein Geld dabei haben. Dann wird es Zeit, zurück zur „Amazone" zu schwimmen. Der Skipper ist inzwischen auch schon mit seiner Arbeit fertig. Der Propeller ist von den Seepocken befreit. Wir haben es uns alle im Cockpit gemütlich gemacht, als sich ein Schwimmer nähert. Er ruft uns einen freundlichen Gruß zu und meint, er sei vom Strand herübergeschwommen, weil ihm das Boot so gut gefalle und er es sich aus der Nähe ansehen wolle. „Schönes Boot und so gut in Schuss!" Er erzählt uns noch, dass er seit mehr als zwanzig Jahren auf Teneriffa lebt und früher selber ein Boot hatte. Er wünscht uns noch eine gute Reise, dreht eine Runde um die „Amazone" und schwimmt wieder zurück zum Strand. Die „Amazone" heimst immer wieder Komplimente ein, aber von einem Schwimmer hatte sie bisher noch keins bekommen.

„Erst die Arbeit, dann das Vergnügen." Das heißt heute für mich, dass ich erst eine wichtige Aufgabe erledigen muss, die mir auch ein bisschen bevorsteht. Wir wollen vor der Atlantiküberquerung das Rigg checken, aber nicht den Mast legen. Das wiederum bedeutet, dass der oder die Leichteste, also ich, in den Mast hochgezogen werden muss, um alles zu kontrollieren. Es ist für mich ein riesiger Vorteil, dass ich schon im letzten Jahr in Bremerhaven in den Mast musste, um einen Block auszuwechseln. So ist mir die Situation, in schwankender Höhe von ungefähr 14 Metern einen vernünftigen Gedanken zu fassen und nicht ans Abstürzen zu denken, nicht gänzlich unbekannt. Bevor wir im Frühjahr den Mast gestellt haben, hat Ingo mir genau gezeigt, worauf ich beim Rigg-Check zu achten haben würde.

Also den Bootsmannstuhl festgurten, Werkzeug und Kamera festbinden und hoch geht es. Henning und Ingo ziehen mich mit dem Genuafall und dem Fockfall mit der Winsch bis in die Mastspitze. Ich bin also doppelt gesichert. Meine Aufgabe ist es, sämtliche Splinte und Wanten zu prüfen. Ist irgendetwas lose, fehlt eine Mutter? Ich sehe mir alles genau an und mache Fotos. Etwas Verdächtiges habe ich nicht entdeckt. Ich bin natürlich kein Profi, aber soweit ich es beurteilen kann, ist alles in Ordnung. Als ich wieder festen Boden, bzw. das Deck unter den Füßen habe, bin ich sehr erleichtert.

Die Arbeit ist erledigt, das Vergnügen kann kommen. Wir wollen unseren Gästen heute mit dem Auto die Insel zeigen. Es geht in den Westen Teneriffas, nach Los Gigantes, wo wir die wahrhaft gigantische Steilküste bewundern. Über steile und enge Serpentinen geht es weiter nach Garachico. Einst die bedeutendste Hafen- und Handelsstadt Teneriffas ist sie heute eine verschlafene kleine Stadt mit historischen Gassen und Plätzen. Außerdem gibt es bei Garachico ein Naturschwimmbad. Heute weht allerdings die rote Fahne - Baden verboten! In die Lavabecken steht eine gewaltige Brandung. Darin zu baden, wäre äußerst ungesund.

Wir betätigen uns weiter als Reiseleiter und fahren mit den beiden munter durch die Gegend. Der Himmel ist am Morgen fast wolkenlos, also ein guter Tag, um zum Teide in den Nationalpark und über die Pass-Straße zu fahren. Für Ingo und mich sind die grandiosen Ausblicke nicht mehr ganz neu, aber wir genießen die Tour bei Sonnenschein und strahlend blauem Himmel trotzdem. Wir sind von Teneriffas Landschaft ganz begeistert und zeigen den beiden gerne die Schönheit dieser tollen Insel.

Nach vier Tagen ziehen unsere Gäste wie geplant in ihr Apartment in San Miguel ganz in der Nähe der Marina. Wir sind wieder allein an Bord. Nach vier gemeinsam verbrachten Tagen gehen wir heute mal getrennte Wege. Ingo fährt mit dem Mietwagen nach Santa Cruz und macht Besorgungen bei verschiedenen Yachtausrüstern, die „Amazone" wird weiter ausgerüstet. Auch bei „TV Nalber" schaut er mal wieder herein. Währenddessen kümmere ich mich unter anderem um die Wäsche. Der Raum, in dem hier in der Marina die Waschmaschine und der Trockner stehen, ist sehr klein. Ingo vermutet, dass es früher mal eine Telefonzelle war. Was soll ich sagen, mal eben die Maschine anwerfen und ruck, zuck ist alles fertig? Nein, so einfach ist das heute wieder nicht. Zweimal ist der Strom weg und ein Marinamitarbeiter nimmt sich der Sache an. Irgendwann, viel später als geplant, ist doch noch alles fertig geworden. Kurz zum Supermercado laufen

## 9. Schöne Zeit auf den Kanaren

und frisches Obst besorgen, noch ein wenig hin- und herräumen, dann ist Ingo auch schon von seinem Ausflug zurück.

So ist dieser arbeitsreiche Tag schnell vorbei und morgen sind wir wieder zu viert unterwegs.

Dürfen wir den Loro Parque besuchen? Diesen Park mit seinem Delfinarium, der Orca-, Seelöwen- und Loro-Show? Solche Parks sind umstritten, wir wollen uns mit unseren Gästen heute selbst ein Bild machen. Alles in allem sind es 34 Shows und Bereiche, die wir besichtigen können. Ein Terrarium gehört ebenso dazu wie zum Beispiel eine Orchideensammlung und das Aquarium. Die Anlagen sind topgepflegt, es gibt eine Vogel-Freiflughalle und einige Tiershows. Der Park besitzt sechs Orcas. Vier stammen aus den SeaWorld Parks in den USA, einer ist im Park geboren und ein Tier „wurde in der Nordsee vor Holland gerettet und fand im Loro Parque ein neues Zuhause", so steht es im Begleitheft. Die Besucher bekommen Informationen über die Betreuung der Orcas und über Forschungsergebnisse. Es wird außerdem über die Loro Parque Fundacion, eine dem Park angeschlossene internationale Stiftung, informiert und um Spenden gebeten. Seit ihrer Gründung 1994 hat die Stiftung 15 Millionen US-Dollar eingenommen und damit weltweit Tierschutzprojekte unterstützt. Wie dem auch sei, es war ein interessanter Tag, der auch zum Nachdenken angeregt hat.

Es heißt schon wieder Abschied nehmen. Heute fliegen Henning und seine Freundin zurück nach Deutschland. Der Flug geht am Nachmittag, so dass am Vormittag noch genug Zeit für einen Strandbesuch und ein Bad im Atlantik bleibt. Wir holen die beiden in ihrer Apartmentanlage ab und fahren ins nahegelegene El Médano. Am schwarzen Lavasandstrand breiten wir unsere Handtücher aus und baden im Atlantik. Allzu bald wird es Zeit zum Aufbruch. Nach einer Stärkung in einem Restaurant an der Strandpromenade fahren wir zum Flughafen. Wir nehmen die beiden noch einmal in den Arm und ich muss mir Mühe geben, nicht zu heulen. Die Zeit ist viel zu schnell herumgegangen. Bis zum nächsten Wiedersehen werden viele Monate vergehen. Zum Trübsal blasen bleibt aber nicht viel Zeit. Morgen müssen wir den Mietwagen zurückgeben und wollen deshalb heute den letzten Großeinkauf vor unserer Abreise zu den Kapverden erledigen. Diesmal wird es ein Großeinkauf, der seinen Namen auch verdient! Drei volle Einkaufswagen mit Getränken und Lebensmitteln sind es am Ende. Gegen 14 Uhr sind wir zum Einkaufen losgefahren, kurz nach 22 Uhr ist alles an Bord geschleppt und verstaut. Es erstaunt uns immer wieder, dass sich immer noch Platz für die vielen Sachen findet.

Es sind nur noch wenige Kleinigkeiten zu erledigen, bis wir zu unserem 800 Seemeilen Törn zu den Kapverden ablegen können. Sobald sich ein gutes

Wetterfenster für uns öffnet, soll es losgehen.

Bevor wir aufbrechen, wollen wir noch unsere Gasflasche befüllen lassen. Dies geht hier auf Teneriffa bei der Firma DISA im Industriegebiet Granadilla. Das ist etwa eine halbe Autostunde von Las Galletas entfernt. Wir müssen diesen Punkt also noch erledigen, bevor wir heute Nachmittag den Mietwagen zurückbringen. Wir haben gestern eine schöne gezeichnete Anfahrtskizze von Jonathan von der „Takamaka" bekommen. Er hat fein säuberlich die Autobahn mit den Abfahrten und Kreisverkehren aufgemalt und eine kurze Routenbeschreibung ist auch dabei. Am besten fand ich den letzten Satz: „Bei DISA am Tor klingeln und um Gas bitten." Jonathan lag mit seiner Segelyacht „Takamaka", Heimathafen Kappeln, hier am Steg. Mit seiner Crew ist er jetzt auf dem Weg zu den Kapverden. Bevor sie gestern Abend abgelegt haben, waren die Drei noch kurz bei uns an Bord, sympathische junge Leute. Wir lesen seit längerem Jonathans Blog und haben uns gefreut, ihn hier endlich persönlich kennenzulernen.

Wir klingeln bei DISA am Tor und bitten um Gas. Unsere Gasflasche wird in eine Gitterbox verfrachtet und mit einem Gabelstapler abtransportiert. Kurze Zeit später kommt sie aufgefüllt wieder zurück. Das hat prima geklappt.

Später kommt Ursula bei uns vorbei. Sie und ihr Freund Matthias sind Schweizer und liegen mit ihrer Yacht „Joy" auch hier am Steg. Sie segeln die gleiche Route wie wir und sind in Holland gestartet. Ursula hat zwei Bücher dabei und möchte gerne mit uns welche tauschen. Das ist eine gute Idee, mein Lesestoffvorrat schrumpft allmählich. Und so tauschen wir Mankell & Co.

Es ist wie bei Radio Eriwan: Im Prinzip sind wir reisefertig, aber - es gibt doch noch einiges zu tun. Und so werkelt jeder an seiner Baustelle vor sich hin. Ingo beschäftigt sich mit dem Dieselvorrat. Der eingebaute Tank ist randvoll mit 120 Liter Diesel, 140 Liter haben wir jetzt zusätzlich in Kanistern dabei. Erstaunlich ist, dass wir keine Deckslading haben, sondern alle Kanister in den Backskisten unterbringen konnten. Da hat der Skipper aber sehr ordentlich gestaut.

Ich checke derweil unsere anderen Vorräte, wie Lebensmittel, Trinkwasser und Hygieneartikel. Unsere Listen geben Auskunft darüber, was in welcher Menge an Bord ist. Hier kann nachgelesen werden, dass wir beispielsweise zehn Zahnbürsten, 240 Müllbeutel und zehn Flaschen Mehl an Bord haben. Wie jetzt, Mehl in Flaschen? Das kennt man doch nur von Didi Hallervorden, in seinem Sketch geht es allerdings um Pommes in Flaschen. Nun, wegen der leider zu erwartenden Schädlingsinvasion bewahren wir u. a. das Mehl in großen PET-Flaschen auf. Da soll der Rüsselkäfer nur kommen, wir sind gewappnet. Der wichtigste Proviant ist aber das Wasser. Wir befüllen den eingebauten Tank, der 250 Liter fasst und haben zusätzlich 100 Liter Süßwasser in Kanistern, 130 Liter Mineralwasser ohne Kohlensäure und 80 Liter Mineralwasser mit Kohlensäure und Softdrinks an Bord.

Ein paar Tage werden wir hier noch auf ein gutes Wetterfenster warten müssen und unsere Liste der zu erledigenden Dinge weiter abarbeiten. Ins Schwitzen kommen wir dabei eher nicht, da sich die Temperaturen zurzeit nur um die 18 Grad herum bewegen. Sogar einen Regenschauer gibt es hin und wieder und den einen oder anderen Regenbogen.

Von einem 8-Stunden-Tag und einer 5-Tage-Woche sind wir weit entfernt. Immerhin ist der „Stress" selbstgemacht und wir können auch selbst entscheiden, was wann und wie erledigt werden muss. Als erstes baut Ingo eine zweite elektrische Bilgepumpe mit separater Stromversorgung und Extraschlauch ein. Danach ist mal wieder eine Motorwartung fällig. Zum Schluss verstauen wir die vielen Getränke- und Mineralwasserflaschen seefest.

Ich muss mich meinem Lieblingsthema, der Wäsche, widmen. Als ich im Laufe des Tages sogar die Tischdecke und Kissenhüllen wasche, vermutet Ingo, ich sei in einen Waschrausch verfallen.

Als ich die viele Wäsche gerade von der Leine genommen und Ingo die Hundekoje ausgeräumt hatte, um die Getränke zu verstauen, klopft es am Boot. Zwei fremde Herren stehen auf dem Steg und stellen sich als Gerhard und Alfons vor. Alfons ist mit seiner Yacht „Murada" in diesem Jahr von Portugal zu den Kanaren gesegelt und liegt jetzt „gleich um die Ecke", in der Marina San Miguel. Anfang dieses Jahres war er auf unseren Reise-Planungsblog im Internet aufmerksam geworden und er verfolgt unsere Reise im (B)logbuch. Im Januar hatte er uns eine Mail geschrieben: ...„Vielleicht sehen wir uns im Herbst auf den Kanaren"... Das kam mir damals im verschneiten Bremen so unendlich weit entfernt und abstrakt vor. Damals dachte ich „Erst mal hinkommen zu den Kanaren..." und jetzt treffen wir uns tatsächlich und er sitzt bei uns an Bord!

Ingo hat die Windsteueranlage gewartet und wir haben in unserer Lieblings-Fruteria frisches Obst und Gemüse eingekauft, einen Wochenmarkt gibt es in Las Galletas leider nicht. Damit sind unsere Vorbereitungen abgeschlossen. Kurz vor dem Ablegen müssen wir noch den Frischwassertank auffüllen. Unser Ziel sind zwar die Kapverdischen Inseln, wir haben uns aber mit allem so proviantiert, dass wir gegebenenfalls auch direkt in die Karibik nach Tobago segeln könnten. Dieser direkte Törn ist ca. 3.000 Seemeilen lang, wir wären ungefähr drei bis vier Wochen unterwegs. Das ist unser Plan B. Wir beobachten weiter die Wetterentwicklung und hoffen, dass wir übermorgen lossegeln können.

Die Teilnehmer der ARC sind heute nicht, wie ursprünglich geplant, gestartet. Das dritte Mal in der 29-jährigen Geschichte dieser Regatta gab es wetterbedingt eine Startverschiebung. Die mehr als 200 Boote werden demnach morgen früh starten. Das bedeutet für uns, dass sich unsere Kurse in den nächsten Tagen wahrscheinlich kreuzen werden, was wir gerne vermieden hätten. Ein Teil, die ARC+, ist vor zwei Wochen mit ungefähr 50 Booten gestartet, um nach einem kurzen Zwischenstopp auf den Kapverden von dort aus in die Karibik zu segeln.

Eine weitere Atlantikregatta ist die Atlantic Odyssey. Die Teilnehmer segeln von Arrecife/Lanzarote in die Karibik nach Martinique. Sie sind am 16.11.2014 gestartet. In verschiedenen Blogs haben wir gelesen, dass sie schon schlechtes Wetter mit sehr viel Wind erwischt haben. Na, das kann wohl hoffentlich nur noch besser werden.

Morgen soll für uns der Tag der Abreise sein. Das schlechte Wetter ist soweit durchgezogen und wir freuen uns, wenn es endlich weitergeht. Den heutigen Tag verdaddeln wir ein bisschen. Jeder hat so seine kleinen Baustellen. Ingo hat mir noch ein paar digitale Bücher auf meinen E-Book-Reader geladen, zum Büchertauschen kommt auf dem Atlantik niemand vorbei. Für einen Spaziergang hatten wir auch noch Zeit, noch einmal die Beine vertreten, kann ja auch nicht schaden.

Während der Skipper in sich ruht, bin ich sehr aufgeregt. Fast wie vor einem Vorstellungsgespräch oder bei der Einschulung der Kinder.

Gerade eben haben wir noch einmal das Wetter gecheckt und für optimal befunden. Wir brechen zu unserem 800 Seemeilen Törn zu den Kapverden nach Mindelo auf Sao Vicente auf und werden etwa sieben Tage unterwegs sein. Die nächste Herausforderung auf dieser Reise steht unmittelbar bevor. Wir freuen uns darauf und hoffen auf einen sicheren Törn unter guten Bedingungen.

Auf geht's, nur kein Moos ansetzen!

9. Schöne Zeit auf den Kanaren

Manrique Windspiel auf Lanzarote

Fröhliches Wäschewaschen

Henning zu Besuch auf der „Amazone"

Hoch hinaus – Rigg-Check auf Teneriffa

Abhängen auf Teneriffa – Schweißarbeiten am Nachbarboot

# 10.

## ÜBERFAHRT VON TENERIFFA ZU DEN KAPVERDEN

1. Bericht von hoher See, Teneriffa - Kapverden (Sao Vicente)
Montag, 24.11.2014 und Dienstag, 25.11.2014, 1. und 2. Tag auf See
Unser Start, gestern gegen 11.30 Uhr in Las Galletas, bei Sonnenschein und leichtem Wind aus nördlicher Richtung, war richtig nett: Kurz nachdem wir die Marina verlassen hatten und noch dabei waren, die Fender und Leinen zu verstauen, wurde die „Amazone" über UKW-Funk gerufen. Es waren Alfons und Elvira mit ihrer „Murada", die hier unseren Kurs kreuzten. Alfons war ja vor ein paar Tagen bei uns an Bord. Jetzt wünschten die beiden uns eine gute Reise und winkten uns fröhlich zu. Was für eine gelungene Überraschung und ein schöner Auftakt!
Es ging wegen des konfusen Seegangs ziemlich holprig weiter. Wir setzten das Großsegel und rollten die Genua aus. Leider ließ der Wind immer mehr nach und der chaotische Seegang trug auch dazu bei, dass die Segel nicht stehen wollten. Die „Amazone" gebärdete sich wie die „Wilde Maus" auf dem Freimarkt. Wir mussten die Segel bergen und dem Motor auch mal wieder die Chance geben, eine Rolle zu übernehmen. Erst gegen Mitternacht nahm der Wind zu, wir konnten die Maschine abstellen und kamen mit der ausgebaumten Genua bei achterlichem Wind sehr gut voran. Unser Etmal (das ist die Distanz, die ein Schiff von 12 Uhr Mittag bis zum nächsten Tag um 12 Uhr Mittag zurücklegt) betrug 130 Seemeilen, 680 Seemeilen lagen noch vor uns.
Seit heute Morgen gegen sieben Uhr hat der Wind noch etwas auf fünf Beaufort aus Nordnordost zugenommen. Da wir Kurs Südsüdwest segeln, kommt er genau von achtern. Der Seegang ist im Laufe der Nacht gleichförmiger geworden. Zwei bis zweieinhalb Meter hohe Wasserberge rollen stetig heran. Aus der „Wilden Maus" ist eine „Berg- und Talbahn" geworden. Wir haben die Wachen so eingeteilt: 0.00 bis 4.00 Uhr (sogenannte Hundewache) - Ingo; 4.00 bis 8.00 Uhr - Antje; 8.00 bis 12.00 Uhr - Ingo; 12.00 bis 16.00 Uhr - Antje; 16.00 bis 20.00 Uhr - Ingo; 20.00 bis 24.00 Uhr – Antje.
Gerade kommt die Sonne zwischen den Wolken hervor, die Windfahnensteuerung hält die „Amazone" souverän auf Kurs. Aus den Lautsprechern im Cockpit klingt ABBAs „Andante, Andante", was ja so viel bedeutet wie „mittleres Tempo", wie passend. An Bord ist alles wohlauf!

2. Bericht von hoher See Teneriffa - Kapverden (Sao Vicente)
Mittwoch, 26.11.2014, 3. Tag auf See
Etmal: 135 Seemeilen (545 Seemeilen liegen noch vor uns)

Auch die zweite Nacht auf See verlief ganz ruhig. Der Wind wehte relativ konstant mit vier bis fünf Beaufort, in Böen sechs, aus Nordnordost, so dass wir mit der ausgebaumten Genua gut vorankamen. Mit sechs Knoten Fahrt pflügte die „Amazone" durch das tiefe, extra-blaue Atlantikwasser. Sie hat sicher etwas Übergewicht, das macht sich in ihrem Seeverhalten aber nicht bemerkbar. Unbeirrt fährt sie ihren Kurs, ist munter wie immer. Der Sternenhimmel war wieder atemberaubend. Eine winzige Mondsichel warf eine schmale silbrige Bahn aufs Meer. Die Wellen kamen angerauscht, die sich brechenden Kämme leuchteten in der Dunkelheit. Der Windgenerator surrte leise, ich lauschte meiner Lieblingsmusik und ließ die Gedanken schweifen.

Tagsüber kreuzten einige Yachten in ein paar Meilen Abstand unseren Kurs. Wir nehmen an, dass es Teilnehmer der ARC waren. In der Nacht und am heutigen Vormittag hat sich niemand mehr blicken lassen. Die Abläufe haben sich gut eingespielt. Wir gehen unsere Wachen und versuchen während der Freiwachen so viel Schlaf wie möglich zu bekommen.

Die Wettervorhersage ist weiterhin günstig. Der Wind soll allerdings in den nächsten Tagen etwas abnehmen. An Bord ist alles wohlauf.

3. Bericht von hoher See Teneriffa - Kapverden (Sao Vicente)
Donnerstag, 27.11.2014, 4. Tag auf See
Etmal: 140 Seemeilen (405 Seemeilen liegen noch vor uns)

405 Seemeilen liegen noch vor uns, das bedeutet, dass wir die Hälfte der Strecke geschafft haben. Bisher ist es uns gut ergangen. Sind wir wirklich schon den vierten Tag unterwegs? Kaum zu glauben, wie schnell die Zeit vergeht. Gestern Abend nahm, wie vorhergesagt, der Wind zeitweise auf gute sechs Beaufort zu. Die heranrauschenden Wellen sind interessant zu beobachten und laut sind sie. Nachdem eine Welle tatsächlich die Frechheit besaß, an Deck zu schwappen, verschlossen wir doch vorsichtshalber die Kajüte und hängten die Türchen ein. Muss ich hier noch erwähnen, dass alle Luken fest verschlossen sind? Im Laufe der Nacht nahm der Wind wieder ab, die Türchen wurden wieder verstaut.

Auf unserem Plotter sahen wir gestern Abend das AIS-Signal der Segelyacht „Anne". Den Blog der „Anne"-Crew lesen wir seit einer ganzen Weile, aber getroffen haben wir sie bisher nicht. So hat Ingo die Gelegenheit genutzt, die „Anne" über UKW-Funk zu rufen, ein bisschen mit Stefan, dem Skipper, zu plaudern und eine gute Reise zu wünschen. Die „Anne" ist von Fuerteventura gestartet, wir von Teneriffa und doch trifft man sich auf dem

## 10. Überfahrt von Tenerirffa zu den Kapverden

großen weiten Meer. Heute Morgen hat sich die „Anne" noch einmal gemeldet. Ich hatte die Gelegenheit mit Lasse, Neele und Torge den drei Pöksen an Bord, zu sprechen. Was für eine nette Abwechslung! Die „Anne" segelt nach Martinique und wir hoffen auf ein Treffen in der Karibik.

Zurzeit ist der Seegang ganz moderat, der Wind schiebt uns mit vier Windstärken vor sich her.

4. Bericht von hoher See Teneriffa - Kapverden (Sao Vicente)
Freitag, 28.11.2014, 5. Tag auf See
Position um 12.00 Uhr: 20°40,4 ' N;22°17,2 ' W
Etmal: 130 Seemeilen (274 Seemeilen liegen noch vor uns)

Gestern Nachmittag gab es für uns noch ein kleines Highlight. Wir haben mal wieder einen Fisch gefangen! Der neue Köder, der gestern zum ersten Mal zum Einsatz kam, scheint auf die Fische eine verlockende Wirkung zu haben. Eine ziemlich große Goldmakrele zappelte am Haken, schaffte es aber leider nicht bis in die Bratpfanne. Sie hat sich kurz vor ihrem sicheren Ende befreien können. Ein Artgenosse hatte kurze Zeit später nicht so viel Glück. Frischer kann Fisch nicht sein, er hat entsprechend lecker geschmeckt.

Die Nacht verlief wieder ruhig. Unter ausgebaumter Genua zog die „Amazone" ihre Bahn und wir kamen mit vier bis sechs Knoten gut voran. Der Wind hat von raumem Wind auf halben Wind gedreht, so dass Ingo den Genuabaum wegnehmen und auch das Großsegel setzen konnte.

Der Skipper hatte seine Wache beendet, ich war wieder dran. Die Sonne kletterte über den Horizont, ich schaute in die Runde. Es gab nichts, wirklich gar nichts, an dem der Blick hätte hängen bleiben können. Weite, relativ ruhige See, soweit das Auge reichte. Mir wurde in diesem Moment bewusst, wie besonders das ist. Kein anderes Schiff, kein Leuchtturm, kein Flugzeug, keine Hochspannungsmasten, keine Hochhäuser, keine Klippen, keine Fischerbojen. Nichts, nur Wasser und wir. Die „Amazone" wird meistens durch eine Selbststeueranlage auf Kurs gehalten. Entweder durch die Windfahnensteueranlage oder durch den elektrischen Autopiloten. Aber ich wollte jetzt mal gerne selber steuern und segeln. Also flugs den Autopiloten abgeschaltet und los ging es. Über meine Kopfhörer hörte ich Musik, „Sailing" von Rod Stewart und „Morning has broken" von Cat Stevens waren dabei. Passender ging es nicht. Ich weiß, dass die See brutal und grausam sein kann, aber wenn sie mir solche Momente beschert, genieße ich sie in vollen Zügen. Ich hätte in diesem Augenblick mit niemandem auf der Welt tauschen und nirgends woanders sein wollen.

Ein irritierter und noch etwas verschlafener Ingo guckte irgendwann aus dem Niedergang zu mir hoch. Er hatte mich von der Koje aus gerufen und keine Antwort erhalten, für mich hatte Andreas Bourani gerade so schön laut

„Auf uns" gesungen. Als Ingo mich glücklich und zufrieden mit Kopfhörern an der Pinne sitzen sah, konnte er sich wieder entspannen.

Gerade hat Ingo die Wettervorhersage bekommen und ausgewertet. Er gibt mir eine Zusammenfassung und ich stelle fest: „Also nichts Böses." Ingos Antwort: „Ne, kein Regen." Hier an Bord versteht offensichtlich unter „dem Bösen" jeder etwas Anderes. Ich hatte bei meiner Feststellung eigentlich an Starkwind gedacht. Aber auch der ist bis jetzt nicht in Sicht. An Bord ist alles wohlauf.

5. Bericht von hoher See Teneriffa - Kapverden (Sao Vicente)
Sonnabend, 29.11.2014, 6. Tag auf See
Etmal: 143 Seemeilen (135 Seemeilen liegen noch vor uns)

Theoretisch könnte ich heute schreiben „Keine besonderen Vorkommnisse. Und tschüß." Praktisch hat sich aber doch das eine und andere ereignet, das ich gerne aufschreiben möchte. Da wären zum Beispiel die Delphine, die in der letzten Nacht gesprochen haben. Dass Delphine untereinander kommunizieren, ist kein Geheimnis. Es live zu erleben ist aber etwas ganz Besonderes. Ingo hat es zuerst gehört. Er hatte Freiwache und lag in der Koje. Plötzlich bemerkte er ein Piepen und vermutete gleich, dass es Delphine sind. Zu sehen waren sie bis dahin noch nicht. Kurze Zeit später tauchten sie prustend neben der „Amazone" auf. Sie waren so nah, dass ich nassgespritzt wurde. Das war wieder einer dieser unvergesslichen und unbezahlbaren Momente. Mit sieben Knoten Fahrt im Schiff bei Mondschein und phantastischem Sternenhimmel über den bewegten Atlantik heizen und Delphinen lauschen und zusehen.

Wir brauchen eigentlich gar nicht mehr angeln, die Fische fliegen uns jetzt zu! Zum Ende meiner Wache kurz nach Sonnenaufgang dachte ich so bei mir, dass wir allmählich in der Gegend sind, wo Fliegende Fische leben und fliegen. Nachts landen sie manchmal versehentlich auf vorbeisegelnden Booten. Ich habe in vielen Büchern Fotos davon gesehen und dachte, kann ja nicht schaden, mal nachzusehen. Das war wohl weibliche Intuition. Nie zuvor hatte ich diesen Gedanken und nie zuvor hat jemals ein armer, vertrockneter Fliegender Fisch bei uns an Deck gelegen. Ich guckte einfach mal so bei der Spritzkappe um die Ecke und tatsächlich! Ein kleines, zartes, vertrocknetes Fischlein mit ausgebreiteten Flügeln lag dort. Ich fand noch zwei. Später zeigte ich sie Ingo und sie bekamen eine Seebestattung. Diese armen, verirrten Fische sind für mich deshalb so besonders, weil sie so etwas wie einen Meilenstein auf dieser Reise bedeuten.

Apropos Fische, die Fliegenden Fische sind viel zu klein für die Pfanne, also wirft Ingo die Angel aus. Wir haben ja jetzt einen neuen Super-Köder. Richtig muss es allerdings heißen *hatten* einen Super-Köder. Es hatte wieder ein unheimlich großer Fisch angebissen. Obwohl wir ja nach dem letzten Köderverlust die Ausrüstung verstärkt haben, ist es wieder passiert. Sorry, großer Fisch. Wir hoffen, dass der Haken dich nicht allzu lange nervt.

Im Moment segeln wir bei vier Beaufort mit halbem Wind bei Sonnenschein in T-Shirt und kurzer Hose unserem Ziel entgegen, das wir morgen erreichen müssten. Zum Adventskaffee sind wir vielleicht schon in Mindelo auf Sao Vicente.

Es gibt heute doch etwas, an dem der Blick hängenbleibt: Fünf bis zehn Seemeilen hinter uns segelt die „Ti' Amaraa". Seit drei Tagen sehen wir ihr AIS-Signal auf dem Plotter und heute haben wir zum ersten Mal ihr Segel am Horizont erblickt. Jedenfalls sehen wir es, wenn die stetige Atlantikdünung uns gerade angehoben hat.

Die Wettervorhersage haben wir bekommen. Kein Starkwind und kein Regen in Sicht. An Bord ist alles wohlauf.

Da sind wir! Die Kapverden - Afrika für Anfänger
Sonntag, 30.11.2014

Wir sind gut auf den Kapverden, auf der Insel Sao Vicente, in der Marina Mindelo angekommen.

Der Atlantik hat es gut mit uns gemeint. Es war ein ausgesprochen schöner Törn mit vielen Eindrücken und besonderen Momenten. Die rund 800 Seemeilen haben wir in genau sechs Tagen zurückgelegt und jede Meile war ganz wunderbar!

Hier ein paar Informationen zu den Kapverden: „Rund 500 km vor Senegal an der Westküste Afrikas liegt der Archipel mitten im Atlantik. Von den Insgesamt 18 Inseln sind neun ganzjährig bewohnt und umfassen eine Gesamtfläche von über 4.000 Quadratkilometern. Die Inseln wurden 1975 von Portugal unabhängig. Zur wachsenden Beliebtheit tragen das tropische trockene und angenehme Klima mit der sehr geringen Regenwahrscheinlichkeit und die fröhliche, gastfreundliche Bevölkerung bei. Durch die lange Kolonialzeit erinnert hier vieles mehr an Südeuropa als an das näher gelegene Westafrika." (aus „Kapverdische Inseln - Aktueller nautischer Törnführer; Kai Brossmann, André Mégroz)

Ein Fliegender Fisch ist an Deck gelandet

Körperpflege auf hoher See

# IV

## VIERTER ZWISCHENRUF UNSERER AMAZONE:

„Hier wird nicht gekleckert, hier wird geklotzt! Gerade haben wir unseren 800-Seemeilen-Törn von Teneriffa zu den Kap Verden beendet. Ach, wie herrlich es war, mal wieder Seeluft zu schnuppern und den Wind in den Segeln zu spüren. Die schier unendlich scheinende, sanfte Atlantikdünung rollte unter meinem Bauch hindurch. Meine neuen Freunde, die Delphine, waren wieder zu Besuch und haben mich ein bisschen am Kiel gekitzelt.

Die beiden haben mich ja ziemlich beladen, meine Güte. Tasche für Tasche wurde angeschleppt. Dachte schon, das nimmt ja gar kein Ende und wo soll das alles bleiben? Aber sach mal nix, sie haben alles sehr ordentlich verstaut. Mir war da schon klar, dass wir wieder etwas Größeres vorhaben. 800 Seemeilen nonstop, das hatten wir bisher noch nicht. Bin gespannt, was als nächstes kommt. Ich glaube, da ist noch etwas im Gange. Und das werden wohl noch mehr als 800 Seemeilen.

Bevor wir im Juni zu diesem Abenteuer aufgebrochen sind, haben wir eine Wochenendbeziehung geführt. Am Freitag kamen die beiden mit Taschen und Kisten an Bord und wir haben uns gemeinsam amüsiert. Am Sonntag war meistens wieder Schluss damit. Alle Taschen und Kisten wurden wieder gepackt, Antje hat mir zum Abschied immer noch einmal über den Bugkorb gestrichen und ein „Mach's gut, bis bald." zugeraunt und dann war ich wieder allein. Während die beiden wohl noch so eine Art Nebentätigkeit haben und damit die Zeit während der Woche ausfüllen, bin ich dazu verurteilt, mich zu Tode zu langweilen. Montags geht es meistens noch. Da ruhe ich mich vom Wochenende aus. Dienstags und mittwochs schnacke ich ein bisschen mit „Tomma" und „Ali Baba". Das sind meine lieben Stegnachbarn. Am Donnerstag geht uns der Gesprächsstoff allmählich aus und am Freitag freue ich mich, wenn die beiden endlich wieder auftauchen.

Jetzt führe ich ein anderes Leben, das süße Leben einer Herumtreiberin. Die Gefahr, mich zu Tode zu langweilen, besteht nicht mehr. Aber die Weser bleibt meine Heimat und ich mag die Nordsee mit ihrem rauen Gesicht, den kurzen steilen Wellen und dem steifen Nordwest, auch wenn es bei den Türmen manchmal zum Verzweifeln ist. Irgendwann schließt sich hinter mir das Tor der Doppelschleuse in Bremerhaven und ich zuckel durch den Fischereihafen zu meinem Liegeplatz im WVW zurück. „Tomma", „Ali Baba" und all die anderen werde ich dort wiedersehen. Wir werden uns sehr viel zu erzählen haben, auch noch donnerstags."

# 11.

## ZWISCHENSTOPP AUF DEN KAPVERDEN

Sind wir wirklich schon angekommen oder haben wir nur in der Marina die Leinen festgemacht? Um wirklich anzukommen, braucht es wohl noch ein paar Tage. Der Kontrast zu den Kanaren ist, wie könnte es auch anders sein, groß. Zum ersten Mal auf dieser Reise treffen wir auf bettelnde Kinder und streunende Hunde. Hier in Äquatornähe brennt die Sonne heftiger als auf den Kanaren. Wahrscheinlich steckt uns auch der Törn mit seiner „Schichtarbeit" noch ein wenig in den Knochen. Wir haben auch wieder an der Uhr gedreht und eine Stunde geschenkt bekommen. Wir sind jetzt der Zeit in Deutschland zwei Stunden hinterher.

Die Landeswährung ist der Escudo, 100 Escudo sind ungefähr 1 Euro. WLAN ist theoretisch in der Marina vorhanden, funktioniert aber nicht. So gehen wir mit unseren Handys und dem Laptop in eines der nahegelegenen Restaurants und nutzen bei einem kühlen Getränk den kostenlosen Internetzugang. Zusätzlich haben wir eine Daten-SIM-Karte gekauft. Die WLAN-Netze sind hier wirklich extrem langsam und großen Schwankungen unterworfen. Um einen Blogbeitrag ins Netz zu stellen dauert es fast drei Stunden. Eine unglaubliche Geduldsprobe!

Hatte ich über die Marina in Las Galletas auf Teneriffa geschrieben, dass dort einiger Schwell im Hafen steht, so fahren wir hier regelrecht in der Box vor und zurück. Ausleger gibt es nicht, hier wird mit der Mooringleine, eine Art Heckanker, festgemacht. Es herrscht auch eine unheimlich starke Strömung. So muss die „Amazone" mit der Mooringleine weit vom Steg nach hinten gezogen werden, um nicht mit Strömung und Schwell vorne an den Steg zu geraten. Das wiederum bedeutet, dass ich nur über den Bugkorb auf den Steg komme, wenn ich den richtigen Moment abwarte. Ich muss die Vorwärtsdynamik des Bootes nutzen, um auf dem Steg zu landen und nicht im Wasser. Der Nordosthafen auf Helgoland ist dagegen so still wie ein zugefrorener See.

Na gut, es zwingt uns niemand, hier zu sein. Wir könnten auch ankern. Aber die Annehmlichkeiten und vor allem die Sicherheit, die eine Marina nun mal bietet, lassen uns die Nachteile in Kauf nehmen.

Der erste Punkt, der heute dringend zu erledigen ist, ist die Einklarierung, also unsere offizielle Anmeldung bei den Behörden. Unsere erste echte Einklarierung, da wir Europa verlassen haben und jetzt in Afrika sind. Zunächst müssen wir die Einwanderungsbehörde aufsuchen, anschließend die Polizei. Die Büros sind ganz in der Nähe des Hafens und im selben Gebäude untergebracht. Es klappt bei beiden Behörden reibungslos. Wir werden sehr freundlich und hilfsbereit behandelt und haben jetzt die ersten Stempel in unseren Reisepässen. Kurz vor unserer Abreise müssen wir erneut bei der Polizei vorstellig werden und ausklarieren. Dann bekommen wir auch „Amazones" Reisepass zurück, der einstweilen einbehalten wurde.

Wasser, Lebensmittel und Diesel ergänzen, Kräfte sammeln und bei guter Wettervorhersage zum großen Sprung über den Atlantik starten, so ist der Plan. Etwa 2.200 Seemeilen sind es bis Tobago. Rechts ranfahren, um kurz zu verschnaufen, an einem Kiosk ein Eis kaufen oder gar in einem schicken kleinen Hotel ein Drei-Gänge-Menu verspeisen, anschließend duschen und im riesigen Doppelbett eine schöne oder durchgeschlafene Nacht verbringen, das alles wird es nicht geben.

Einen ersten größeren Einkauf haben wir heute erledigt. Der Supermarkt ist ganz in der Nähe der Marina und gut sortiert. Obst und Gemüse gibt es auf dem Markt, das kaufen wir kurz vor der Abreise. Diesel hat Ingo gestern bei der Tankstelle hier in der Marina gekauft, der Einbautank ist wieder voll. Die Wäsche können wir hier in der Marina morgens abgeben, abends wird sie gewaschen zurückgebracht.

Am Morgen bekommen wir Besuch von der Polizei. Zwei Beamte gehen in Begleitung einer Marinamitarbeiterin von Boot zu Boot und kontrollieren die Reisepässe. Es ist alles in Ordnung, wir haben ja gestern pünktlich einklariert.

Per Mail nimmt Ingo heute Kontakt zu unseren Wetterfröschen, der Firma Wetterwelt, auf. Wir bekommen ab sofort die Vorhersagen für das neue, vor uns liegende Gebiet. Ich habe die Ansichtskarten auf den Weg gebracht. Die Daheimgebliebenen sollen schließlich nicht ganz leer ausgehen. Später erfahre ich, dass wir unser Ziel in der Karibik schneller erreicht haben, als die Postkarten die Empfänger in Deutschland.

„Hallo, ist jemand zu Hause?" Gerade ruft uns eine helle Kinderstimme, sie kommt aus einem Schlauchboot an unserem Heck. Die beiden Erwachsenen und ihre vier Kinder gehören zur „Outer Rim", die hier vor Anker liegt. Der hiesige Trans-Ocean-Stützpunktleiter hat sie gebeten, alle Deutschen für morgen zum Grillen hier am Hafen einzuladen. Stammtisch unter Palmen, eine gute Idee.

Siggi, Raimund und Robert, drei Cousins aus Karlsruhe, sind mit ihrer Yacht „Cello" und der Unbekümmertheit der Jugend unterwegs. Als wir sie hier in der Marina gestern kennenlernten, stellte sich heraus, dass sie schon längere Zeit unseren Blog lesen und sich freuen, uns nun auch persönlich kennenzulernen. Drei sympathische Männer Mitte dreißig mit bewundernswertem Mut und recht wenig Segelerfahrung. Zielstrebig sind sie ihr Projekt

„Half way round", wie sie es nennen, angegangen. Sie wollen in einem Jahr nach Australien segeln, die „Cello" dort verkaufen und zurück nach Deutschland fliegen oder vielleicht mit Motorrädern zurückfahren, das ist noch offen. Aber jetzt gehen wir erst mal gemeinsam zur Grillparty, zu der wir eingeladen worden sind. Es gibt Thunfisch-Sushi und gegrilltes Thunfischfilet. Es lecker zu nennen, wäre stark untertrieben. Aber im Mittelpunkt steht nicht das Essen, sondern der Austausch mit den anderen Seglerinnen und Seglern. Wir haben einen Bremer kennengelernt, der hier in Mindelo auf seiner Yacht lebt. Gespannt haben wir den Geschichten der Salzbuckel, wie sehr erfahrene Hochseesegler genannt werden, gelauscht. Und wie es ist, mit vier Kindern auf Langfahrt unterwegs zu sein, konnten wir live erleben. Die ältesten Kinder an Bord der „Outer Rim", ein Zwillingspaar, sind schulpflichtig und bei einer Fernschule angemeldet. Sie werden von ihren Eltern unterrichtet, es gibt natürlich Lehrpläne und Prüfungen.

Hier in der Marina liegen Boote aus den USA, Neuseeland, England, Spanien, Portugal, der Türkei, der Schweiz, Österreich, Polen, Dänemark, Norwegen, Schweden, Belgien, den Niederlanden, Frankreich und ganz exotisch aus dem Freistaat Bayern. Der Anteil der französischen Yachten liegt grob geschätzt bei ca. 70 %. Die Tricolore ist allgegenwärtig und flattert manchmal in Bettlakengröße am Heck. Einem Gerücht zufolge hat alles, was ein Boot besitzt, Frankreich verlassen, da petit Monsieur Sarkozy an die Macht zurückdrängt. Der hohe Anteil an Franzosen könnte aber auch durchaus darin begründet sein, dass etwa die Hälfte aller europäischen Segelboote in Frankreich beheimatet ist und die französischen Arbeitnehmer einen gesetzlichen Anspruch auf eine zwölf monatige Auszeit haben.

Wir haben die drei Jungs von der „Cello", die sich auf den Weg in die Karibik machen, verabschiedet. Der Abschied macht uns traurig, wir hätten mit Raimund, Siggi und Robert gerne noch mehr Zeit verbracht. Aber wir werden in Kontakt bleiben und hoffen auf ein Wiedersehen „auf der anderen Seite". Über die Abreise der „Cello" tröstet uns die Ankunft der „Takamaka" hinweg. Jonathan, sein Papa und Kumpel Jojo haben gestern Abend hier in der Marina festgemacht.

Nachdem wir in Mindelo einiges erledigt und uns von der Crew der „Takamaka" schon wieder verabschiedet haben, weil sie zu ihrer Atlantiküberquerung nach Barbados aufgebrochen ist, steht ein Besuch der Nachbarinsel Santo Antao auf dem Programm. Die „Amazone" kann sich vor ihrem Marathon über den Atlantik noch ausruhen, wir fahren mit der Fähre. In Porto Novo auf Santo Antao angekommen, werden wir gleich am Hafen von einer Menschentraube von Taxi- und Kleinbusfahrern bestürmt, doch bitte mit ihnen eine Rundfahrt zu unternehmen. Wir sind unschlüssig,

## 11.. Zwischenstopp auf den Kapverden

entscheiden uns aber schließlich, mit einem Taxi zum vierzig Kilometer entfernten Kraterrand des Pico da Cruz zu fahren. Der Pico da Cruz ist 1.545 Meter hoch, man kann vom Kraterrand aus durch einen Wald spazieren. Für den Rückweg zum Hafen wollen wir später ein Sammeltaxi nehmen.

Leider ist die Spitze des Pico da Cruz heute in dicke Wolken gehüllt. Daher gibt es leider keine tollen Ausblicke in den Krater, vom Wald und dem Tal ist nichts zu sehen. Es ist dort oben windig, feucht, kalt und ungemütlich. Wir ändern deshalb unseren Plan. Unser Taxifahrer hat auch gerade nichts anderes vor und so kutschiert er uns im Norden und Osten der Insel durch die verschiedenen Dörfer und zu den besonders schönen Orten.

Sehr gut gefällt es uns in Ponta do Sol im Norden. Dort gibt es einen kleinen spektakulären Fischerhafen, der nur von einheimischen Fischern mit ihren bunten Holzbooten angelaufen werden kann und das auch nur bei Niedrigwasser. Auch für sie ist die Einfahrt um die Klippen, die teilweise unter Wasser sind, halsbrecherisch. Das Dorf ist so gut wie gar nicht touristisch erschlossen. Sechs der acht heute anwesenden Touristen sitzen in dem einzigen Restaurant, das es dort gibt. Allein dieses Restaurant mit seinen leckeren Fischgerichten, wäre einen Besuch in Ponta do Sol wert gewesen. Aber den Fischern bei der Arbeit zuzusehen war auch ein besonders interessantes Erlebnis. Wir können nur hoffen, dass sich dieser Ort seine Ursprünglichkeit noch lange bewahren kann. Es entstehen gerade einige Neubauten, wahrscheinlich Hotels, das lässt nichts Gutes erahnen. Ein weiteres Highlight ist ein Stopp in Xoxo, einem Dorf südlich von Ponta do Sol. Djeison, unser Taxifahrer, führt uns dorthin und die Atmosphäre nimmt uns sofort gefangen. Es ist schwer zu beschreiben, dieser Ort mit der äußerst üppigen Vegetation und dem kleinen rauschenden Bach ist einfach zauberhaft. Wir besuchen noch die Orte Ribeira Grande und Paul, in dem Ort Sinagoga bestaunen wir die wilde Brandung. Anschließend geht es zurück zum Hafen. Wir wollen pünktlich dort sein, um die Fähre nach Mindelo nicht zu verpassen.

Aber was für ein Schreck, von der Fähre ist nichts zu sehen. Als wir am Schalter in der Wartehalle nachfragen, bittet man uns um unsere Tickets. Sie werden kurzerhand einbehalten, uns wird der Fahrpreis erstattet. Wir wollen aber gar nicht das Geld zurück, sondern nach Mindelo zurückfahren. Die Mitarbeiterin erklärt uns, dass es ein Problem mit dem Schiff gäbe und es deshalb heute nicht mehr fahren würde. Ach du liebe Zeit! Tausend Gedanken flitzen durch meinen Kopf, gibt es hier überhaupt ein Hotel und eine Zahnbürste habe ich auch nicht dabei. Aber nein, es gibt ja noch die Schnellfähre. Die Fahrkarten sind zwar etwas teurer und wir müssen 1,5 Stunden bis zur Abfahrt warten, aber immerhin fährt noch ein Schiff zurück. So sind wir nach diesem erlebnisreichen Tag doch noch gut zurück an Bord gekommen.

Die Wind- und Wettervorhersage für unseren Start zur Atlantiküberquerung erscheint uns günstig. Ein ausgedehntes Schwachwindgebiet ist zwar im Anmarsch. Aber wenn wir morgen starten, sollte es einige Seemeilen hinter uns bleiben. Wir wollen aufbrechen, müssen aber noch ausklarieren. Bei der Abrechnung im Marinabüro bekommt eine Seglerin zufällig mit, dass Ingo das Liegegeld für die „Amazone" bezahlt. Es ist Gisela. Sie und ihr Mann Axel sind mit der „Rote Grütze" aus Kiel auf großer Fahrt. Gestartet sind sie ungefähr zur gleichen Zeit wie wir und haben auch die gleiche Route vor sich. Sie sind gerade hier angekommen und „kennen" uns und die „Amazone" aus dem Internet. Mal wieder eine Begegnung, die durch den Blog angebahnt wurde.

Seit wann läuft eigentlich alles auf diesen Moment zu, den Moment des tatsächlichen Leinenloswerfens hier in Mindelo zur ersten Atlantiküberquerung? Seit Mama und Papa mich schon als kleines Kind mit dem Wassersportvirus angesteckt haben? Seit Ingo und ich uns kennenlernten und feststellten, dass wir den gleichen Traum träumen? Seit unseren Reisen mit „Amazone" nach Norwegen? Oder erst seit Ende 2012/Anfang 2013, als nicht mehr alles so rund lief, wie sonst immer? Wie heißt es bei der Gruppe Wolfsheim in ihrem Lied „Kein Zurück": „Du schiebst Deine Träume endlos vor Dir her. Du willst noch leben irgendwann, doch wenn nicht heute, wann denn dann? Irgendwann ist auch ein Traum zu lange her."

Genug philosophiert, wir sind startklar, das Abenteuer geht in die nächste Runde! Wir starten zu unserer ersten Atlantiküberquerung und hoffen, noch kurz vor Weihnachten auf Tobago zu sein.

Auf geht's - LET'S GO WEST!

11.. Zwischenstopp auf den Kapverden

Straßenszene in Mindelo/Sao Vicente

Fischer in Ponta do Sol/Santo Antao

# 12.

## Atlantiküberquerung Ost - West

1. Bericht von hoher See, Kapverden - Tobago
Sonntag, 07.12.2014, 12.00 Uhr
1. Etmal 132 Seemeilen, 1.954 Seemeilen Rest

Da war er nun, der Moment des Leinenloswerfens für den Marathon über den Atlantik. Das „Große Fressen" - Seemeilenfressen - konnte beginnen. Laut Plotter liegen 2.096 Seemeilen vor unserem Bug. So ist es wohl mit den großen Momenten im Leben: Sie werden lange ersehnt und wenn sie endlich da sind, sind sie gar nicht so spektakulär und ruck, zuck auch schon vorbei. Es war auf jeden Fall sehr windig, es stand ordentlich Schwell und Strömung in den Hafen. Die Leinen waren alle los, nur ich musste über den Bugkorb noch an Bord klettern. Das war aber gar nicht so einfach. „Amazones" Bug schaukelte ungestüm auf und ab. Sie erinnerte mich in diesem Augenblick an einen wilden Mustang, der es nicht erwarten kann, dass es endlich losgeht. Letztlich bin ich gut an Bord gekommen, eine Seglerin hat mir bei der Zähmung von „Blue Beauty" geholfen. Sie fragte mich, wo es denn hin gehen soll. Ich strahlte sie an und antwortete: „Tobago!" Sie nickte, reckte beide Daumen in die Höhe und wünschte uns eine gute Reise. Der Skipper gab kräftig rückwärts, die Reise konnte beginnen.

Zwischen den Inseln Santo Antao und Sao Vicente muss wegen des hier auftretenden Düseneffekts häufig mit Wind von bis zu acht Beaufort gerechnet werden. Darauf waren wir vorbereitet, haben die Genua nicht ganz ausgerollt und uns vom Düseneffekt hinaus auf den Atlantik schieben lassen. „Schieben lassen" klingt sehr gemütlich, Hexenkessel trifft es eher. Die Wellen türmten sich zu wahren Gebirgen auf, die lärmend hinter „Amazones" Heck brachen. Neptun hat sich nicht damit zufrieden gegeben, hier und da ein bisschen Gischt an Deck zu spucken, diesmal spuckte er das Wasser gleich ins Cockpit. Auf der Logge, unserem Geschwindigkeitsmesser, sah ich sagenhafte 9,1 Knoten Fahrt! Hei, da hatte es aber jemand eilig. Der wilde Mustang galoppierte sozusagen die ersten Meilen durch die See.

Gegen Abend nahmen Wind und Wellen ab, der Regen, der zwischenzeitlich eingesetzt hatte, hörte auf und wir segelten mit ausgebaumter Genua in den Sonnenuntergang. Die Nacht verlief ruhig. Im Laufe des heutigen Vormittags nahm der Wind weiter ab und Ingo ist jetzt gerade dabei, auch die Genua III zu setzen. Wir segeln dann mit zwei Vorsegeln, unserer Passatbesegelung. Das hatten wir auf dem Törn von

Lissabon nach Porto Santo schon ausprobiert.

Unser 1. Etmal ist mit 132 Seemeilen ganz passabel. An Bord ist alles wohlauf.

2. Bericht von hoher See, Kapverden - Tobago
Montag, 08.12.2014, 12.00 Uhr
2. Etmal 113 Seemeilen, 1.841 Seemeilen Rest

Am späten Nachmittag haben wir gestern mal wieder Anglerglück gehabt. Eine große Goldmakrele ist auf den Köder hereingefallen und hat herzhaft zugebissen. Wir haben dem Tier etwas hochprozentigen Schnaps ins Maul gegeben, so dass es sofort betäubt war und keinen Widerstand mehr leisten konnte. Als es in unserem Cockpit lag und uns mit seinem großen, klaren Auge vorwurfsvoll ansah, bekam ich ein schlechtes Gewissen. Ingo offenbar auch, denn als er das Messer ansetzte, sagte er zu dem Tier: „Guck mich doch nicht so an." Beim Einkaufen im Supermarkt legen wir ohne einen Gedanken an die Tiere zu verschwenden die tiefgefrorenen Teile, die nicht mehr wie ein Fisch aussehen, in unseren Einkaufswagen. Auge in Auge mit dem Wesen, ist es etwas ganz anderes.

Aus dem galoppierenden Mustang mit Schaum vor dem Maul ist im Laufe des gestrigen Abends ein locker trabender Gaul geworden. Als der Gaul in der Nacht immer langsamer wurde und zu grasen anfing, haben wir für eine kurze Zeit den Motor mit niedriger Drehzahl mitlaufen lassen.

Wir bekommen jetzt immer abends die aktuelle Wettervorhersage. Dieser konnten wir entnehmen, dass das große Schwachwindgebiet, das eigentlich einige Seemeilen achteraus sein sollte, schneller vorangezogen ist, als zunächst vorhergesagt. Mindestens bis Donnerstag werden wir wohl mit sehr wenig Wind auskommen müssen. Jetzt gerade weht ein laues Lüftchen und wir kommen mit dem Großsegel und der ausgerollten Genua bei halbem Wind mit vier bis fünf Knoten einigermaßen voran. An Bord ist alles wohlauf.

3. Bericht von hoher See, Kapverden - Tobago
Dienstag, 09.12.2014, 12.00 Uhr
Position: 15° 35,4' N; 31° 00,4' W;
3. Etmal 100 Seemeilen, 1.741 Seemeilen Rest

Dieses große Schwachwindgebiet, in dem wir uns seit gestern befinden, hätten wir gerne einige Seemeilen achteraus gelassen. Leider hat das nicht geklappt, wir sind mittendrin und das wohl noch bis Freitag. Bei zwei bis drei Windstärken hängen das Großsegel und die Genua nur lustlos herum. Durch die Schiffsbewegungen, verursacht durch die stetige Atlantikdünung, flappen und knallen sie enorm. Das geht nicht nur aufs Material, sondern auch gehörig auf die Nerven. Irgendwann im Laufe des Vormittags schläft der Wind ein, so nehmen wir das Großsegel herunter und rollen die Genua ein. Der Motor wird gestartet, um bei geringer Drehzahl wenigstens etwas Fahrt im Schiff und das Gefühl zu haben, dass es vorangeht, wenn auch nur im Schneckentempo. Auf der Suche nach dem Passat, der uns hier eigentlich mit fünf bis sechs Beaufort voranbringen sollte, schleichen wir mit 3,5 Knoten Fahrt durchs Wasser (vier Knoten über Grund). Seit gestern Abend fahren wir Kurs 245 Grad, also südlicher als ursprünglich, in der Hoffnung, weiter südlich mehr Wind zu erwischen.

Eine Flaute ist schwer auszuhalten. Eine kleine Abwechslung brachte da ein Bad im Atlantik. Das war eine tolle Erfrischung. Anschließend eine Dusche, eine Tasse Kaffee, ein paar Kekse und schon sieht die Welt wieder anders aus.

4. Bericht von hoher See, Kapverden - Tobago
Mittwoch, 10.12.2014, 12.00 Uhr
Position: 14° 52,8' N; 32° 31,7' W;
4. Etmal 91 Seemeilen, 1.650 Seemeilen Rest

Schon etwas deprimierend, ein zweistelliges Etmal. Immerhin sind es noch 91 Seemeilen geworden, da in der Nacht gegen 4.00 Uhr etwas Wind aufkam. Beim Wachwechsel im fahlen Mondlicht hat Ingo das Großsegel gesetzt und die Genua ausgerollt. Mit ca. vier Knoten zuckelten wir durch die Nacht und gegen Morgen nahm der Wind noch leicht auf drei bis vier Beaufort zu. Unsere Strategie, weiter südlich ein bisschen Wind zu bekommen, schien aufgegangen zu sein. Leider war die Freude nur von kurzer Dauer, im Laufe des Vormittags nahm der Wind wieder ab. Geduld ist gefragt. Nach der letzten Wettervorhersage, die wir gestern Abend bekommen haben, soll heute der Tag mit dem wenigsten Wind sein. Ab morgen geht es vielleicht besser voran. Ich habe derweil ein Zwiebelbrot gebacken, es duftet herrlich.

5. Bericht von hoher See, Kapverden - Tobago
Donnerstag, 11.12.2014, 12.00 Uhr
Position: 14° 36,6' N; 34° 26,1' W;
5. Etmal 112 Seemeilen, 1.538 Seemeilen Rest

Es läuft nicht ganz rund. Der Server unseres Satellitentelefons, unserer elektronischen Nabelschnur zum Land, hatte gestern offenbar Probleme. Wir konnten am Nachmittag die Wettervorhersage nicht bekommen. Unser Homeoffice in Person von Henning und Malte war schon besorgt, weil kein Bericht von hoher See per Mail bei ihnen eingegangen war. Wir hatten den

## 12. Atlantiküberquerung Ost - West

Bericht gestern Nachmittag abgeschickt, angekommen ist er erst heute Vormittag. Mit der Wettervorhersage hat es heute wieder geklappt und dieser Bericht kommt hoffentlich auch pünktlich zu Hause an.

Das Problem scheint also gelöst und lag zum Glück nicht an unserer Hard- und Software an Bord. Zu dieser Erkenntnis konnten wir leider erst heute kommen. Gestern hatte Ingo den Fehler hier noch stundenlang vergeblich gesucht.

Heute Nacht gab es ein weiteres Problem: Es piept dreimal kurz und die „Amazone" ist ohne Strom für die Navigationsinstrumente, ein Blackout sozusagen. Grund war der Motor des elektrischen Autopiloten, er hat einen Kurzschluss verursacht. Ingo hat die Sicherung des Sicherungsautomaten wieder reingedrückt, so dass alle Navigationsgeräte wieder funktionierten, bis auf den erst ein Jahr alten Stellmotor des Autopiloten. Dass der Stellmotor vielleicht Probleme mit seinem Getriebe haben könnte, das im Wesentlichen aus Plastikzahnrädchen besteht, hatten wir befürchtet. Dass sein Motor den Geist aufgeben könnte, damit hatten wir nicht gerechnet. Wir haben einen zweiten, sehr, sehr alten dabei und dieser Oldie nimmt klaglos den Dienst auf. Er kennt das schon, letztes Jahr hat er seinen ersten Nachfolger auf dem Weg nach Norwegen vertreten müssen. Dieser war kurz nach Fahrtantritt unpässlich und knirschte nur noch laut.

Immerhin frischte der Wind in der Nacht auf, so dass wir mit der ausgebaumten Genua um die vier bis fünf Knoten Fahrt machten. Am Vormittag haben wir den Gennaker gesetzt, dadurch machten wir um die sechs Knoten Fahrt. Leider mussten wir ihn aber nach einer Stunde wieder einrollen, weil er wegen des Seegangs oft einfiel und doch sehr am Rigg zerrte. Jetzt segeln wir wieder mit der ausgebaumten Genua bei raumem Wind von etwa vier Beaufort und kommen mit vier bis fünf Knoten einigermaßen voran. Unseren Oldie-Autopiloten schonen wir, die Windfahnensteuerung hält die „Amazone" auf Kurs. Sie benötigt zwar keinen Strom, aber bei sehr leichtem Wind kann sie nicht so exakt steuern.

Ein großer Fliegender Fisch hatte gestern Nacht auch ein Problem, das er allerdings gelöst hat: Mit einem „Plopp" war er an Deck gelandet und hat sich tatsächlich zurück ins Wasser gezappelt. Gratulation!

Die aktuelle Wettervorhersage sagt weiterhin eher schwache Winde um vier Beaufort für die nächsten Tage voraus. Langweilig wird es uns nicht, an Bord ist alles wohlauf!

6. Bericht von hoher See, Kapverden - Tobago
Freitag, 12.12.2014, 12.00 Uhr
Position: 14° 22,4' N; 36° 32,9' W;
6. Etmal 123 Seemeilen, 1.426 Seemeilen Rest

Gegen Abend frischte der Wind auf und wir segelten im Mondschein mit der ausgebaumten Genua durch die sternenklare Nacht. Die Windfahnensteuerung, die wir „Peter" getauft haben (nach dem Konstrukteur Peter Foerthmann), hält die „Amazone" sehr gut auf Kurs. Nur ganz selten sind kleine Korrekturen nötig. Als der Wind im Laufe des Vormittags etwas drehte und wir einen Halbwind- bis Raum-Schots-Kurs hatten, setzte Ingo auch das Großsegel. Wir düsen jetzt mit fünf bis sechs Knoten durch das royalblaue Wasser. Der Seegang ist moderat, die Sonne scheint.

Heute war wieder Back-Tag. Aus einer Flasche Mehl kann ich zwei Brote backen. Eines ist ein Zwiebel-Knoblauch-Brot. Zwiebeln und Knoblauch sind gesund, lange haltbar und unser Verbrauch ist enorm. Etwaiger Mundgeruch o. ä. stört hier an Bord niemanden, andere Menschen, die sich daran stören könnten, sind über 1.200 Kilometer weit entfernt (Kapverden), bzw. 2.600 Kilometer (Tobago). Wir sind heute den siebten Tag unterwegs, solange nonstop wie noch nie zuvor. Ein Drittel der Strecke liegt schon in unserem extra-tiefen und königsblauem Kielwasser.

Gibt's etwas Neues von den Fliegenden Fischen? Ja! Ein Exemplar hat es bis auf das Kajütsdach geschafft. Dafür gibt es den 1. Preis im „Höher-Weiter-Und-Schon-Vertrocknet"-Wettbewerb mit anschließender Seebestattung.

Die Bordroutine hat sich eingestellt, zu den Wachablösungen werden wir ohne Weckruf wach. Allerdings haben wir uns selbst einen Schwierigkeitsgrad eingebaut: In Tobago müssen wir wieder an der Uhr drehen, und zwar drei Stunden zurück. Damit sind wir dort fünf Stunden hinter der Zeit in Deutschland zurück. Wir haben uns überlegt, schon jetzt während der Reise die Uhr um eine Stunde zurückzustellen, bleiben noch zwei Stunden am Ziel. Zeit geschenkt bekommen, ist ja eigentlich etwas Schönes. Wenn man Wache hat und sich auf die Ablösung und die Koje freut, eher nicht. Deshalb haben wir die „Amazonen-Zeit" gestern Nachmittag eingeführt, als wir beide fröhlich im Cockpit in der Sonne saßen.

Wenn wir nicht gerade getrennt Wache gehen oder einer versucht, sein Schlafdefizit ein bisschen auszugleichen, reden wir viel miteinander. Über Vergangenes, das Hier und Jetzt, über die Zukunft, über alles Mögliche. Es wird auch viel gelacht, manchmal weine ich auch ein bisschen. Segeln, der kürzeste Weg zu Dir selbst.

## 12. Atlantiküberquerung Ost - West

7. Bericht von hoher See, Kapverden - Tobago
Sonnabend, 13.12.2014, 12.00 Uhr
Position: 14° 08,9' N; 38° 35,8' W;
7. Etmal 120 Seemeilen, 1.306 Seemeilen Rest

Durch die letzte Nacht sind wir geschlichen. Mehr als drei Knoten Fahrt war bei dem schwachen Wind nicht drin. Die ausgebaumte Genua flappte und unser drittes Besatzungsmitglied „Peter", dieses kleine Sensibelchen, hatte einige Mühe, die „Amazone" unter diesen Bedingungen einigermaßen auf Kurs zu halten. Gegen Morgen besserte sich die Lage, der Wind frischte auf und es ging flotter voran. Immerhin ergab es noch ein dreistelliges Etmal.

Die Wettervorhersage für die nächsten Tage ist gut. Der Wind, der jetzt mit ungefähr drei bis vier Beaufort direkt aus Osten weht, soll etwas zunehmen und relativ konstant sein. Wir laufen jetzt unter der Passatbesegelung. Die „Amazone" rollt im Seegang mal mehr und mal weniger heftig. Das hat auch etwas mit ihrer Bauweise zu tun, das schmale Heck begünstigt die Rollbewegungen.

Seit fast einer Woche haben wir kein AIS-Signal eines anderen Schiffes oder eines Segelbootes mehr auf dem Plotter ausmachen können. Der letzte Kontakt war am zweiten Tag nach unserer Abreise. Ein Fischer drehte seine Kreise und wir mussten ihm ausweichen. Unendlich viel Wasser hier, weit und breit nur zwei Fahrzeuge und die beiden kommen sich so nahe. Unglaublich, oder?

Nachts läuft das Radargerät. Auf dem Display des Plotters sind die Radarechos als helle Punkte, Halbkreise oder große Flächen zu sehen. Punkte könnten andere Boote sein, hier sind sie die Spitzen der ganz hohen Wellen, Halbkreise wären andere Schiffe und große Flächen stellen Regengebiete dar. Gestern Abend gab es achteraus eine solche große Fläche, sie hatte ein bisschen die Form des afrikanischen Kontinents. Eingeholt hat sie uns nicht, alles trocken geblieben - der Regen fiel ins Meer.

Etwas Neues von den Fliegenden Fischen? Ja! Es gibt wieder einen 1. Preis, diesmal in der Disziplin „Größter-Je-An-Deck-Der-Amazone-Gelandeter-Und-Nicht-Zurück-Ins-Wasser-Gezappelter-Fliegender-Fisch".
Das Prachtexemplar hatte die Größe einer kleinen Makrele. Sein Rücken schimmerte bläulich, der Bauch silbern. Wir haben ihn heute nach Sonnenaufgang an Deck gefunden. Auch er hat eine Seebestattung bekommen. Es ist auch wieder ein kleiner Fliegender Fisch auf dem Kajütsdach gelandet. Der Sieger dieses Wettbewerbs steht aber ja schon fest. Ein zweiter Preis ist nicht vorgesehen und so bleibt für den armen Kerl nur das nasse Grab. Tagsüber können wir die Fliegenden Fische beobachten. Sie schießen plötzlich aus dem Wasser, schwirren mit ungeheuer schnellen Flügelschlägen knapp oberhalb der Wasseroberfläche dahin, um viele Meter

weiter wieder abzutauchen oder stumpf gegen eine Welle zu prallen, die sie verschluckt. Seltsame Tiere.

Aber nicht nur Fliegende Fische besuchen uns regelmäßig. Heute kam ein Weißschwanz-Tropikvogel, gut zu erkennen an seiner überlangen Schwanzfeder, vorbeigeflogen und drehte einige Runden um die „Amazone".

8. Bericht von hoher See, Kapverden - Tobago
Sonntag, 14.12.2014, 12.00 Uhr
Position: 13° 52,8' N; 40° 49,80' W;
8. Etmal 130 Seemeilen, 1.176 Seemeilen Rest

Wie vorhergesagt, frischte der Wind auf fünf Beaufort auf und wir düsten mit der Passatbesegelung flott durch die Nacht. „Peter" hält die „Amazone" weiterhin relativ stabil auf Kurs. Er hat jetzt auch einen Nachnamen: „Eiermann" - er eiert eben zwischendurch herum. An Land hieße das: Schlangenlinie gefahren, Führerschein in Gefahr. Aber wir wollen mal nicht so streng mit ihm sein. Weder Ingo noch ich könnten bei diesem Seegang auch nur annähernd so genau den Kurs halten, wie er das macht. Wir sind froh, dass es ihn gibt.

Fast während jeder Nachtwache sehe ich Sternschnuppen. Allmählich gehen mir die Wünsche aus. Besonders wichtige Wünsche kommen eben mehrmals dran.

Im Salon baumelt seit unserer Abreise ein Bananen-Kronleuchter. Wir hatten eine halbe Bananenstaude mit etwa 40 Bananen gekauft und diese an dem Haken, an dem sonst die Petroleumlampe hängt, festgebunden. Seit zwei Tagen ernten wir fleißig. Wie die Wurzeln und die Tomaten, die wir auf dem Markt in Mindelo gekauft haben, schmecken auch die Bananen sehr lecker, zuckersüß.

Eher zufällig haben wir festgestellt, dass heute der 3. Advent ist. Advent, das ist für uns so weit weg, wie für die Daheimgebliebenen Sonnencreme, Oben-Ohne-Segeln und Nachttemperaturen von 26 Grad. Immerhin haben wir in Mindelo einige Fotos von Adventsgestecken und Weihnachtsmärkten von Freunden per Mail geschickt bekommen.

Der Wind kommt zurzeit genau von achtern, der Seegang schräg von achtern. Unser Mast bewegt sich im Rhythmus der Wellen wie das Pendel einer Uhr. Der Laptop, auf dem ich gerade schreibe, steht im Salon auf einer rutschfesten Unterlage, sonst bekäme der Begriff „Computerabsturz" eine ganz neue Bedeutung. Die Wettervorhersage ist weiterhin günstig und wir kommen gut voran.

Zum Schluss noch die aktuelle Lage bei den Fliegenden Fischen: Heute Morgen hat Ingo auf dem Vordeck wieder ein sehr großes Exemplar gefunden. Leider ist der Preis vergeben und der Wettbewerb beendet, das hat sich wohl noch nicht herumgesprochen. Jedenfalls schließe ich nachts immer das kleine Aufstellfenster im Bad, denn den Preis für „Wer-Fliegt-Als-Erster-In-Das-Waschbecken-Der-Amazone" wollen wir nicht vergeben.

9. Bericht von hoher See, Kapverden - Tobago
Montag, 15.12.2014, 12.00 Uhr
Position: 13° 30,5' N; 43° 2,3' W;
9. Etmal 131 Seemeilen, 1.045 Seemeilen Rest

Hurra, heute ist Bergfest! Die Hälfte der Strecke ist geschafft. Wir haben weniger als die Hälfte vom Proviant, Wasser und Diesel verbraucht. Nur das frische Obst und Gemüse gehen rapide zur Neige, da müssen demnächst die Konserven dran glauben. Die Schapps waren zu Beginn der Reise vollgestopft mit Knäckebrot, Keksen, Kaffee, Tee, Milch, Müsli etc. Jetzt klaffen große Lücken, was leider den Nachteil hat, dass bei diesem Seegang, der hier herrscht, einiges klappert, klopft und nervt. Alles, was nicht niet- und nagelfest ist, muss „beruhigt" werden, weil das Gepolter und Geklapper am Schlafen hindert. Wir haben heute Morgen umgestaut, Lücken geschlossen und so hoffen wir für Ruhe gesorgt.

Es ist schön, hier zu sein, es wäre aber auch schön, irgendwann anzukommen. Die Reiseführer werden schon hervorgeholt und die bunten Bilder von Tobago lassen die Vorfreude riesig werden. U. a. heißt es da: „Die kleine Idylle mit weißen Stränden, fantastischen Tauchgründen und dem ältesten Regenwaldschutzbiet des Westens ist ein Paradies für Naturfreunde." und weiter: „Hier findet man Ruhe und Beschaulichkeit, Natur pur, eine Unterwasserwelt, die zu den aufregendsten der Karibik zählt und für jeden Gast mehr als 1 km herrlichen Strandes."

Die letzte Nachtwache war ziemlich anstrengend, an Dösen oder im Schein der kleinen roten Lampe zu lesen, war nicht zu denken. Konfuser Seegang und der böige Wind von sechs Beaufort schräg von achtern führten zu unangenehmen Bootsbewegungen. Manchmal holte „Amazone" soweit über, dass das Wasser übers Deck rauschte. Das war auch für unseren „Peter" nicht leicht. Ihn zu bewegen, auf Kurs zu bleiben, nicht übers Ziel hinauszuschießen, damit ja nicht das ausgebaumte Vorsegel back steht (den Wind von der falschen Seite bekommt), Kompass, Windrichtungsanzeige und Display vom Plotter im Blick behalten, damit war ich sehr gut beschäftigt und im Nu war schon wieder Wachwechsel.

Seit drei Tagen fahren wir durch riesige gelbe Tang- oder Algenteppiche. Zunächst haben wir deshalb das Angeln aufgegeben, weil sich dieses Zeug im Köder verheddert hatte. Jetzt haben wir festgestellt, dass „Peters" „Eierei" auf diese Pflanzen zurückzuführen ist. Büschelweise hängt es im Ruderblatt der Selbststeueranlage und verhindert so eine einwandfreie Funktion. Sorry „Peter", Du kannst wirklich nichts dafür! Im Moment steuert unser alter

Autopilot und wir hoffen, dass diese Pflanzen bald wieder verschwinden.

Die neue Wettervorhersage haben wir schon, es bleibt bei vier bis fünf Beaufort, in Böen sechs aus Ost.

Was machen die Fliegenden Freunde? Sie wagen sich jetzt schon bis ins Cockpit! Beim Wachwechsel letzte Nacht flog so ein kleiner Kerl zwischen Ingo und mir hindurch und landete unsanft am Kajütaufbau. Er hatte den Aufprall offenbar überlebt und Ingo beförderte ihn dorthin zurück, wo er herkam. Ein großes Exemplar lag wieder auf dem Vordeck, der Fisch war allerdings schon steifgetrocknet. Leichen pflastern unseren Weg.

10. Bericht von hoher See, Kapverden - Tobago
Dienstag, 16.12.2014, 12.00 Uhr
Position: 13° 12,5' N; 45° 9,8' W;
9. Etmal 125 Seemeilen, 920 Seemeilen Rest

Auch die letzte Nachtwache war anstrengend. Aber diesmal habe ich „Peter" nicht bei der Arbeit überwacht und hin und wieder eingegriffen. Nein, diesmal durfte ich selbst steuern. Und zwar wegen der immer noch vorhandenen gelben „Wasserpest", die sich in „Peters" Ruderblatt verfängt oder das Ruderblatt an die Wasseroberfläche schwingen lässt, wo es natürlich wirkungslos ist. Zunächst kam die Windfahnensteuerung noch ganz gut zurecht, aber dann luvte „Amazone" immer mehr an und ich musste „Peter" aus dem Dienst entlassen. Das ist für mich insofern fatal, als dass ich ihn nicht wieder eingestellt bekomme. Für Ingo ist das natürlich kein Problem, aber für mich schon. Wecken wollte ich Ingo auch nicht, der elektrische Autopilot sollte geschont werden, blieb also nur noch die Möglichkeit, selbst die Pinne in die Hand zu nehmen.

Da war ich ja neulich noch ganz wild drauf - selbst steuern, super! Na ja, nach vier Stunden, zum Wachwechsel, war mein Bedarf, an der Pinne zu sitzen, gedeckt. Ingo hat „Peter" gleich wieder in Gang bekommen und seitdem arbeitet die Anlage ohne Tadel. „Amazone" und „Peter" könnten ein Traumpaar sein, wenn, ja wenn nicht dieses gelbe Zeugs hier überall herumschwimmen würde. Davon habe ich noch nie etwas gehört oder gelesen. Ist das hier immer vorhanden oder ist es dieses Jahr besonders viel und vor allem, was genau ist das eigentlich? Ich muss das mal googlen.

Die Wettervorhersage hatte für heute Vormittag östlichen Wind von fünf Beaufort mit Böen von sechs bis sieben vorhergesagt. So kam es auch, Wind und Seegang nahmen zu. Zu meiner Überraschung hatte „Peter" mit diesen Veränderungen wenig Probleme. Ab und zu hat er enorm angeluvt, hat also in die Richtung gesteuert, aus der der Wind kommt. Ich habe ihn beobachtet, wie er vom rechten Pfad abkam, ihn machen lassen, ihm gut zugeredet und gehofft, dass er sich „wieder einkriegt". Und tatsächlich, er kam brav auf die ideale Kurslinie zurück. Unser „Peter" hat also menschliche Züge...

Der hohe Seegang hat „Amazone" einmal so weit auf die Seite gelegt, dass die Fenster im Aufbau im unteren Drittel im Wasser waren. Es ist aber nichts passiert. Zum Glück saß gerade niemand auf der Toilette, die- oder derjenige wäre glatt mit der Klobrille hinweggefegt worden. Bei diesem Seegang muss man ständig damit rechnen, dass man hinterhältig und sehr heftig geschubst wird. Bestes „Platzwundenwetter", da heißt es immer, immer auf der Hut sein und immer mit einer Hand irgendwo festhalten. Bei solchen Bedingungen wird eine so einfache Sache wie Zähneputzen zum Abenteuer.

Gestern hatte ich einen Traum - ich war joggen am Werdersee. Mein Gott.

11. Bericht von hoher See, Kapverden - Tobago
Mittwoch, 17.12.2014, 12.00 Uhr
Position: 12° 58,4' N; 47° 12,7' W;
11. Etmal 121 Seemeilen, 799 Seemeilen Rest

Jetzt müssen wir nur noch von Teneriffa zu den Kapverden segeln, entfernungstechnisch gesehen, dann sind wir da!

Wie vorhergesagt hat der Wind im Laufe des gestrigen Tages auf vier bis fünf Beaufort abgeflaut. Mit ausgebaumter Genua segelten wir in den Sonnenuntergang und durch die Nacht. Vorm Dunkelwerden verkleinern wir aus Sicherheitsgründen regelmäßig die Segelfläche. Wir sind ja nur zu zweit und wenn sich ein Squall ankündigt, muss es mit dem Segelbergen sehr schnell gehen. Wenn wir also nur die Rollreffgenua ausgerollt haben, kann ich diese sehr schnell einrollen, zuvor den Motor starten und das Unwetter über uns hinwegziehen lassen. Aber was ist eigentlich ein Squall? Es sind schwarze Wolken, die Wind bis zu acht Beaufort und sintflutartige Regengüsse mit sich bringen. Blitz und Donner fehlen und der ganze Spuk ist meist auch schnell wieder vorbei. Am Tage kündigt sich ein Squall durch engbegrenzte schwarze Wolken, die vom Himmel bis zum Wasser reichen, an. Nachts können wir Squalls als Radarecho auf dem Plotterdisplay ausmachen.

In der letzten Nacht waren mehrere Squalls als Radarecho zu sehen. Die Maschine hatte ich startklar, aber welch glücklich Geschick, die Wolken zogen vor bzw. hinter uns durch. „Peter" hat mir die Arbeit an der Pinne abgenommen. Ab und zu habe ich ihn wieder gefragt: „Na Peter, wo soll es denn hingehen?" Das reichte meist schon und er hielt wieder Kurs. Ansonsten musste ich nur hin und wieder etwas korrigierend oder unterstützend eingreifen, alles kein Problem und ruck, zuck war meine Nachtwache beendet.

Jetzt segeln wir wieder unter der Passatbesegelung. Die gestrige Wettervorhersage hat auch für die nächsten Tage Wind von vier bis fünf

Beaufort aus östlicher Richtung vorhergesagt. Gleich bekommen wir „frisches Wetter", mal sehen, ob es dabei bleibt.

Zum Thema „Schädlinge an Bord" hatte ich ja schon Kakerlaken und Rüsselkäfer erwähnt, auch Mausefallen haben wir dabei. Aber gestern hat Ingo einen Artikel gelesen, der mir einiges Unbehagen bereitet. Dort stand: „Ratten sind sehr gute Schwimmer und sie können über die Ankerkette an Bord klettern. Am besten fängt man sie in einer Lebendfalle und harpuniert oder erschlägt sie." Eine Harpune haben wir nicht dabei. Erschlagen wird hier an Bord höchstens mal ein zuvor betäubter Fisch aber sonst niemand. Wie habe ich mir das überhaupt vorzustellen? Die Ratte, wenn sie denn überhaupt in eine Falle ginge, verharrt dort brav und reglos, bis Ingo ihr eins überbrät? Ich glaube, ich warte auf die nächste Sternschnuppe, mir ist da gerade ein Wunsch eingefallen.

Heute habe ich mal das Cockpit verlassen und einen kleinen Rundgang an Deck gemacht. Ich musste mal raus, mal was anderes sehen.

12. Bericht von hoher See, Kapverden - Tobago
Donnerstag, 18.12.2014, 12.00 Uhr
Position: 12° 46,6' N; 49° 13,4' W;
12. Etmal 118 Seemeilen, 681 Seemeilen Rest

Im Laufe des Abends flaute der Wind leider immer mehr ab und der Motor durfte auch mal wieder etwas tun. Diese ganze Dieselbunkerei soll ja auch nicht vergebens gewesen sein. So kamen wir ganz gut voran, unserem Ziel Meile für Meile näher. Je mehr der Wind abnahm, desto mehr beruhigte sich auch die See. Und es gab sogar vier Sternschnuppen für mich! Damit es nicht „Peterchens Mondfahrt" wurde, musste ich hin und wieder leicht korrigierend eingreifen. Bei diesen gelben Pflanzenteppichen kann er eben nicht zeigen, was er wirklich kann. Leider verhindert dieses Zeug auch heute noch das Angeln. Seit fast einer Woche begleitet es uns nun schon. Ob wir auf diesem Törn überhaupt noch einmal angeln können?

Das letzte Drittel dieses Marathon-Törns ist angebrochen. Beim „Großen Fressen" sind wir bei der Käseplatte angelangt, die Nachspeise steht bereit. Mit jeder zurückgelegten Seemeile wird es ein wenig wärmer. Die Temperatur beträgt tagsüber 31 oder 32 Grad in der Kajüte. Gestern war wieder Back-Tag, was bei diesen Temperaturen eine schweißtreibende Angelegenheit ist. Gut, dass gestern auch Dusch-Tag war, das brachte ein wenig Erfrischung.

Gerade eben hatten wir Funkkontakt mit einem Segler, der etwa zehn Meilen voraus segelt. Wir hatten sein AIS-Signal auf dem Plotter entdeckt, seit Tagen das erste Signal! Und, in welchem Land liegt wohl sein Heimathafen? Richtig, in Frankreich! Er segelt nach Barbados, vielleicht treffen wir ihn irgendwann, irgendwo.

Der Motor schweigt zurzeit, der Wind hat etwas zugenommen, mit der ausgebaumten Genua geht es mit vier Knoten gemächlich voran.

Neben Backen, Kochen, Duschen und Segelwechseln kommen wir auch zum Lesen. Meistens am Nachmittag, wenn alle Pflichten erledigt sind. In dem Buch „Handbuch für den Atlantischen Ozean" von Jane Russell lese ich: „Das größte Problem während dieser mehrere Wochen dauernden Überfahrt ist die Aufrechterhaltung der Moral innerhalb der Crew. Viele, die von einer Rundreise um den Nordatlantik zurückkehren, betrachten diesen Abschnitt im Nachhinein als den Höhepunkt der Reise. Für die meisten wird die Atlantiküberquerung die längste Ozeanetappe ihres Lebens bleiben. Ein Glücksfall also, dass sie meist zu den angenehmsten gehört." Ob wir nach der Rückkehr diesen Abschnitt als *den* Höhepunkt der gesamten Reise bezeichnen werden, weiß ich jetzt natürlich noch nicht. Auf jeden Fall ist er etwas ganz Besonderes für uns, davon können wir unseren Enkeln noch erzählen! Wir fühlen uns in unserem Mikrokosmos sehr wohl, um unsere Moral ist es bestens bestellt!

13. Bericht von hoher See, Kapverden - Tobago
Freitag, 19.12.2014, 12.00 Uhr
Position: 12° 31,9' N; 51° 04,6' W;
13. Etmal 110 Seemeilen, 571 Seemeilen Rest

Am Etmal von 110 Seemeilen ist es schon zu erkennen: Der Wind war gestern Nachmittag, am Abend und in der Nacht wie vorhergesagt mau. In Beaufort ausgedrückt drei Windstärken. Hin und wieder starteten wir den Motor, hin und wieder briste es etwas auf und unter ausgebaumter Genua ging es durch die Nacht. Am heutigen Vormittag meldete sich der Wind mit ungefähr vier Beaufort zurück, die Passatbesegelung ist jetzt wieder dran. Die „Amazone" zieht mit fünf bis sechs Knoten dahin und wiegt sich in den Wellen.

In den nächsten Tagen soll uns laut gestriger Vorhersage der Wind mit vier bis fünf Beaufort voranbringen. Gleich bekommen wir die aktuelle Vorhersage, mal sehen, ob es dabei bleibt.

In den letzten Tagen hatten wir immer mal wieder kurzen Besuch verschiedener Seevögel. Sie umkreisen uns, schauen nach dem Rechten und fliegen wieder davon. Bis auf einen, der zeigte ein ungesundes Interesse an unserer Mastspitze. Hier ist die „Amazone" sehr empfindlich, weil sich dort die filigranen Messinstrumente (Windrichtung und -stärke) befinden. Es wäre äußerst unangenehm, wenn diese Geräte durch einen Vogel beschädigt würden. Wir hätten nichts dagegen, wenn ein erschöpfter Vogel eine Weile mit uns reisen möchte, aber bitte nicht auf der Mastspitze. Und einen erschöpften Eindruck machte er auch gar nicht, eher interessiert. Da oben dreht sich und blinkt so einiges, das wirkt wahrscheinlich sehr anziehend. Wir schalten unsere elektrische Sirene an, tuten wie wild mit dem Nebelhorn, rufen laut und wedeln mit Handtüchern, um das Tier von seinem Vorhaben abzubringen. Wieder und wieder umkreist und beäugt er die Mastspitze. Schließlich wird es ihm zu dumm, er fliegt davon und wir sind erleichtert. Etwas später bemerken wir, dass wir vergessen hatten, die Positionslampe (die Dreifarbenlaterne weiß/rot/grün), die ein segelndes Fahrzeug nach Sonnenuntergang zu führen hat und die sich ebenfalls im Masttopp befindet, noch eingeschaltet war. Vielleicht hatte dies den Vogel neugierig gemacht.

14. Bericht von hoher See, Kapverden - Tobago
Sonnabend, 20.12.2014, 12.00 Uhr
Position: 12° 16,0' N; 53° 11,1' W;
14. Etmal 126 Seemeilen, 434 Seemeilen Rest

Das war wieder eine dieser „Wünsch-Dir-Was-Nächte". Es gab mehrere Sternschnuppen, Wünsche hatte ich parat. Der Wind wehte konstant mit vier bis fünf Beaufort, „Peter" hielt ordentlich Kurs. Alles gut. Jetzt sind wir bei fünf Beaufort mit der ausgebaumten Genua ziemlich flott unterwegs.

Wir befinden uns seit gestern Nachmittag im letzten Viertel des Törns. Beim „Großen Fressen" wird jetzt die Nachspeise serviert. Es ist aber kein Eis, das wir so mir nichts dir nichts weglöffeln könnten. Nein, es gibt Ananas als ganze Frucht. Da haben wir noch ein bisschen dran zu arbeiten, bis das Mahl beendet ist und die Musik aufspielen kann.

Gleich wird wieder Brot gebacken. Während ich diesen Text schreibe, geht der Hefeteig auf und die Backformen kommen bald in den Ofen. Der Schweiß rinnt jetzt in Strömen. Fisch steht übrigens immer noch nicht auf dem Speiseplan, die „Gelbe Wasserpest" verhindert jetzt seit einer Woche das Angeln.

Wachen gehen wir getrennt, Schlafdefizit ein bisschen aufholen geht auch nur einzeln, aber in der Zeit von 16 bis 20 Uhr sind wir meistens gemeinsam im Cockpit. Das ist die schönste Zeit des Tages. Wir essen gemeinsam, trinken Kaffee, schmieden Pläne, schweigen oder lesen und schaukeln unserem Ziel entgegen.

15. Bericht von hoher See, Kapverden - Tobago
Sonntag, 21.12.2014, 12.00 Uhr
Position: 12° 0,5' N; 55° 30,8' W;
15. Etmal 137 Seemeilen, 297 Seemeilen Rest

Advent, Advent, kein Lichtlein brennt. Dafür weht der Passat, dieser mitunter etwas unstete Geselle, ganz gut. Mit fünf bis sechs Beaufort schiebt er uns seit gestern Abend unserem Ziel entgegen und hat uns das bisher höchste Etmal beschert. Das bedeutet auch, dass der Seegang uns wieder zu einer Berg- und Talfahrt einlädt. „Amazone" und „Peter" meistern das gemeinsam wunderbar, nur ab und zu ist eine kleine Korrektur erforderlich.

Für uns heißt es wieder aufpassen. Hinterrücks geschubst zu werden ist jetzt wieder jederzeit möglich. Gut, dass ich gestern gebacken und vorgekocht habe, das wäre bei diesem Geschaukel beschwerlich und auch gefährlich. In einem Buch habe ich mal ein Foto gesehen, auf dem eine Bordfrau zu sehen war, die mit einem Gurt an ihrem Herd festgebunden war. Kein schöner Anblick für FrauenrechtlerInnen, aber sehr sinnvoll. Auf diese Weise hat man beide Hände frei, was bei der Küchenarbeit doch ein ziemlicher Vorteil ist. Ich bin nicht kurz angebunden, sondern versuche mich zwischen Niedergang und Herd zu verkeilen, um einen einigermaßen sicheren Stand zu haben. Es ist trotzdem ein arges Jonglieren, das kochende Wasser in den Becher und nicht daneben zu gießen.

Eine Erläuterung des Passats bin ich noch schuldig. Hier ist sie, aus dem Buch „Blauwassersegeln heute" von Rüdiger Hirche und Gaby Kinsberger Eine sehr empfehlenswerte Lektüre, falls jemand auf den Geschmack gekommen sein sollte: „Der vorherrschende Wind ist der Passat. Die englische Bezeichnung in Erinnerung an frühere Zeiten, als dieser beständige Wind die Route bestimmte, auf der die Handelsschiffe um die Welt segelten, lautet „trade winds" oder einfach „trades". Im Idealfall ist der Passat ein beständiger, gleichmäßiger Wind mitttlerer Stärke, der aus östlicher Richtung zu beiden Seiten des Äquators weht. Die Passat-Zone erstreckt sich nördlich und südlich des Äquators zwischen 5 Grad und 25 Grad Breite. Dazwischen, direkt am Äquator, liegen die so genannten „Doldrums", eine Zone mit leichten, unbeständigen Winden und häufigen Flauten. Auf der Nordhalbkugel weht der Passat aus Ost/Nordost (Nordost-Passat), auf der Südhalbkugel aus Ost/Südost (Südostpassat)."

Im Moment haben wir hier also den Idealfall, beständiger, gleichmäßiger Wind mittlerer Stärke aus Nordost. Seit gestern reicht die Wettervorhersage sogar schon bis zum Ziel. Mit Glück bleibt es beim Idealfall, dann könnten wir am 23.12. in Tobago sein. Hier ist alles blau, die See, der Himmel, die Rettungswesten, die Sitzpolster und mein Trinkbecher auch. Wird Zeit, dass mal wieder etwas mehr Farbe ins Leben kommt. Ich glaub, ich bin auf Farbentzug.

16. Bericht von hoher See, Kapverden - Tobago
Montag, 22.12.2014, 12.00 Uhr
Position: 11° 43,6' N; 57° 46,6' W;
16. Etmal 134 Seemeilen, 163 Seemeilen Rest

Wir segeln weiterhin mit dem Idealfall-Passat, Wind aus Nordost in der Stärke von fünf bis sechs Beaufort, ab und zu gibt's auch mal eine Böe mit sieben. Das hat uns wieder ein fettes Etmal eingebracht. Jetzt gerade entladen sich Regenschauer über uns, Ingo hat Wache und sitzt im warmen Regen. Die „Amazone" bekommt auf diese Weise endlich mal wieder eine Portion Süßwasser.

Die aufgewühlte, brodelnde See mit ihren vom Meeresleuchten erhellten, schäumenden Wellenkämmen zu beobachten, finde ich immer noch spannend. Es rauscht, gurgelt und zischt, ab und zu bricht eine der etwa drei Meter hohen Wellen direkt an unserem Heck und Gischt spritzt ins Cockpit. Dann und wann knufft eine querlaufende Welle die „Amazone" unsanft in die Seite, dass es nur so poltert. Ein Fliegender Fisch hat sich ins Cockpit verirrt. Er zappelt und ringt nach Luft. Ingo befördert ihn zurück ins Wasser. Dieser Fisch hatte mehr Glück als seine Kameraden, von denen wir jeden Morgen drei bis sechs vertrocknet an Deck finden.

Es gibt hier an Bord untrügliche Anzeichen dafür, dass der Landfall, so der Fachausdruck fürs Ankommen, nicht mehr lange auf sich warten lässt. Der Bananen-Kronleuchter ist aufgefuttert, die Bücher sind gelesen, alle CDs gespielt, alle Witze erzählt. Wenn der Wind weiterhin so ideal weht, müssen wir uns vielleicht nur noch eine Nacht um die Ohren schlagen. Wenn er abnimmt, kämen wir bei Dunkelheit in der Ankerbucht bei Charlotteville im Nordwesten Tobagos an und könnten aber nicht ankern, da wir nicht erkennen könnten, ob der Anker auf Sand oder Korallen fällt. Sand ist okay, Korallen nicht. Das hieße Rumtrödeln bis zum Tageslicht.

Gleich ist die neue Wettervorhersage da, dann wissen wir mehr. Das ist überhaupt an jedem Tag der spannendste Moment, wenn das „frische Wetter" da ist.

Reggae, Rum und Regenwald - Hallo Tobago - WIR SIND DA!!!
Dienstag, 23.12.2014

Nach einer sehr anstrengenden Nacht und einem furiosen Finale mit einem Etmal von 139 Seemeilen fiel um 15.30 Uhr Bordzeit unser Anker in der Man of War Bay in Tobago. WIR SIND DA!!!

So ganz ohne Squalls wollte man uns nicht davonkommen lassen und so hat es uns in der letzten Nacht doch noch erwischt. Eine dunkle Regenwolke nach der anderen zog über uns hinweg, es goss wie aus Eimern und gab Windböen bis zu acht Beaufort. Die See türmte sich unglaublich hoch auf, die Wellen brachen mit einem Donnergrollen an unserem Heck. Eine Welle ist in unser Cockpit eingestiegen, eine Premiere! Sie kam wie aus dem Nichts, hat mich von meinem Sitzplatz gewaschen und auf der anderen Seite des Cockpits am Süll stranden lassen. Das hat mich beeindruckt, diese Wucht und

## 12. Atlantiküberquerung Ost - West

Geschwindigkeit, die dahintersteckten. Ich hatte keine Chance, mich noch irgendwo festzuhalten, es ging alles ganz schnell. Zum Glück war ich angeleint und außer einem gehörigen Schrecken ist mir nichts passiert.

Wir haben unsere erste Atlantiküberquerung glücklich beendet. Es war eine sehr intensive Zeit; wir waren neugierig, auf das, was uns da draußen erwarten würde und wie wir damit fertig werden würden. Unsere „Amazone", diese treue und tapfere Begleiterin, hat uns sicher durch die vielen Wellenberge und -täler gebracht. Die Stimmung an Bord war durchgängig sehr gut. Als anstrengend empfanden wir den Schlafmangel. Mehr als drei Stunden Schlaf am Stück waren nicht drin. Uns war immer bewusst, dass das, was wir hier gerade erleben dürfen, ganz besonders und mit Worten schwer zu beschreiben ist, auch wenn ich es mit den täglichen „Berichten von hoher See" versucht habe. Es war ein unvergesslicher Moment, als im Laufe des 23. Dezember 2014 die bergige, grüne Küste Tobagos am Horizont auszumachen war. Wir waren 17 Tage unterwegs, hatten nur einen Tag Flaute und keinen Sturm. Man kann es schlechter treffen. Wir haben 2.096 Seemeilen zurückgelegt, das niedrigste Etmal betrug 91 Seemeilen, das höchste 139.

Die beiden Inseln Trinidad und Tobago bilden einen Staat und sind Mitglied des British Commonwealth. Es wird links gefahren, Englisch gesprochen und mit Trinidad & Tobago-Dollar (TT Dollar) bezahlt.

Nachdem der Anker gefallen, der Motor abgestellt und Ruhe im Schiff eingekehrt ist, fallen wir uns in die Arme und genießen diesen großen Moment des Ankommens. Anspannung und Müdigkeit sind wie weggeblasen, Erleichterung und unbändige Freude über die Ankunft treten an ihre Stelle.

Als erstes rufen wir mit dem Satellitentelefon unsere Kinder an. Riesige Freude und ein großes Hurra auf beiden Seiten des Großen Teichs! Anschließend gehen wir gleich schwimmen. Was für eine Überraschung, das Unterwasserschiff erstrahlt in einem sauberen Rot, keine Spur irgendeines Bewuchses. Nur unter dem Heck haben sich einige Entenmuscheln festgesetzt. „Amazone" hatte sozusagen einige Pickel am Hintern. Davon können wir sie relativ leicht befreien. Die Außenhaut hat auch gelitten und wirkt stellenweise mattiert. Ingo ist aber guter Dinge, dass sich das wieder aufpolieren lässt.

Wir können es noch gar nicht richtig glauben, mit unserer „Amazone" hierhergesegelt zu sein. An dem vielen Grün kann ich mich gar nicht sattsehen. Alsbald genießen wir den ersten Sonnenuntergang in der Karibik und fallen todmüde und überglücklich in die Kojen.

Wir können jetzt endlich wieder ohne Unterbrechung schlafen, wobei aber am nächsten Morgen schon um sieben Uhr der Wecker klingelt. Es gibt an Bord noch einiges aufzuräumen und das Schlauchboot muss klargemacht werden, um an Land zu fahren und einzuklarieren. Zuerst muss die Immigration, die Einwanderungsbehörde, aufgesucht werden, anschließend der Customs, der Zoll.

Jetzt haben wir einen weiteren Stempel im Reisepass mit dem handschriftlichen Zusatz „Amazone". Der freundliche Zollbeamte gab uns ein Formular, in dem wir eintragen mussten, ob und wie viel Waffen, Alkohol und Zigaretten wir an Bord haben. Schnell fülle ich das Formular aus und mache überall einen Strich. Na ja, wir haben schon eine oder zwei Flaschen Schnaps und zwei Stangen Zigaretten an Bord. Aber was soll's. Der Beamte will es aber doch genau wissen. Freundlich lächelnd blickt er mich über den Rand seiner schmalen Brille an und fragt: „Christmas, New Year and you have no bottles on board?" Ja, doch - wenn ich noch einmal überlege - etwas kleinlaut gebe ich den Schnaps und die Zigaretten zu. Nach unserem Impfausweis hat uns übrigens niemand gefragt, das wird auch im Laufe der ganzen Reise so bleiben. Dabei hieß es in verschiedenen Revierführern und Handbüchern, dass bei der Einreise in die Karibik eine Gelbfieberimpfung nachgewiesen werden muss, wenn die Yacht aus Westafrika kommt. Besonders kurios fanden wir, dass die freundlichen Beamten der Einwanderungsbehörde gar nicht wussten, dass wir aus Westafrika einreisen, die Kapverden waren ihnen nicht bekannt.

Der Ort Charlotteville ist klein und beschaulich, überhaupt nicht touristisch und die Menschen offen und sehr freundlich. Internetzugang gibt es im Touristenbüro und in der öffentlichen Bibliothek. Bequem von Bord aus ins Netz gehen und Berichte und Fotos hochladen, geht leider nicht. In dem Tourist Office können wir heute auch unsere vielen E-Mails lesen. Wir freuen uns sehr über die Nachrichten und Glückwünsche, die wir zu unserer glücklichen Ankunft bekommen haben! Eigentlich war es Ingo und mir egal, ob wir noch vor Weihnachten in der Karibik ankommen oder Weihnachten auf dem Atlantik verbringen. Aber als wir die E-Mails lesen merken wir, wie egoistisch diese Gedanken waren: Aus den Mails entnehmen wir, wie erleichtert Familie und Freunde in Deutschland sind, uns Weihnachten wohlbehalten in einer sicheren Ankerbucht zu wissen.

Im Salon sitzen ein paar kleine Plüsch-Weihnachtsmänner und drei Weihnachtskugeln aus Metall sind auch an Bord. Ziemlich kitschig und es wirkt irgendwie auch deplatziert. Strahlender Sonnenschein, Papageien kreischen, Strand, Palmen, türkisblaues Wasser, das will mit unserer Vorstellung von Heiligabend und Weihnachten einfach nicht zusammenpassen.

Wir wollen hier in Tobago erst mal zur Ruhe kommen, den langen Törn und die vielen neuen Eindrücke verarbeiten, diese ursprüngliche Insel kennenlernen und auch den Jahreswechsel hier verbringen. Vor dem Frühstück schwimmen wir die erste Runde um die „Amazone", die Bucht mit ihren langen weißen Stränden ist von dichtem Grün umsäumt, in dem kleinen Ort Charlotteville können wir uns mit Wasser und Lebensmitteln versorgen, die Menschen sind freundlich und hilfsbereit, die Fischer grüßen lachend herüber, wenn sie an uns vorbeibrausen, kurzum: Es fehlt uns hier an Nichts.

Es gibt ein ganz unverhofftes Wiedersehen mit Isabella und Adolf, die ein paar Tage vor uns hier angekommen sind. Wir verbringen den Heiligabend zusammen. Am Tag darauf müssen sie sich schon wieder von uns verabschieden. Sie sind auf Grenada verabredet, Besuch aus Dänemark fliegt ein. Leider werden wir uns auf dieser Reise nicht mehr wieder treffen. Wie wir nach unserer Rückkehr in Bremen erfahren, sind die beiden relativ früh im Mai von den Azoren nach England gesegelt und in einen üblen Sturm geraten. Isabellas vielsagende Antwort auf meine Frage, ob sie eine gute Heimreise hatten, lautete: „Wir haben überlebt."

Auch Dörte und Paul mit der „Man suutje" ankern hier. Beim weihnachtlichen Kaffeetrinken haben die beiden Neuigkeiten von einem deutschen Einhandsegler, den wir in La Coruna kennengelernt haben. Er ist auf seiner Atlantiküberquerung etwa 200 Seemeilen südlich der Kanaren in Seenot geraten, da sein Boot das Ruder verloren hatte. Er musste die Notrufbake aktivieren, um Hilfe herbeizuholen, weil er den Schaden nicht beheben konnte. Einige Stunden später kam ein Flugzeug, das ihn umkreiste. Ihm wurde über UKW-Funk mitgeteilt, dass ein Tanker und eine deutsche Segelyacht unterwegs zu ihm seien. Nach dem gescheiterten Rettungsversuch durch den großen Tanker, konnte ihn schließlich die Yacht an Bord und mit zu den Kapverden nehmen. Wobei der Tanker hierbei Hilfe leistete und Windschatten herstellte, so dass ein Übersteigen auf die Yacht überhaupt erst möglich war. Das havarierte Boot musste seinem Schicksal überlassen werden. Schluck. Wir wussten, dass es keine Garantie für eine sichere Überfahrt und ein heiles Ankommen gibt. So viele Unbekannte sind im Spiel, die schwer oder gar nicht zu kalkulieren sind. Wir hofften einfach das Beste und waren uns sehr bewusst, dass es nicht ohne Risiko ist, was wir da machen. Aber was ist schon ohne Risiko im Leben? Jetzt aber von einem Segler, den wir auch noch kennengelernt haben, so etwas zu erfahren, bereitet Unbehagen und löst großes Mitgefühl aus.

In Äquatornähe herrscht Tag- und Nachtgleiche, das bedeutet, dass es ziemlich genau 12 Stunden lang hell ist. Um 6 Uhr geht morgens die Sonne auf und um 18.00 Uhr geht sie wieder unter und das relativ schnell, die Dämmerung ist sehr kurz. Schlafentzug ist eine Foltermethode und wir genießen es jetzt, so oft und so lange schlafen zu können, wie unsere Körper es brauchen. Ausgeschlafen machen wir uns an die heute anstehenden

Aufgaben. Wir fahren mit dem Schlauchboot an Land und binden es gerade am kleinen Holzsteg fest, als ein junger Schwarzer vorbeikommt, freundlich grüßt und uns auf Englisch, der Landessprache, fragt, woher wir kommen. Wir antworten „From Germany" und von ihm kommt prompt ein „Wie geht's?" Wir sehen ihn etwas erstaunt an und er verrät uns, dass er in Berlin/Prenzlauer Berg lebt, dort als Automechaniker arbeitet, aber eigentlich von hier stammt. Ein Berliner auf Heimaturlaub in Tobago.

Von Dörte und Paul haben wir erfahren, wo wir hier in Charlotteville unsere Wäsche waschen lassen können. Nach drei Wochen wird es mal wieder Zeit, das Thema Schmutzwäsche in Angriff zu nehmen. So schleppen wir unsere zwei großen Ikea-Taschen zu Dawn, so heißt die Dame, die einen Wäscheservice anbietet. Morgen können wir alles wieder abholen.

Danach geht es weiter zu Dean. Bei ihm kaufen wir leckeres Obst und Gemüse. Einige Zwiebeln und Kartoffeln gibt es gratis zum Einkauf dazu. Als nächstes besuchen wir die Dame im kleinen Touristenbüro. Hauptsächlich vermittelt sie Touren über die Insel in den Regenwald, zu den Wasserfällen und ist bei der Anmietung von Autos behilflich. Wir besuchen sie regelmäßig, weil wir dort einen Internetzugang haben. Wir lesen und beantworten unsere Mails, anschließend machen wir einen Spaziergang zum nahegelegenen Aussichtspunkt Fort Campleton. Es geht eine steile Straße bergauf. Der Aufstieg bei dieser Hitze wird mit einem kolossalen Ausblick auf die Man of War Bay belohnt. Von hier aus können wir auch die „Amazone" beobachten, wie sie friedlich vor Anker liegt.

Bevor wir heute um 12 Uhr bei Dawn unsere saubere Wäsche abholen können, wollen wir uns etwas weiter in die Ankerbucht hinein verholen. Seit gestern Abend steht einiger Schwell in die Bucht und in der Nacht wiegte sich die „Amazone" unruhig hin und her. Allerdings ist es auch am neuen Platz nicht viel besser, aber was soll's. So haben wir jetzt mit dem Schlauchboot einen kürzeren Weg zum Steg. Die Hoffnung, weiter innen in der Bucht eine Internetverbindung zu haben, hat sich leider nicht erfüllt. Wir sind weiter auf das Touristenbüro angewiesen. Im Laufe des Tages sind noch ein paar Yachten angekommen, mehr als sechs Boote ankern hier im Moment aber nicht. Dörte und Paul sind mit ihrer „Man suutje" weitergezogen. Mal sehen, wo wir uns wiedersehen.

Im Revierführer von Chris Doyle ist zu lesen, dass Charlotteville ein sehr verschlafenes Fischerdorf ist, in dem es niemand eilig hat und es leicht ist, Freunde zu finden. Wir fühlen uns hier sicher. Es ist nicht nötig, das Schlauchboot am Steg anzuschließen und es nachts an Deck zu holen. Wenn wir demnächst weiter nördlich kommen, müssen wir uns daran gewöhnen, diese Vorkehrungen zu treffen. Es gibt hier in der Man of War Bay keine Boatboys. Auf anderen Inseln kommen sie mit ihren Booten angebraust und

## 12. Atlantiküberquerung Ost - West

bieten Obst, Gemüse, T-Shirts und vieles andere zum Kauf an. Auch daran müssen wir uns noch gewöhnen. Hier ist es vielmehr so, dass sich die Fischer freuen, wenn sie von einem vorbeifahrenden Schlauchboot mitgenommen werden, um von ihrem vor Anker liegenden Boot an Land gebracht zu werden. Wir machen das gerne. Ankern wir doch ungebeten in ihrem „Vorgarten", bringen unseren Müll zu ihnen und nehmen kostenlos Trinkwasser mit.

Wie verbringen wir den letzten Tag dieses für uns so besonderen Jahres? Zunächst klingelt in aller Frühe um 5.15 Uhr der Wecker. Wir sind um sieben Uhr mit Dean verabredet. An seinem Obst- und Gemüsestand kaufen wir häufig ein. Er bietet nebenbei auch Touren in den Regenwald mit Besuch eines Wasserfalls an. Wir sind pünktlich an Land, aber Dean hat noch das eine und andere zu organisieren, so dass es gegen halb acht losgehen kann. Erst mal gehen wir an seinem Haus vorbei, dort zieht er sich Gummistiefel an und bewaffnet sich mit einer Machete. Nun geht es tatsächlich los. Nach einem dreißigminütigen Spaziergang legen wir eine kleine Rast ein und trinken aus den von Dean mitgebrachten gelben Kokosnüssen, die er mit seiner Machete köpft, erfrischende, klare Kokusmilch, Jelly, wie es hier genannt wird. Wir biegen von der Hauptstraße in den dichten Wald ab. Dean erklärt uns die Bäume, Kräuter und Pflanzen, macht uns auf allerlei Getier, Papageien und andere farbenprächtige Vögel aufmerksam und ebnet uns mit seiner Machete den Weg. In der letzten Nacht hat es kräftig geregnet und wir müssen aufpassen, auf dem glitschigen Waldboden nicht auszurutschen. Die wuchernden Pflanzen, riesigen Bäume und Bambusstämme sind sehr beeindruckend. Der angekündigte Wasserfall ist leider eine herbe Enttäuschung, nur wenig Wasser plätschert an einem Felsen hinab.

In der letzten Nacht ist ein großer niederländischer Windjammer in die Bucht eingelaufen. Es sind viele junge Leute an Bord. Außer der „Amazone" ankern jetzt nur noch zwei Yachten aus Frankreich hier. Ein österreichisches Paar mit seinem zweijährigen Jungen ist vorgestern Abend hier mit seiner Yacht angekommen. Kaum war ihr Anker gefallen, kam Natalie, die Bordfrau, mit dem Schlauchboot zu uns herüber. Sie hatte Krauttaschen gebacken, es waren einige übrig, die sie uns gerne schenken wollte. Was für eine tolle Überraschung und lecker waren sie auch! Die Familie hat zahlende Gäste an Bord. Sie haben es deshalb etwas eilig weiterzusegeln und so sind sie schon wieder unterwegs.

Wir wollen noch die Dame im Touristen Office besuchen, um einen Blogbeitrag ins Netz zu stellen, Fotos hochzuladen und Mails zu beantworten. Anschließend gehen wir noch mal schwimmen und schnorcheln und begrüßen fünf Stunden später als in Deutschland das neue Jahr - zum

133

ersten Mal im Leben ein Jahreswechsel ohne kalte Hände und Füße! Prosit Neujahr!

Segeln ist Mühsal und Segeln ist Wonne,
Segeln ist Regen und Segeln ist Sonne.
Segeln ist Wind und Wellen die schäumen,
Segeln ist Küste und Ankern und Träumen.
Für uns ist es mehr - ein bisschen Freiheit und Glück.

Unbekannter Verfasser

12. Atlantiküberquerung Ost - West

Vorbereitungen für die Nacht

Lässige Wache

# V

## FÜNFTER ZWISCHENRUF UNSERER AMAZONE:

„Was ist eigentlich die Steigerung von „Klotzen"? Nach unserem 800-Seemeilen-Törn von Teneriffa zu den Kap Verden hatte ich ja angemerkt, dass hier geklotzt und nicht gekleckert wird. Aber was die beiden dann mit mir angestellt haben, stellt wirklich alles bisher Dagewesene in den Schatten! Ganze 17 Tage und Nächte sind wir nonstop unterwegs gewesen. Da haben sie mir ja ganz schön was zugetraut und zugemutet! Ich bin noch ganz gut in Form für mein Alter, aber 2.100 Seemeilen in einem Rutsch, das war eine Menge Wasser vor meinem Bug. Die beiden sind ja zu zweit und können sich abwechseln, aber wer löst mich eigentlich ab? Weiter immer weiter ging es, immer die Wellen rauf und wieder runter. Manchmal quälend langsam, aber meistens doch ganz flott. Und gekitzelt hat es an meinem Bauch, fast die ganze Zeit. Kaum auszuhalten war das. Es lag an diesem Seegras, durch das wir gefahren sind. Und irgendwer hat sich an mir festgesaugt. Ich glaube, das waren Muscheln. Und jede Nacht gab es Besuch von Fliegenden Fischen. Die armen Kerle hatten sich in der Dunkelheit vertan und sind bei mir an Deck gelandet. Und ich habe einen neuen Freund, den Peter. Zuerst habe ich mich mit ihm ein bisschen schwer getan. Im letzten Winter ist er einfach so an meinem Spiegel angebolzt worden. Ist, ehrlich gesagt, optisch kein Gewinn. Aber was soll's, er ist schon in Ordnung, macht seinen Job wirklich gut und hält mich wacker auf Kurs.

Wir hatten eine ganz tolle Zeit da draußen auf dem Atlantik. Aber auch der längste Törn geht irgendwann zu Ende. Es kam Land in Sicht und wir waren in der Karibik angekommen! In einer sehr schönen Bucht fiel unser Anker und ich habe hier sogar ein paar Bekannte wieder gesehen. Ingo und Antje haben gleich noch ein bisschen an mir herumgefummelt und die Muscheln abgepult. Und dann war aber auch irgendwann gut und wir sind schlafen gegangen. Ich war wirklich platt, das kann ich wohl sagen.

Am nächsten Tag haben zum ersten Mal Weihnachtsmänner meinen Salon bevölkert. Aus den Lautsprechern schallte Glockengeläut und ein ums andere Mal „Halleluja!". Was ich alles mitmachen muss, merkwürdige Zeiten.

Jetzt ruhe ich mich hier schon ein paar Tage aus, bin wieder ganz fit und gespannt, was die beiden als nächstes auf dem Zettel haben."

## 13.

## DIE KLEINEN ANTILLEN

Wir haben zwei Jahreswechsel gefeiert, den ersten nach deutscher Zeit, den zweiten nach hiesiger. Als es um Mitternacht soweit war, hat der niederländische Windjammer sein Nebelhorn betätigt und das neue Jahr mit einem langen, tiefen „tuuuuuuuut" begrüßt. Da wollten wir nicht zurückstehen und taten es ihm gleich. Nun ja, gegen das holländische satte Signal klang das der „Amazone" etwas kümmerlich. Aber immerhin.

Am Neujahrstag wollen wir zum Strand der Pirates Bay gehen und ein bisschen schwimmen und schnorcheln. Doch es kommt etwas dazwischen. Wir haben unsere Sachen gepackt, das Boot abgeschlossen und wollen gerade ins Schlauchboot steigen, als ein Fischer zu uns herangefahren kommt und uns „A happy new year!" wünscht. Das wünschen wir ihm natürlich auch. Er fragt Ingo, ob er „a helping hand" für ihn hätte. Schwimmen und schnorcheln werden kurzerhand verschoben und Ingo steigt ins Fischerboot. Zunächst fahren sie zum Strand, wo sie das ungefähr 100 Meter lange Netz, das dort liegt, Meter für Meter ins Boot ziehen. Damit fahren sie in die Bucht hinaus, kommen an der „Amazone" vorbei und Ingo ruft mir zu: „In einer Stunde bin ich zurück!" Na dann, viel Spaß! Draußen in der Bucht versehen sie das Netz mit Bojen und bringen es aus. Währenddessen fängt es heftig an zu regnen. Es gießt in Strömen. Hier ist von Juni bis Dezember Regenzeit, von Januar bis Mai Trockenzeit. Jedenfalls stellt sich Ingo wohl ganz geschickt an, denn Joe, so heißt der Fischer, fragt ihn, ob er auch Fischer sei. Nach einer Stunde ist die Arbeit erledigt und Joe bringt Ingo zurück zur „Amazone". Das war für Ingo ein ganz besonderes Erlebnis. Kontakte zu den Einheimischen machen unsere Reise so interessant und besonders, das kann man nirgends buchen.

Zum Schwimmen und Schnorcheln haben wir irgendwie keine Lust mehr, wir fahren stattdessen ins Dörfli. Wir haben gerade das Schlauchboot angebunden, als uns eine deutsche Urlauberin anspricht. Sie und ihr Mann haben die Flagge am Heck der „Amazone" gesehen und waren ganz überrascht, dass hier ein Boot aus Deutschland ankert. Es folgt ein kurzes Gespräch - wieso - woher - wohin - und die freundliche Dame wünscht uns noch eine gute Weiterreise. Als nächstes treffen wir Dean, der uns zwei Kokusnüsse schenkt. Ein Restaurantbesuch am Strand rundet diesen Tag ab. Ich finde, dass der erste Tag des neuen Jahres wunderschön war. What a wonderful world.

Wir wollen einen Wasserfall sehen, und zwar einen richtigen. Dazu müssen wir in das etwa 20 Kilometer entfernte Roxborough fahren, um dort den Agryle Waterfall zu besuchen und in seinem Süßwasserpool zu baden. Zunächst kaufen wir im Minimarket Fahrkarten für den öffentlichen Bus und stellen uns an die Haltestelle. Irgendwann zwischen 11 und 12 Uhr soll er hier abfahren.

Die Wartezeit wird uns aber nicht lang, weil heute erstmals die Jugendlichen von dem holländischen Windjammer auf Landgang sind und einige von ihnen ebenfalls auf den Bus warten. Das Schiff ist am 31.12. hier eingelaufen, aber die Mädels und Jungs durften wegen der noch ausstehenden Einklarierung nicht gleich an Land gehen. Sie erzählen uns, dass sie 48 Schülerinnen und Schüler aus verschiedenen Nationen seien und insgesamt zehn Monate mit dem Schiff unterwegs sein werden. Ein segelndes Klassenzimmer. Die Mädchen, die sich mit uns unterhalten, kommen aus Kanada. Sie erzählen uns, dass sie von Teneriffa hierher gesegelt seien und für die Atlantiküberquerung 25 Tage benötigten. Der Raum, in dem die Mahlzeiten eingenommen würden sei gleichzeitig ihr Unterrichtsraum. Privatsphäre gäbe es nicht, alle schliefen in einem „Schlafsaal". Zehn Lehrkräfte seien dabei und insgesamt seien 76 Personen auf dem Schiff.

Der Bus lässt auf sich warten. Da biegt ein Maxitaxi, ein Kleinbus, in dem etwa 14 Personen Platz haben, um die Ecke und wir steigen ein. Nach einer halben Stunde sind wir in Roxborough und machen uns durch den Regenwald auf den Weg zum Wasserfall. Wir kommen an riesigen Bambusbüschen und einem Silk Cotton Tree, einem Kapokbaum, vorbei. Wir hören das Rauschen, schlittern noch über einige sehr rutschige Steine und sind endlich da. Am Rande des Wasserfall Sees ziehen wir unsere Badesachen an und hinein geht's ins kühle Vergnügen. Wie lange haben wir schon nicht mehr in Süßwasser gebadet? Erfrischend ist es, die Atmosphäre ist besonders, wir sind im Wasser, direkt am rauschenden Wasserfall und rings um uns das üppige Grün des Waldes. Es sind nur wenige Touristen hier.

Anschließend unternehmen wir noch einen Abstecher zu einer nahegelegenen alten Kakaoplantage, auf der auch heute noch der Rohstoff für eine erstklassige Schokolade hergestellt wird. Besichtigen können wir die Plantage aber leider nicht, da sie nur vormittags für Besucher geöffnet ist. Nach einem Mittagessen in einem kleinen Imbiss machen wir uns auf den Rückweg nach Charlotteville. An den Haltestellen der öffentlichen Busse hängen keine Fahrpläne und wir wissen nicht, ob heute noch ein Bus nach Charlotteville fährt. Alsbald erscheint aber ein Maxitaxi, das uns mitnimmt. Am späten Nachmittag sind wir zurück im Dörfli, kaufen noch ein paar Lebensmittel ein und freuen uns auf die „Amazone".

## 13. Die Kleinen Antillen

Wir wollen es heute ganz ruhig angehen lassen, „liming", wie die Einheimischen es nennen, also gepflegtes Nichtstun, steht auf dem Programm. Aber dann tröpfelt es nur noch aus dem Wasserhahn. Wir haben zuletzt in Mindelo auf den Kapverden unseren Haupttank befüllt. Zum Kochen und Zähneputzen benutzen wir Mineralwasser ohne Kohlensäure, das können wir in 5-Liter-Behältern in Supermärkten kaufen. Wir haben auf Teneriffa knapp dreißig dieser Behälter gekauft, es sind immer noch einige vorhanden. Geduscht wird mit den Solarduschen, die wir hier am Schlauchbootsteg schon aufgefüllt haben. Das Wasser aus dem Haupttank benutzen wir zum Geschirrspülen, wobei ich auf dem Atlantik mit Meerwasser abgewaschen habe. Nun muss also der Wassertank aufgefüllt werden, was einerseits einigen Arbeitseinsatz mit sich bringt, weil Ingo das Wasser mit dem Schlauchboot in Kanistern vom Schlauchbootsteg holen muss. Andererseits bin ich ganz froh, dass endlich das muffige Wasser aus Mindelo verbraucht ist.

Während Ingo mit der Wasser-Aktion beschäftigt ist, raffe ich mich auf, die „Amazone" von innen zu putzen. Die Messingteile sind arg angelaufen und können ein wenig Politur gebrauchen.

Zu guter Letzt füllen wir auch noch Diesel aus einem Kanister in den Haupttank, so dass dieser jetzt wieder ganz voll ist. Dabei zeigt sich, dass nicht nur das Mindelo-Wasser keine gute Qualität hat. Auch der Diesel riecht komisch und am Boden des Kanisters sind schwarze Schlieren zu erkennen. Na, da haben die Filter ja ordentlich etwas zu tun.

Eine kleine Motorinspektion mit Reinigung des Seewasserfilters hat Ingo auch noch erledigt. Zwischendurch kommt Joe, der Fischer, vorbei und verabschiedet sich von uns. Er fährt für ein paar Tage nach Trinidad, um seinen Motor reparieren zu lassen. Falls wir uns nicht mehr sehen, wünscht er uns sicherheitshalber heute schon eine gute Weiterreise.

Wir haben es uns schon ein paarmal vorgenommen und heute klappt es nun endlich: Ein Ausflug an den Strand der Pirates Bay, um dort baden und schnorcheln zu gehen. Die Pirates Bay ist ein Teil der Man of War Bay, in der wir ankern und nur einen kurzen Fußmarsch von Charlotteville entfernt. Es geht zunächst bergauf und über zwei Treppen mit insgesamt über 100 Stufen hinunter an den Strand. Wir suchen uns ein Plätzchen im Schatten und es geht hinein ins Vergnügen. Beim Schnorcheln am Riff entdecken wir tatsächlich einige bunte Fische, Korallen und sehr viele Seeigel.

Im Laufe des Tages treffen mehrere Yachten ein. Sie kommen aus Schweden, Dänemark, Norwegen und Frankreich. Das segelnde Klassenzimmer geht morgen früh Anker auf, Ziel ist Trinidad.

Wir wollen noch einmal einen Ausflug in den Regenwald machen. Die üppige Vegetation mit ihren riesigen Farnen, enormen Bambusbüschen und wuchernden Schlingpflanzen hat es uns angetan. Diesmal wollen wir uns aber allein in die grüne Hölle wagen. Doch bevor wir uns in dieses Abenteuer stürzen können, wollen wir noch unsere Wäsche zum Waschen bei Dawn vorbeibringen. Sie ist aber heute nicht da. Aber eine andere Dame, die sich als Managerin vorstellt. Sie fragt uns, welches Apartment wir denn gemietet hätten. Keins, wir sind mit dem Boot da. Das ist nun leider das Ausschlusskriterium, kein Apartment gemietet, keinen Wäscheservice. Schade, letztes Mal hatte es so gut geklappt. Es gibt einen Wäsche-Service im Ort, in einer etwas rustikalen Hütte am Strand. Wir begeben uns also dorthin, die Tür ist offen, wir treffen aber niemanden an. Wir fragen bei Sharon im gegenüberliegenden Restaurant nach, so wird es im Revierführer von Chris Doyle auch empfohlen. Dort wird uns gesagt, dass wir die Tasche mit der Wäsche in der Hütte abstellen sollen, es würde sich schon jemand darum kümmern. So machen wir es und auf geht's in den Regenwald.

Wir gehen in Richtung Pirates Bay, biegen aber nicht zum Strand ab, sondern gehen weiter in den Wald hinein. Zunächst ist noch ein Weg erkennbar, dieser verliert sich aber mit der Zeit. Es geht über Stock und Stein, glitschigen Waldboden, Baumwurzeln, Schlingpflanzen und Wasserläufe. Wir spazieren, rutschen und klettern immer tiefer in den Wald hinein. Irgendwann geht es wirklich nicht mehr weiter, so dicht und undurchdringlich ist das Grün. Wir machen uns auf den Rückweg. Nach einigen Irrungen finden wir tatsächlich wieder hinaus und auf den richtigen Weg zurück. Wir waren drei Stunden unterwegs und werden morgen bestimmt einen gehörigen Muskelkater haben.

Zurück im Dörfli gucken wir noch einmal beim „Wäscheservice" vorbei. Unsere Tasche steht noch ganz genauso dort, wie wir sie vor Stunden abgestellt haben. Das wird hier wohl nichts. Wir kaufen noch bei Dean Obst und Gemüse ein und fragen ihn, ob er vielleicht weiß, wo wir unsere Wäsche waschen lassen können. Er kennt da tatsächlich jemanden und bittet uns, ihm zu folgen. Zwei Straßen weiter stoppt er an einem Haus, ruft eine Dame heraus und erklärt die Situation. Sie sagt uns zu, die Wäsche bis morgen Nachmittag fertig zu haben. Wir sind froh und bedanken uns bei ihr und Dean, für die Hilfe. Etwas verschmitzt erzählt er uns, dass die Dame seine Ex-Frau und Mutter seiner Kinder sei.

In den letzten Tagen fegten Böen mit bis zu sieben Beaufort über die Bucht. Es gab immer mal wieder einen kräftigen Regenschauer. In der letzten Nacht stand ordentlich Schwell in die Bucht, die „Amazone" schaukelte heftig. Ursprünglich hatten wir vor, in die English Man's Bay, acht Seemeilen südlich von hier, zu segeln. Aber Joe, der Fischer, hat uns davon abgeraten. Die Bucht sei nach Norden noch offener als die Man of War Bay und bei diesem Wind sei es dort sehr ungemütlich. Zur Bekräftigung seiner Worte wiegt er sich heftig hin und her. Den Vormittag verbringen wir mit Lesen und Dösen. Der befürchtete Muskelkater blieb übrigens aus.

Heute Nachmittag ist wieder ein Windjammer in die Bucht eingelaufen. Es ist die „Seacloud II", kein segelndes Klassenzimmer, sondern ein segelndes Passagierschiff.

Seit zwei Wochen sind wir auf Tobago, haben uns von dem langen Törn erholt und diese grüne Insel mit ihren offenen und freundlichen Bewohnern kennengelernt. Für uns ist der richtige Zeitpunkt gekommen, weiterzuziehen. Die Wind- und Wettervorhersage ist günstig. Wir haben den südlichsten Punkt unserer Reise erreicht, ab jetzt geht es nördlich. Union Island ist unser nächstes Ziel, bis dahin sind es 91 Seemeilen. Wir werden ungefähr 15 Stunden unterwegs sein. Da wir bei Tageslicht in der Clifton Bay ankommen wollen, wollen wir gegen 16 Uhr aufbrechen. Um auszuklarieren und die letzten TT-Dollar auf den Kopf zu hauen, bzw. in Lebensmitteln anzulegen, fahren wir noch einmal mit dem Schlauchboot an Land. Bei der Immigration und dem Customs geht es ganz fix. Es müssen nur ein paar Formulare ausgefüllt werden, da man u. a. gerne wissen möchte, wie viel Kohle oder Öl wir gebunkert haben. Anschließend machen wir uns auf den Weg zum Minimarket um einzukaufen. Auf dem Weg dorthin spricht uns ein Einheimischer an und stellt sich mit „I'm Andy! Where you come from?" vor. Es entwickelt sich ein kurzes Gespräch, in dem er uns erzählt, er habe Freunde in Berlin und München. Ab und zu streut er ein paar deutsche Vokabeln ein, wie „Alles super! Alles klar!" Zufällig hat er einige Früchte dabei, die er uns gerne verkaufen möchte. Und so wandern Limetten, Passionsfrüchte, Bananen, Mandarinen, Grapefruits und Orangen in unsere Einkaufstasche. Die Mandarinen, Grapefruits und Orangen sind weit davon entfernt, gelb oder orange zu sein - sie sind grasgrün. Andy erklärt uns, dass die Früchte reif seien und zum Beweis schält er eine Mandarine. Zum Abschied winkt uns Andy hinterher und ruft ein letztes „Alles super! Alles klar!" Die letzten TT-Dollar geben wir im Minimarket aus.

Übrigens hat sich eine Yacht in dem von Joe mit Ingos Hilfe ausgebrachtem Netz verfangen. Es wird von den Fischern toleriert, dass Yachten in dem eigentlich gesperrten Fischerei-Gebiet ankern. Dort ist es nicht so tief, so dass dort gerne geankert wird. Wenn allerdings ein Netz ausgebracht wird, sollte man doch Abstand halten.

Etwas wehmütig verlassen wir am späten Nachmittag die Bucht. War sie für uns doch die erste hier in der Karibik und wir fühlten uns hier richtig gut aufgehoben. Bei halbem Wind von fünf Beaufort, in Böen sechs, prescht die „Amazone" mit einem Reff im Groß und später auch etwas eingerollter Genua durch die bewegte See. Ganz allmählich verschwindet die Küste Tobagos in der aufkommenden Dunkelheit. Diese Küste, die wir vor kurzem nach unserer Atlantiküberquerung noch herbeigesehnt hatten, verschwindet nun schon wieder am Horizont. Ja, so ist es mit dem Fahrenden, äh, Segelnden Volk. Kaum richtig angekommen, heißt es auch schon wieder Abschied nehmen.

„Schauerböen, sonst gute Sicht", so lautet es oft im norddeutschen Seewetterbericht. Aber das gibt es auch hier. Eine dunkle Regenwolke nach der anderen zieht hinter oder vor uns und manchmal direkt über uns durch. Am frühen Morgen kommt die Küste von Grenada in Sicht und alsbald auch die von Union Island, unserem heutigen Ziel. Der Inselstaat, zu dem Union Island gehört, heißt „St. Vincent and the Grenadines". Wir müssen zunächst in der Clifton Bay in Union Island einklarieren, danach können wir in die wunderschöne karibische Inselwelt weitersegeln.

Die Ankerbucht der Clifton Bay ist durch ein Riff gut geschützt und auch sehr gut besucht. Wir finden aber doch noch einen Platz und gegen 10.30 Uhr fällt der Anker. Wir haben etwas mehr als 100 Seemeilen zurückgelegt, die letzten Meilen mussten wir aufkreuzen. Am frühen Nachmittag erledigen wir die Behördengänge zur Einklarierung. Am kleinen Flughafen haben Immigration und Customs ihre Büros. Zuvor statten wir der Bank einen Besuch ab und versorgen uns mit EC-Dollar, dem Eastcaribbean Dollar. Drei EC entsprechen in etwa dem Wert eines Euros.

Beim Einlaufen in die Bucht bekommen wir zum ersten Mal Besuch von den Boatboys. Einer nach dem anderen kommt mit seinem Boot angesaust und will uns gerne eine Mooring vermieten, unsere Gasflasche füllen lassen oder Fisch verkaufen. Eine Mooring wollen wir nicht mieten, wir verlassen uns lieber auf unseren eigenen Anker und genug Gas haben wir noch. So lehnen wir die Angebote freundlich ab.

Pünktlich um 7.15 Uhr werden wir am nächsten Morgen von der Fähre geweckt, die beim Ablegen das entsprechende Schallsignal laut und deutlich ertönen lässt. Nach dem Frühstück geht es mit dem Schlauchboot an Land. Wir erledigen einige Einkäufe, stellen aber fest, dass die Getränke und Lebensmittel hier erheblich teurer sind als in Tobago. Nützt aber nichts, dursten wollen wir ja auch nicht. Im Ort spricht uns ein Einheimischer an und möchte uns gerne Obst und Gemüse verkaufen. Als er erfährt, dass wir aus Deutschland kommen, meint er, wir könnten ihn „Hermann the German" nennen. Er möchte gerne wissen, aus welcher Stadt wir kommen. Ah, aus Bremen! Werder Bremen sei sein Lieblingsfußballverein ... Trotz dieser Tatsache kaufen wir ihm aber nichts ab, wir sind gut versorgt. Clifton ist ein sehr lebendiger Ort. Es geht hier wesentlich geschäftiger zu, als im geradezu verschlafenen Charlotteville auf Tobago. Das trifft auch auf die Ankerbucht zu. Sie ist ziemlich voll, ein Kommen und Gehen, viele Charteryachten sind unterwegs, Schlauchboote düsen hin und her, ebenfalls die Boatboys und Wassertaxis. Es gibt viele Restaurants direkt am Wasser. Die Einwohner begegnen uns freundlich und sehr hilfsbereit.

Der Minimarket in Charlotteville war eigentlich ein etwas größerer Kiosk. Hier gibt es mehrere Supermärkte, sie sind allerdings nicht mit europäischen Supermärkten zu vergleichen. Es sind Lebensmittelgeschäfte mit einem übersichtlichen Warenangebot und die Dinge sind hier glatt doppelt so teuer, wie in Charlotteville. Ein großes Glas löslicher Kaffee kostet umgerechnet 13 Euro, 1 Liter Milch kostet 4 Euro, 500 Gramm Tomaten 3,30 Euro. Die allgemein hohen Preise lassen sich damit erklären, dass sehr viel importiert werden muss. Die Karotten kommen aus Canada, die Nudeln aus Jamaica. Zum Glück hatten wir auf Teneriffa reichlich eingekauft, so dass wir noch einiges an Vorräten dabei haben und ein Großeinkauf noch nicht ansteht.

Nette Begegnungen gab es hier auch schon. Beim Einklarieren haben wir Gisela und Axel von der „Rote Grütze" wieder getroffen, gestern kam Familie Kohl von der „Muline", die wir auf Gran Canaria kennengelernt haben, mit dem Schlauchboot vorbei. Die Gespräche drehen sich um die geglückte Atlantiküberquerung, die Schönheit der Karibik und auch um den Rückweg. Ein bisschen werden die Gedanken daran aber noch verdrängt.

Wir verabschieden uns von der Clifton Bay auf Union Island und legen die sagenhafte Strecke von 3,55 Seemeilen zur Insel Mayreau in die Saline Bay zurück. Während wir in der Clifton Bay durch das vorgelagerte Riff gut gegen den Seegang geschützt lagen, bekamen wir den kräftigen Wind aus erster Hand. So wurden wir bei den Fahrten mit dem Schlauchboot durch das Spritzwasser regelmäßig durchnässt. In der Saline Bay auf Mayreau liegen wir durch die Landabdeckung besser gegen Wind und Wellen geschützt. Die Bucht ist auch gut besucht, aber größer, so dass die Boote hier nicht so dicht beieinander ankern. Bei unserer Ankunft kommt zwar auch ein Boatboy zu uns, der uns gerne etwas verkaufen möchte, aber ansonsten ist es in der Bucht sehr ruhig.

Gestern hat die „Club Med 2", ein Passagierschiff, ganz in der Nähe geankert und Fähren haben die Gäste an den Strand gebracht. Es waren Souvenirstände aufgebaut und Strandliegen konnten gemietet werden. So viele Menschen an einem Strand haben wir auf dieser Reise noch nicht gesehen. Gegen Abend standen die Gäste in großen Trauben am Anleger und warteten darauf, auf ihr Schiff zurückgebracht zu werden. Bei unserem Eintreffen ankerte hier auch eine Yacht aus Deutschland mit einer Familie mit zwei Kindern, die „RoSea". Die Vier sind seit einem Jahr unterwegs.

Es gibt die Begriffe Hafen- und Ankerplatzkino. Das bedeutet so viel wie, schön entspannt in seinem Cockpit zu sitzen und zu beobachten, wie andere Crews ihre mehr oder weniger geglückten Manöver fahren. Dass man lieber Zuschauer als Hauptdarsteller ist, versteht sich von selbst. Es gibt aber noch eine Kinovariante, und zwar Strandkino. Das wiederum findet statt, wenn man versucht, mit dem Schlauchboot zum Anlanden an den Strand zu fahren. Von weitem sah die Dünung noch ganz moderat aus, aber die Wellen waren doch hoch genug, um unser kleines Schlauchboot fast in Seenot zu bringen. Kurz vor dem Aussteigen direkt am Strand hat mich eine Welle aus dem Boot gekickt. Irgendwie habe ich es aber noch geschafft, mich wie ein kleiner Aal zu winden, auf den Füßen zu landen und nicht komplett nass zu werden. Wir haben das Boot schnell den Strand hinaufgezogen und an einer Palme festgebunden.

Die Insel Mayreau verlassen wir heute und wollen nur einen kurzen Abstecher in die Tobago Cays machen, die etwa fünf Seemeilen westlich von unserem Ankerplatz entfernt liegen. Anschließend wollen wir gleich weiter nach Bequia segeln.

Die Tobago Cays werden von den fünf unbewohnten Inselchen Petit Rameau, Petit Bateau, Barabal, Jamesby und Petit Tobac gebildet. Dort erwartet uns pralles Karabikfeeling, von weißen Stränden gesäumte Badebuchten und türkisblaues Wasser. Die Unterwasserwelt der Korallenriffe rund um die Tobago Cays sind als „National Marine Park" geschützt. Ein Traumziel für jeden Karibiksegler, Taucher und Schnorchler. Seit ein paar Tagen verhindert allerdings das Wetter, dieses Traumziel wirklich genießen zu können. Der Himmel ist bedeckt, es weht mit sieben Beaufort, an den Korallenriffen ist das Schnorcheln wegen der Strömung und Brandung gefährlich. Wir wollen aber nicht an den Cays vorbeisegeln, ohne nicht zumindest eine Stippvisite dort gemacht zu haben. Am frühen Vormittag gehen wir in der Saline Bay auf Mayreau Anker auf. Gegen Wind von sechs bis sieben Beaufort und hohen Seegang kämpft sich die „Amazone" die kurze Distanz zu den Cays durch. Eine Stunde später sind wir dort und gerade zieht mal wieder ein Regenschauer durch. Es herrscht reger Betrieb, auch die imposante „Royal Clipper" ankert dort. Sie ist derzeit im Guiness-Buch der Rekorde als größtes Fünf-Mast-Vollschiff aufgeführt und der „Preußen" aus dem Jahr 1902 nachempfunden. Mit einer Barkasse werden die Passagiere an Land gebracht. Es liegen viele Katamarane und andere Yachten an den ausgelegten Moorings. Zum Verweilen lädt uns das Wetter aber tatsächlich nicht ein, so bleiben wir bei unserem Vorhaben, eine Runde durch die Cays zu drehen und weiter nach Bequia zu segeln.

Bei fünf bis sechs Beaufort mit einem Reff im Großsegel und gerefter Genua geht es hoch am Wind flott voran. Das ist mal wieder ein Segeltag nach unserem Geschmack! Auch der „Amazone" scheint es zu gefallen. Unbeirrt prescht sie durch die See, nimmt Welle für Welle, dass es eine Freude ist. Am Nachmittag fällt nach 27 Seemeilen der Anker in der Admiralty Bay bei Bequia. Diese attraktive, riesige Bucht ist sehr gut

## 13. Die Kleinen Antillen

geschützt gegen Wind und Wellen. Es ankern um die 100 Yachten hier. Wir finden einen guten Platz in der Nähe vom Strand.

Sie kommen mit kleinen Booten angebraust oder auch mit einem Surfbrett angepaddelt - die Boatboys. Sie bieten Obst, Gemüse, frischen Fisch und vieles mehr an. Die Dinge kosten wohl in etwa so viel wie an Land in den Geschäften. Manchmal kommen sie schon, bevor der Anker gefallen ist und wollen eine Mooringboje vermieten. Aber Vorsicht! Sie vermieten auch Bojen, die Privatleuten gehören und bei deren Rückkehr hat man das Nachsehen. Wir kaufen hin und wieder etwas, wenn wir etwas brauchen. Allerdings sollte man den Grundsatz „Erst die Ware dann das Geld" beherzigen. Wir begegnen ihnen höflich und respektvoll, was ja auch selbstverständlich sein sollte. Kaum ist der Anker gefallen, kommt ein Boatboy auf einem Surfbrett angepaddelt. Ich bestelle Bananen und Apfelsinen bei ihm, die er uns nach einer Stunde vorbeibringt. Bei der nächsten Bestellung klappt es nicht so reibungslos. Er hat das Geld schon bekommen - welchen Grundsatz sollte ich noch beherzigen? - und leider die Lieferung "vergessen". Doch wir können das Problem ein paar Tage später mit ihm zu aller Zufriedenheit klären.

Wir wollen gerade schwimmen gehen, als ein Schlauchboot zu uns kommt. Darin sitzt Edgar, ein deutscher Segler. Er heißt uns willkommen und erzählt uns, dass sich die Segler abends in der „Frangipani Bar" zur „Happy Hour" treffen, da sind wir doch gerne dabei. Ganz zwanglos findet man sich ab 18 Uhr in einer der Bars ein und genießt zur „Happy Hour" zwei Rumpunsches zum Preis von einem. Als besonderes Highlight tritt heute eine Steel-Band auf. Der Band zuzuhören und zuzusehen ist ein tolles Erlebnis. Dieser unverwechselbare Klang gehört zur Karibik wie Rumpunsch, weißer Strand und Palmen.

In der Admiralty Bay gefällt es uns richtig gut. Es gibt einige Dinghy Docks, also Anlegestellen, an denen wir mit dem Schlauchboot festmachen können. Direkt am Wasser liegen kleine Bars und Restaurants und der Austausch mit den anderen Seglern gestern Abend war unterhaltsam und interessant.

Im Revierführer von Chris Doyle haben wir gelesen, dass wir über UKW-Funk z. B. einen der Wäsche-Services anfunken können. Das habe ich heute Morgen gleich mal ausprobiert und Miranda angefunkt. Sie hat sich auch sofort gemeldet, gefragt, wie die „Amazone" denn aussieht und wo wir ungefähr in der großen Bucht ankern. Zehn Minuten später kommt sie mit einem kleinen Boot angefahren und nimmt den großen Wäschebeutel mit. Am späten Nachmittag hat sie alles gewaschen, getrocknet und ordentlich gefaltet zurückgebracht.

Unser Trinkwassertank muss mal wieder aufgefüllt werden. Hier gibt es einen „schwimmenden Wasserhahn". Ebenso wie der Wäscheservice kann auch die Wassertankstelle über UKW-Funk erreicht werden. Das gelbe Tankfahrzeug von „Daffodil's Marine Services" tuckert den ganzen Tag über zwischen den Ankerliegern und bringt Wasser, Diesel oder Eis für das Kühlfach.

Es ist tatsächlich schon die Hälfte dieser phantastischen Zeit herum. Wir haben den südlichsten Punkt unserer Reise bereits im Kielwasser gelassen. Wir sind auf dem Rückweg, Zeit für eine Halbzeitbilanz. Wir hatten ein schönes, ausgefülltes und glückliches Leben. Wir sind vor nichts davongesegelt, sondern in etwas hinein: in Freiheit und Abenteuer. Vielleicht ist das auch die Voraussetzung für eine glückliche Zeit unterwegs - nicht davonlaufen zu wollen, sondern neugierig auf die Welt zu sein, die vor einem liegt. Wir wollten unseren so lang gehegten Traum verwirklichen, bevor das Schicksal die Gelegenheit erhält, uns einen dicken Strich durch unsere Pläne zu machen. Bis jetzt ist es uns sehr gut ergangen. Wir haben herrliche und auch anstrengende Segelpassagen gehabt, andere Länder und ihre Menschen kennengelernt, viele interessante, nette und hilfsbereite Seglerinnen und Segler getroffen. Gleichgesinnte, die auch all ihren Mut zusammen genommen und sich auf den Weg gemacht haben. Es sind Menschen, denen es sehr bewusst ist, dass jedem nur ein Leben gegeben ist. Wir sind sehr dankbar, diese Zeit erleben zu dürfen! Wir waren an lauten, bunten und lebendigen Orten, in modernen Marinas mit allem Komfort und in einsamen Ankerbuchten. Wir vermissen nach wie vor unsere Familie und Freunde. An feste Schuhe und geschlossene Räume werden wir uns erst wieder gewöhnen müssen. Von Verletzungen, Krankheiten, Wetterkapriolen und größeren Reparaturen sind wir bisher verschont geblieben, wäre gut, wenn es so bliebe. Mit Respekt denken wir an die zweite Atlantiküberquerung im Mai. Manchmal denken wir auch schon an unsere Rückkehr nach Bremen. Wir freuen uns auf die Menschen, die uns dort erwarten. Unser größter Wunsch ist es, dass die zweite Halbzeit ebenso glücklich und voller interessanter Begegnungen sein möge, wie die erste.

Wir haben sie gefunden, die Bar, in der wir den ersten der fünf OSV-Stander aufhängen konnten! Auf unserer Abschiedsparty im Vereinsheim des OSV sind uns fünf Stander überreicht worden, die wir - einem alten Brauch folgend - in Hafenkneipen aufhängen sollen. Frei nach dem Motto: Ein OSV-Mitglied war schon einmal hier. Die kleine Bar heißt „Green Bolley" und liegt direkt am Strand der Admiralty Bay in Port Elizabeth. Der OSV-Stander hängt hier neben Flaggen verschiedener Nationen und ganz dicht neben einer Bremer Speckflagge.

Hier auf Bequia haben wir die Familie mit ihrer Yacht „RoSea" wieder getroffen, die wir in der Saline Bay auf Mayreau kennengelernt haben. Sie haben Kontakt zu dem Einheimischen Alvern und seinen Freunden geknüpft, die hier am Strand einen kleinen Getränkestand haben und Strandliegen vermieten. Heute Abend haben Alvern und seine Freunde für uns gekocht. Wir sitzen alle gemeinsam am Strand und lassen uns das leckere Hühnchen mit Reis und Gemüse schmecken. Es gibt auch Kugelfisch und Seeigel-Eier. Wir lauschen dem Rauschen der Brandung, bewundern den Sternenhimmel und freuen uns einfach, hier sein zu dürfen. Dieses Erlebnis mit Alvern, Barba und ihren Freunden am Strand von Bequia bleibt uns als eines der schönsten der ganzen Reise in Erinnerung.

Barba lebt hier auf Bequia und besitzt zusammen mit einer Schwester und einem Bruder ein Stück Land oberhalb vom Strand an der Admiralty Bay. „My private jungle", wie er es nennt. Wir haben gestern gesehen, wie er aus den Früchten eines Kalebassenbaums, hier wird er Calabash genannt, Schüsseln und Schalen hergestellt hat. An den Souvenirständen im Ort kann man Schalen und auch reich verzierte Masken, die aus den Calabash-Früchten hergestellt werden, kaufen. Barba hat uns angeboten, dass er mit uns in seinen Garten geht, wo die Kalebassenbäume stehen. Vom Strand aus geht es ein kurzes Stück bergauf und wir stehen mitten in Barbas Garten. Er erklärt uns die verschiedenen Bäume und Pflanzen, dann kommen wir zu den Bäumen mit diesen seltsam anmutenden, großen Früchten. Ich darf mir zwei davon aussuchen, Barba pflückt sie und noch ein paar mehr und verstaut sie in dem mitgebrachten Beutel. Zurück am Strand werden die Früchte, die aussehen wie grüne Bälle, in der Mitte durchgesägt. Mit einem Esslöffel entfernt Ingo das Fruchtfleisch und Gregory, ein fleißiger Helfer, schabt mit einer Glasscherbe die letzten Fruchtfleischreste heraus. Nun werden die Hälften mit einer Zitrone eingerieben und anschließend mit Seewasser ausgespült. Die so entstandenen Schalen müssen nur noch trocknen, wobei sie sich äußerlich allmählich braun färben. Das Ganze war interessant und hat wesentlich mehr Spaß gemacht, als eine fertige Schale zu kaufen.

Am Nachmittag heißt es Abschied nehmen von Steffie, Falk und ihren Kindern. Sie segeln mit ihrer „RoSea" weiter gen Norden und wir hoffen, dass wir uns irgendwann, irgendwo wiedersehen.

Am Montagvormittag einen Behördengang vor sich zu haben, ist nicht unbedingt der beste Wochenbeginn. Bei unserem Begehren an die Administration geht es allerdings um die Ausklarierung aus dem Staat St. Vincent and the Grenadines. Gibt Schlimmeres, als sich bei strahlendem Sonnenschein in einem Inselstaat der Karibik den entsprechenden Stempel in den Reisepass drücken zu lassen. Immigration und Customs sind im selben Gebäude zu finden, die beiden Schalter sind direkt nebeneinander. Die ganze Prozedur dauert einschließlich kurzer Wartezeit nur etwa 15 Minuten. So haben wir den Papierkram erledigt und können morgen in aller Frühe zu unserem nächsten Ziel, der Insel St. Lucia, aufbrechen.

Um 4.45 Uhr klingelt an Bord der „Amazone" der Wecker. Wir wollen ganz früh zu unserem Törn nach St. Lucia aufbrechen und noch vor Sonnenuntergang dort in einer Bucht ankern. Zunächst geht es mit einem Reff im Groß und etwas eingerollter Genua bei fünf Beaufort am Wind los. Es ist schönstes Segeln und wir kommen gut voran. Dann erreichen wir die nächste Insel, St. Vincent und halten uns unter ihrer Leeküste. Hier ist es wegen der Landabdeckung mit dem sportlichen Segeln vorbei, der Motor muss aushelfen. St. Vincent wollen wir nicht anlaufen. Die Insel genießt in Seglerkreisen einen zweifelhaften Ruf. Immer wieder werden ankernde Yachten überfallen, im letzten Jahr hat es sogar einen Raubmord auf einer Segelyacht gegeben. Die Wallilaboubay gilt als einigermaßen sicher, aber auch diese Bucht meiden wir und wollen zur Nachbarinsel St. Lucia segeln. Bis wir in den Windschatten von St. Lucia kommen, können wir Segel setzen. Mit vollem Groß und ganz ausgerollter Genua brausen wir bei jetzt wieder fünf Beaufort am Wind St. Lucia entgegen. Nun das gleiche Spiel von vorn. Im Windschatten der Insel bergen wir die Segel und es geht unter Maschine weiter.

Gegen 16.30 Uhr erreichen wir nach 61 Seemeilen die kleine Bucht bei Anse Cochon. Mit zwei anderen Booten ankern wir vor einer Hotelanlage. Einklarieren können wir hier nicht, das bedeutet auch, dass wir hier erst mal nicht an Land gehen dürfen. Wir gehen aber schwimmen und schnorcheln, dagegen wird wohl niemand etwas einzuwenden haben. Anschließend genießen wir den Sonnenuntergang und freuen uns, eine so wenig besuchte Bucht gefunden zu haben. Das Einklarieren erledigen wir morgen in der Rodney Bay.

Schon oft haben wir beobachten können, dass manche Skipper es mit dem Ankerlicht nicht so genau nehmen. Die Vorschrift besagt, dass ein Boot vor Anker von Sonnenuntergang bis Sonnenaufgang ein weißes Rumdumlicht zu führen hat. Eine durchaus sinnvolle Vorschrift. In manchen abgelegenen Buchten ist es so dunkel, dass ein unbeleuchtetes Boot nicht auszumachen ist. Wir ankerten mit drei Booten in der kleinen Bucht, wovon eines kein Ankerlicht führte und in totaler Finsternis lag. Spät am Abend lief noch ein großer Katamaran in die Bucht ein und ließ seinen Anker nahe an unserem Heck fallen und gab rückwärts. Zum Glück bemerkte die Crew des Katamarans den unbeleuchteten Ankerlieger an ihrer Seite noch rechtzeitig. Gerade noch einmal gutgegangen.

Am nächsten Morgen gehen wir nach dem Frühstück Anker auf, um in die 12 Seemeilen entfernte Marina in der Rodney Bay zu fahren. Seit etwa sechs Wochen waren wir in keiner Marina mehr. Herrlich, einfach von Bord

## 13. Die Kleinen Antillen

gehen zu können, ohne die Kletterei in das Schlauchboot. Der Ausleger, an dem die „Amazone" liegt, ist fast doppelt so lang wie sie selbst. Wir liegen hier so ruhig wie zuletzt auf Teneriffa in der Marina Santa Cruz. Das Boot bewegt sich kein bisschen, was für uns ganz ungewohnt ist und uns ein bisschen merkwürdig vorkommt. Die Steganlagen sind so groß und weitläufig, dass die Mitarbeiter darauf mit kleinen Fahrzeugen unterwegs sind.

Die Einklarierung verläuft ganz problemlos. Die Behörden sind auf dem Marinagelände untergebracht. Zunächst muss Ingo die Gesundheitsbehörde aufsuchen. Dort werden Fragen nach unserem Gesundheitszustand gestellt, außerdem will man wissen, woher wir kommen. Für unsere Impfausweise interessiert sich niemand. Als nächstes geht es zum Customs, als letztes zur Immigration. Anschließend gibt es ein Wiedersehen mit den Jungs von der „Cello", die hier schon länger in der Marina liegen und auf Ersatzteile warten.

Es steht ein Besuch im Supermarkt an. Ja, hier gibt es Supermärkte, wie wir sie aus Europa kennen. Die Lebensmittelpreise sind verglichen mit Europa immer noch sehr hoch, aber etwas niedriger als in Bequia. Immerhin kostet hier ein Paket Knäckebrot umgerechnet keine acht Euro wie dort, sondern „nur" fünf. Gekauft habe ich es trotzdem nicht, genau wie ich auch den teuren Joghurt nicht gekauft habe. Äpfel kosten hier pro Stück einen Euro, da bin ich allerdings schwach geworden und habe mir fünf gegönnt.

"Segeln ist die teuerste Art, unbequem zu reisen" - was für ein Spruch! Mit einem Segelboot unterwegs zu sein bedeutet aber auch, sehr flexibel zu sein. Bietet das vor Ankerliegen Unabhängigkeit und eine ganz besondere Atmosphäre, so ist es zwischendurch auch ganz prima, die Annehmlichkeiten und Sicherheit einer Marina zu genießen. Zum Beispiel ist hier am Tor zu den Stegen rund um die Uhr ein Wachmann postiert. Die „Amazone" könnten wir hier guten Gewissens einen Tag oder auch länger sich selbst überlassen. Wir liegen so geschützt und ruhig, wie selten auf dieser Reise. Sollte es stürmisch werden, hätten wir hier nichts zu befürchten. Die Einkäufe müssen nicht mit dem Schlauchboot transportiert werden, Wasser tanken ist ein Kinderspiel, der Wasserhahn ist direkt vor dem Boot. Die Solarduschen haben Pause, hier gibt es gute sanitäre Anlagen. Es sind allerdings die einzigen Duschräume auf der ganzen Reise, die von einer Klimaanlage gekühlt werden. Der volle Müllbeutel wird hier einfach an einen großen Haken gehängt, der sich an der Stromsäule vor dem Boot befindet und wird von Marinamitarbeitern abgeholt. Wenn wir einen Spaziergang machen wollen, müssen wir die Handys und den Fotoapparat nicht wasserdicht verpacken, auch das Anlanden mit dem Schlauchboot und das Anschließen entfallen. So haben wir also heute den Tag in der Marina genossen, am PC gearbeitet und die „Amazone" ein bisschen auf Vordermann gebracht, Edelstahl und Messing waren mal wieder dran.

Mit einem Maxitaxi unternehmen wir heute eine Inselrundfahrt. Wir sind zu viert und Desmond, unser Fahrer, hat den ganzen Tag Zeit für uns. Wir wollen an St. Lucias Westküste in den Süden fahren und an der Ostküste, der Atlantikküste, zurück. St. Lucia hat 172.000 Einwohner und ist 620 Quadratkilometer groß und Mitglied des British Commonwealth. Es wird also Englisch gesprochen, links gefahren und mit Eastcaribbean Dollar bezahlt. Sie ist eine der schönsten und abwechslungsreisten Inseln der Karibik. Bergregenwald, üppig blühende Gärten, weiße Sandstrände, Schnorchel- und Tauchreviere, geschützte Ankerbuchten, Fischerdörfer, Vulkanlandschaft, heiße Quellen und bunte Märkte sind hier zu finden. Und eine Besonderheit ist erwähnenswert: Auf dieser kleinen Insel wurden zwei Nobelpreisträger geboren: der Wirtschaftswissenschaftler Sir William Arthur Lewis und der Schriftsteller Derek Walcott. Den ersten Halt legen wir in Castries ein, der Hauptstadt St. Lucias. Hier leben 40.000 Menschen, auf den Straßen und Märkten herrscht geschäftiges Treiben. Der Straßenverkehr ist lebhaft. Es fühlt sich irgendwie falsch an, als Desmond in einen Kreisverkehr fährt. Es hat aber alles seine Richtigkeit, der Linksverkehr ist nur ungewohnt für uns.

Wir fahren weiter zur Marigotbay. 1967 wurde hier der Hollywoodfilm „Doctor Dolittle" gedreht. Damals war es hier sicher nicht so überlaufen wie heute. Die von Palmen gesäumte Bucht ist von Yachten gut besucht. Sie liegen dicht an dicht an den ausgelegten Moorings. Es ist zwar noch früher Vormittag, aber trotzdem steuern wir als nächstes die Rumfabrik Barbay in Roseau Valley an. Es stehen fein säuberlich aufgereiht ungefähr zwanzig verschiedene Rumsorten zur Auswahl. Damit unser Ausflug hier kein vorzeitiges Ende nimmt, halten wir uns mit dem Verkosten doch sehr zurück. Weiter geht es zum botanischen Garten bei Soufrière, den Diamond Botanical Gardens. Auf einer ehemaligen Zuckerrohrplantage von 1713 angelegt, faszinieren uns nicht nur die üppig blühenden Pflanzen, sondern besonders der Diamond Waterfall. Eine blühende und duftende Oase mit ausgefallenen, ganz überwiegend hier heimischen Pflanzen. Unter freiem Himmel wuchern hier riesige Philodendren, die in Deutschland auf so mancher Fensterbank ein tristes Dasein fristen. Dann geht es zum nächsten Highlight: die La Soufrière Sulphur Springs - dies ist eine Caldera, der eingebrochene Teil eines riesigen Vulkans, der sieben Quadratkilometer umfasst. Es stinkt hier zwar ganz fürchterlich nach faulen Eiern, es wird uns aber erklärt, dass dies ein gutes Zeichen sei. So lange es stinke, sei die Schwefelkonzentration in der Luft ungiftig. Erst wenn es nicht mehr rieche, sei wirklich etwas faul. Von den Aussichtsplattformen können wir in die dampfenden, brodelnden und zischenden Quellen gucken. In dem Becken neben dem Eingangsgebäude ist das Wasser nur noch 38 Grad warm. Wer möchte, kann hier seine Arthritis oder sein Rheuma bei einem Bad lindern oder sich mit heilendem Schlamm einreiben. Desmond fährt uns weiter zu einem Aussichtspunkt, von dem wir einen besonders guten Blick auf St. Lucias Wahrzeichen, den beiden zuckerhutartigen Vulkankegeln Petit Piton (743 Meter) und Gros Piton (770 Meter) haben. Sie erheben sich fünf Kilometer voneinander entfernt aus dem Meer und sind durch den Piton Mitan Ridge, einem Gebirgskamm, miteinander verbunden. Gemeinsam mit den Korallenriffen ihrer Küstengewässer und den La Soufrière Sulphur Springs wurden sie 2004 zum UNESCO Weltnaturerbe erklärt.

Der Tag neigt sich allmählich dem Ende zu. An der Ostküste entlang geht es zurück nach Rodney Bay. Nach unserer Inselrundfahrt sind wir ganz geschafft. Wir haben aber noch eine Verabredung und freuen wir uns auf einen Abend mit Raimund, Siggi und Robert, den drei Cousins von der „Cello". Wir wollen gemeinsam im nahegelegenen Fischerdorf Gros Islet zu einer Party gehen. Unter dem Namen „Jump-Up" ist sie bekannt und findet an jedem Freitagabend statt. Der ganze Ort verwandelt sich in eine große Partymeile. Bevor wir dorthin aufbrechen, dürfen Ingo und ich uns an Bord der „Cello" eine kleine Gummiente aussuchen. Bei ihrer Abreise im letzten Jahr haben die Jungs eine ganze Menge unterschiedlicher Gummienten geschenkt bekommen. Diese geben sie auf ihrer Reise an befreundete Crews weiter. Verbunden mit der Bitte, von dem Entchen Fotos zu machen, damit die Drei wissen, wohin es die einzelnen Tierchen verschlagen hat. Wir haben uns die Ente mit dem lustigen grünen Helm, dem roten Hemd und dem kleinen Paddel ausgesucht.

Wir brechen zum „Jump-Up" auf. Es ist ein großes Straßenfest mit unzähligen Grills, an denen leckere Fisch- und Fleischgerichte serviert werden. Ein Getränkestand reiht sich an den nächsten, an denen Rumpunsch in allen Variationen bestellt werden kann. Untermalt wird das quirlige Treiben von Einheimischen und Touristen mit lauter Musik aus turmhohen Lautsprecheranlagen. Die Jungs von der „Cello" lotsen uns zu einem großen Grill am Strand. In dem improvisierten Lokal wird Fisch gegrillt, Reis, Brot und Salat gehören zur Mahlzeit dazu. Es hat sich wohl herumgesprochen, dass es hier besonders lecker schmeckt. Viele Menschen stehen geduldig Schlange. Die Fischfilets werden in Behältern aus Kükendraht gelegt und kommen so „verdrahtet" auf den Grill. Direkt am Strand sind Tische und Bänke aufgestellt, da lassen wir es uns schmecken. Im Reiseführer wird in Bezug auf dieses Fest empfohlen, sich zur eigenen Sicherheit nur auf den Hauptstraßen aufzuhalten und das Fest nicht zu spät zu verlassen. Die Tipps haben wir beherzigt und diese wilde Party durch die tanzende Menge auf der Hauptstraße kurz vor Mitternacht verlassen.

Am Morgen darauf steht wieder ein Abschied ins Haus - die „Cellisten" verlassen die Marina und segeln in den Süden. Schade, dass sich unsere Wege schon wieder trennen. Zum Abschied wird heftig gewunken und eine gute Reise gewünscht.

„Eigener Herd ist Goldes wert." Stimmt genau, aber ohne Gas bleibt die Küche kalt. Die zuletzt in Teneriffa aufgefüllte 5 kg Gasflasche ist leer. Hier in der Marina können wir die Flasche auffüllen lassen, das geht ohne große Lauferei ganz schnell und problemlos.

Gerade haben wir die neue Wind- und Wettervorhersage bekommen, die Wasservorräte sind aufgefüllt, die „Amazone" ist segelklar. Nur noch im Marinabüro abrechnen und bei den Behörden ausklarieren und wir können zu unserem Törn nach Martinique aufbrechen. Ziel ist die Ankerbucht bei Le Marin, 25 Seemeilen liegen vor uns. Die nächste Gastlandflagge liegt bereit. Es ist eine alte Bekannte, nämlich die Tricolore. Martinique ist ebenso wie Guadeloupe seit 1946 ein französisches Übersee-Département. Es wird rechts gefahren, Französisch gesprochen und mit Euro bezahlt.

Gegen Mittag haben wir alles erledigt, warten noch einen heftigen Regenschauer ab und werfen die Leinen los. Mit einem Reff im Großsegel und etwas eingerollter Genua - kommt mir irgendwie bekannt vor, scheint hier unsere Standardbesegelung zu sein - brausen wir bei fünf Beaufort und etwas ruppiger See hoch am Wind Martinique entgegen. Europa wir kommen! Nach knapp 26 Seemeilen erreichen wir am späten Nachmittag die riesige Bucht bei Le Marin, im Süden Martiniques. Nie zuvor auf dieser Reise haben wir ein so großes Feld von Ankerliegern gesehen, es sind mehrere hundert Boote. Und auch nie zuvor auf dieser Reise haben wir so viele Wracks von Segelbooten gesehen, wie hier. Sie säumen die Bucht, mal mit, mal ohne Mast. Für die gestrandeten und teilweise versunkenen Boote scheint sich niemand zuständig zu fühlen. Auch zwischen den ankernden Booten liegen verlassene Yachten, die offensichtlich schon sehr, sehr lange nicht mehr bewegt wurden. Vielleicht wurden sie „ausgesetzt", so wie auch Hunde und Katzen manchmal ausgesetzt werden? Wir haben jedenfalls für die „Amazone" einen Platz zum Ankern gefunden und liegen hier nun ganz geschützt und sehr ruhig. Hier in der Bucht gibt es auch eine sehr große Marina. Sie umfasst 700 Liegeplätze und 100 Moorings. 14 Charterfirmen haben dort ihre Basis.

Am nächsten Vormittag fahren wir mit dem Schlauchboot an Land. Zunächst suchen wir den Zoll auf, um uns anzumelden. Als Europäer brauchen wir hier nicht einzuklarieren, wie auf den anderen Inseln. Die sogenannte Clearance ist ein vereinfachtes Verfahren, am Computer müssen wir ein Formular ausfüllen. Es ist schon eine Weile her, seit wir in Teneriffa mit dem Mietauto den letzten Großeinkauf gemacht haben. Manches war nicht zu bekommen, vieles war uns ganz einfach zu teuer. Hier in der Bucht,

## 13. Die Kleinen Antillen

gleich um die Ecke, ist ein großer Supermarkt, „Leader Price". Zu vernünftigen Preisen ist hier fast alles zu haben. Der Markt verfügt über einen Dinghy-Steg, so dass wir mit den zwei vollen Einkaufswagen direkt ans Wasser fahren und alles ins Schlauchboot laden können. Ingo pendelt mit unserem Schlauchboot dreimal zwischen Supermarkt und „Amazone" hin und her, dann ist alles an Bord. Nun muss noch alles verstaut werden. Glücklich packen wir Bier, Joghurt, Käse und Schinken ins Kühlfach. Wie schön, wenn man sich auch über die kleinen Dinge des Lebens freuen kann!

Die Ankerbucht von Le Marin ist zwar genau der richtige Ort, um mit dem Schlauchboot zum Großeinkauf zu fahren, uns im Ort beim Zoll anzumelden und eine SIM-Karte für den Laptop zu kaufen. Aber als dies alles erledigt ist, beeilen wir uns, diese Bucht mit dem morbiden Charme zu verlassen. Wir gehen am frühen Nachmittag Anker auf, um in die nur etwa drei Seemeilen entfernte, wesentlich hübschere Bucht von Sainte-Anne zu verholen. Auch diese Bucht ist gut geschützt und gut besucht. Aber wir finden ohne Probleme einen Ankerplatz ganz in der Nähe der „RoSea" und freuen uns über das Wiedersehen.

Als wir vor kurzem auf St. Lucia in der Marina in der Rodney Bay gerade festgemacht hatten, kam ein junger Mann zu uns ans Boot. Er machte uns das Angebot, die Außenhaut der „Amazone" zu polieren. Wir haben aus verschiedenen Gründen freundlich abgelehnt. Allerdings hat dieses Angebot uns ein bisschen ins Grübeln gebracht. Sieht unsere „Blue Beauty" wirklich so mitgenommen aus, dass wir jetzt schon ein Angebot zum Polieren bekommen? Zugegeben, seit der Atlantiküberquerung hat sich auf dem Rumpf eine relativ dicke und feste Schicht aus Kalk und Salz gebildet. Das würde auf einem weißen Boot nicht so sehr auffallen, aber auf dem dunkelblauen Untergrund macht sich die weiße Schicht nicht besonders gut. Die „Amazone" ist zwar inzwischen ein richtiger kleiner Salzbuckel, aber das muss man ihr ja nicht gleich so deutlich ansehen. Ingo macht sich deshalb daran, den Rumpf von den hässlichen weißen Flächen und Flecken zu befreien. Dabei greift er auf ein altes und preiswertes Hausmittel zurück und putzt vom Schlauchboot aus die Außenhaut mit Essig. Das Ergebnis kann sich sehen lassen, Kalk und Salz sind verschwunden, sieht aus wie neu.

Anschließend packen wir die Grillsachen zusammen und fahren an den Strand. Dort sind wir mit Steffi, Falk und anderen Crews zum Barbeque verabredet. Gegrillt wird mit fünf Familien mit zusammen acht Kindern aus Frankreich, Schweden und Deutschland. Es war faszinierend zu beobachten, wie sich die Kinder im Alter von drei bis dreizehn Jahren verständigten und gemeinsam spielten. Bei den Erwachsenen kreisten die Themen um Panama, den Pazifik und die Galapagosinseln. Wie wir immer wieder feststellen, haben sehr viele Seglerinnen und Segler keinen konkreten Termin für eine

Rückkehr. Segeln wohin der Wind sie treibt, solange es gefällt oder das Geld reicht.

Es ist ganz wunderbar, den Tag mit einem Bad im 26 Grad warmen, kristallklaren Wasser zu beginnen und eine Runde oder auch zwei um die „Amazone" zu schwimmen. Wir ankern in fünf Meter tiefem Wasser und können bis auf den Meeresgrund gucken. So sehen wir ohne tauchen zu müssen, dass sich der Anker gut eingegraben hat. Das hat er bisher immer beim ersten Versuch und wir hoffen, dass das auch so bleibt.

Es ist mal wieder soweit, unser Motor soll die ihm gebührende Zuwendung bekommen. Zu Beginn unserer Reise hat er unfreiwillig und viel zu oft eine tragende Rolle gespielt. Das hat sich, seit dem wir das europäische Festland Mitte September Richtung Madeira verlassen haben, grundlegend geändert. Er ist nicht mehr so gefragt. Trotzdem müssen wir uns bei den verschiedenen Manövern auf ihn verlassen können. Das konnten wir bisher auch immer und damit das so bleibt, muss er eben regelmäßig gewartet werden. Diese Wartungsarbeiten bedeuten, dass es an Bord sehr, sehr ungemütlich wird. Um nämlich an dem Motor hantieren zu können, muss die Niedergangstreppe abgenommen, der Motorraumdeckel im Cockpit geöffnet und die Hundekoje komplett ausgeräumt werden. Im Salon sieht es dann binnen weniger Augenblicke aus, als hätte eine Bombe eingeschlagen. Das ist nichts für mich und bevor ich ständig im Weg bin und mit der Zeit quengelig werde, evakuiert Ingo mich kurzerhand. Auf Teneriffa hätte ich während einer dieser Wartungen „Shopping Queen" werden können. Hatte Ingo mich doch mit dem Auftrag, in einem möglichst langen Zeitraum möglichst wenig Geld beim Shoppen auszugeben, in Santa Cruz losgeschickt. Als ich damals nach fünf Stunden zurückkam, war das Shoppingbudget nicht ganz ausgeschöpft, die Wartung war aber auch noch nicht ganz erledigt. Heute kann ich „Washing Queen" werden. Ingo fährt mich und die Wäsche mit dem Schlauchboot in die Bucht bei Caritan. Dort haben wir gestern bei unserem Spaziergang einen Selbstbedienungs-Waschsalon entdeckt. Um die Wartezeit zu überbrücken, habe ich etwas zu lesen dabei. Als alles gewaschen und getrocknet ist, genehmige ich mir in dem Restaurant direkt am Strand etwas Kaltes zu trinken. Ingo holt mich wieder ab, erledigt die restlichen Arbeiten und am späten Nachmittag ist alles fertig.

Inzwischen spricht unser Radio, dieses kleine Sprachgenie, wieder fließend Französisch. Heute Abend bleibt es allerdings stumm, es gibt in einer der Bars an Land Livemusik. Freitags ist dort immer Karaoke-Abend. Mehr oder weniger talentierte Sängerinnen und Sänger geben ihr Bestes. Der Applaus ist entsprechend verhalten oder ganz ordentlich. Es werden zumeist französische Titel gesungen, auch Gilbert Beaucoups „Nathalie" klingt über die windstille Bucht.

## 13. Die Kleinen Antillen

Wir machen die „Amazone" segelklar und gehen gegen 10 Uhr Anker auf, um in die Bucht Grande Anse d'Arlet zu segeln. Knapp 15 Seemeilen ist der Törn lang - oder kurz - und bei leichtem achterlichen Wind geht es mit ausgerollter Genua gen Norden. Hoffnungsvoll werfen wir heute auch wieder die Angel aus. Aber nicht einmal der Seetang, der heute mal wieder in großen Teppichen unterwegs ist, interessiert sich für unseren Köder.

Mit dem elenden Seetang hatten übrigens auf der Atlantiküberquerung alle Crews mit denen wir uns unterhalten haben, ihre Probleme. Wir konnten wegen des Seetangs nicht angeln und „Peter", unsere Windfahnensteuerung, hatte auch seine Probleme damit. Aber manche Segler hatten mit dem Zeug sogar ganz erhebliche Schwierigkeiten. Bei manchen Booten hat es das Ruder blockiert und sich um den Propeller gewickelt. Es handelt sich dabei um Golftang (Sargassum) aus der Gattung der Braunalgen, wie ich bei Wikipedia nachgelesen habe. Der Name Sargassosee ist von den großen Mengen der frei im Wasser schwebenden Braunalgen der Gattung Sargassum abgeleitet. Diese Sargassum-"Wälder" stellen einen besonderen Lebensraum für kleine Krabben, Würmer und andere Meerestiere dar. Sie kommen weltweit in den wärmeren Meeren vor.

Vorbei geht es an der kleinen Felseninsel Rocher du Diamant, die drei Kilometer vor Martiniques Küste steil und 180 Meter hoch aus dem Meer steigt. Ihre Küstengewässer sind ein hervorragendes Tauchrevier dank der Vielfalt an Korallen, Schwämmen und bizarren Grotten. Im Reiseführer lesen wir eine kleine Geschichte zu diesem Felsen:

„Als es den Briten 1804 gelungen war, auf dem steilen Felsen des heutigen Rocher du Diamant 120 Matrosen mitsamt Kanonen und Gewehren abzusetzen, begann ein 18 Monate währendes Spiel. Tagsüber nahm die französische Küstenwache den Rocher du Diamant unter Beschuss, nachts ärgerten die Engländer vorbeifahrende französische Schiffe mit Salven aus ihren Geschützen. Da besannen sich die Franzosen auf eine List und schickten ein mit Rumfässern beladenes Boot in Richtung Felseninsel. Die alkoholentwöhnten Briten fingen die Fässer ein und veranstalteten ein hochprozentiges Gelage. Anschließend waren sie so betrunken, dass die Franzosen sie widerstandslos abführen konnten."

Beschossen werden wir nicht, Rumfässer kommen auch nicht vorbeigeschwommen und so fällt gegen 13 Uhr der Anker in dem kristallklaren Wasser der Grande Anse. Es ist immer noch ein etwas irritierendes Gefühl, bis auf den Meeresgrund sehen zu können. Ich werfe dann immer noch mal schnell einen Blick auf die Anzeige vom Echolot, um beruhigt festzustellen, dass es tiefer ist, als gedacht. Hier ankern wir auf fünf Meter tiefem Wasser und können beim Schnorcheln hübsche Fische und Seesterne bewundern. Ankerkette und Anker sind gut zu erkennen. Für einen

Landausflug ist auch noch Zeit. Grande Anse ist ein ehemaliges Fischerdorf und heute ein touristischer, kleiner Badeort mit hübschen, kleinen Bars und Restaurants.

Gibt es etwas Schöneres, als am frühen Morgen in warmem, kristallklarem Wasser vor einer Strand- und Palmenkulisse zu Schnorcheln und der „Amazone" dabei zuzusehen, wie sie träge vor Anker dümpelt? Ja, es gibt etwas - wenn nämlich beim Schnorcheln plötzlich ganz dicht eine Schildkröte vorbeischwimmt, kurz an der Oberfläche nach Luft schnappt, zum Meeresboden hinabgleitet und dort genüsslich am Seegras knabbert. Genauso hat es sich zugetragen, ein unvergessliches Erlebnis.

Unser heutiges Ziel ist die Hauptstadt Martiniques, Fort-de-France. Das liegt sozusagen um die Ecke, nur etwa sieben Seemeilen entfernt. Kurz nach 12 Uhr sind wir da und werfen unseren Anker vor dem Fort Saint Louis. Von hier aus fahren wir morgen zum Flughafen, um unseren Besuch abzuholen. Malte, unser Jüngster, heuert für knapp zwei Wochen auf der „Amazone" an. Wir haben uns seit acht Monaten nicht mehr gesehen und freuen uns schon riesig!

Unser Reiseführer hat über Fort-de-France nicht viel zu berichten. Wir erfahren aber, dass etwa 94.000 Menschen hier leben. Es gibt verschiedene Museen, Märkte und die Bibliothèque Schoelcher. Diese öffentliche Bibliothek ist aus der Privatsammlung des französischen Politikers Schoelcher (1804 -1893) hervorgegangen. Das Gebäude ist im orientalisch geprägten Jugendstil errichtet worden, war schon 1889 auf der Weltausstellung in Paris zu sehen und steht unter Denkmalschutz. An der Strandpromenade gibt es einen großen Kinderspielplatz, der auch gut besucht ist. Es ist uns auf unserer Reise schon in vielen Ländern aufgefallen, dass schöne Spielplätze in bester Lage angelegt sind und dort auch ordentlich etwas los ist.

Zurück an Bord befasst sich Ingo mit den beiden großen Winschen im Cockpit. Sie müssen mal wieder gereinigt und neu gefettet werden.

Bevor wir Malte heute am späten Nachmittag vom Flughafen abholen, haben wir noch ein paar Vorbereitungen zu treffen. Wir räumen das Vorschiff frei, damit er dort einziehen und sein Lager aufschlagen kann. Wenn Besuch an Bord kommt, heißt es eben zusammenzurücken. Außerdem wollen wir noch einen größeren Einkauf machen und unsere Getränkevorräte auffüllen. Mit den beiden Hackenporsches im Schlauchboot wollen wir an Land fahren. Leider kommen wir nicht weit, der Außenborder streikt nach wenigen Metern. Keinen Mucks gibt er mehr von sich. Wir paddeln zurück zur „Amazone". Ingo versucht in brütender Hitze, den Motor wiederzubeleben. Leider ohne Erfolg. Der Motor ist ziemlich alt und hat schon so seine Macken. Ganz überraschend kommt sein Ausfall für uns nicht. Es ist jetzt erst mal Muskelkraft gefragt und wir paddeln zum Schlauchbootanleger. Zum Supermarkt ist es nur ein zehnminütiger Fußmarsch. Mit den schwer beladenen Hackenporsches geht es wieder zurück an Bord.

Mit dem Maxitaxi fahren wir später zum Flughafen und können Malte dort endlich in die Arme schließen. Später ist an Bord erst einmal Bescherung. Aus seinem Koffer holt er einige Dinge und Ersatzteile, die er uns mitgebracht hat. Ein Gedicht müssen wir nicht aufsagen, aber ein bisschen feierlich ist die Stimmung schon. Es gibt viel zu erzählen, Pläne für die nächsten Tage werden geschmiedet. Wir sind glücklich, ihn an Bord zu haben. Allerdings müssen wir uns morgen zuerst um den kaputten Außenborder kümmern. Gleich nach dem Frühstück nimmt Ingo ihn sich erneut vor und kann ihm tatsächlich wieder Leben einhauchen. Malte unternimmt auch gleich eine Probefahrt und düst eine Runde durch die Bucht. Alles in Ordnung, der Kauf eines neuen Außenborders kann erst mal verschoben werden.

Wir gehen Anker auf und segeln zurück in die Bucht Grande Anse. Gleich nachdem der Anker gefallen ist, gehen wir schwimmen und schnorcheln und entdecken auch zwei große Schildkröten. Malte hat nicht nur für uns Ersatzteile aus Deutschland mitgebracht, sondern auch für die „RoSea". Wir sind hier mit Steffi und Falk für die Übergabe verabredet. Kurz vor Sonnenuntergang kommt die „RoSea" in die Bucht getuckert.

Kurz nach 10 Uhr verlassen wir am nächsten Tag die Bucht. Wir wollen in den Norden Martiniques, nach St. Pierre, segeln. Bis dorthin sind es knapp 17 Seemeilen, die wir unter vollem Groß und voller Genua bei vier Windstärken aus Südost in drei Stunden zurücklegen. Das ist mal wieder „sailing at its best" - schöner kann es nicht sein! Bei halbem Wind und strahlendem Sonnenschein, da ist jede Seemeile ein Genuss.

Als wir in St. Pierre ankommen, müssen wir den richtigen Ankerplatz erst ein bisschen suchen. Einige Boote ankern hier schon, an manchen Stellen ist es mit 24 Metern zum Ankern zu tief. Zu guter Letzt finden wir aber doch einen Platz in fünf Meter tiefem Wasser. Mit 30 Grad war es heute ein richtig heißer Tag, in der Kajüte kletterte das Thermometer auf 34 Grad. St. Pierre liegt am Fuß des Mount-Pelée, dem Vulkan, der 1902 zum letzten Mal ausgebrochen ist. Die damalige Hauptstadt Martiniques wurde das „Klein-Paris der Antillen" genannt und war eine blühende Hafenstadt. Der Vulkan hat die Stadt mit ihren 30.000 Einwohnern binnen zwei Minuten unter Lava und Asche begraben. Nur ein einziger Mensch hat die Katastrophe überlebt, ein Häftling in einem unterirdischen Verlies.

Unser erster Weg führt uns zur Touristeninformation. Dort steht nämlich der Computer, an dem wir die Erklärung abgeben können, dass wir

Martinique verlassen werden. Das erledigen wir heute schon, weil wir morgen in aller Frühe zur Nachbarinsel Dominica aufbrechen wollen. Besonders freundlich ist die Dame in dem Touristenbüro nicht. Sie spricht kein Englisch, wir nur einige Brocken Französisch - Die Familie Leroc verharrt immer noch ihrem Wohnzimmer... - Das Formular am Computer können wir auch ohne ihre Hilfe ausfüllen. Unsere Fragen zu weiteren Sehenswürdigkeiten kann sie leider nicht beantworten und verweist auf die Kollegin vom Vulkan-Museum, schräg über die Straße. Bevor wir uns dorthin verabschieden, hält sie uns noch eine Sammelbüchse unter die Nase. Auf Deutsch steht darauf „Nach Lust und Laune". Da die Dame wenig hilfsbereit war, habe ich gar keine Lust und Laune irgendetwas in die Büchse zu stecken. Aber Ingo steckt ein paar Münzen hinein.

Das musée volcanologique ist nur ein paar Schritte entfernt und wir sehen uns in dem Ein-Raum-Museum um. Das spektakulärste Exponat ist die bei dem Vulkanausbruch 1902 zerstörte Kirchenglocke. Es hängt hier auch ein Portrait von Louis Cyparis, dem einzigen Überlebenden des Vulkanausbruchs. Der damalige Gouverneur hielt eine Evakuierung der Stadt für nicht erforderlich. Es hatte viele Anzeichen für einen bevorstehenden Ausbruch des Monte-Pelée gegeben, doch eine „Expertenkommission" unter der Leitung des hiesigen Lehrers für Naturwissenschaften kam zu dem Ergebnis, dass keine Gefahr bestehe. Louis Cyparis ist später mit dem amerikanischen Zirkus Barnum herumgereist. Ob er sich ab und zu in sein Verlies zurückgesehnt hat, ist nicht überliefert.

Die Bucht hat sich im Laufe des Tages zusehends gefüllt. Eine Yacht aus Kanada ankert fast auf Tuchfühlung mit uns, was deren Skipper aber nicht weiter interessiert. Schon eigenartig, wie manche Leute sich einen Ankerplatz suchen.

Was für ein Tag! Einen herrlichen Segeltörn nach Dominica gehabt, einen riesigen Fisch gefangen, ein- und ausklariert, wieder den Außenborder repariert und Fisch gebraten. Aber nun mal der Reihe nach:

Kurz vor acht verlassen wir die Ankerbucht bei St. Pierre und starten zu einem tollen Segeltörn nach Dominica. Die Bucht bei Roseau, der Hauptstadt Dominicas, ist unser Ziel und etwa 36 Seemeilen entfernt. Mit vollem Groß und ganz ausgerollter Genua geht es gemütlich mit halbem Wind an Martiniques Küste entlang. Malte wirft die Angel mit einem neuen Köder, den wir in Bequia gekauft haben, aus. Der Köder ist ein sogenannter Jig, hat einen Bleikopf, ein Stahlvorfach und bunte Plastikfransen kaschieren den stabilen Doppelhaken.

Wir entdecken auch heute wieder jede Menge Seetang und haben schon fast die Hoffnung aufgegeben, einen Fisch zu fangen. Gerade in dem Moment, als Ingo an der Angelleine prüfen will, ob sich Tang im Haken verfangen hat, beißt ein Fisch an. Unheimlich viel Angelleine wird abgerollt. Aufregung macht sich an Bord breit. Die Fahrt muss aus dem Boot genommen werden, wir rollen die Genua ganz ein. Ingo und Malte holen abwechselnd die Angelleine ein. Es folgt ein etwa zwanzigminütiger wilder, verzweifelter Kampf, den der gigantische Fisch am Ende verliert. Es ist ein schätzungsweise dreißig Kilo schwerer Schwertfisch. Er wird genau vermessen und hat eine Gesamtlänge von 1,86 Meter. Ein Fisch, der größer ist als der Angler selbst! Wir wickeln ihn zur Kühlung in ein großes, nasses Badetuch und binden ihn an Deck fest, damit er uns nicht doch noch abhandenkommt. Später wird er zerlegt und viele Filets wandern in unser Kühlfach.

Nachdem diese anstrengende Aktion erledigt ist, müssen wir das Großsegel reffen, weil am Himmel dunkle Wolken aufziehen und nichts Gutes verheißen. Ganz so schlimm wird es aber nicht, ein Schauer zieht über uns hinweg, bringt Wind und auch ein bisschen Regen. Kurze Zeit später können wir schon wieder ausreffen.

Dominicas Küste liegt bergig, grün und wunderschön an unserer Steuerbordseite. Man sagt, dass Dominica, das von Kolumbus an einem Sonntag entdeckt wurde (daher der Name - Sonntag heißt auf Spanisch Domingo), die einzige Insel der Kleinen Antillen ist, die Kolumbus heute noch wiedererkennen würde.

Malte setzt die Gastlandflagge, gegen 14 Uhr erreichen wir Roseau und finden alsbald einen passenden Ankerplatz auf sieben Meter Wassertiefe. Während Malte und ich uns mit der Weiterverarbeitung der Fischfilets beschäftigen, macht sich Ingo mit dem Schlauchboot zur Einklarierung auf den Weg an Land. Er kann in einem Vorgang ein- und ausklarieren und muss nicht extra im Büro der Immigration vorstellig werden. Hier erledigt alles der Kollege vom Customs. Auf Dominica wird Englisch gesprochen, links gefahren und mit Eastcaribbean Dollar bezahlt.

Es gibt zum ersten Mal Schwertfischfilet mit Baguette und Knoblauchsauce, sehr lecker! Unsere Vorräte reichen noch für einige weitere Mahlzeiten. Gebraten, gedünstet und als Fischfrikadellen werden die Filets auf den Tisch kommen. Schwertfisch satt.

Wir sind mit dem Taxifahrer Fred zu einer Rundfahrt verabredet. Wir wollen diese grüne Naturschönheit, die Dominica zweifellos ist, näher kennenlernen. Sie hat mehr zu bieten als Sonne, Strand und Palmen. So ist es auch kein Zufall, dass hier an zahlreichen Orten Szenen der „Fluch der Karibik"-Filme gedreht wurden. Fred fährt uns ins bergige Inselinnere, das zum größten Teil der Morne Trois Pitons National Park einnimmt. Der National Park ist seit 1997 UNESCO Weltnaturerbe und bietet üppige Flora, atemberaubende Ausblicke und wundervolle Naturerlebnisse.

Erstes Ziel ist der botanische Garten in Roseau. Dort sind wir von einem umgestürzten Baum schwer beeindruckt, der beim Hurrikan David im August 1979 einen Bus unter sich begraben hat. Der zerquetschte Bus, der zur Zeit des Unglücks leer war, liegt noch unter dem Baum. Der Baum ist einfach weitergewachsen, als ob nichts geschehen wäre.

Als nächstes steht ein Spaziergang zum Boeri Lake auf dem Programm. Der Aufstieg zu dem Kratersee dauert etwa 45 Minuten. Es geht relativ steil bergauf über Stock und Stein, auch ein kleiner Fluss muss überquert werden. Wildromantisch ist dieser Weg durch den Bergregenwald mit exotischen Pflanzen, Riesenfarnen und Orchideen.

Wir wollen unbedingt die Trafalgar Falls besuchen, die aus dem Dschungel 40 Meter in die Tiefe stürzen und dort baden. Doch Fred empfiehlt uns, auf jeden Fall die Lavaschlucht Titou Gorge zu besichtigen und dort schwimmen zu gehen. Und das ist der ultimative Tipp! An der Lavaschlucht erklärt uns ein Angestellter des Nationalparks, was uns in der Schlucht mit den zwei Wasserfällen erwartet. Wie er so mit uns spricht und genau erklärt, was auf uns zukommt und wie wir uns verhalten sollen, erinnert er mich ganz stark an Dr. Bob vom „Dschungelcamp". Das Wasser ist kristallklar und kalt. Durch die tiefe Schlucht zu schwimmen, ist ein eigenartiges Gefühl. Rechts und links von uns das Lavagestein, nur ein kleines Stückchen Himmel ist zu sehen. Wir erreichen den ersten Wasserfall, die Strömung ist sehr stark. Um zu dem zweiten Wasserfall zu gelangen, müssen wir an dem ersten vorbeiklettern. Gar nicht so einfach. Als wir zurückkommen und dem freundlichen Mitarbeiter erklären, dass solch ein Abenteuer in Deutschland so sicher nicht erlaubt wäre, entgegnet er, dass hier vor gar nicht langer Zeit drei Franzosen ertrunken seien. Wenn er uns das vorher erzählt hätte, hätte ich mich da wahrscheinlich gar nicht hineingetraut.

Anschließend fahren wir zu den Trafalgar Falls. Spektakulär, wie das Wasser tosend in die Tiefe fällt. Über große, rutschige Findlinge klettern wir zu dem Becken am Fuß des Wasserfalls. Nicht ganz ungefährlich diese Kletterei. Ein Abrutschen ist jederzeit möglich und würde böse Verletzungen mit sich bringen. Es geht aber alles gut und schließlich badet Ingo ganz allein unter dem Wasserfall.

Beim Boeri Lake und in der Lavaschlucht waren wir fast ganz allein und hier am Wasserfall sind auch nur wenige Touristen. Richtig voll wird es nur, sagt Fred, wenn ein Kreuzfahrtschiff im Hafen angelegt hat und die Passagiere an Land drängen. Zum Ende unserer heutigen Tour fahren wir nach Wotten Waven zu den Sulphur Springs. Hier gibt es einige einfache Schwefelwasserbecken. Es stinkt, blubbert und dampft.

Wir haben uns für morgen gleich wieder mit Fred verabredet, um noch ein bisschen mehr zu entdecken. Kaum sind die Frühstückseier und

## 13. Die Kleinen Antillen

Schwertfisch-Fischfrikadellen verdrückt, geht es auch schon an Land. Wir starten zur zweiten Runde unserer Inselerkundung. Erstes Ziel ist der Emerald Pool mit seinem Wasserfall. Das dunkelgrün schimmernde, natürliche Becken liegt in einer idyllischen Lichtung im Regenwald. Der Wasserfall stürzt aus großer Höhe donnernd aus dem Dschungel herab. Hier sind wir heute allerdings nicht die einzigen, die sich für dieses Fleckchen Erde interessieren. In der letzten Nacht hat das Kreuzfahrtschiff „Mein Schiff 1" in Roseau festgemacht. Wir erleben jetzt genau das, was Fred uns gestern beschrieben hat. Wenn ein Passagierschiff auf Dominica angelegt hat, wird es bei den Sehenswürdigkeiten eng. Und tatsächlich, heute heißt es „Bitte hinten anstellen!" Am Emerald Pool herrscht Hochbetrieb.

Wir fahren weiter an der Atlantikküste entlang Richtung Norden. Fred kennt in Castle Bruce ein kleines Restaurant mit Blick auf den Regenwald, das Meer und den Strand. Dort sitzen wir in der ersten Reihe und genießen den atemberaubenden Ausblick.

Danach brechen wir auf nach Portsmouth, der zweitgrößten Stadt der Insel an der Prince Rupert's Bay. Hier ist es Zeit für eine Mittagspause. Wir lassen uns ein weiteres Mal die Schwertfisch-Frikadellen schmecken. Fred findet sie auch ganz lecker. Anschließend machen wir einen kurzen Spaziergang zum nahegelegenen Fort Shirley, von dem aus wir einen grandiosen Ausblick auf die Bucht haben. Es geht auch schon weiter zum nächsten Höhepunkt des Tages. Wir wollen mit einem kleinen Boot auf dem Indian River durch den Dschungel fahren. Stevenson, unser Bootsführer, fährt ein ganz kurzes Stück mit dem Außenborder. Er stellt den Motor nach kurzer Fahrt ab und rudert die etwa dreißig Minuten dauernde Strecke. Unterwegs erklärt er uns die Bäume und Tiere. So erfahren wir, dass die Mangroven schon 200 Jahre alt sind. Affen, Alligatoren und Löwen gäbe es hier nicht, wir könnten ganz unbesorgt sein. So gleiten wir fast lautlos auf dem schmalen und flachen Fluss dahin. Das Grün wuchert zu beiden Uferseiten üppig, die urtümlich geformten Wurzeln der Mangroven sind beeindruckend. Schließlich legen wir am Steg einer Bar mitten im Dschungel an. Nach einer kurzen Pause und einer Erfrischung rudert Stevenson uns zurück.

An der Westküste fahren wir zurück nach Roseau. Kurz vor Sonnenuntergang sind wir wieder an Bord.

„Der frühe Vogel fängt den Wurm", heißt es. Aber wer mag schon Würmer? Und so gehen wir erst kurz vor neun Uhr am Morgen Anker auf, um zurück nach Martinique zu segeln. Wir wollen die Insel noch gemeinsam auf dem Landwege erkunden, bevor Malte in ein paar Tagen wieder nach Hause fliegt. Wir setzen das Großsegel, rollen die Genua aus und zuckeln an Dominicas Küste entlang. Diese wilde, ursprüngliche Insel hat uns sehr gut gefallen. Wir freuen uns schon, wenn wir demnächst auf unserem Weg nach Norden noch einmal hierher zurückkommen.

Als wir aus Dominicas Windschatten heraussegeln, weht es mit fünf Beaufort. Hoch am Wind geht es ganz sportlich bei bewegter See voran. Heute spuckt uns Neptun nicht nur Gischt an Deck, sondern auch den allgegenwärtigen Seetang. Alsbald erreichen wir auch schon Martiniques Windschatten, es wird gemütlicher. Keine Gischt und kein Seetang mehr an Deck. Stattdessen bekommen wir Delphinbesuch! Es sind etwa zehn Tiere, die uns eine Weile begleiten und sich mit der „Amazone" ein Rennen liefern. Malte hat sich den Logenplatz im Bugkorb gesichert und ist von den Tieren ganz begeistert.

Nach knapp 52 Seemeilen erreichen wir gegen 18 Uhr kurz vor Sonnenuntergang die Bucht Grande Anse. Wir finden ohne Probleme einen Ankerplatz bei vier Meter Wassertiefe. Wir sind also zurück in Europa. Noch kurz eine Runde schwimmen gehen, dann schmeckt das Abendessen. Es gibt Schwertfisch-Auflauf, mit Käse überbacken, sehr lecker. Schwertfisch ist eine echte Delikatesse, hat wenig Kalorien, aber viele Vitamine und Mineralstoffe.

Es soll heute zurück nach Le Marin gehen. Gegen Mittag gehen wir Anker auf und erreichen nach 16 Seemeilen die große Marina. Zum Abendessen gibt es ein letztes Mal Schwertfischsteak. Das große Tier hat uns an fünf Tagen viele leckere Mahlzeiten beschert. Trotzdem darf es beim nächsten Mal gerne eine Nummer kleiner sein.

Einige Ankerbuchten und Städte Martiniques kennen wir ja schon. Wir haben ein Auto gemietet und können so die Insel weiter kennenlernen. 400.000 Menschen leben in dem französischen Übersee Département auf 1.106 Quadratkilometern. Die Blumeninsel, wie sie auch genannt wird, hat zwei Gesichter. Im gebirgigen, regenreichen Norden erstrecken sich rund um den Vulkan Mont-Pelée (1.397 Meter) ausgedehnte Bergwälder mit Wasserfällen, Gebirgsbächen und tiefen Schluchten, Naturreservate, die zum Bergwandern einladen. Im trockenen Süden findet man herrliche Sandstrände, komfortable Hotels und Ferienanlagen. Etwa in der Mitte der Insel liegt die Hauptstadt Fort-de-France.

Den Süden kennen wir schon ganz gut und so zieht es uns heute in den Norden. Unsere Fahrt führt an der Hauptstadt und dem Flughafen vorbei, da herrscht regelmäßig sehr reger Verkehr bis hin zum Stau. Geduld ist gefragt. Schließlich erreichen wir das Reserve Biologique de la Montagne Pelée und versuchen uns im Bergwandern. Der Weg ist steil aber trocken und wir können alsbald grandiose Ausblicke genießen. Übertreiben wollen wir es mit dem Wandern aber nicht und machen uns wieder an den Abstieg. Jetzt wollen wir eine Rumfabrik besichtigen. Es soll nicht nur eine Verkostung sein, wie auf St. Lucia, sondern wir wollen eine Destillerie besichtigen und etwas über die Rumherstellung erfahren. Rum (aus dem Englischen: Aufruhr, Tumult) wurde um 1650 erstmals urkundlich erwähnt. Aus einem Gemisch von Melasse oder gehäckseltem Zuckerrohr, Zuckerrohrsaft und Wasser erhält man die Maische. Für die anschließende Gärung wird die Maische fermentiert. Dieser Zuckerwein wird destilliert. Das Destillat hat dann einen Alkoholgehalt von 65 bis 75 %. Mit destilliertem Wasser verdünnt, erhält man weißen Rum.

Wir steuern die J. M Destillerie in Macouba, ganz im Norden der Insel, an. Wir werden nicht enttäuscht. Schon die Außenanlagen sind sehr schön gestaltet, eine Fabrik wie in einem botanischen Garten gelegen. Während die Arbeiter sich an den verschiedenen Maschinen zu schaffen machen, können wir uns in der kleinen Fabrik umsehen. Es ist laut, die Maschinen rattern. Die verschiedenen Arbeitsabläufe werden in einem Begleitheftchen erklärt. Sehr interessant. Den Abschluss bildet eine Verkostung in den modern gestalteten Verkaufsräumen. Hier lesen wir auch etwas über die Geschichte der Fabrik. Der Rum wird aus dem Quellwasser des Monte Pelée hergestellt, auch dieses können wir probieren. Es ist alles ganz zwanglos, Eintritt wird nicht verlangt.

Der krönende Abschluss dieses Tages soll ein Besuch in einem Restaurant sein, das Malte aus „mare TV" kennt. Kurz vor seiner Abreise wurde in einer Sendung über Martinique berichtet und das Restaurant „Petitbonum" vorgestellt. In dem am Strand gelegenen Lokal in Le Carbet werden u. a. Flusskrebse serviert, die hier auf Martinique gezüchtet werden. Und das ganz biologisch. Wenn man Glück hat, trifft man auch den Chef des Hauses, der die verschiedenen Leckereien in Hot Pants zubereitet und serviert. Darauf hatte ich mich besonders gefreut, aber leider haben wir ihn nicht zu Gesicht bekommen. Dafür waren die Krebse ausgesprochen lecker.

Es geht als nächstes in den Osten Martiniques, zur Halbinsel Presqu'île de la Caravelle. Diese landschaftlich reizvolle Halbinsel reicht weit in den Atlantik hinaus. Zwischen großen Zuckerrohrfeldern und Bambushainen fahren wir zum Chateau Dubuc. Es liegt auf der Halbinselspitze in einem Naturschutzgebiet. Allerdings sind nur noch ein paar Mauerreste der 1740 erbauten Anlage vorhanden. Es wurden hier Zuckerrohr und Kaffeebohnen angebaut, eine Rum-Destillerie gehörte ebenfalls dazu. Mit der Besichtigung haben wir das Kulturprogramm abgearbeitet und fahren zum Strand. Die Halbinsel ist von herrlichen, wenig besuchten Stränden gesäumt. Wir suchen uns ein schattiges Plätzchen und schon geht es hinein ins warme Nass. Malte wagt sich weit in die Bucht hinaus und entdeckt beim Tauchen am Riff eine große Languste. Allzu lange können wir uns an dem Strand leider nicht aufhalten, weil noch ein Termin ansteht: Ich muss noch einmal zum Zahnarzt. Zum Glück gibt es hier direkt in der Marina eine Zahnarztpraxis mit einer deutschsprachigen Ärztin. Sie löst das Problem, bis zu den Azoren wird das Provisorium halten.

Erstens kommt es anders, als man zweitens denkt. Außerdem ist heute Freitag der 13. - da kann schon mal etwas schiefgehen: Malte hat von der Fluggesellschaft einen weiteren Tag in der Karibik geschenkt bekommen. Air France hat kurzfristig seinen Flug annulliert und ihn auf morgen umgebucht. Ein Hotel muss er sich nicht suchen, seine Koje auf der „Amazone" ist noch frei.

So haben wir noch Zeit für einen letzten gemeinsamen Ausflug in den Süden zur Grande Anse des Salines. Hier finden wir einen der schönsten und beliebtesten Strände der ganzen Insel. Die Bucht mit ihrem weißen Sand und dem türkisblauen Wasser erstreckt sich kilometerweit. Sie ist gesäumt von Schatten spendenden Palmen, es gibt Strandbars, Restaurants und Eisverkäufer. Wir unternehmen auch einen Spaziergang zum nahegelegenen Salzsee, der der Bucht ihren Namen gegeben hat.

Der nächste Tag steht tatsächlich ganz im Zeichen von Maltes Abreise. Seitdem er vor fast zwei Wochen zu uns an Bord gekommen ist, haben wir einiges zusammen unternommen und erlebt. Mal wieder ist uns die Zeit davongelaufen. Neben Tagesauflügen, Segeltörns, Schnorcheln und Schwertfischangeln haben wir es ganz einfach genossen, ihn bei uns zu haben. Wir nehmen ihn noch einmal in den Arm, er steigt in das Taxi und fährt auch schon davon.

Ingo und ich bleiben niedergeschlagen zurück. Wir wollen nicht traurig sein, dass Malte wieder abgeflogen ist, sondern froh darüber, dass er bei uns war und wir eine schöne Zeit hatten. So richtig klappt das nicht. Wir unternehmen einen Spaziergang und setzen uns anschließend in ein Café in der Marina. Ganz unverhofft kommen Katja und Christoph von der „Muline" mit ihren Kindern vorbei. Sie liegen hier in der Bucht vor Anker und setzen sich für eine Weile zu uns. Das bringt uns auf andere Gedanken und so findet dieser traurige Tag doch noch einen ganz schönen Abschluss.

Wir wollen uns Richtung Norden orientieren. Um kurz nach 12 Uhr sind wir startklar und legen ab. Es wird ein wunderbarer Segeltörn unter traumhaften Bedingungen: Sonne, so gut wie kein Seegang, Wind von vier bis fünf Beaufort, achterlich, Raumschots, halber Wind, am Wind - alles dabei.

In der Nähe des markanten Felsens Rocher du Diamant bemerken wir gegen 14.30 Uhr, dass eine große Jolle mit drei Personen an Bord in Schwierigkeiten geraten ist. Jedenfalls liegt der Mast mit dem Segel platt auf dem Wasser. Ein Hubschrauber kreist über ihnen, ein Katamaran nimmt Kurs auf die Jolle und auch wir ändern unseren Kurs, um Hilfe anzubieten. Der Hubschrauber dreht aber wieder ab und der Katamaran geht wieder auf seinen alten Kurs. Als wir bei den drei Burschen und ihrer Jolle angelangt sind, fragt Ingo sie über unsere Lautsprecheranlage, ob sie Hilfe benötigen. Sie schütteln die Köpfe, der Skipper reckt beide Daumen in die Höhe. Na gut, sie werden das Boot schon wieder segelklar bekommen. Und tatsächlich sehen wir wenig später das bunte Segel am Horizont leuchten.

Am Nachmittag erreichen wir nach 48 Seemeilen St. Pierre. Unser Ankermanöver wird von lauter Musik begleitet. Der ganze Ort scheint auf den Beinen zu sein und an einem Karnevalsumzug teilzunehmen. Kaum ist der Anker gefallen und Ruhe im Boot eingekehrt, versucht ein großer Katamaran ganz in unserer Nähe zu ankern. Der Skipper ist im Begriff, seinen Anker genau über unseren zu werfen. Auf Ingos Zuruf reagiert er nicht. Als Ingo daraufhin zum zweiten Mal an diesem Tag über unsere Sprechanlage eine Durchsage macht, ändert der Bootsführer seine Pläne und wirft seinen Anker etwas weiter entfernt. Komisch, Durchsagen sind bei uns an Bord nicht an der Tagesordnung und kommen nur sehr selten vor, aber heute gleich zweimal.

Die vergangene Nacht war etwas unruhig. Das erste Mal wurden wir gegen zwei Uhr geweckt, als unser Ankernachbar seinen Motor startete und rasselnd den Anker aufholte, um die Bucht zu verlassen. Nachdem wir wieder tief und fest schliefen, klingelte kurz nach vier Uhr Ingos Handy. In Deutschland war es ja schon neun Uhr, da kann man doch schon mal jemanden anrufen. Erneut wieder eingeschlafen, klingelte um sechs Uhr der Wecker und die Nacht war endgültig vorbei.

Heute wollen wir nach Dominica segeln. Kurz nach sieben Uhr gehen wir Anker auf. Bei unserem letzten Besuch haben wir vor Roseau, der Hauptstadt, geankert. Heute wollen wir noch ein Stück weiter in den Norden dieser wundervollen Insel segeln. Knapp 55 Seemeilen liegen vor uns.

Im Windschatten Martininiques und später Dominicas ist der östliche Wind nur sehr schwach und der Motor muss angeworfen werden. Aber zwischen den Inseln ist es bei fünf Beaufort am Wind sportliches Segeln. Und wir haben wieder Glück. Ein großer Mahi Mahi hat sich für unseren Angelköder interessiert und kräftig zugebissen. Fast schon routiniert und abgebrüht gehen wir zu Werke.

Kurz nach 16 Uhr erreichen wir die Prince Rupert Bay bei Portsmouth, im Norden Dominicas. Ingo geht eine Runde schwimmen und schnorcheln, um die Lage des Ankers zu kontrollieren. Es ist alles in Ordnung, der Anker hat sich gut eingegraben. Da kommt wie aus dem Nichts ein Rochen vorbeigeschwommen. Majestätisch gleitet er durchs Wasser.

Rechtzeitig zum Sonnenuntergang ist das Abendessen fertig. Wir lassen es uns im Cockpit schmecken und sehen der Sonne zu, wie sie malerisch hinter der „Amazone" im Karibischen Meer versinkt. Währenddessen schallt von Land fröhliche Musik über die große Bucht, denn auch hier wird laut und ausgelassen Karneval gefeiert.

Am nächsten Morgen fahren wir nach dem Frühstück mit dem Schlauchboot an Land. Wir müssen uns noch beim Customs anmelden. Die freundliche junge Frau empfängt die Kundschaft lässig auf dem Balkon vor ihrem Büro. So füllen wir auf der breiten Brüstung im hellen Sonnenschein mit Blick auf die weitläufige Bucht die Formulare aus. Am Nachmittag gibt es ein unverhofftes Wiedersehen mit der Crew der „Cello". Die Cellisten ankern ganz in unserer Nähe. Am Abend stürzen wir uns mit Robert ins Karnevalsgetümmel an Land. Die Menschen hier sind nicht nur offen und freundlich, sie sind auch in Feierlaune. Je lauter desto besser scheint die Devise zu sein.

Die hiesigen Boatboys sind im Vergleich zu ihren Kollegen auf den anderen Inseln sehr zurückhaltend. Auf Anforderung über UKW-Kanal 16 könnten wir ihre Dienste in Anspruch nehmen. Seit ein paar Jahren haben sie sich in einer Vereinigung zusammengeschlossen: PAYS - Portsmouth Association of Yacht Security. In erster Linie bieten sie Fahrten auf dem Indian River und ihre Dienste als Wassertaxi an.

Wir verabschieden uns von Dominica und segeln weiter Richtung Norden. Dort wartet schon Guadeloupe auf uns. Zusammen mit ihren kleinen Schwestern Les Saintes, Marie-Galante und La Désirade bildet sie ein französisches Übersee Département. Wir segeln heute also mal wieder nach Europa. Kurz nach 10 Uhr geht es Anker auf. Auch die Jungs von der „Cello" haben sich auf den Weg gemacht. Als wir die geschützte Bucht verlassen, geht es bei fünf bis sechs Beaufort mit halbem Wind flott voran. Das Großsegel ist gerefft, die Genua ein gutes Stück eingerollt. In den Böen erreicht der Wind auch schon mal Stärke sieben. Die Atlantikwellen, die zwischen Dominica und den Inseln Les Saintes heranrauschen, sind an die drei Meter hoch. Hin und wieder klatscht es an der Außenhaut und Wasser spritzt ins Cockpit und an Deck. Mit acht Knoten pflügt die „Amazone" unbeirrt durch die aufgewühlte See. Alsbald kommt die „Cello" in Sicht und wir fotografieren und filmen uns.

Gegen 13.30 Uhr haben wir die 20 Seemeilen bis zu den Inseln Les Saintes zurückgelegt. Sie sind von Süden kommend Guadeloupe vorgelagert. Wir wollen uns hier zum Übernachten einen lauschigen Ankerplatz in einer Bucht suchen und morgen nach Guadeloupe weitersegeln. Eigentlich ein ganz guter Plan, aber diesen Plan hatten auch schon viele andere Crews, die ausgelegten Moorings sind alle vergeben. Wir fahren die verschiedenen Buchten ab und finden endlich doch noch einen freien Platz. Um 15.30 Uhr fällt endgültig der Anker. Wir haben also ungefähr zwei Stunden nach einem Ankerplatz gesucht. Beim Einlaufen in die kleine Bucht ruft uns der Skipper einer französischen Yacht zu, dass er vor ein paar Tagen beim Segeln Fotos von uns gemacht hat. Sieh an, Madame „Amazone" hat einen französischen Verehrer.

Am nächsten Tag segeln wir hinüber nach Guadeloupe. Die zehn Seemeilen legten wir flott zurück, einige Regenschauer begleiten uns dabei. Wir laufen die Marina Rivière-Sens in der Nähe der Hauptstadt Guadeloupes, Basse-Terre, an. Im Revierführer haben wir gelesen, dass die Ansteuerung etwas schwierig sei. Bei einem Hurrikan war die Mole zerstört worden und die Mauerreste sollten noch unter Wasser liegen. Außerdem lasen wir, dass die Marina klein und meistens voll belegt sei. Davon lassen wir uns aber nicht abschrecken, weil wir zumindest einen Diesel-Tankstopp einlegen wollen. Das Einlaufen ist aber ganz unproblematisch. Wahrscheinlich sind die Mauerreste inzwischen entfernt worden. Einen Liegeplatz können wir auch bekommen, da die Marina noch einige Plätze frei hat. Die vereinfachte Einklarierung können wir in einem Restaurant in der Marina erledigen. Direkt hier am Hafen gibt es eine Bäckerei, eine Schlachterei, eine Apotheke und kleine Lebensmittelgeschäfte. Auch einen Waschsalon mit Selbstbedienung gibt es hier, ebenso einen Geldautomaten und eine Post. Sogar schnelles Internet hat die Marina zu bieten. Wir sind hier also sehr gut aufgehoben.

Guadeloupe ist 1.628 Quadratkilometer groß und hat 450.000 Einwohner, wovon 12.000 Menschen in der Hauptstadt leben. Guadeloupe besteht aus zwei landschaftlich ganz unterschiedlichen Teilen, die durch eine Landbrücke miteinander verbunden sind. Ihre Form erinnert an einen Schmetterling. Auf dem östlichen Teil, Grande Terre, schlägt das touristische Herz der Insel mit herrlichen Stränden und vielen Hotelresorts. Auf dem westlichen Teil, Basse-Terre, auf dem wir uns befinden, gibt es üppigen Regenwald, Wasserfälle und den mit 1.467 Meter höchsten Berg der Kleinen Antillen, den Vulkan La Soufrière.

Der heutige Tag ist der Instandhaltung der „Amazone" gewidmet. Bei der Atlantiküberquerung haben die Endbeschläge der beiden Bäume, mit denen wir die Vorsegel ausgebaumt haben, sehr gelitten. Ein Beschlag ist noch zu retten, ein anderer muss ersetzt werden. Malte hat Ersatz mitgebracht, den wir noch montieren müssen. So mal eben geht das natürlich mal wieder nicht. Ingo muss einiges an Werkzeug hervorholen, u. a. den Schraubstock. Es müssen Löcher gebohrt und Gewinde geschnitten werden. Als nächstes steht die Reparatur der Ankerkastendeckelverriegelung (was für ein Wort!) an. An der Verriegelung ist etwas abgebrochen und muss ersetzt werden. Wobei das kaputte Teil erst entfernt und dann das neue montiert werden muss. Das zu ersetzende Teil gibt es aber nicht zu kaufen. Hier sind Ingos Phantasie und sein technisches Geschick gefragt. Nach einiger Bastelei ist die Verriegelung wieder in Ordnung.

Unsere „Amazone" ist Baujahr 1971. Zur damaligen Zeit war sie mit ihren

Abmessungen von 10,50 Meter Länge und 3,20 Meter Breite ein richtig großes Boot. Heutzutage - und ganz besonders hier in der Karibik - gehört sie zu den kleineren Booten. In den Ankerbuchten ist sie oft die Kleinste. An dem Spruch: „Kleines Boot, kleine Sorgen - großes Boot, große Sorgen" ist viel Wahres dran. Aber egal ob groß oder klein, ein Boot fahrbereit zu halten, ist eine Herausforderung. So viele verschiedene Dinge ergeben das Ganze, nämlich ein gut gepflegtes, seetüchtiges Boot. Ob zum Beispiel Maschine, Segel, Wanten und Stage, Winschen, Stromversorgung, Wasserversorgung, sanitäre Anlage, Pantry, Gasanlage, Ankergeschirr oder auch Persenninge - all das muss in Ordnung sein. Sei es, weil es für die Fortbewegung unerlässlich ist, weil es für die Sicherheit zwingend ist oder einfach weil es einen gewissen Komfort sicherstellt. Regelmäßig stellen wir uns also der Instandhaltungs-Herausforderung. Meistens im Winter bei ungemütlichen Temperaturen, zurzeit unter Palmen bei 30 Grad im Schatten. Die „Amazone" dankt es uns. Es ist eine Freude, mit ihr unterwegs zu sein.

Frohen Mutes macht sich Ingo zur Autovermietung auf. Leider kommt er enttäuscht zurück. Es ist kein Auto für uns da. Im Karnevalsmonat sind die Autos rar, wurde ihm mitgeteilt. Aha. Die Autovermietung vermietet auch Fahrräder, dann nehmen wir eben zwei Fahrräder. Geht aber auch nicht, die Fahrräder sind leider alle unterwegs. Ach. Na gut, fahren wir eben mit dem Bus. Zur Hauptstadt nach Basse-Terre wollen wir aber nicht, sondern in die andere Richtung. Der Bus fährt nur einmal am Tag und ist heute schon weg. Dann gehen wir eben zu Fuß, und zwar zum Strand. Daraus wird aber auch nichts, weil es zu regnen beginnt.

So beschließen wir, es uns an Bord gemütlich zu machen. Kurz vor Sonnenuntergang läuft die „Cello" ein und bekommt den Liegeplatz neben uns. So findet dieser faule Tag wider Willen doch noch einen guten Abschluss.

Im Norden Guadeloupes ist die Bucht bei Deshaies unser heutiges Ziel. Gegen 11.00 Uhr sind wir segelklar und legen ab. Bei leichtem Wind aus wechselnden Richtungen geht es unter Großsegel und Genua gemächlich an Guadeloupes Küste entlang. Ab und zu lässt der Wind soweit nach, dass wir den Motor um seine Unterstützung bitten. Um 15.30 Uhr laufen wir nach knapp 22 Seemeilen in die Bucht bei Deshaies ein. Schon von weitem sehen wir, dass die vor Anker liegenden Boote „aus der Bucht quellen". Beim Näherkommen stellen wir aber fest, dass es hier und da noch eine Lücke gibt, in der wir ankern könnten. Deshaies ist ein Fischerdorf mit deutlich touristischem Einschlag. Direkt am Strand gibt es einige Bars und Restaurants.

Heute wird ausgeschlafen, nach dem zumindest Ingo in der vergangenen Nacht hin und wieder im Cockpit war, um nach dem Rechten zu sehen. Der

## 13. Die Kleinen Antillen

Wind war komplett eingeschlafen, die Bucht lag windstill und spiegelglatt im schwachen Schein des Mondes. Klingt sehr romantisch, hatte aber leider zur Folge, dass sich die ankernden Boote nicht brav in ein und dieselbe Richtung drehten. Dafür sorgt ja sonst der Wind. Fehlt der Wind, geht es munter kreuz und quer durcheinander. Dadurch kamen wir unserem Ankernachbarn unangenehm nahe. Es ist nichts passiert, aber Vorsicht war geboten. Als bei Sonnenaufgang kurz nach sechs die ersten Moorings frei wurden, haben wir uns an eine dieser wenigen und sehr begehrten Bojen verholt. Bis dahin hatte ich von Ingos Sorgen gar nichts mitbekommen und hatte tief und fest geschlafen. Wie gut, wenn wenigstens einer an Bord aufpasst.

Später machen wir uns zum botanischen Garten auf. Bis dorthin ist es ein Fußmarsch von 1,5 Kilometern. Allerdings geht es eine steile Straße bergauf und natürlich bei sengender Sonne. Diese Anstrengung hat sich aber wirklich gelohnt! Gleich zu Beginn des Rundgangs gibt es einen großen Teich, in dem sich Kois tummeln. Exotische Blüten, kleine Bäche, Palmen, riesige Bäume mit bizarren Wurzeln, Papageien in einer großen Voliere und ein Restaurant an einem Wasserfall, das alles bekommen wir zu sehen und genießen es.

Am nächsten Morgen verlassen wir die Bucht in aller Frühe. Es ist auch ein Abschied von Guadeloupe überhaupt. Von dieser Insel haben wir nur sehr wenig gesehen, aber die tollen Eindrücke vom Besuch im botanischen Garten nehmen wir mit.

Unser heutiges Ziel ist Antigua. Wir wollen dort zunächst in den Süden segeln und in English Harbour einklarieren. Die Windvorhersage hat uns Ostwind der Stärke fünf, in Böen sechs bis sieben, angekündigt. Als wir aus Guadeloupes Windschatten heraus segeln, geht es gleich zur Sache. Die See ist ziemlich rubbelig, der Wind weht tatsächlich aus Osten. Allerdings hat er konstant Stärke sechs, in den häufigen Böen sieben mit Spitzen von acht Beaufort. Heute heißt es auch mal wieder „Schauerböen, sonst gute Sicht." Ein Regenschauer nach dem anderen ereilt uns und wühlt die See weiter auf. Die „Amazone" segelt unbeeindruckt ihren Kurs. Heute wird wieder gepflügt, gepresscht und geheizt. So legen wir die 43 Seemeilen in sieben Stunden zurück und erreichen kurz nach 14 Uhr die Bucht bei English Harbour auf Antigua. Wir drehen eine Runde durch die verschiedenen Buchten, bewundern die vielen hier vertäuten Superyachten und finden einen Ankerplatz auf vier Meter Tiefe. Beim Kontrolltauchen zum Anker schwimmt eine Riesenschildkröte vorbei.

Antigua, Barbuda und die unbewohnte Insel Redonda bilden einen Ministaat und sind Mitglied des Commonwealth. Es wird Englisch gesprochen, links gefahren und mit Eastcaribbean Dollar bezahlt. Antigua ist 280 Quadratkilometer groß (Guadeloupe dazu im Vergleich 1.628 Quadratkilometer) und hat 70.000 Einwohner (Guadeloupe 450.000). Die einstige Zuckerinsel gehört heute dank ihres gehobenen Tourismus, Offshore Banking, Spielbanken und Internet-Casinos zu den wohlhabendsten Regionen der Karibik. Antigua kann mit ganz ausgezeichneten Sandstränden, hervorragenden Tauch- und Schnorchelrevieren, Sümpfen, Regenwald und Mangrovenwäldern punkten. In der Hauptstadt St. John's leben 40.000 Menschen. Sie wird häufig von Kreuzfahrtschiffen angelaufen. In unserem Reiseführer steht, ich zitiere „... deren Passagiere kurz nach der Ankunft die Duty Free Shopping Malls in Hafennähe überfluten." Für uns heißt es morgen erst einmal die Behörden aufzusuchen und einzuklarieren.

Mit unserem kleinen Schlauchboot fahren wir an den großen Superyachten vorbei, die hier in der Marina vertäut sind. Schon beeindruckend, so viele Megayachten Bordwand an Bordwand liegen zu sehen. Sie werden gehegt und gepflegt und auf Hochglanz poliert. Es sind teils moderne Motoryachten, die wie kleine Kreuzfahrtschiffe anmuten oder auch sehr elegante, topgepflegte Segelyachten aus längst vergangenen Zeiten und aus aller Herren Länder.

English Harbour wurde in der Zeit von 1725 bis 1746 angelegt und galt gut 200 Jahre lang als der sicherste Hafen der Karibik. Von hier aus starteten die britischen Admiräle Nelson, Rodney, Hood und Lewis mit ihrer Flotte zu ihren siegreichen Seeschlachten. In Nelson's Dockyard prägen mächtige Wehranlagen und imposante Kolonialbauten die georgianischen Docks aus dem 18. Jahrhundert. Die historische Schiffswerft mit den mächtigen Steinsäulen, die zu einem Bootshaus gehörten, mit Lagerhäusern und Werkstätten wurden 1889 geschlossen, doch im 20. Jahrhundert originalgetreu rekonstruiert. In einem 1855 errichteten Offiziersquartier in Hafennähe ist das Dockyard Museum untergebracht. Hier wird die Geschichte des Dockyards und der Schifffahrt anhand von Schiffsmodellen, alten Seekarten, Flaggen und nautischen Instrumenten anschaulich erklärt. In einem weiteren Gebäude von 1788 sind ein Hotel und ein Restaurant untergebracht.

Im „Rusty Pelican", einer Seglerkneipe mit Blick auf die Antigua Yacht Club Marina, legen wir eine Pause ein. Es hängen unzählige Vereinsstander von der Decke, es wäre aber noch Platz für einen OSV-Stander. Wir sprechen den Chef des Hauses an. Er ist gerne bereit, den mitgebrachten Stander aufzuhängen.

Wovor wir uns insgeheim ein wenig gefürchtet haben, ist in der letzten Nacht passiert. Wir schlummern friedlich in unseren Kojen, als uns um 2.20 Uhr knirschende Geräusche und Stöße unsanft wecken. Wie von Taranteln gestochen schießen wir an Deck und sehen die Bescherung. Der Anker eines Katamarans hatte offensichtlich nicht gehalten. Das Boot war auf Drift gegangen und an unserem Bug gelandet. Auf dem Katamaran hat man davon

## 13. Die Kleinen Antillen

allerdings nichts mitbekommen. Ingo muss laut rufen und klopfen, ehe der Skipper im Cockpit erscheint. Das Gestell mit den Solarpaneelen des Katamarans stößt gegen unseren Bugkorb. Wir versuchen, das fremde Boot von unserem Bug wegzudrücken und sind froh, als der Skipper endlich den Motor startet und sich einen anderen Ankerplatz sucht.

Auf ein „Sorry" oder „Pardon" oder sogar ein „Ich melde mich später wegen eines eventuellen Schadens bei Ihnen." warten wir vergebens. Am Morgen sehen wir uns unseren Bugkorb an. Er ist leicht verschrammt, das Holzbrett im Bugkorb hat ein paar eingedrückte Stellen. Zum Glück nichts Dramatisches. Wir sehen, dass der Skipper des Katamarans mit seinem Schlauchboot Richtung Stadt fährt. Sehr enttäuschend, dass er nicht zu uns kommt und mit uns spricht. Er fährt noch mehrmals mit seinem Schlauchboot hin und her, während wir im Cockpit sitzen. Er spricht uns nicht an. Als wir später Anker auf gehen, um die Bucht zu verlassen, fahren wir zu ihm. Wir machen ihm klar, dass ein kleiner Schaden entstanden sind, dass wir es aber viel schlimmer finden, dass er sich nicht bei uns gemeldet hat. Ich glaube, die Situation war dem Skipper aus Montreal unangenehm. Er versucht, sich damit herauszureden, er habe uns nicht stören wollen, wir hätten wohl lange geschlafen. Na, eine blödere Ausrede fiel ihm wohl gerade nicht ein! Genau genommen müsste er uns sogar noch sehr dankbar sein. Wenn die „Amazone" seine Abdrift nicht gestoppt hätte, wäre er ins flache Wasser und auf die hinter uns liegenden großen Steine getrieben. Dass ein Anker nicht hält, kann vorkommen. Es ist zum Glück kein großer Schaden entstanden. Aber das Verhalten nach dem Vorfall ist schon sehr seltsam, gelinde ausgedrückt. Mich ärgert das. Doch, wie heißt es so schön: „Sich zu ärgern bedeutet, sich für die Sünden der Anderen zu bestrafen." Das will ich nun ganz bestimmt nicht.

Wir verlassen English Harbour gegen Mittag und segeln an Antiguas Westküste kurzweilige 12 Seemeilen bis Jolly Harbour. Unser Anker fällt in einer ganz entzückenden Bucht in türkisblaues Wasser. Es schimmert gerade so, als würden wir in einem riesigen Pool liegen. Phantastisch!

„Wer hat an der Uhr gedreht, ist es wirklich schon so spät?" So in etwa sind unsere Gedanken, wenn wir auf den Kalender gucken. Wir haben Halbzeit in der Karibik. Es bleiben noch etwa zwei Monate, bevor wir Anfang Mai zu unserer zweiten Atlantiküberquerung aufbrechen müssen. Es wird also Zeit, dass wir uns überlegen, welche Inseln wir in der Karibik noch anlaufen wollen, wo wir im Mai zur Rückreise starten und welchen Kurs wir segeln wollen. Gehen wir zunächst nördlich zu den Bermudas und von dort zu den Azoren oder doch direkt? Fragen über Fragen, die wir uns stellen. Wir wälzen unsere schlauen Bücher und schauen in die Seekarten. Die grobe Planung steht, aber letztlich führt das Wetter die Regie.

Jetzt bleiben wir aber erst mal ein paar Tage auf Antigua. Jolly Harbour ist ganz zauberhaft. In diesem unglaublich türkisfarbenen Wasser zu ankern, gefällt uns einerseits ganz gut. Wir liegen hier relativ ruhig und geschützt und die Ankernachbarn rücken uns nicht auf die Pelle. Andererseits müssen wir etwa fünfzehn Minuten mit unserem Schlauchboot fahren, um an Land zu kommen. Und während der Fahrt werden wir durch das Spritzwasser jedesmal sehr nass. Außerdem soll der Wind in den nächsten Tagen zunehmen, da könnte das Ganze noch ungemütlicher werden. So nehmen wir über Funk Kontakt mit der Marina Jolly Harbour auf und fragen nach einem Liegeplatz. Die „Amazone" bekommt die Box neben der „Sunrise" aus Hooksiel und wir kommen mit Elke und Walter sehr schnell ins Gespräch.

Am Nachmittag machen wir uns mit den beiden Bodenbrettern, die zum Schlauchboot gehören, auf zur nahegelegenen Werft. Die Bretter sind gebrochen und müssen ersetzt werden. In der Tischlerei sägt der tüchtige Mitarbeiter zwei Bretter für uns zurecht. Wir freuen uns, dass das so schnell geklappt hat, auch wenn die Bretter wohl nicht sehr lange halten werden. Das Sperrholz scheint leider nicht sehr hochwertig oder gar wasserfest zu sein. Übrigens wird hier locker flockig in Badelatschen gearbeitet. Die Damen und Herren der Berufsgenossenschaft würden bei einem Besuch dieser Werkstatt sicher die Hände über dem Kopf zusammenschlagen.

Auf Antigua können wir für unsere Ausflüge gut die Maxitaxis nutzen. Sie fahren regelmäßig und in kurzen zeitlichen Abständen kreuz und quer über die Insel. Gleich hier an der Marina ist die Haltestelle, um in die Hauptstadt St. John's zu fahren. Für einen Erwachsenen kostet die Fahrt 3,35 EC-Dollar, also umgerechnet etwa 1 Euro. Wenn jemand aussteigen möchte, ruft er einfach „Bus stop". Bezahlt wird beim Aussteigen. Die Fahrten in diesen 14-sitzigen kleinen Bussen sind charmant. So wurde eine unserer Fahrten heute mit einer Predigt, die im Radio übertragen wurde, lautstark begleitet. Halleluja!

Heute haben drei Kreuzfahrtschiffe in St. John's festgemacht. Wie im Reiseführer beschrieben, herrscht in der Duty Free Shopping Mall Hochbetrieb. Alle paar Meter werden wir von Taxifahrern angesprochen, die uns zu einem Strand oder einer Bucht fahren wollen. Aber heute haben sie bei uns kein Glück. Wir sind auf eigene Faust untwerwegs und schauen bei der St. John's Cathedral vorbei. Bei einem Erdbeben wurde die Kirche 1974 schwer beschädigt und man steckt mitten in der Restaurierung. Aus einem deutschsprachigen Flyer aus dem Jahr 1995 entnehmen wir, dass der Zieltermin für die Fertigstellung der 25.07.1998 sei. Aha, man tut sich also nicht nur in Deutschland mit der Einhaltung von Fertigstellungsterminen schwer. Zurück am Busbahnhof nehmen wir wieder einen der kleinen Busse und fahren nach English Harbour. Dort waren wir zwar schon mit der

## 13. Die Kleinen Antillen

„Amazone", aber die Fahrt geht quer über die Insel, was wir ganz reizvoll finden.

Die Kinder haben Schulschluss und fahren mit dem Maxitaxi nach Hause. Sie tragen eine Schuluniform, auch auf anderen Inseln haben wir die Mädchen und Jungen in ihrer adretten Schulbekleidung gesehen. Ein etwa siebenjähriger Schüler, der nach seinem anstrengenden Schultag im Bus eingeschlafen ist, verpasst seine Ausstiegshaltestelle trotzdem nicht. Der Busfahrer hat aufgepasst, angehalten, den Jungen geweckt, ihn an die Hand genommen und über die Straße zu seinem Haus gebracht.

In English Harbour angekommen, schlendern wir über die Stege des Antigua Yacht Club und bestaunen ein weiteres Mal die vielen Megayachten. Mit dem Maxitaxi geht es ins geschäftige St. John's zurück, wo wir umsteigen müssen, um nach Jolly Harbour zurückzukommen.

Schon oft habe ich an großen Containerschiffen als Heimathafen „St. John's" gelesen. Jetzt weiß ich nicht nur wo es liegt, sondern war selber schon einmal da.

Auf dieser Reise haben wir schon viele verschiedene Fortbewegungsmittel ausprobiert: Korbschlitten, Seilbahn, Jeep, charmante Mietautos, Schnellfähre, Maxitaxis und Busse. Seit heute können wir dieser Aufzählung noch ein Fahrzeug hinzufügen: Golf Cart! Sie sind hier mit etwa 25 km/h auf den schmalen Straßen unterwegs, an der Marina vorbei zum Golfplatz, zu den Bungalows und hübschen Villen, zum Supermarkt und natürlich zu den Buchten mit den traumhaften Stränden hier in der Nähe. Wir mieten uns für einen Tag ein Cart und zuckeln damit zu den verschiedenen Buchten. Es ist nur wenig Verkehr, es sind hauptsächlich Golf Carts unterwegs. Linksverkehr für Anfänger, sozusagen. Das macht richtig Spaß! In der langgezogenen Morris Bay ist der Strand im nördlichen Teil fast menschenleer. Schneeweißer Sand, türkisfarbenes Wasser, die Palmen wiegen sich im Wind - Karibikfeeling vom Feinsten! Jolly Harbour mit seiner prima Marina und den fast menschenleeren Stränden gefällt uns ausgesprochen gut. Hier geht es nicht so mondän zu, wie in English Harbour. Es liegen hier aber auch keine „vergessenen" Schätzchen, wie wir sie in anderen Häfen und Buchten schon so oft gesehen haben. Es herrscht reges Treiben und eine gute Stimmung auf den Stegen. Die Bars und Restaurants laden täglich zur „Happy Hour" ein. Oft gibt es Livemusik, manchmal auch Karaoke – für den, der es mag. Der große Supermarkt direkt an der Marina ist gut sortiert, allerdings nicht ganz billig.

Wir lernen hier auch wieder einige deutsche Seglerinnen und Segler kennen. Es sind auch Crews darunter, die aus dem Norden kommend allmählich südlich ziehen, um das Boot in Trinidad oder Curacao während der Hurrikansaison von Mai bis November in Sicherheit zu wissen. Es wird dort an Land gebracht, die Crews fliegen nach Hause und kommen im November aus dem grauen Deutschland zurück an Bord.

Eines schönen Nachmittags klopft es furchtbar laut am Bugkorb und schon kommt ein Mann behende übers Deck in unser Cockpit geklettert. Es ist Klaus von der „Lubini" und der Beginn einer wunderbaren Freundschaft. Er ist mit seiner Petra auf der gleichen Route unterwegs wie wir und liest seit längerem unseren Blog. Da er uns oft knapp verpasst hat, ist er froh, uns hier endlich kennenzulernen. Hauptgesprächsthema ist natürlich der Rückweg. Welche Inseln lauft ihr noch an? Geht ihr über Bermuda oder direkt zu den Azoren? Fahrt ihr zu zweit oder kommt noch jemand an Bord?

Auch wenn hier alles ganz famos ist, heißt es schon wieder auf zu neuen Ufern. Es ist aber noch einiges zu erledigen bevor es losgehen kann. Die Trinkwasservorräte und Solarduschen müssen aufgefüllt, das Liegegeld muss abgerechnet werden. Die Ausklarierung steht an und unsere Gasflasche, die wir hier füllen lassen haben, muss noch abgeholt werden.

Nun also los zur Ausklarierung. Die drei Büros (Customs, Immigration und Port Authority) sind praktischerweise alle in einem kleinen Gebäude Tür an Tür unweit der Werft nahe der Marina untergebracht. Ingo startet frohen Mutes zum Behörden-Triathlon, während ich vor dem Gebäude warte und ihm dabei zusehe, wie er die einzelnen Hürden souverän in dieser Reihenfolge nimmt: als erstes zum Customs - als nächstes zur Port Authority - dann wieder zum Customs - nun zur Immigration - dann ein letztes Mal zum Customs. Voraussetzung dafür, dass der Triathlon erfolgreich durchgeführt werden kann, ist allerdings, dass zuvor am PC vorgearbeitet wurde.

Nachdem der Papierkram erledigt ist, gehen wir bei der Werft vorbei, um die Gasflasche abzuholen, die wir gestern dort zum Füllen abgegeben haben. Zum Schluss noch zum Supermarkt, aber auf dem Weg dorthin noch schnell zum Geldautomaten. „Ohne Moos nix los" - teures Leben hier in der Karibik, die EC-Dollar rinnen uns nur so durch die sonnengebräunten Finger.

Schließlich ist alles erledigt. Wir können ablegen und suchen uns in der Bucht einen Ankerplatz, weil es erst am nächsten Morgen weitergehen soll. Wir verbummeln den restlichen Tag und alsbald geht die Sonne unter und das Ankerlicht an. Schon um 5.30 Uhr klingelt der Wecker und kurz nach sieben Uhr gehen wir Anker auf. Der Wind hat etwas abgenommen, in den letzten Tagen hatte es ziemlich gepfeffert. Die Windvorhersage für unseren heutigen Törn zur Insel Nevis ist günstig. Der achterliche Wind soll mit vier bis fünf Beaufort, in Böen sechs, wehen.

Mit ausgerollter Genua segeln wir unserem Ziel entgegen, Antigua verschwindet langsam im Dunst am Horizont. Vor unserem Bug schält sich alsbald Nevis aus dem Dunst heraus. Mehrere Regenschauer gehen über uns hinweg und bringen ordentlich Wind mit. Kurz vor 16 Uhr erreichen wir nach 47 Seemeilen das Mooringfeld vor Nevis' Hauptort Charlestown. Es sind hier etwa 50 Moorings ausgelegt, es sind noch einige frei. Aber bevor wir uns an einer Boje festmachen, drehen wir eine Runde und begrüßen die Jungs von der „Cello". Sie sind schon ein paar Tage hier und wir freuen uns, sie zu treffen.

Wir liegen direkt unter dem 985 Meter hohen Vulkan Nevis Peak. Seine Spitze ist in schneeweiße Wolken gehüllt. Genauso muss Kolumbus ihn 1493 gesehen haben, denn er gab der Insel ihren Namen: Nevis, was auf Spanisch „Schnee" heißt. Nevis ist die kleine Schwester der Nachbarinsel St. Kitts. Als St. Kitts and Nevis bilden sie einen Staat, der Mitglied des British Commonwealth ist. Das bedeutet, dass auch hier Englisch gesprochen, links gefahren und mit Eastcaribbean Dollar bezahlt wird. Nevis ist 93 Quadratkilometer groß, 12.500 Menschen leben hier. Ein berühmter Sohn der Insel, Alexander Hamilton (1757 - 1804), war ein enger Berater des ersten amerikanischen Präsidenten George Washington und Mitautor der Verfassung der Vereinigten Staaten von Amerika. Auf Nevis heiratete Lord Nelson 1787 die von hier stammende Frances Nisbet.

Wir fahren zum Einklarieren mit dem Schlauchboot an Land. Wie auf Antigua sind auch hier die drei aufzusuchenden Behörden praktischerweise in einem Gebäude direkt Tür an Tür untergebracht. Es geht hier aber leider nicht so flott wie auf Antigua. Im Vorraum treffen wir Robert. Unverdrossen kämpft er seit etwa einer Stunde seinen Behörden-Triathlon, ein Ende ist nicht abzusehen. Es geht munter herein und heraus zu den verschiedenen Beamten. Immer schön der Reihe nach, bitte hinten anstellen. Bei dem Beamten hinter der mittleren Tür, der Immigration, ist die Wartezeit am längsten. Ansonsten ist kein organisierter Ablauf zu erkennen. Während Robert insgesamt viermal beim Beamten vom Customs vorstellig werden muss, genügt bei Ingo ein einmaliger Besuch. Ohne erst beim Customs gewesen zu sein, kann er gleich zur Port Authority durchstarten. Als er die letzte Hürde nimmt und endlich in das Büro des Beamten der Immigration gehen darf, erfährt er, warum es bei diesem ausgesprochen freundlichen jungen Mann immer so lange dauert. Er heißt Ingo auf Nevis herzlich willkommen und erzählt begeistert, wie schön diese kleine Insel ist, welche Sehenswürdigkeiten sie zu bieten hat und was man hier unbedingt gesehen oder gemacht haben muss. Zu guter Letzt bekommt Ingo die Stempel in unsere Pässe gedrückt. Der Aufenthalt bei den Behörden hat etwa eine Stunde gedauert, Robert hat zwei gebraucht.

Wir frühstücken gerade gemütlich, als von draußen Motorengeräusche und lautes Rufen zu hören sind. Es sind zwei Beamte der Hafenpolizei. Mit ihrem Motorboot fahren sie zu den einzelnen Yachten und kontrollieren, ob die Gebühr für die Mooring bezahlt worden ist. Die Angaben für die „Amazone" finden sie in ihren Papieren, es ist alles in Ordnung. Im Wegfahren ruft einer der beiden Herren Ingo zu: „Nice boat! Do you want to sell it?" Ob die Frage wirklich ernst gemeint war, wissen wir zwar nicht, Ingo hat sie jedenfalls verneint.

Für heute haben wir uns eine Fahrt mit dem Bus vorgenommen, um die Insel näher kennenzulernen. Also fahren wir mit dem Schlauchboot zum Strand, um von dort aus an die Hauptstraße zu laufen und einen Bus zu erwischen. An der Hauptstraße ist von einer Haltestelle oder gar einem Bus nichts zu sehen. Aber auf der gegenüberliegenden Straßenseite ist ein Wanderweg zum Nevis Peak ausgeschildert. Spontan entscheiden wir uns, nicht mit einem Bus zu fahren, sondern einen Spaziergang zu machen. Aus dem Spaziergang wird eine anstrengende, fast vierstündige Wanderung. Es geht über Stock und Stein, bergauf, bergab, manchmal durch dichten Wald, oft in der prallen Sonne. Es ist im üppigen Grün des Waldes nicht ganz einfach, die Orientierung zu behalten. Manchmal müssen wir raten, wo der Weg weitergeht und ob es überhaupt ein Weg ist. Ausgeschildert ist hier nichts, aber es wurden in unregelmäßigen Abständen bunte Bänder an die Baumstämme gebunden. So von den Bändern geführt erreichen wir irgendwann am späten Nachmittag wieder die Hauptstraße.

Auch wenn es eine Binsenweisheit ist, können wir festhalten, dass jede Insel ihren ganz eigenen Charakter und Reiz hat. Unsere ganz persönliche Untertitelung könnte so aussehen: Tobago - die Ursprüngliche; Bequia - die gut Organisierte; St. Lucia - die mit den zwei Pitons; Martinique - die Europäische; Dominica - die Wunderschöne, Wilde; Guadeloupe - die mit dem schönsten botanischen Garten; Antigua - die Mondäne, Türkisfarbene. Und Nevis? Welche persönlichen Stichworte fallen uns zu dieser Insel ein? Die mit den wilden Affen und Eseln. Nevis ist die erste Insel, auf der uns freilebende Affen und Esel begegnen. Hier leben etwa 12.500 Menschen und 10.000 wilde Affen. Vor 200 Jahren wurden einige Exemplare aus Ostafrika hierhergebracht und vermehren sich seither munter. Wir sehen sie in den Gärten herumturnen. Die wildlebenden Esel sind uns heute etwas abseits der Hauptstraße begegnet. Es waren zwei kleine Gruppen von fünf oder sechs Tieren, die umherstromern. Sie sind scheu und nehmen beim Näherkommen Reißaus.

Von Nevis verabschieden wir uns und segeln zur Nachbarinsel St. Kitts. Mit gerefftem Großsegel und nicht ganz ausgerollter Genua geht es bei fünf Beaufort und halbem Wind flott voran. Herrliches Segeln, allerdings nur ein kurzes Vergnügen, denn nach zehn Seemeilen haben wir unser Ziel eineinhalb Stunden später schon erreicht. In der kleinen Port Zante Marina in der Hauptstadt Basseterre ist noch ein Platz für uns frei. Hier liegen jetzt die „Amazone" und die „Cello" mal wieder einträchtig nebeneinander. Heute ist zwar Freitag, der 13., aber es ist nichts schief- oder kaputtgegangen. Ganz im Gegenteil! Robert hat sich gemeinsam mit Ingo erfolgreich um die Reparatur unserer Homepage gekümmert. Es gab gleich mehrere Probleme, die es zu lösen galt. Robert, der Profi, hat die richtigen Ideen. Die beiden können die Fehler finden und beheben.

Abends ziehen wir mit Raimund, Siggi und Robert noch einmal los. Der Marinamitarbeiter hat uns schon vorgewarnt, dass hier heute laut gefeiert werde und wir sicherlich nicht schlafen könnten. In den Straßen herrscht Jubel, Trubel, Heiterkeit. Gefeiert wird „Sugar Mas", auf einer Bühne werden Preise überreicht. Ganz genau wissen wir nicht, was hier gefeiert wird, aber es hat mit dem Karneval zu tun. Die Musik ist unglaublich laut. Natürlich wird auch für das leibliche Wohl gesorgt. Gegrilltes, Bier und Hochprozentiges wird an allerlei Ständen verkauft. Es herrscht eine ausgelassene Stimmung. Obwohl wir fünf die einzigen Weißen weit und breit sind, die Kreuzfahrtschiffe haben schon wieder abgelegt, fühlen wir uns sicher und wohl.

St. Kitts ist 168 Quadratkilometer groß und 40.000 Menschen leben hier. 1493 lief Kolumbus diese Insel auf seiner zweiten Reise zum ersten Mal an. Er war von ihr so begeistert, dass er sie nach seinem Namenspatron, St. Christophorus, benannte. 1623 wurde St. Kitts von den Engländern erobert und sie verballhornten den Namen zu St. Kitts. Im Laufe der Jahrhunderte wechselte St. Kitts noch mehrmals den Besitzer. Franzosen und Briten lieferten sich erbitterte Schlachten. Erst 1871 wurde die Insel endgültig britisch. 1983 brachte die Unabhängigkeit.

Mit Robert, Siggi und Raimund unternehmen wir heute einen Landausflug. Wir würden ganz gerne mit der St. Kitt's Scenic Railway fahren. Das ist die letzte noch in der Karibik fahrende Schmalspurbahn. Sie wird von einer Diesellok gezogen. Auf einer knapp dreistündigen 30-Meilen-Tour umrundet sie und auf einer Teilstrecke ein Bus, von Basseterre aus die komplette Insel. Ursprünglich war die Schmalspurbahn 1912 bis 1926 für den Transport von Zuckerrohr angelegt worden. Auf der Homepage der Bahn sind keine näheren Informationen zum Fahrplan zu bekommen und so machen wir uns auf gut Glück auf den Weg. Nach einem Fußmarsch von etwa dreißig Minuten erreichen wir die Endstation der Bahn. Wir erfahren dort allerdings, dass sie erst morgen wieder fährt. Tja, Pech gehabt. Im Schatten eines Baumes legen wir eine kurze Rast ein und laufen nach Basseterre zurück. Dort kommen wir am Independence Square vorbei. Hier fand einst der größte Sklavenmarkt der Kleinen Antillen statt. Basseterres Mittelpunkt ist aber der Platz The Circus, benannt nach Londons Picadilly

Circus. Rundherum stehen hübsche Kolonialbauten, es herrscht buntes Treiben.

Es heißt mal wieder Abschied nehmen. Die Box neben der „Amazone" ist jetzt leer - die drei Cellisten sind weitergesegelt.

Montagmorgen, 5.30 Uhr, an Bord der „Amazone" klingelt der Wecker. Das ist das Ende einer ganz unruhigen Nacht. Es gab keinen Schwell, keine Schaukelei, keinen heulenden Wind in den Wanten, keinen abdriftenden Ankernachbarn, keine Mörder laute Musik an Land und doch haben wir sehr schlecht bis gar nicht geschlafen. Der Grund waren Mücken, die surrend ihr Unwesen trieben und uns ein ums andere mal gehörig nervten und nicht zur Ruhe kommen ließen.

Entsprechend unausgeschlafen mümmeln wir unser Frühstück. Wir wollen früh los, weil wir heute einen längeren Törn von etwas mehr als fünfzig Meilen vor uns haben. Saint Martin/Sint Maarten ist unser Ziel. Gegen 7.30 Uhr legen wir ab. Mit Großsegel und Genua geht es im Windschatten von St. Kitts an der grünen und bergigen Küste entlang. Auch der Motor darf ein bisschen mithelfen. Schließlich erreichen wir die Nordspitze der Insel, mit vier Beaufort halbem Wind ist es schönstes Segeln. Wir versuchen heute mal wieder unser Anglerglück. Unglaublich, aber wahr: Wir fangen einen halben Fisch! Als Ingo bemerkt, dass etwas angebissen haben muss, holt er die Angel ein und staunt nicht schlecht - es hat ein Fisch angebissen, den wiederum ein anderer Fisch gut zur Hälfte abgebissen hat.

Nach einem super Segeltag erreichen wir nach 53 Seemeilen nachmittags die Simpson Bay in Sint Maarten. Dies ist insofern eine besondere Insel, weil sie aus zwei Nationen besteht. Der nördliche Teil ist französisches Überseegebiet (Saint Martin), der südliche Teil ist autonomer Teil der Niederlande (Sint Maarten). Wir ankern in fünf Meter tiefem Wasser, über uns donnern die Flieger des nahegelegenen Flughafens hinweg, am Ufer sind diverse Ferienanlagen und Hochhäuser zu sehen. Gleich nebenan in Philipsburg, der Hauptstadt des niederländischen Teils der Insel, liegen zurzeit vier große Kreuzfahrtschiffe. In unserem Reiseführer steht, dass „das Zentrum von Philipsburg fast wie ein großer Duty Free Supermarkt wirkt, durch den tagsüber die Passagiere der Kreuzfahrtschiffe strömen." Einklarieren und an Land gehen wollen wir hier nicht. Es gibt schönere und vor allem ruhigere Buchten zum Ankern, als die Simpson Bay. Und so verlassen wir am nächsten Morgen den niederländischen Teil der Insel und fahren in den französischen Norden. Bei flauem Wind legen wir die zehn Seemeilen unter Motor zurück. In der großen, geschützten Bucht bei Marigot finden wir in dem weitläufigen Ankerfeld einen Platz auf vier Meter tiefem, türkisblauem Wasser.

Es gibt ein unverhofftes Wiedersehen mit Dörte und Paul, die mit ihrer

„Man suutje" hier ankern. Fast hätten wir uns knapp verpasst, weil die beiden heute noch weitersegeln wollen. Unser letztes Treffen ist schon ein paar Wochen her. Bei einem kleinen Spaziergang durch Marigot und einem Restaurantbesuch geben sie uns Tipps rund ums Wäschewaschen, einkaufen und Diesel tanken und erzählen uns, wo es die leckersten Brötchen gibt. Wir lernen auch den hiesigen Trans-Ocean-Stützpunktleiter, „Shrimpy" Michael Glatz, kennen, der in Marigot verschiedene Serviceleistungen rund um den Wassersport anbietet. Wir sind also kaum angekommen und schon über die wichtigsten Dinge im Leben eines Fahrtenseglers im Bilde! Alsbald müssen wir uns aber trennen, die „Man suutje" wartet. Im Verabschieden sind wir inzwischen ganz gut, kurz und möglichst schmerzlos muss es sein und immer in der Hoffnung auf ein Wiedersehen. Anschließend erledigen wir im Büro der Marina Port La Royale am PC die Ein- und Ausklarierung. Da wir uns auf europäischem Gebiet befinden, ist es hier wieder ein vereinfachtes Verfahren.

Schon wieder klingelt der Wecker, am dritten Morgen in Folge. Ich stehe aber nur kurz auf, um unser UKW-Funkgerät einzuschalten. Auf Kanal 10 gibt es hier an jedem Morgen ab 7.30 Uhr eine Funkrunde, die Shrimpy moderiert. Los geht es mit der Wind- und Wettervorhersage, gefolgt von Verloren/Gefunden, dann werden die Neuankömmlinge und die abfahrenden Segler um eine Namensmeldung gebeten, weiter geht es mit „to buy, sell or swap" - Kaufen/Verkaufen/Tauschen. Am Schluss kommt verschiedenes Erwähnenswertes an die Reihe. Alles natürlich auf Englisch. Sehr interessant, auch wenn wir nicht alles genau verstehen. Ein Segler möchte z. B. einen Flachbildschirm verkaufen, so gut wie neu, nur leider zu groß für sein Boot. Eine Seglerin organisiert eine Spiele-Runde für die Teenager und lädt hierzu in eine Strandbar ein. „Cyberman", so der Firmenname, wirbt für seine Dienste. Er kommt an Bord, wenn es Probleme mit dem PC oder der Homepage gibt. Na gut, unser „Cyberman" heißt Robert und war schon da. Morgen schalten wir wieder ein.

Frankreich und die Niederlande teilen sich diese Insel, die am Martinstag 1493 von Kolumbus entdeckt und nach diesem Tag des Heiligen benannt wurde. Beide Teile der Insel können mit weißen Sandstränden, türkisfarbenem Wasser, Luxushotels, Restaurants, Duty Free Shops, Golf- und Tennisplätzen aufwarten. Auch wenn wir im niederländischen als auch im französischen Teil ein- und wieder ausklarieren müssen, gestalten sich die Grenzübertritte auf dem Landwege vollkommen problemlos. Im Südwesten der Insel liegt ein riesiger Binnensee, die Simpson Bay Lagoon. Ganz in der Nähe unseres Ankerplatzes in der Marigot Bay liegt die Einfahrt in den französischen Teil der Lagune. Mit dem Schlauchboot fahren wir heute in die Lagune hinein und tuckern in den niederländischen Teil hinüber. In der Lagune gibt es neun Marinas, es liegen hier auch unzählige Yachten vor

Anker. In dem riesigen Ankerfeld fallen uns einige offensichtlich schon vor langer Zeit verlassene Boote auf. Am Ufer liegen auch vereinzelt Wracks von Sportbooten - Opfer des letzten Hurricans.

Bei einem Yachtausrüster erstehen wir u. a. zwei Dieselkanister. Kann ja nicht schaden, auch bei der zweiten Atlantiküberquerung ausreichend Diesel dabei zu haben. Jawohl, die Kanister-Hysterie, von der wir uns auf den Kanaren schon anstecken lassen haben, ereilt uns auch hier. Aber es ist eine milde Form dieser ansteckenden Krankheit. An Deck sind noch keine Kanister festgezurrt, sie passen alle in die Backskiste. Am späten Nachmittag fahren wir wieder über die unsichtbare Grenze, zurück in den französischen Teil.

Der nächste Tag beginnt schon ganz wundervoll damit, dass eine Schildkröte hinter unserem Heck herum schwimmt, ihren Kopf aus dem Wasser hebt und mich anblickt. Ich sitze gerade mit dem ersten Becher Kaffee des Tages im Cockpit und lausche der Funkrunde auf Kanal 10 - der Flachbildschirm ist übrigens noch zu haben. Nach dem Frühstück verholen wir in die Marina. Die gut aufgelegten Mitarbeiter nehmen unsere Leinen an, bzw. ein junger Mann in einem Schlauchboot übernimmt unsere Heckleinen, die er an Moorings befestigt. Der hilfsbereite Mitarbeiter im Schlauchboot entpuppt sich als Fan der „Amazone". Ob wir sie nicht verkaufen möchten, fragt er uns. Wir fühlen uns zwar geschmeichelt, verneinen aber die Frage. Als ich sage: „Familienmitglieder verkauft man nicht." meint er, alles sei käuflich, es sei eben nur eine Frage des Preises. Wenn uns jemand eine Million Euro bieten würde, würden wir sicher verkaufen. Darauf sage ich ihm, dass ich bei solch einem Angebot gerade mal anfangen würde, darüber nachzudenken! Ach, wie wir alle zusammen gelacht haben.

Wir haben in die Marina verholt, weil wir einiges auf der „Amazone" jetzt Mitte März durchchecken wollen, damit wir im Fall der Fälle vor der zweiten Atlantiküberquerung Anfang Mai noch Zeit genug hätten, um gegebenenfalls Reparaturen durchführen zu lassen. Das heißt für mich, dass ich wieder in den Mast hochgezogen werde, um dort oben nach dem Rechten zu sehen. Elke und Walter, die mit ihrer "Sunrise" auch hier in der Marina liegen, helfen Ingo dabei, mich zu sichern. Augenscheinlich ist alles in Ordnung, die Muttern und Splinte sind alle noch da, die Wanten und Stage scheinen okay. Noch ein paar Fotos aus der Vogelperspektive schießen, schon geht es wieder abwärts.

Während ich mich anschließend im Boot um Ordnung und Sauberkeit bemühe, checkt, reinigt und ölt Ingo die Rollreffanlage. Fallen und Wantenspanner werden in Augenschein genommen und kommen ohne Beanstandung durch die Kontrolle. Wir sind erleichtert, dass anscheinend alles in Ordnung ist und nichts repariert werden muss. So können wir, bevor wir zur Atlantiküberquerung starten, noch zu den British Virgin Islands segeln.

Vorher wollen wir aber noch einen Großeinkauf starten. Unser Lieblings-Supermarkt, „Super U", ist nicht weit entfernt. Wir können uns in der Marina zwei große Handwagen ausleihen und kehren vollbeladen mit Getränken und Lebensmitteln zurück. Es ist schon dunkel, als wir die Einkäufe an Bord bringen. Das passt ja gut, dann können wir gleich mal überprüfen, ob die Positionslampen funktionieren. Auch diesen Punkt können wir abhaken, alle Lampen leuchten vorschriftsmäßig. Gegen 21 Uhr sind wir mit dem Verstauen unserer Schätze fertig und lassen diesen fleißigen Tag mit dem letzten Becher Kaffee des Tages im Cockpit allmählich ausklingen.

Die Wind- und Wettervorhersage ist günstig, die Trinkwasservorräte sind aufgefüllt, so dass unserem Törn zu den British Virgin Islands (BVI) nichts im Wege steht. Etwa achtzig Seemeilen ist Virgin Gorda, die erste der Inseln, die wir dort anlaufen wollen, von Saint Martin/Sint Maarten entfernt. Wir wollen bei Tageslicht ankommen, deshalb starten wir am Nachmittag.

Freundlicher Einklarierungsbeamter in Charlotteville/Tobago

„Lunch is ready" in Charlotteville

13. Die Kleinen Antillen

Ingo und der Fischer Joe haben sein Stellnetz ausgebracht

Nicht alle Boatsboys sind vertrauenswürdig. Bei ihm haben wir Lehrgeld bezahlt.

Ingo und Barba bei der Calabash-Ernte in dessen Garten auf Bequia

Fischen auf St. Lucia

13. Die Kleinen Antillen

Die drei Jungs von der „Cello"

Supermarkt mit Schlauchboot-Anleger auf Martinique

Abendstimmung in St. Pierre auf Martinique

Malte und Ingo mit dem Schwertfisch

13. Die Kleinen Antillen

Antje mit Fred auf Dominica

Buntes Segel vor Martinique

Robert steuert die „Cello" tapfer durch die Wellenberge

Tischler auf Antigua beim Anzeichnen unseres neuen Bodenbrettes für unsere Gummiwurst

13. Die Kleinen Antillen

Ein schöner großer Mahi Mahi

Angebissen und abgebissen

# A.

## ZWISCHENRUF UNSERER „KLEINEN GUMMIWURST":

## Wer oder was bin ich?

„Fühlt ihr euch manchmal, klein, hässlich und unbeachtet? Steht ihr im großen Schatten eines Anderen, glaubt ihr der Knochen zu sein und jemand Anderes ist immer der Hund? Tag für Tag macht ihre eure harte, schwere Arbeit ohne Murren und Knurren, doch auf ein freundliches Wort, ein Lob oder gar Anerkennung wartet ihr vergebens? Grau und trist ist euer Alltag und ihr würdet so gern mal die Wahrheit sagen? Es endlich einmal herausschreien, wie gemein und niederträchtig ihr es findet, dass eure Anwesenheit als selbstverständlich und nicht weiter erwähnenswert angesehen wird? Habt ihr auch manchmal die Nase voll, wenn die einzige Aufmerksamkeit, die ihr bekommt, Hohn und Spott ist? Geht euch auch manchmal die Luft aus? Ich glaube, ihr wisst, was ich meine.

Wird Zeit, dass ich mich vorstelle: Ich bin das Schlauchboot, das Dinghy, das Anhängsel an der „Amazone". Die Gummiwurst, wie ich auch genannt werde. Mir einen Namen zu geben, hat bisher niemand für nötig gehalten. Es gibt mich, weil man mich braucht. Punkt. Zugegeben, ich bin nicht das größte, genau genommen sogar fast immer das kleinste Schlauchboot am Dinghy Dock. Aber auf mich ist Verlass! Wie würden die Herrschaften denn vom Ankerplatz an Land und wieder an Bord kommen, ohne mich? Wer transportiert denn die vielen Einkäufe und Kanister? Wer scheuert sich denn fast wund an den rauen Anlegern, wird hin und her geschubst und wartet geduldig in der sengenden Sonne? Rechts und links von mir all die großen, prächtigen Schlauchboote, manche sogar mit richtiger Sitzbank mit Rückenlehne und einem in der Sonne glänzenden Steuerrad.

Und das sind nicht immer angenehme Nachbarn. Neulich sagte doch einer ganz unverblümt zu mir: „Dass dich deine Leute hier anschließen, ist ja eigentlich überflüssig. Wer sollte dich schon klauen? Mit dir kann doch keiner etwas anfangen." Das war hart und auch gelogen, da musste ich erst mal schlucken. Fast hätte ich mich dazu hinreißen lassen, auf diesem Niveau zu antworten, aber ich weiß ja, was sich gehört.

Also, Antje und Ingo - auch wenn mich noch nie jemand danach gefragt

A. Zwischenruf unserer „Kleinen Gummiwurst"

hat und ich auch nicht weiß, ob es hier jemanden interessiert: Ich finde es toll, mit euch unterwegs zu sein! Das Wasser ist so herrlich türkis und warm, ich muss nicht frieren und habe schon viele nette Bekanntschaften an den Schlauchbootstegen gemacht. Es gibt ja immer so'ne und solche. Ich fahre euch und eure Sieben Sachen bei Wind und Wellen gerne hin und her.

Schließt mich bitte immer gut an. Vielleicht ist ja doch mal einer scharf auf mich und ich würde so gerne mit euch weiterreisen und möglichst wieder nach Hause kommen. Oft weiß man etwas erst zu schätzen, wenn es nicht mehr da ist. Wäre doch schade, wenn es Euch mit mir so gehen würde.

Eure Kleine Gummiwurst"

# 14.

# IN DEN WUNDERSCHÖNEN BRITISH VIRGIN ISLANDS

Seit langer Zeit steht mal wieder eine Nachtfahrt auf dem Programm. Kurz vor 16 Uhr legen wir in Sint Maarten ab. Unter ausgebaumter Genua segeln wir bei vier Beaufort raumem Wind in den Sonnenuntergang. Kurz vorm Dunkelwerden beißt sogar noch ein kleiner Thunfisch an und alsbald liegen die Filets in unserer Kühlung. Von 20 bis 24 Uhr hat Ingo Wache, von 0 bis 4 Uhr bin ich an der Reihe, um wieder von Ingo abgelöst zu werden. Es ist nur wenig los, ein Segler kommt uns unter Motor entgegen, in der Ferne ziehen drei hell erleuchtete Kreuzfahrtschiffe am Horizont davon. Der Mondschein zaubert eine romantische Atmosphäre und wieder einmal staunen wir über den phänomenalen Sternenhimmel. So schaukeln wir unserem Ziel entgegen. Es fühlt sich sehr gut an, hier draußen zu sein. Kurz vor sieben Uhr weckt Ingo mich - wir sind fast da!

Die sanften grünen Hügel von Virgin Gorda heißen uns willkommen. 80 Seemeilen haben wir locker flockig zurückgelegt. Um acht Uhr fällt unser Anker im Virgin Gorda Sound, in der Bucht Gun Creek. Hier wollen wir die Einklarierung erledigen. Der Virgin Gorda Sound ist eine „Sackgasse" und deshalb sehr geschützt. Wir sind auf Anhieb von dem sich uns bietenden Panorama aus Strand, Palmen, Bergen und türkisfarbenem Wasser begeistert! Nach einem gemütlichen Frühstück fährt Ingo mit unserem Schlauchboot zur Einklarierung an Land. Der Verwaltungsakt ist schnell erledigt, einen Monat dürfen wir uns jetzt hier aufhalten.

In der Bucht bei Gun Creek herrscht reger Fährverkehr und entsprechender Schwell. So fahren wir hinüber nach Prickly Pear Island. Unser Anker fällt bei fünf Meter Wassertiefe. Wir holen den verpassten Schlaf nach, lassen uns den Thunfisch schmecken und schmökern in den Broschüren und Informationsblättern, die Ingo bei der Einklarierung bekommen hat. Virgin Gorda bildet zusammen mit den Inseln Tortola, Jost van Dyke, Anegada und etwa 50 weiteren Inseln und Atollen die British Virgin Islands. Nördlich von Tortola liegt der tiefste Punkt des Atlantiks - 8.648 Meter. Spanien, die Niederlande und Großbritannien wechselten sich einige Male als Kolonialmächte der Virgins ab. 1967 erhielten die British Virgin Islands als britisches Überseegebiet weitgehende innere Autonomie - es wird Englisch gesprochen, links gefahren und mit US Dollar bezahlt.

## 14. In den wunderschönen British Virgin Islands

Wir treffen hier eine alte Bekannte wieder: Kurz vor Sonnenuntergang läuft die „Sea Cloud II", der Windjammer-Kreuzliner, in die Bucht ein. Sie war im November parallel mit uns gesegelt, als wir von Teneriffa aufgebrochen waren, im Dezember war sie kurz nach unserer Ankunft auf Tobago in die Man of War Bay eingelaufen.

Gestern Abend wurde nach Einbruch der Dunkelheit ein blinder Passagier bei uns an Bord gesichtet, gefangen und über Bord befördert. Ja, da kannten wir kein Pardon. Ich lag schon gemütlich in meiner Koje, als ich im schwachen Schein meines E-Book-Readers über mir an der Decke des Salons einen großen dunklen Punkt wahrnahm. Einen Moment überlegte ich, was es sein könnte. Kurzsichtig wie ich bin, brauche ich zum Lesen keine Brille, konnte aber dieses Objekt nicht sofort identifizieren. Als es allerdings ganz allmählich davon krabbelte, war mir klar - eine Kakerlake bahnt sich hier ihren unerlaubten Weg! Eine ziemlich große noch dazu, etwa vier Zentimeter lang. Mein Entsetzen war so groß, dass ich Ingo, der im Cockpit saß, nicht gleich in zusammenhängenden Sätzen informieren konnte. Es kam erst mal nur „Ah, iii, oh, nein. Oh Gott, schnell!" Ingo hat die Kakerlake aber auch gleich gesehen und sofort Gegenmaßnahmen eingeleitet. Seit einiger Zeit haben wir eine Spraydose mit Insektenspray griffbereit. „Baygon", so heißt es, kam erfolgreich zum Einsatz und das große Krabbeltier ging über Bord. Einen Fototermin hat es vorher nicht mehr bekommen, wir waren froh, als es weg war. Nun hoffen wir, dass es sich um ein einsames, einzelnes Exemplar gehandelt hat.

Von unserem Ankerplatz aus sind wir heute mit dem Schlauchboot zur nahegelegenen Mini-Insel Saba Rock getuckert. Eine Bar, ein Restaurant, ein Hotel und ein kleiner Souvenirladen befinden sich dort. Außerdem noch drei Hängematten, die wir gleich ausprobiert haben. Herrlich, sich hängen lassen mit Blick auf die Palmen und das in vielen Schattierungen schimmernde glasklare Wasser. Eine hübsche kleine Anlage - und ganz wichtig - wir können hier eine Internetverbindung bekommen. Wir holen die Wettervorhersage, lesen unsere Mails und genießen die Atmosphäre bei einem kühlen Getränk.

Wir blättern in unserem Revierführer und können uns nicht so recht entscheiden, ob, wann und wohin es weitergehen soll. So viele geschützte Buchten warten auf uns, da haben wir die Qual der Wahl. Was für ein Luxus-Problem!

Unsere Homepage heißt „unsereauszeit". Wir nehmen eine Auszeit vom Alltag. Wir gönnen uns den unerhörten, großen Luxus keine Zeitung zu lesen und keine Nachrichten zu hören. Eine Internetverbindung ist oft nicht vorhanden. Wenn wir in einer Bar das WiFi nutzen können, gehen wir ins Internet, um mit Freunden und Verwandten zu kommunizieren, unsere

Beiträge und Fotos hochzuladen und in den Links zu schauen, wo unsere Segelfreunde sind und was sie gerade erleben. Neulich habe ich gelesen, dass in einer einzigen Sonntagszeitung so viel Informationen enthalten sind, wie die Menschen vor 200 Jahren in einem Jahr erhielten. In unserem Mikrokosmos spielen die Wettervorhersagen, Ankerplätze, die Versorgung mit Wasser und Lebensmitteln, das Kennenlernen und Verabschieden lieber Menschen und gute Zeitfenster für große Passagen die Hauptrollen. Andererseits sind wir per Satellitentelefon jederzeit erreichbar für die Sorgen und Nöte, die die Daheimgebliebenen umtreiben. Uns ist sehr wohl bewusst, dass das normale Leben für den Rest der Welt weitergeht. Täglich sterben überall auf der Welt Menschen, grausam und brutal durch Menschenhand. Ich bin entsetzt über eine harmlose Kakerlake, rekele mich genüsslich in einer Hängematte, während viele Menschen wirkliche Sorgen haben. Kein Mensch kennt seine Zukunft, niemand weiß, was das Schicksal für ihn bestimmt. Wir leben im Hier und Jetzt, unendlich dankbar, dass wir das hier alles erleben dürfen. Wir tanken Kraft für die Zeit nach der Auszeit, wenn wir in den Alltag zurückkehren, wieder andere Dinge in den Vordergrund rücken und wichtig werden.

Wir unternehmen wieder eine kleine Ausfahrt mit unserem Schlauchboot. Auf Saba Rock, diesem zauberhaften, kleinen Inselchen, waren wir vorgestern, gestern ging es hinüber in die Leverick Bay. Heute ist die Marina mit angeschlossenem Resort auf der Landzunge „Bitter End" unser Ziel. Aus Schaden wird man klug, sagt man. Und so fahren wir heute gleich in Badebekleidung los, denn nass werden wir heute auf unserer Ausfahrt mit Sicherheit. Der Wind weht frisch von vorne, die Wellen sind kurz, steil und hoch. Aber das kleine tapfere Schlauchboot lässt sich nicht beirren. Es zieht voll durch, wir nehmen viel Spritzwasser über. Angekommen, machen wir das Schlauchboot am Dinghy Dock fest, trocknen uns ab und ziehen uns schnell etwas Trockenes an. Der Name Bitter End ist allerdings irreführend. Hier ist es eher honigsüß und wunderbar karibisch. Wir erkunden ein bisschen die Umgebung und lümmeln uns im Schatten mit Blick auf die traumhafte Bucht auf zwei gemütliche Liegen. Schließlich kehren wir in die Bar des „Bitter End Yacht Club" ein. Hier wollen wir etwas trinken und das Internet nutzen. Aber was für eine Überraschung: Viele Vereinsstander hängen hier von der Decke. Gut, dass ich einen OSV-Stander und einen Stander vom WVW (Wassersportverein Wulsdorf Bremerhaven) im Rucksack dabei habe! Der freundliche Herr des Hauses hat nichts dagegen, die beiden Stander aufzuhängen. Die vorbereiteten Mails sind schnell verschickt und die Fotos für den heutigen (B)logbuchbeitrag hochgeladen.

So sitze ich im Pub des Bitter End Yacht Clubs unter den vertrauten, heimischen Standern und schreibe einen Text mit Blick auf die Bucht, die grünen Hügel und das türkisfarbene Wasser, auf dem die Sonne glitzert.

Es geht mit einem richtigen Highlight weiter, einem Abstecher zu The Baths. Das sind spektakuläre, riesige Felsbrocken, einige brechen aus dem Grün hervor, andere sind über den Strand verteilt und scheinen ins Meer zu rollen. Dazwischen öffnen sich Höhlen, Grotten und Pools, eine bizarre Szenerie. So steht es im Reiseführer, das wollen wir uns doch mal ansehen. Am frühen Vormittag verlassen wir unseren Ankerplatz vor Preakly Pear Island. Bei vier Windstärken geht es gemütlich nur mit ausgerollter Genua an der günen, hügeligen Küste Vigin Gordas entlang. Schon von weitem sehen wir den Strand mit den gigantischen Felsen. Davor schaukelt eine ansehnliche Zahl von Katamaranen an den ausgelegten Moorings.

The Baths gehört zu einem Naturschutzpark, ankern und fischen sind hier verboten. Es ist auch nicht erlaubt, mit dem Schlauchboot bis an den Strand zu fahren. Es gibt ein für Schwimmer abgegrenztes Areal und einige Bojen, an denen das Dinghy festgemacht werden kann. Die restliche, kurze Distanz muss schwimmend zurückgelegt werden. Die „Amazone" schaukelt an einer Mooring in der ersten Reihe, direkt vor dem Schwimmerareal. Wir packen also unseren wasserdichten Rucksack und schwimmen und schnorcheln direkt vom Boot aus an den Strand. Korallen und bunte Fische bekommen wir auf unserem Weg dorthin zu sehen. Am Strand angekommen sind wir auch schon mitten zwischen den großen Felsbrocken. Sie liegen neben- und übereinander, wie von einem Riesen hingewürfelt. Wir klettern über die Felsen und Felsspalten, bestaunen die außergewöhnlichen Grotten und Pools. Und natürlich ist hier viel los. Fast alle Moorings sind belegt, zwischen den arg schaukelnden Booten fahren die Schlauchboote hin und her. Am Strand und zwischen den Felsblöcken tummeln sich die Menschen. Wir beschließen, diesen einzigartigen aber sehr schaukeligen Platz zu verlassen und uns eine ruhigere Bucht zum Übernachten zu suchen.

Wir fahren in die nur knapp vier Seemeilen entfernte Pond Bay. Hier liegen wir ganz ruhig mit nur zwei anderen Yachten vor Anker. Dass hier nur so wenige Boote sind, mag daran liegen, dass die Einfahrt in die Bucht wegen eines vorgelagerten Riffs nicht ganz einfach ist. Wir lesen in unserer Karibik-Bibel, dem Doyle, dass viele Vercharterer es ihren Kunden deshalb nicht erlauben, diese Bucht anzulaufen. Wie dem auch sei, wir tasten uns mit Hilfe des Plotters und der Detailkarte im Revierführer in die Bucht. Ich sitze im Bugkorb und halte vorsichtshalber nach Korallenköpfen, die sich knapp unter der Wasseroberfläche befinden, Ausschau. Wichtig ist auch der Stand der Sonne. „Mit der Sonne im Rücken wird dir die Ansteuerung glücken." Die Sonne darf nicht blenden, so dass die Türkis- und Brauntöne der verschiedenen Wassertiefen richtig eingeschätzt werden können.

Es gibt sie, leider viel zu oft - die Tage, an denen alles schiefgeht und ich spätestens um 11 Uhr denke „Wäre ich doch bloß im Bett geblieben!" Zugegeben, es ist schon lange her, dass ich so einen Tag erwischt habe. Heute war ein ganz und gar anderer, ja ein perfekter Tag. Wir haben eine ruhige Nacht in der Ankerbucht verbracht und heute macht mal der Kapitän das Frühstück. Anschließend gehen wir Anker auf, um nach Anegada zu segeln. Kurz nachdem die „Amazone" so richtig in Fahrt gekommen ist - wir haben vier Beaufort, segeln bei wenig Welle und Sonnenschein Vollzeug am Wind - kreuzen wir mit der „Muline" den Kurs. Ein kurzes, unverhofftes Wiedersehen. Sie wollen nach The Baths und wir können ihnen zurufen, dass es dort wirklich sehr spektakulär und einzigartig ist. Nach etwa drei Stunden haben wir die siebzehn ganz famosen Seemeilen zurückgelegt. Segeln vom Feinsten war das heute mal wieder. Der Autopilot hatte Pause, heute sitze ich selbst an der Pinne und habe richtig Spaß dabei.

Vor Anegada erwischen wir eine der letzten Moorings. Mit dem Schlauchboot fahren wir an Land und machen einen sehr langen Spaziergang an einem strahlend weißen, menschenleeren Strand. Nach einem spektakulären Sonnenuntergang, den wir vom Cockpit aus beobachten, fahren wir noch einmal an Land. In der „Wonky Dog Bar" sitzen wir am Strand und essen köstlichen, gegrillten Lobster (Languste). Dieses Gericht wird überall in der Karibik angeboten, wir probieren es heute zum ersten Mal und finden es richtig lecker. Zurück an Bord bekommt Ingo sogar eine Internetverbindung. So können wir auch noch unsere Mails lesen. Viele liebe Grüße habe ich bekommen. Fürwahr ein perfekter Tag. Ist ja auch kein Wunder - es ist mein Geburtstag.

Im Mooringfeld bei Setting Point/Anegada wollen wir nicht bleiben. Wir haben nur für eine Nacht Station gemacht, weil wir hier in einem der Restaurants Lobster essen wollten. Ansonsten hält uns hier nichts, zu viel Betrieb für unseren Geschmack. Und flach ist es hier, die „Amazone" hat bei Niedrigwasser gerade noch ungefähr 40 Zentimeter Wasser unter dem Kiel. Die Moorings liegen hier sehr dicht beieinander und sind am späten Nachmittag alle belegt. Fast alles Charterschiffe, zumeist Katamarane, ab 42 Fuß (knapp dreizehn Meter) aufwärts. Hier sehen wir aber auch Motorboot-Katamarane. Sie wirken wie große schwimmende Wohnwagen. Man hat den Mast gleich weggelassen und so wenigstens keine Maleschen mit dem Segeln. Auf dem Nachbar-Motor-Katamaran freut sich eine Gruppe Jugendlicher ihres Lebens und lässt uns an ihrer privaten Feier lautstark teilhaben. Nicht weit hinter unserem Heck liegt das nächste Riff, auf dem hin und wieder ein Schlauchboot strandet. Zum Glück keine ernsthaften Havarien, irgendwie kommen sie wieder frei und können ihre Fahrt fortsetzen. Unserem perfekten Tag hat das alles keinen Abbruch getan. Es sind die Kontraste, die das Reisen so abwechslungsreich machen. Wir lassen den Mooring-Zirkus

## 14. In den wunderschönen British Virgin Islands

hinter uns und fahren in die etwa zwei Seemeilen entfernte Bucht Pomato Point. Hier ankern wir mit nur wenigen anderen Booten auf drei Meter tiefem Wasser vor dem weißen, menschenleeren Strand.

### Mit den Delphinen schwimmen

Für uns ist es immer ein ganz besonderes Erlebnis, wenn uns auf unseren Segeltörns hin und wieder Delphine besuchen. Sie bleiben mal länger mal kürzer bei der „Amazone", umspielen ihren Bug und liefern sich mit ihr ein Wettrennen bzw. -schwimmen. Manchmal vollführen sie tollkühne Sprünge und durch das ewige Lächeln in ihrem Antlitz scheinen sie vor Lebensfreude nur so zu sprühen. Diese Besuche sind mit der Videokamera und dem Fotoapparat nicht leicht festzuhalten. Entweder ist beides nicht zur Hand und der Delphinbesuch schon wieder fort, wenn wir soweit sind oder Flipper und seine Freunde tauchen gerade in dem Moment ab, wenn wir auf den Auslöser drücken. Und so gibt es leider auch keine Fotos oder Film-Aufzeichnungen von dieser ganz außergewöhnlichen Begebenheit. Wir lagen vor Anker bei Anegada in der Bucht Pomato Point und wollten noch einmal kurz schwimmen und schnorcheln, bevor die Reise weitergeht. Ingo hat sie zuerst gesehen - eine Schule Delphine, ungefähr sechs oder acht Tiere, die sich uns näherten, bis sie schließlich zum Greifen nahe waren. Unglaublich, sie ließen sich anfassen und streicheln. Beherzt habe ich die Rückenflosse eines Delphins ergriffen und schon zog er mich ein gutes Stück durchs Wasser! Sie blieben noch eine Weile in unserer Nähe, um genauso plötzlich, wie sie erschienen waren, wieder in den türkisfarbenen Weiten der Karibik zu verschwinden. Ein unvergessliches Erlebnis.

### Da lachen ja die Hühner oder April, April!

Wenn wir mit den Delphinen geschwommen wären, wäre das wirklich ein ganz außergewöhnliches Erlebnis gewesen. Es war aber nur ein Aprilscherz und hat leider nur in unserer Phantasie stattgefunden. Fein gesponnenes Seemannsgarn am 1. April. Ganz im Ernst sind wir am 1. April gegen 9.00 Uhr Anker auf gegangen und haben uns von Anegada verabschiedet. Diese Insel ist insofern etwas Besonderes, als sie nicht vulkanischen Ursprungs ist, wie die allermeisten Karibischen Inseln. Sie ist ein flaches Kalkplateau, das nur wenige Meter aus dem Türkis des Meeres herausragt.

Unser nächstes Ziel ist die Insel Great Camanoe. Nach einem Segeltörn bei Bilderbuchbedingungen fällt mittags unser Anker in der Lee Bay. Strand ist hier kaum vorhanden, alles ziemlich felsig und steinig. Man könnte fast glauben, man segelt in einen nordischen Fjord hinein. Bei der Einfahrt in die kleine Bucht fühlen wir uns an die Felsen in Norwegen erinnert.

Schon bald zieht es uns nach Tortola weiter. Die knapp zehn Seemeilen legen wir mit ausgerollter Genua schnell zurück. Allerdings wollen wir hier nur einen kurzen Stopp einlegen, um ein paar frische Lebensmittel einzukaufen. In der Bucht vor der Hauptstadt Road Town machen wir an einer Mooringboje fest und fahren mit dem Schlauchboot in die Marina. Von hier aus ist es nur ein kurzer Weg zum Supermarkt. Brot, etwas Obst und Gemüse sowie zwei Koteletts wandern in unseren Einkaufskorb. Macht 63,56 US Dollar. Dabei habe ich extra noch auf die drei Paprikaschoten für 11,85 US Dollar verzichtet. Übernachten wollen wir vor Road Town nicht, denn es ist hier nicht sonderlich gemütlich und eher ungeschützt. Außerdem wird für die Mooring die obligatorische Gebühr von dreißig US Dollar pro Nacht verlangt.

Wir machen uns also zum zweiten Mal an diesem Tag auf den Weg und segeln 4,5 Seemeilen hinüber nach Peter Island in die Bucht Little Harbor. Die Yachten ankern hier auf sechs Meter Wassertiefe, das Heck ist mit einer Leine mit dem Land verbunden. Das hat den Vorteil, dass die Boote bei nachlassendem Wind in Position gehalten werden, nicht zu „kreiseln" beginnen und weniger Platz beanspruchen. Jetzt kommt zum ersten Mal das am Heckkorb auf einer Rolle befindliche Gurtband zum Einsatz. Es ist siebzig Meter lang und hat eine Bruchlast von vier Tonnen. Ingo rudert mit unserem Schlauchboot an Land und befestigt das Gurtband an einem Baum.

Heute war ein besonders heißer Tag. In der Kajüte kletterte das Thermometer auf rekordverdächtige 36 Grad Celsius. Mit Schwimmen, Schnorcheln, Lesen und einigen Arbeiten am Laptop verbringen wir den nächsten Tag und lassen es uns einfach gutgehen. Es ist Karfreitag und offenbar alles, was ein Boot hat, nutzt diesen freien Tag, um damit unterwegs zu sein. Die Bucht war gestern bei unserer Ankunft schon gut besucht, heute ist es im Laufe des Tages richtig voll geworden. Am Nachmittag kommt ein kleines blaues Motorboot, die „Deliverance" vorbei. So lebenswichtige Dinge wie Eiscreme, Drinks und Eiswürfel hat sie im Angebot. Manche Crews haben nur einen kurzen Badestopp eingelegt, manche haben aber tatsächlich noch eine Lücke gefunden und sind geblieben. Wie zum Beispiel unser neuer Nachbar. Eine ziemlich große und hohe Motoryacht liegt jetzt direkt neben uns. Der Skipper und seine Crew haben es sich kurz vor dem Sonnenuntergang in Liegestühlen auf ihrem Vordeck mit einem Drink gemütlich gemacht. Für uns fällt das Naturschauspiel heute aus, die Motoryacht liegt direkt im Bild.

Nach zwei Tagen wird es Zeit, weiterzuziehen. Das riesige Motorboot hat uns nicht nur die Sicht auf den Sonnenuntergang versperrt. Die ganze Zeit läuft ununterbrochen brummend irgendein Aggregat. Na ja, der Fernseher, die Kühl-Gefrier-Kombination, die Klimaanlage und wer weiß was sonst noch brauchen Strom. Der Abschied fällt uns also nicht schwer und so brechen wir auf, um zur Insel Jost van Dyke zu segeln. Zehn Seemeilen sind es bis zur Bucht Little Harbor. Wir segeln also von Little Harbor nach Little Harbor. Bei vier Windstärken raumem Wind und wenig Welle ist es ein schöner Törn. Wir sind sogar an der Grenze zur USA entlanggesegelt: Die Insel St. John lag an unserer Backbordseite und sie gehört zu den US-Virgin-Islands. Im „neuen" Little Harbor angekommen weht der Wind in die Bucht hinein, wir würden also bei auflandigem Wind ankern. Wir drehen eine Runde, stellen aber fest, dass uns die Bucht insgesamt nicht gefällt. An Ankerbuchten herrscht hier allerdings kein Mangel. Eine gute halbe Stunde später erreichen wir Tortola und die Cane Garden Bay. Außerhalb des Mooringfeldes finden wir einen Ankerplatz auf fünf Meter Wassertiefe. Zum Anlanden mit dem Schlauchboot können wir an das Dinghy Dock fahren, es gibt einen Supermarkt, mehrere Bars direkt am Strand, eine Bäckerei und ganz wichtig - einen Geldautomaten. Wir haben gelesen, dass es hier im Ort eine 400 Jahre alte Rum Destillerie geben soll, die heute noch produziert. Sie ist schnell gefunden und unterscheidet sich doch sehr von der modernen Destillerie, die wir auf Martinique besichtigt haben. Sie ist klein und ziemlich sanierungsbedürftig. Ingo probiert verschiedene Sorten und eine Flasche „Arundel Cane Rum" der Callwood Family kommt mit an Bord.

Manche Dinge passieren selbst in unserem Alter noch zum ersten Mal: Im letzten Jahr erlebten wir das erste Mal Weihnachten fern der Heimat, unter Segeln, Sonne, Palmen und fremden Menschen. Ich konnte in dieser traumhaften Umgebung meinen Geburtstag feiern, unter Segeln, Sonne, Palmen und mit einem leckeren Lobster-Essen am Strand. Und nun auch das Osterfest, unter Sonne, Palmen, einer milden Brise und mit einer Runde um die „Amazone" schwimmen. Ein Osterfest ohne Kaffeetrinken mit der Familie, ohne Osterfeuer mit Freunden, ohne Osterwiese, ohne Osterglocken in der Vase, ohne Osterstrauß und Dekoration und ohne Schokohasen. Dieses Osterfest ist ganz anders als die Feste in all den Jahren zuvor, das bringt die Reise so mit sich. An solchen Tagen denken wir häufiger als sonst an Zuhause, die Familie, die Freunde. Zum Glück war die Internetverbindung heute so stabil, dass wir mit den Kindern mal wieder über das Internet telefonieren und uns sehen konnten. Das ist immer ein Highlight, Informationen werden ausgetauscht, es wird auch viel gelacht, das Heimweh wird in die Schranken gewiesen. Wir können uns gegenseitig davon überzeugen, dass es den jeweils Anderen gut geht, auch wenn wir uns sehr vermissen und das ganz besonders an Geburts- und Feiertagen.

Das Tingeln von Bucht zu Bucht geht fröhlich weiter. In St. Martin hatten wir einige Tipps bekommen, wo wir in den British Virgin Islands auf jeden Fall einen Stopp einlegen sollten. Die Brewer's Bay ist auch darunter. Nur bei nördlichem Schwell ist es hier sehr ungemütlich, den haben wir zurzeit aber nicht. In unserem Revierführer lesen wir zu dieser Bucht, dass sie ohne Frage eine der schönsten „unverdorbenen" Buchten in den British Virgin Islands sei. Viele Charterfirmen hätten die Bucht für ihre Kunden wegen eines Riffs in der Bucht für „off limits" erklärt, Chartercrews müssen also draußen bleiben. Weiter heißt es dort, dass der Ankerplatz bei ruhigem Wetter wärmstens empfohlen würde, sei man doch in „begrenzter" Gesellschaft. Stimmt anscheinend alles ganz genau. Nur zwei weitere Boote ankern hier bereits. Anhand der Detailkarte im Revierführer und unserer elektronischen Seekarte im Plotter tasten wir uns in die Bucht hinein. Zusätzlich sitze ich wieder im Bugkorb und halte nach den Korallenköpfen des Riffs Ausschau. Unser Anker fällt in vier Meter tiefes Wasser und gräbt sich in den weißen Sand ein.

Mit dem Schlauchboot fahren wir an den Strand und erkunden die Umgebung. Es gibt hier nur zwei kleine Bars und einen Campingplatz. Hier verbringen die Einheimischen ihre freie Zeit mit Baden und Grillen. Zurück an Bord machen wir es uns im Cockpit gemütlich und schauen den Pelikanen dabei zu, wie sie sich immer wieder ins Wasser stürzen und Fische fangen. Nach dem „Massenankern" in der Bucht Little Harbor auf Peter Island haben wir jetzt unsere Traumbucht gefunden. Später nähert sich ein Segelboot und fährt unentschlossen zwischen dem nördlichen und dem südlichen Teil der Bucht hin und her. Dies geht so lange, bis es treffsicher auf dem Riff landet, das sich ziemlich genau in der Mitte der Bucht befindet. Die Yacht kommt wieder frei und ankert jetzt in einiger Entfernung hinter uns. Am Firmenlogo auf dem Rumpf können wir es erkennen - es ist eine Charteryacht.

Wir fahren an Land und wollen die Ruine einer Windmühle besichtigen. Es ist die einzige Windmühlenruine auf Tortola. Andere Sehenswürdigkeiten gibt es hier nicht und so ist sie das Ziel unseres heutigen Spaziergangs. Es geht sehr steil bergauf, was in der drückenden Hitze überaus beschwerlich ist. Wir werden aber mit zauberhaften Ausblicken auf die Bucht und die Nachbarinsel Jost van Dyke belohnt. Jede Zuckerrohrplantage hatte eine Mühle, es gab ungefähr 150 auf Tortola. Die meisten wurden von Eseln oder Pferden angetrieben.

Zurück an Bord wird es Zeit für eine Abkühlung, wir gehen schwimmen und schnorcheln. In einiger Entfernung entdecken wir bunte Korallen und hübsche bunte Fische. Blaue und gelbe oder auch schwarz-weiß gestreifte Fischlein huschen an uns vorbei. Plötzlich befinden wir uns in einem großen Schwarm kleiner Fische. Er bewegt sich mal nach rechts, dann schwärmen alle wie auf Kommando nach links. Auch fünf oder sechs sehr große Fische sind zum Greifen nahe. Ihre großen Schuppen blinken silbern. Wie wir später im Internet nachlesen sind es Tarpune, friedliebende Planktonfresser. Sie können eine Länge von 2,5 Metern erreichen. Und dieses „Schnorcheln im Fischschwarm" ist kein Scherz, es hat wirklich stattgefunden!

Während Adam und Eva aus dem Paradies vertrieben wurden, wollen wir freiwillig ausziehen. Zuvor schwimmen wir aber noch einige Runden um die „Amazone", wobei wir hier und da an ihr herumpulen, um einige Algen am Wasserpass zu entfernen. Das machen wir fast jedes Mal, wenn wir schwimmen gehen. Im Großen und Ganzen steht es um den Unterwasseranstrich noch sehr gut, Bewuchs ist so gut wie nicht vorhanden. Es macht sich jetzt bezahlt, dass Ingo vor unserer Abreise sehr viele Schichten Antifouling aufgetragen hat. Darüber sind wir sehr froh, denn wäre das Unterwasserschiff nicht so gut in Schuss, müssten wir das Boot hier aus dem Wasser holen lassen und neue Farbschichten auftragen. Nach dem Schwimmen und der kleinen Bootspflege gibt es ein ordentliches Frühstück. Gegen halb elf sind wir soweit, dass wir Anker auf gehen können und ganz wehmütig die Brewer's Bay verlassen. Wir segeln wieder nach Tortola und ankern in der Cane Garden Bay.

Das letzte Drittel unserer Auszeit ist angebrochen, unsere Tage in der Karibik sind gezählt. Die Vorbereitungen für den langen Rückweg beginnen. Proviantlisten müssen erstellt, ein sehr großer Einkauf erledigt und alles ordentlich verstaut werden. Der Motor muss gewartet und die Wasser- und Dieselvorräte müssen ergänzt werden.

Zu den Bermudas sind es von hier aus ungefähr 850 Seemeilen und von dort noch etwa 1.850 bis zu den Azoren. Die beste Zeit für diesen Törn ist etwa Mitte April bis Mitte Mai. Der Nordostwind dreht zu dieser Zeit langsam auf Ost und schwächt sich auf fünfzehn bis zwanzig Knoten (vier bis fünf Beaufort) ab. Es ist ratsam, vor der Abreise die Zugbahnen der Atlantikstürme zu verfolgen, die als Tiefdrucksysteme die amerikanische Küste verlassen. Seit ein paar Tagen bekommen wir die Vorhersagen für die betreffenden Gebiete, so dass wir das Geschehen jetzt schon verfolgen können.

Soweit die nackten Tatsachen. Meine Gefühlslage ist nicht so leicht zu beschreiben. Einerseits erleben wir seit fast einem Jahr eine phantastische Reise und freuen uns jeden Tag, genau jetzt und hier sein zu dürfen. Andererseits freuen wir uns auf Zuhause und die Menschen, die uns dort erwarten. Die nächste, wohl die größte Herausforderung der ganzen Reise, liegt unmittelbar vor unserem Bug, die zweite Atlantiküberquerung. Die erste verlief wunderbar problemlos. Der Nordostpassat hat uns mehr oder weniger stetig und sanft vor sich hergeschoben. Das wird bei der Überquerung in die entgegengesetzte Richtung nicht der Fall sein. Im Gegenteil, vielleicht bekommen wir es mit ausgedehnten Flauten oder mit Kursen hoch am Wind zu tun. Und ein Kurs hoch am Wind bedeutet, dass es an Bord sehr ungemütlich wird. Das Boot liegt dann sehr schräg im Wasser, die einfachsten Verrichtungen arten in artistische Übungen aus. Das Leben an Bord wird beschwerlich. Noch ist es aber nicht soweit, ein bis zwei Wochen werden bis zu unserem Aufbruch wohl noch vergehen.

Die Sonne lacht vom strahlend blauen Himmel, die Palmen wiegen sich sanft im Wind, das Wasser schimmert türkis, vom Strand schallt Musik einer Steelband zu uns herüber und was machen wir? Wir arbeiten fleißig die Liste der zu erledigenden Dinge ab. Hinter zwei Punkten können wir heute einen Haken machen: Ingo hat den Motor gewartet. Die letzte Wartung ist sechzig Betriebsstunden her. Er hat einiges überprüft und Teile gewechselt, wie bei einer kleinen Inspektion.

Als nächstes holen wir zum ersten Mal die neue Sturmfock aus ihrem dunkelgrünen Sack und setzen das kleine, knall orangefarbene Stückchen Segel am Kutterstag. Sieht beeindruckend aus, wie es da vorne so leuchtet. Die Anprobe hat geklappt. Schnell wieder in den Sack damit. Wir hoffen, dass sie möglichst nicht zum Einsatz kommt.

Heute wollen wir die Cane Garden Bay verlassen. Wir haben uns hier sehr wohl gefühlt, weil wir einen guten Ankerplatz hatten und Bekannte wiedergetroffen haben. Die Bucht mit ihrem Strand, den Bars und Restaurants ist zwar sehr belebt, aber trotzdem nicht rummelig. Nach fast drei Wochen wird es aber mal wieder Zeit, eine Marina anzulaufen. Wir freuen uns auf die Annehmlichkeiten - Duschen, Wasseranschluss direkt vorm Boot, keine Sorge haben, dass uns beim Ankern jemand auf die Pelle rückt oder seinen Anker auf unseren wirft. Einfach so an Land gehen können, ohne Schlauchbootfahren - das wäre mal wieder was. Außerdem steht ja der Großeinkauf an, da ist es auf jeden Fall besser, in einer Marina zu liegen, als alles mit dem Schlauchboot transportieren zu müssen.

Unser Ziel ist Road Town, die Hauptstadt von Tortola. Hier waren wir ja neulich schon zu einem kurzen Zwischenstopp. Frohen Mutes rufen wir über UKW-Funk die Village Cay Marina und fragen nach einem Liegeplatz. Leider bekommen wir eine Absage. Na gut, dann versuchen wir es in der benachbarten Marina der Sun Sail Charterbasis. Aber dort ist auch alles belegt. Die zu verchartenden Boote liegen bereits in Viererpäckchen. Keine Box frei. Okay, nächster Stopp in der Joma Marina, auch eine Charterbasis. Über UKW-Funk erhalten wir keine Antwort, also legen wir in einer der zahlreichen freien Boxen an. Im Marinabüro bekommt Ingo allerdings die Auskunft, dass alles reserviert sei und wir nicht bleiben könnten. Merkwürdig. Also auf zum vierten Versuch. Wir steuern die Road Reef Marina an. Sie liegt sehr geschützt und ist die Heimat der TMM-Charterflotte. Es ist noch eine Box frei und dort dürfen wir anlegen. Die Nachbarschaft ist sehr groß, weiß und hat zwei Rümpfe, Charterkatamarane warten hier auf die Urlauber. Die

## 14. In den wunderschönen British Virgin Islands

„Amazone" ist dagegen klein, blau und hat nur einen Rumpf, ein exotischer Gast. Zu unserer Freude und Überraschung spricht die Mitarbeiterin im Marinabüro deutsch. Sie stammt aus Sachsen und arbeitet schon ein paar Jahre hier.

Bei der Marina hat der Royal BVI Yacht Club sein Vereinsheim. Viele Stander hängen von der Decke des Restaurants. Wir kommen mit dem Chef ins Gespräch und er ist gerne bereit, unsere Stander aufzuhängen. Damit haben wir jetzt vier der fünf OSV-Stander aufgehängt, den WVW-Stander und heute auch noch einen WVWo-Stander (Wassersportverein Woltmershausen).

Die „Amazone" liegt am Steg fast völlig reglos im Wasser, kein Schaukeln, kein Rollen. Trotzdem ist die Nacht zunächst um zehn nach drei Uhr zu Ende. Die Kollegen der Security, die hier nach Einbruch der Dunkelheit Wache schieben, haben Schichtwechsel und tauschen lautstark direkt vor unserem Boot die neuesten Neuigkeiten aus. Nun gut. Sie passen auf uns auf, da werden sie sich doch auch mal etwas erzählen dürfen. Kurz nach sechs Uhr ist die Nacht endgültig vorbei. Die Bewohnerin des Nachbarbootes, eine sehr freundliche und ebenso mitteilungsbedürftige ältere Dame, begrüßt die ersten Mitarbeiter der Charterfirma und schnackt eine Runde mit ihnen. Wenn wir schon mal wach sind, können wir auch aufstehen und frisch ans Werk gehen. Es gibt noch weitere Punkte auf unserer Liste, die erledigt sein wollen. Zunächst erkundigen wir uns, ob wir hier unsere Gasflasche befüllen lassen können. Leider klappt es nicht, da der passende Adapter nicht vorhanden ist. Dann besucht Ingo den Segelmacher, der hier in der Marina seine Werkstatt hat. Kurze Zeit später kommt ein Mitarbeiter der Firma zu uns an Bord und ersetzt im Großsegel ein defektes Metallauge eines Rutschers. Der Punkt kann abgehakt werden.

Als nächstes nehmen wir den Großeinkauf in Angriff. Mit dem Taxi geht es zum Cash & Carry in Road Town. Der Einkaufszettel ist lang, wir wollen für vier Wochen Proviant und Getränke kaufen. Für vier Wochen deshalb, weil wir im Fall der Fälle die Bermudas vielleicht doch nicht anlaufen und ohne Zwischenstopp zu den Azoren segeln. Am Ende sind es drei volle Einkaufswagen und die zwei Hackenporsches sind auch prall gefüllt. Mit dem Taxi geht es zurück an Bord. Jetzt folgt der zweite Teil dieses Tagesordnungspunktes - alles so verstauen, dass es nicht im Wege ist, im Seegang nicht kaputt gehen kann und ohne allzu große Kramerei wiederzufinden ist. Emsig wie die Ameisen werkelt jeder an seiner Baustelle. Ingo verstaut die Getränke, ich die Lebensmittel. Der Schweiß rinnt dabei in Strömen. Nach fast zwei Stunden hat alles einen Platz gefunden. Auch dieser Punkt ist erledigt. Uff.

Mit der Karibik werde ich für alle Zeiten das Krähen der Hähne verbinden. Sie haben uns von Tobago, unserer ersten Karibikinsel, bis hier zu den British Virgin Islands die Treue gehalten. Oder sollte ich besser sagen, dass sie uns verfolgen? Ein Entrinnen scheint fast nicht möglich. Die Hähne, Hühner und süßen Küken sind allgegenwärtig - auf dem Dorf, am Strand, in quirligen Hauptstädten und sogar in den Marinas. Die Küken sind niedlich, für die Hühner freuen wir uns, dass sie nach Herzenslust picken und im Sand baden können. Aber die Hähne mit ihrem ewigen Krähen noch vor Sonnenaufgang nerven extrem! Meistens sind es gleich mehrere Gockel, die um die Wette krähen. Heute Morgen haben uns also die Marina-Gockel geweckt und wieder geht es frisch ans Werk. Wir füllen unsere Wasservorräte auf und rechnen im Büro das Liegegeld ab, weil wir heute weiterfahren wollen. Die kompetente Mitarbeiterin aus Sachsen gibt uns noch einen Tipp, wo wir günstig Diesel tanken können und gibt uns auch eine Übersichtskarte, wo das Delta Fuel Dock eingezeichnet ist. Es ist gleich gegenüber der Marina auf der anderen Seite der weitläufigen Bucht. Dort tanken wir 64 Gallonen Diesel, was 242 Litern entspricht. Damit haben wir jetzt 200 Liter Diesel in Kanistern und 120 Liter im Einbautank an Bord. Theoretisch könnten wir 800 Seemeilen unter Motor damit zurücklegen. Klingt unglaublich viel (findet unser Motor wahrscheinlich auch...), tatsächlich wird für den direkten Kurs von hier aus zu den Azoren empfohlen, für 1.000 Seemeilen Kraftstoff an Bord zu haben. Wir nehmen nicht den direkten Kurs, sondern wollen über die Bermudas segeln und gehen davon aus, genügend Diesel gebunkert zu haben.

Wir werden den Westteil der Sargassosee durchqueren und dort ist zumeist mit sehr wenig oder gar keinem Wind zu rechnen. Die Sargassosee ist ein Meer ohne Küsten, ein ruhendes Revier, um das sich das große Strömungssystem des Nordatlantiks windet. Starten werden wir, wenn der Nordostpassat demnächst auf Ost dreht. Während der Überfahrt kann er auf Südost drehen und am Ende - in Abhängigkeit von der Position des Azorenhochs - sogar ganz einschlafen. Dann kann es nötig werden, das restliche Stück zu den Bermudas zu motoren.

Nach der Tankaktion wollen wir in die nächstgelegene Bucht fahren, um zu baden und dort vor Anker die Nacht zu verbringen. Die etwa vier Seemeilen entfernte Bucht vor der kleinen, in Privatbesitz befindlichen Insel Buck Island, ist in unserem Revierführer beschrieben. Man ankere dort zumeist in begrenzter Gesellschaft. Hört sich gut an, also los! Etwas irritiert sind wir aber, als wir aus der Ferne sehen, dass in dieser kleinen verschwiegenen Bucht schon fünf Katamarane und drei andere Boote vor Anker liegen. Beim Näherkommen stellen wir allerdings fest, dass es Katamarane einer Charterfirma sind, die hier „geparkt" sind - es ist niemand an Bord. Auch die anderen drei Boote sind unbemannt. So gesehen sind wir

## 14. In den wunderschönen British Virgin Islands

hier also doch in begrenzter Gesellschaft - nur Ingo und ich. Und die „Amazone". Und die Kleine Gummiwurst. Aber irgendetwas fehlt - ah, es gibt hier anscheinend kein Federvieh. Es herrscht himmlische Ruhe.

Ganz ohne Hahnengeschrei werden wir wach und stellen fest, dass eine Nacht in einer geschützten Ankerbucht sehr viel ruhiger sein kann, als in einer Marina. Nach dem Motto „Another day - another bay" gehen wir gegen Mittag Anker auf. Unser Ziel ist Spanish Town auf Virgin Gorda. Es geht also Richtung Osten und aus der Richtung kommt auch der Wind. Unter Großsegel und Motor schummeln wir uns hoch am Wind an Tortolas Küste entlang und queren den Sir-Francis-Drake-Channel. Nach etwa zwei Stunden haben wir die acht Meilen bis Spanish Town zurückgelegt.

In der Bucht sind Moorings ausgelegt, es ist aber auch genug Platz, um im vier bis fünf Meter tiefem Wasser zu ankern. Eine große Schildkröte streckt bei unserer Ankunft ihren Kopf aus dem Wasser, dreht eine Runde und taucht wieder ab. Der Ankergrund ist weißer Korallensand, alles schimmert türkis. Hier und da liegen Steine, aber das Wasser ist so klar, dass Ingo den Anker genau dort herunterlassen kann, wo der Anker sich gut in den Sand eingraben kann. Am späten Nachmittag fahren wir mit dem Schlauchboot in die Marina und sehen uns Spanish Town an. Aber es gefällt uns genauso wenig wie zuvor schon Road Town auf Tortola. Beide Städte wirken irgendwie unstrukturiert. Es gibt hier eine Wäscherei und so können wir den Punkt „Große Wäsche" jetzt auch von der Liste streichen. Wir machen uns mit der frisch gewaschenen und getrockneten Wäsche mit dem Schlauchboot auf den Rückweg zur „Amazone". Wir müssen am Ferry Dock, dem Fähranleger, vorbeifahren und wie der Zufall es will, legt auch gerade eine Fähre ab. Unser Schlauchboot kämpft unerschrocken und tapfer mit den hohen und steilen Wellen. Aber es verliert den ungleichen Kampf. Wir tauchen tief ein, eine Wasserwand steht einen kurzen Moment vor uns und ergießt sich dann über uns und unsere Taschen. Wir hatten alles gut in Plastiktaschen verpackt, aber wir selbst sind doch patschnass geworden. Die Haare kleben am Kopf, in den Schuhen steht das Wasser. So eine Fahrt mit dem Schlauchboot ist doch immer wieder erfrischend.

In der Ankerbucht vor Spanish Town haben wir keine Internetverbindung. Ohne Internet keine Wettervorhersage. Na, wenigstens haben wir seit einiger Zeit einen tollen Radiosender, Tradewinds Radio. Mehrmals am Tag bekommen wir zumindest die Wind- und Wettervorhersage für das hiesige Gebiet. Sie endet stets mit dem Spruch des Moderators „Remember - where ever you go, what ever you do depends on the weather!" Auf Deutsch heißt das soviel wie „Denk dran - wohin du gehst und was du tust hängt vom Wetter ab!"

Wir verlassen die Bucht, um die sagenhafte Strecke von 2,47 Seemeilen zurückzulegen und in der Pond Bay zu ankern. Wie schon bei unserem ersten Besuch, haben wir hier sogar eine Internetverbindung. Diese nutzen wir, um die Wettervorhersage herunterzuladen und E-Mails zu schreiben. Eine E-Mail geht an die Hafenbehörde der Bermudas, dem Bermuda Maritime Operations Centre. Die Behörde hat drei Funktionen: Sie ist die Seenotleitstelle für die Koordination von Rettungsmaßnahmen, koordiniert den Schiffsverkehr und drittens fungiert sie als Küstenfunkstation. Wir füllen den Fragebogen wie gewünscht aus und mailen ihn dorthin. Der Einklarierungsprozess soll damit verkürzt werden, da die wichtigsten Fragen bereits beantwortet sind.

Seit fast vier Monaten ziehen wir hier schon von Insel zu Insel und haben den karibischen Lebensstil kennengelernt. Wir begeistern uns immer noch für Sonne, Palmen, weißen Strand und türkisfarbenes Wasser. Nicht zu vergessen die charmanten Fahrten mit den Maxitaxis, Regenwälder, Wasserfälle, Rum-Destillerien, botanische Gärten, Schwertfisch-Angeln und mit Schildkröten schwimmen. Die freundlichen, offenen und hilfsbereiten Menschen, die wir hier getroffen haben, bleiben uns in guter Erinnerung. Viele Seglerinnen und Segler, die wir zum Teil schon zu Beginn unserer Reise in Spanien kennengelernt haben, treffen wir seit dem immer wieder. Jeder segelt seinen ganz eigenen Kurs, doch man trifft sich, wenn der Zufall es so will. Und so verbinden wir für uns besondere Orte mit den Menschen, die uns dort begegnet sind und mit der schönen Zeit, die wir zusammen verbracht haben. Klingt alles schon sehr nach Abschied. Wir stecken auch emotional mittendrin, möchten am liebsten jeden Augenblick festhalten. Die Tage sollten nie zu Ende gehen, diese wunderbaren, glücklichen Tage.

Am späten Abend kommt der angekündigte Nord-Ost-Schwell in die bis dahin sehr ruhige Pond Bay. Das vorgelagerte Riff bricht zwar die Wellen, trotzdem werden wir in der Nacht doch sehr durchgeschaukelt. So verlassen wir die Bucht am Morgen schon kurz nach neun Uhr. Unser Ziel ist der knapp acht Seemeilen entfernte Gorda Sound von Virgin Gorda. Dort waren wir ganz zu Beginn unserer Zeit auf den British Virgin Islands. Es hat uns dort gut gefallen, es gibt noch einiges Neues zu entdecken und außerdem könnten wir dort in Gun Creek ausklarieren, wenn wir zu den Bermudas aufbrechen. Fast am Ende des Gorda Sounds finden wir einen ruhigen Ankerplatz. Wir machen das Schlauchboot klar und unternehmen einen Ausflug. Im Biras Creek Resort können wir mit dem Dinghy anlegen und uns das Resort ansehen. Nur eine schmale Landzunge trennt hier den Sound von der offenen See, dem Atlantik. Eine große Anlage mit einer Marina, einem Restaurant und einer Badebucht auf der Atlantikseite. Auf unserem Spaziergang durch die Anlage kommen wir an einem Salzsee vorbei, in dem ein einzelner Flamingo auf seinen langen, dünnen Beinchen durch das Wasser stakst.

## 14. In den wunderschönen British Virgin Islands

Morgens um kurz nach elf Uhr bekommen wir immer die Mail mit der Wind- und Wettervorhersage. Waren die Vorhersagen in den letzten Tagen recht ungünstig, so ist sie heute sogar schlecht. Wir müssen uns weiter in Geduld üben und abwarten. Aber es gibt wirklich Schlimmeres, als in diesem phantastischen Wassersportrevier noch ein paar Tage bleiben zu müssen.

Allerdings müssen wir uns heute mit den Behörden, speziell der Immigration, in Verbindung setzen. Wir haben hier vor vier Wochen am 25.03.15 einklariert. Das bedeutet, dass sich die „Amazone" bis zum 25.04.15 in den Hoheitsgewässern der British Virgin Islands aufhalten darf. In unseren Pässen ist aber leider wegen eines Versehens der 22.04.15 als letzter legaler Aufenthaltstag notiert. Wäre nicht weiter schlimm gewesen, wenn das Wetter mitgespielt hätte und wir am 22.04. losgesegelt wären. Nun brauchen wir also eine „Extension", was in diesem Fall nichts mit einer Haarverlängerung zu tun hat, sondern eine Verlängerung unserer Aufenthaltserlaubnis ist. Der Haken an der Sache ist, dass Ingo und ich zwar eine Verlängerung bekommen können (Gebühr zehn US Dollar pro Person), aber die „Amazone" „temporary imported" - vorübergehend eingeführt - werden müsste. Und das kostet 201 US Dollar. Ingo und ich haben also erst mal eine Verlängerung bis zum 25.04. beantragt und auch bekommen. Spätestens am 26.04. müssen wir die British Virgin Islands verlassen oder - siehe oben - 201 Dollar plus zwanzig Dollar für Ingo und mich berappen. Eine rechtzeitige gute Wind- und Wettervorhersage für den Törn zu den Bermudas würde uns in diesem Zusammenhang wirklich freuen! In Gun Creek, dem Ort gleich gegenüber von unserem Ankerplatz im Gorda Sound, kann zwar ein- und ausklariert werden - Verlängerungen können aber nur in Spanish Town bei der dortigen Ober-Immigration-Behörde bearbeitet werden. So kommen wir heute auch noch zu einem kurzen, ganz netten Segeltörn. Nach dem wir in Spanish Town alles erledigt und unsere „Extension" bekommen haben, laufen wir wieder die Pond Bay an und gehen vor Anker. Heute ganz ohne Schwell und mit nur zwei weiteren Booten.

Am nächsten Vormittag geht es von der Pond Bay zurück in den Gorda Sound. Die Wind- und Wettervorhersage ist ziemlich gruselig. Direkt über die Bermudas zieht ein Sturmtief nach dem anderen durch. Sogar etliche Meilen südlich, was doch eher ungewöhnlich ist. In den nächsten Tagen ist dort mit fünfzig Knoten Wind zu rechnen, das sind zehn Beaufort. Wir sind froh, noch nicht auf den Bermudas zu sein. Ein stabiles Azorenhoch, was die Tiefdruckgebiete daran hindern könnte, sehr weit südlich zu ziehen, ist zurzeit auch nicht in Sicht.

Also heißt es weiter warten und Geduld haben, bis sich das Wettergeschehen beruhigt hat. Am 25.04.15 werden wir ausklarieren und entscheiden, ob die Vorhersagen einen Start zu den Bermudas zulassen oder ob wir zurück nach Saint Martin segeln und bei einer Wetterbesserung von dort starten.

Hier im Gorda Sound ankern wir genau gegenüber der Luxus-Marina YCCS - Yachtclub Costa Smeralda. Man ist hier auf Superyachten bis einhundert Meter Länge und neun Meter Tiefgang eingestellt, aber nur ganze zwei Schiffe liegen in der Marina. Es gibt natürlich auch ein Restaurant mit grandiosem Ausblick über den Sound. Das wollen wir uns doch heute mal ansehen und putzen uns extra ein bisschen heraus. Mit dem Schlauchboot legen wir im Biras Creek Resort an und nach einem kurzen Spaziergang erreichen wir die mondäne Anlage des YCCS. Mit der Kleinen Gummiwurst direkt dort anzulegen erschien uns doch etwas verwegen. Das Ambiete ist traumhaft. Wir nehmen in den großen, weich gepolsterten Sesseln auf der piekfeinen Veranda Platz. Mit dem Mitarbeiter kommen wir sogleich ins Gespräch. Er ist sichtlich beeindruckt, dass wir aus Deutschland bis hierher gesegelt sind. In der großen, hochglanzpolierten Mahagoni-Bar auf der Veranda bereitet er unsere Getränke zu. Wir genießen die Aussicht und nutzen die gute Internetverbindung, um die Wind- und Wettervorhersage herunterzuladen. Leider ist keine Besserung in Sicht, Geduld ist weiter gefragt.

Gleich nach dem Frühstück schippern wir am 25.04. hinüber nach Gun Creek und klarieren aus. Der brummige Kollege der Immigration hat zwar gefragt, wann wir heute im Laufe des Tages die British Virgin Islands verlassen. In unsere Pässe hat er aber gar nicht geschaut. Wenn wir am 22.04. nicht ordnungsgemäß verlängert hätten, hätte er heute bestimmt in den Pass geguckt!

Wir tuckern zurück zu unserem Ankerplatz und bekommen noch einmal die aktuelle Wind- und Wettervorhersage. Auch in der nächsten Woche ziehen Tiefdruckgebiete mit über 40 Knoten Wind von der amerikanischen Ostküste unterhalb der Bermudas durch. Denen wollen wir lieber nicht begegnen und verfolgen nun unseren Plan B - wir segeln heute nach Anguilla. Die Insel liegt nördlich von St. Martin, der Törn ist etwa achtzig Seemeilen lang. Der stetige Ostwind ist nur in schwacher Stärke vorausgesagt, so dass sich Gegenwind und -wellen in Grenzen halten werden.

Anguilla kennen wir bisher noch nicht. In unserem Reiseführer lesen wir, dass Kolumbus das schlangenförmige, von weißen Sandstränden umsäumte Eiland Ende des 15. Jahrhunderts entdeckte und es Anguilla nannte, was auf Spanisch „Aal" heißt. Der „Aal" ist 89 Quadratkilometer groß, hat 7.000 Einwohner und ist britisches Territorium mit innerer Selbstverwaltung. Diese innere Selbstverwaltung mussten sich die Einwohner allerdings 1967 erkämpfen. Damals verfügte London die Zusammenlegung der Inseln St. Kitts und Nevis mit Anguilla. Das führte zu einem Volksaufstand, weil sich

Anguillas Bewohnerinnen und Bewohner benachteiligt fühlten und einen eigenen Inselstaat bilden wollten. Es kam sogar zum Krieg und Großbritannien schickte seine Elitetruppe „The Red Devils", um aller Welt zu zeigen, wer Herr im Empire ist. Nach dieser Krise erhielt Anguilla Autonomie in inneren Belangen und bekam eine bessere Infrastruktur.

Der Behörde auf den Bermudas haben wir per Mail unsere Planänderung mitgeteilt. Nicht, dass wir noch zu den im Bermudadreieck verschollenen Schiffen gezählt werden...

Wir sind mit unseren letzten Vorbereitungen für den Törn nach Anguilla beschäftigt, als die „Lubini" und die „Rote Grütze" im Gorda Sound eintreffen. Sie haben ein paar Tage später als wir in den BVIs einklariert und können also noch ein paar Tage länger bleiben. Klaus kommt noch für einen kurzen Austausch zu uns an Bord. Um vierzehn Uhr ist es soweit, wir gehen Anker auf und winken den beiden Crews zum Abschied. Wir zuckeln durch das Mooringfeld, an der kleinen Insel Saba Rock vorbei, im flachen, betonnten Fahrwasser an Virgin Gordas Küste entlang und erreichen alsbald die offene See. Wie vorhergesagt mit wenig Wind und Welle von vorn, fahren wir mit Großsegel und Motorunterstützung unserem Ziel Anguilla entgegen. Die bergige Küste Virgin Gordas wird immer kleiner und verschwindet im Dunst. Wehmut stellt sich ein. Wir hatten eine traumhafte Zeit in diesem extrem schönen Segelrevier.

Am späten Nachmittag ist uns mal wieder das Anglerglück hold. Eine großer Mahi Mahi hat angebissen. Es kostet Ingo einige Mühe das Tier an Bord zu bekommen. Bei der offiziellen Vermessung stellt sich heraus, dass der Fisch genau einhundert Zentimeter lang ist. Mit inzwischen geübten Handgriffen und frisch geschärften Messern schneidet Ingo die Filets zurecht. Fisch satt für zwei Tage! So motorsegeln wir bei fast glatter See in den Sonnenuntergang. Aus dem Radio ertönt Musik unseres neuen Lieblingssenders Tradewinds Radio und wir lassen uns den leckeren Fisch schmecken. Da stellt es sich wieder einmal ein - dieses Gefühl, jetzt nirgendwo anders sein zu wollen, als gerade hier. Ein versöhnlicher Ausklang des etwas traurigen Tages.

Nach einer ruhigen Nacht, in der die Regenschauer so rücksichtsvoll waren, jeweils an Backbord und Steuerbord an uns vorbeizuziehen, erreichen bei Sonnenaufgang kurz vor sechs Uhr nach knapp 80 Seemeilen die Bucht Road Bay auf Anguilla. Nach einem kurzen Nickerchen frühstücken wir, das Schlauchboot wird klargemacht und Ingo fährt zur Einklarierung an Land.

Am Abend machen wir uns gemeinsam auf, um uns ein kleines Stückchen von Anguilla anzuschauen. Road Bay ist in unserem Revierführer als einer der schönsten Ankerplätze der nördlichen Kleinen Antillen beschrieben. Wenn dem so wäre, wie hässlich dann erst die anderen sein müssten! Gewiss, dies ist unsere ganz persönliche Meinung, alles andere als objektiv und noch unter dem Eindruck der British Virgin Islands gebildet. Kurzum, uns gefällt es hier nicht sonderlich gut. Die verschiedenen großen Schiffswracks, die hier verstreut über die Bucht am Strand liegen, lassen die Stimmung nicht steigen. Anguilla hat die restriktivsten Regeln für Ankerlieger in der gesamten östlichen Karibik. Es gibt nur zwei Buchten, in denen vor Anker liegend übernachtet werden darf, Road Bay und Crocus Bay. Alle anderen Buchten dürfen nur am Tage besucht werden. Für alle Ankerplätze außer Road Bay benötigt man eine Erlaubnis, die man bei der Einklarierung bekommen kann. Diese Erlaubnis würde für die „Amazone" für eine Woche 600 Eastcaribbean Dollar (etwa 200 Euro) kosten. Mit dieser Erlaubnis dürften wir in vielen Buchten, die zum Naturschutzgebiet gehören, von sechs bis neunzehn Uhr ankern. Weitere fünfzehn US Dollar werden zusätzlich täglich fällig. Wir beschließen, gleich am nächsten Tag nach St. Martin weiterzusegeln. Doch zunächst fahren wir an Land, unternehmen noch einen Spaziergang und klarieren bei den sehr adretten Damen von Customs und Immigration aus. Gegen 10.30 Uhr gehen wir Anker auf und mit Großsegel und Motorunterstützung machen wir uns auf den Weg nach St. Martin. Ausgerechnet heute weht der Wind mit fünf Windstärken aus südlicher Richtung, kommt also fast direkt von vorn. Nach vierzehn Seemeilen erreichen wir gegen 13.30 Uhr die Marigot Bay in St. Martin.

Die Bucht ist wesentlich voller, als bei unserer Abreise vor fast fünf Wochen. Die „Zugvögel" sammeln sich, von hier aus starten viele Yachten ihren Rückweg nach Europa. Es kommt ja nicht häufig vor, dass wir eine Insel oder eine Bucht zweimal anlaufen, mal abgesehen von der traumhaften Tingelei in den BVIs. So ist es für uns ein gutes, fast möchte ich sagen, vertrautes Gefühl, nach St. Martin zurückzukommen. Wir wissen „wie hier der Hase läuft" und können gleich einiges erledigen. Einklarieren, das vereinfachte Verfahren am PC, weil wir ja in Frankreich sind und bei Shrimpy die Wäsche waschen lassen, außerdem ein paar frische Lebensmittel im Supermarkt kaufen, Benzin für den Außenborder tanken - diese Punkte können wir von der Liste streichen.

Heute stellen wir mal wieder fest, dass es *die* Karibik nicht gibt. Anguilla und St. Martin liegen nur wenige Kilometer Luftlinie voneinander entfernt und doch sind es zwei Welten.

Die Wind- und Wettervorhersage haben wir natürlich auch bekommen. Die Wetterlage beruhigt sich, aber es kann nicht schaden, mit dem Start noch etwas zu warten. In den nächsten Tagen zieht wieder ein Tiefdruckgebiet mit bis zu elf (!) Windstärken bei den Bermudas durch.

Ingo hat zur Kontrolle den Anker abgetaucht, der sich im 3,5 m tiefen

Wasser sehr gut in den Korallensand eingegraben hat. Dabei hat Ingo sogar etwas gefunden: halb im Sand verborgen lag ein schneeweißer tiefer Teller auf dem Grund. Wem hat denn da das Essen nicht geschmeckt? Den unversehrten Teller behalten wir - ein ungewöhnliches Andenken.

Unsere Reisevorbereitungen laufen auf Hochtouren. Zunächst haben wir überlegt, hierzu in die Marina Fort Louis zu verholen, was manches erleichtern würde. Andererseits müssten wir dann aufs Schwimmen verzichten, das wollen wir nicht. So ist Ingo mit unserem Wassertaxi und Lastenesel, der Kleinen Gummiwurst, zur Dieseltankstelle gefahren, um die Kanister wieder aufzufüllen. Immerhin liegt unsere letzte Tank- und Großeinkaufaktion schon wieder drei Wochen zurück. Einen Wäscheservice, Wasser und Internet gibt es bei Shrimpy. Wir haben ihn bei unserem ersten Aufenthalt hier in St. Martin kennengelernt. Sein Haus steht direkt an der Zufahrt in die Lagune und ist hier so etwas wie ein Dreh- und Angelpunkt in der Seglergemeinde. Bei Shrimpy lassen wir unsere Wäsche waschen, Ingo füllt hier unsere Wasserkanister auf und wir nutzen die gute Internetverbindung, um die Wind- und Wettervorhersage zu bekommen. Außerdem können wir hier gut mit dem Dinghy anlegen, um die Einkäufe aus dem Supermarkt an Bord zu bringen. Als alles erledigt ist, sind wir ziemlich kaputt, aber froh, alles geschafft zu haben und wieder startklar zu sein. Endlich kommen wir auch dazu, schwimmen zu gehen. Hier in dem etwa 25 Grad warmen Wasser nutzt Ingo die Gelegenheit und wechselt die Ringanode aus, die sich an der Welle des Propellers befindet. Er hatte sie zuletzt in den Rias in Spanien erneuert, was uns wie in einem anderen Leben erscheint, aber erst etwa acht Monate zurückliegt.

Wir sind ein letztes Mal mit Robert und Raimund von der „Cello" verabredet. Wir freuen uns, dass es noch einmal mit einem Treffen geklappt hat und müssen uns nun endgültig von ihnen verabschieden. Die „Cello" wartet hier in St. Martin auf einen Käufer, die Jungs fliegen bald nach Hause. Aus verschiedenen Gründen haben sie ihre Pläne geändert und die Idee, nach Australien zu segeln, aufgegeben.

Wir schauen wieder bei Shrimpy vorbei, um die Wind- und Wettervorhersage auf unseren Rechner zu bekommen. Sieht gar nicht mehr ganz so schlecht aus, wir entschließen uns aber, noch abzuwarten und die Entwicklung weiter zu beobachten. Shrimpy ist unser Schlauchboot aufgefallen. „So ein kleines Dinghy habe ich noch nie gesehen!" hat er gesagt und dabei gelacht. Ja, die Kleine Gummiwurst erregt Aufsehen!

„Wohin uns das Schicksal treibt"

Die Wind- und Wettervorhersage erscheint uns jetzt passend für den 870 Seemeilen langen Törn zu den Bermudas. Im ersten Drittel werden wir wohl südliche Winde haben, im zweiten östliche, im letzten Drittel wird es spannend, soweit reicht unsere Wettervorhersage jetzt noch nicht. Wir werden etwa sieben Tage unterwegs sein und auf See die Wettervorhersagen wieder per Satellitentelefon empfangen. Nun ist es also soweit, wir verlassen die Karibik und treten den langen Heimweg an. Eine große Herausforderung liegt vor uns, das Abenteuer geht in die nächste Runde.

Nun noch einiges Wissenswertes über unser Ziel:

Die Bermudas sind eine Inselgruppe im Atlantik und britisches Überseegebiet, es wird Englisch gesprochen, links gefahren und mit Bermuda-Dollar bezahlt. Der Wahlspruch, der in Latein die Nationalflagge ziert lautet: „Quo Fata Ferunt" - auf Deutsch „Wohin uns das Schicksal treibt".

Die Inselgruppe besteht aus 360 Koralleninseln, wovon nur etwa 20 bewohnt sind. Die mit Abstand größte Insel ist mit 39,3 Quadratkilometern Grand Bermuda. Die höchste Erhebung des Landes ist der Town Hill mit sagenhaften 79 Metern. Die Inseln sind von Korallenriffen umgeben. Es sind die nördlichsten tropischen Korallenriffe der Erde. Der kürzeste Luftlinienabstand zum amerikanischen Festland (North Carolina) beträgt 1.067 Kilometer. Die Sommersaison geht von April bis November. Die Tagestemperaturen liegen im Jahresmittel bei zwanzig Grad Celsius (fünfzehn Grad im Winter, dreißig Grad im Sommer).

Das berüchtigte Bermudadreieck lassen wir übrigens links liegen - es bleibt bei unserem Kurs an Backbord. Bei Wikipedia findet sich dazu folgendes:

„Das Bermudadreieck, auch Teufelsdreieck genannt, ist die Bezeichnung eines Seegebietes, das sich im westlichen Atlantik nördlich der Karibik befindet. Durch mehrere tatsächliche oder vermeintlich mit der Gegend zusammenhängende Schiffs- und Flugzeugkatastrophen erhielt das Bermudadreieck den Ruf, dort spielten sich gehäuft entsprechende Unglücke ab oder dort „verschwänden" gar Schiffe und/oder Flugzeuge. Dabei wurden zum Teil Unglücke gezählt, die sich im Bermudadreieck abgespielt hatten, zum Teil aber auch Vorgänge, die nur in der Nähe stattfanden oder bei denen Schiffe das Dreieck nur zuvor befahren hatten. Tatsächlich ist die Zahl der Katastrophen, die sich im Bermudadreieck abgespielt haben, nicht auffällig hoch. Zudem sollen viele der angeblich mysteriös verschwundenen Schiffe Experten zufolge vermutlich einfach im Sturm gesunken sein."

14. In den wunderschönen British Virgin Islands

Auf Saba Rock das Leben genießen

Der Lobster-Mann auf Anegada

Imposanter Sonnenuntergang bei Anegada

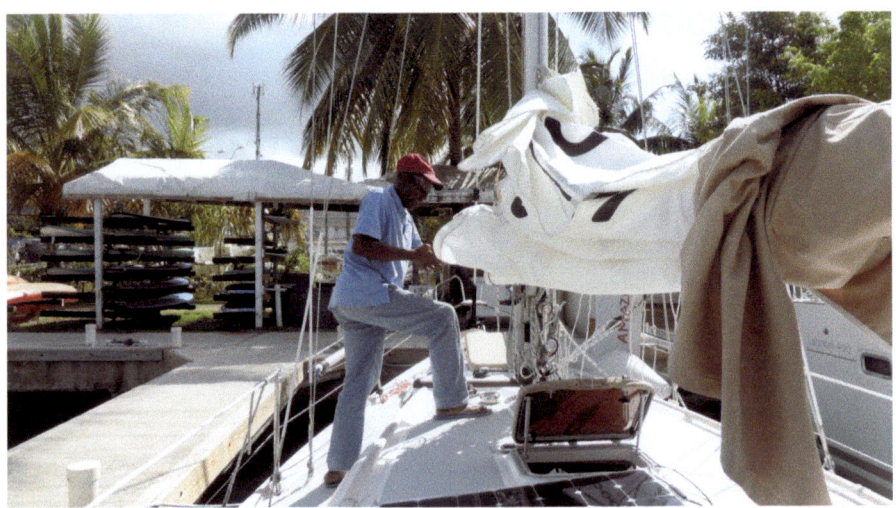
Segelmacher an Bord auf Tortola

14. In den wunderschönen British Virgin Islands

Palmen, türkisfarbenes Wasser und die Amazone mittendrin

Sicheres Ankern in der Pond Bay nach einer spannenden Einfahrt

215

Übergabe der Vereinsstander an John im Royal BVI Yachtclub

Schwimmender Grill in der Cane Garden Bay

# VI

## SECHSTER ZWISCHENRUF UNSERER AMAZONE:

„Nachdem sich neulich die Kleine Gummiwurst, diese Wichtigtuerin, hier ausgeheult hat, will ich auch mal wieder etwas von mir hören lassen. Als ich mich das letzte Mal zu Wort gemeldet habe, hatten wir gerade unsere erste Atlantiküberquerung hinter uns und waren glücklich auf Tobago in der Karibik angekommen. Um es mal so zu sagen - mir gefällt es hier! Ich hätte nie gedacht, dass es Wasser gibt, das so eine wunderschöne Farbe hat. Türkis heißt sie und es schimmert unglaublich. Es ist gerade so, als wenn ich in einem großen Swimmingpool schwimmen würde. Aber es ist Vorsicht geboten! So harmlos wie ein Schwimmbecken sind die Traumbuchten leider nicht. Hier wachsen nämlich ganz eigenartige, scharfkantige Hindernisse unter Wasser - Korallen. Sie sehen zwar toll aus, aber der Skipper hält mich immer fern von ihnen, sonst könnte es sehr böse enden für mich und für meine Leute natürlich auch. Auf jeden Fall ist das Wasser herrlich warm, viele bunte Fische und sogar Schildkröten habe ich schon gesehen.

Und manchmal, wenn wir irgendwo angekommen sind, kamen lustige junge Männer in bunt bemalten kleinen Booten angebraust und wollten uns irgendetwas verkaufen. Einmal, es war an einem Sonntag, bekamen wir auf diese Weise leckeres Brot geliefert.

Meistens liegen wir irgendwo ganz gemütlich vor Anker, manchmal auch in einer Marina. In manchen Buchten ist es einsam, da ankern wir ganz allein - sehr romantisch. Oft sind aber noch andere Boote in der Nähe. Kaum zu glauben, wie viele Boote mit zwei Rümpfen hier unterwegs sind. Sie sind weiß, sehr groß, viele blasse Menschen sind darauf und sie haben es immer eilig. Full Speed durchs Ankerfeld und am nächsten Morgen in aller Frühe weiter. Wir lassen es da ein wenig ruhiger angehen. Aber neulich war ganz schön etwas los an Bord und das mitten in der Nacht. Bei einem anderen Boot hatte der Anker nicht gehalten, so dass es zu mir getrieben wurde und an meinem Bugkorb gekratzt hat. Ich habe es kommen sehen und als es gescheppert hat, waren meine Leute auch schnell an Deck und haben sich gekümmert. Das ist zum Glück aber erst einmal passiert. Reicht aber auch. Unser Anker hat uns bisher keinen Kummer gemacht. Im Gegenteil, er macht seine Sache richtig gut.

Wisst ihr was? Ich bin ein „Nice boat!" Ich weiß zwar nicht so genau, was das heißt, aber es muss etwas Schönes sein. Meine Leute strahlen jedes Mal übers ganze Gesicht, wenn es jemand zu mir sagt.

Meinetwegen könnte es ewig so weitergehen. Aber es ist wieder etwas im Busch! Ich bin nämlich voll, randvoll mit Lebensmitteln, Wasser und Diesel. Wenn ich es richtig mitbekommen habe, ist das lockere, faule Leben unter Palmen bald vorbei. Ein langer Törn steht wieder an, ich freu mich schon drauf! Wird mal wieder Zeit, sich ein bisschen länger zu bewegen. Ich glaube, wir segeln nach Hause. Na ja, nach Hause ist vielleicht ein bisschen übertrieben. Bis wir zu Hause sind, dauert es noch, aber Meile für Meile kommen wir Bremerhaven näher. Mal sehen, was wir auf unserer Tour noch alles erleben. Ich bleibe dran und melde mich wieder!"

# 15.

## ABSCHIED VON DER KARIBIK UND ZWISCHENSTOPP AUF BERMUDA

1. Bericht von hoher See, Karibik - Bermudas
Freitag, 01.05.2015, 12.00 Uhr
Position: 19° 55,8' N; 63° 18,9' W;
zurückgelegt: 115 Seemeilen, 751 Seemeilen Rest

Wir sind gestern Vormittag ein letztes Mal an Land gefahren, haben das Schlauchboot bei Shrimpys Dinghy Dock festgemacht und uns die Zeit, bis die Wind- und Wettervorhersage kurz nach elf Uhr auf unserem Rechner war, mit einem Spaziergang vertrieben.

Von Dörte und Paul hatten wir erfahren, dass es in St. Martin einen Künstler gibt, der Bilder mit Intarsienarbeiten gestaltet. Sein Domizil hat Monsieur Straub in einer kleinen Seitenstraße in einer ehemaligen Segelmacherwerkstatt. Es liegt ziemlich versteckt, doch wir haben es schließlich gefunden und den Künstler bei der Arbeit angetroffen. Ein hübsches Atelier hat er sich hier geschaffen. In einem Teil des kleinen Gebäudes steht seine Werkbank, an der er die filigranen Holzfurnier-Einlegearbeiten anfertigt. Im anderen Teil hat er seine Werke ausgestellt. Wir sind mit dem Künstler ins Gespräch gekommen. Er hat uns gezeigt, wie seine Werke entstehen. Nicht ganz billig, so eine Einlegearbeit für die Wohnzimmerwand. Aber billig sieht es auch nicht aus, sondern ausgefallen, mit karibischen Motiven. Monsieur Straub stammt ursprünglich aus dem Elsass, war sechs Jahre mit seinem Segelboot unterwegs, ist hier auf St. Martin hängengeblieben. Aus einem geplanten sechsmonatigen Aufenthalt sind inzwischen sechzehn Jahre geworden.

Nach dem Besuch im Atelier haben wir bei Shrimpy die Wind- und Wettervorhersage auf unseren Rechner bekommen. Für die nächsten fünf Tage sieht es ganz vielversprechend aus und wir beschließen, heute die Karibik Richtung Bermudas zu verlassen. Wir verabschieden uns von Shrimpy und fast schon liebevoll wendet er sich an unser Schlauchboot: „Mach's gut, Kleine Gummiwurscht!"

Gegen 13.30 Uhr holen wir zum letzten Mal unseren Anker aus dem türkisfarbenen Wasser und dem weißen Korallensand. Langsam tuckern wir aus dem Ankerfeld, setzen die Segel und schon nimmt die emotionale Achterbahn rasant Fahrt auf. Wie schwer mir der Abschied fällt! Es war eine wunderbare Zeit mit so unglaublich vielen, schönen und interessanten

Eindrücken. Mein Papa hat immer gesagt: „Ein Seemann guckt nach vorn." Und genau das machen wir jetzt auch. Nach vorne sehen, auf die nächsten Ziele und Eindrücke gespannt sein, uns auf zu Hause freuen. Rolling home!

Bei fast achterlichem Wind kommen wir mit Großsegel und Genua ganz gut voran, bevor am frühen Nachmittag der Wind einschläft und wir den Motor starten. Gegen 20.30 Uhr kommt der Wind mit etwa vier Beaufort zurück und wir segeln in eine ruhige Nacht. Obwohl hier unheimlich viel Platz ist, kommt uns gegen 0.30 Uhr ein Frachter sehr nahe. Etwa eine halbe Stunde verfolge ich auf unserem Plotter sein AIS-Signal und stelle fest, dass er unbeirrt an dem Kollisionskurs festhält. Weil wir segeln ist der Frachter uns ausweichpflichtig. Er ist mit zwölf Knoten Fahrt auf dem Weg nach Kolumbien. Da habe ich auch gar nichts gegen, aber er soll uns auf seinem Weg bitteschön nicht versenken. Schließlich spreche ich ihn über UKW-Funk an und bekomme umgehend eine Antwort. Er wird seinen Kurs ändern und hinter unserem Heck durchgehen. Prima, danke! Er passiert uns mit ordentlich Abstand, was bedeutet, dass er seinen Kurs radikal geändert hat. Dieses Automatische Identifizierungs System ist wirklich mein Lieblings-Ausrüstungsgegenstand!

Später kreuzte noch ein Frachter unseren Kurs, allerdings ohne uns in die Quere zu kommen. Auch zwei Segelyachten gingen vor uns durch, vielleicht sind sie auf direktem Kurs zu den Azoren. Jetzt gerade segeln wir bei Sonnenschein mit vollem Groß und voller Genua bei vier Beaufort südöstlichem Wind und Seegang von 1,7 m. Die aktuelle Wind- und Wettervorhersage ist auch schon da. Eine gravierende Änderung der Bedingungen tritt zunächst nicht ein. Am Sonntag werden wir es wohl mit sehr wenig Wind aushalten müssen. Na ja, es gibt Schlimmeres.

2. Bericht von hoher See, Karibik - Bermudas
Sonnabend, 02.05.2015, 12.00 Uhr
Position 22° 2,6' N; 63° 27,6' W;
Etmal: 129 Seemeilen, 624 Seemeilen Rest

Die aktuelle Wind- und Wettervorhersage haben wir gerade bekommen. Die Tendenz geht zu abnehmendem Wind. Am späten Nachmittag schlief gestern erneut der Wind ein und der Motor musste für vier Stunden aushelfen. Kurz nach zwanzig Uhr kam der Wind mit etwa vier Beaufort zurück, so dass wir mit Großsegel und Genua in die ruhige Nacht schaukelten. Es ist fast Vollmond, ein breites silbriges Band lag auf dem Wasser und der Mondschein erhellte das Cockpit. Die Nacht war sternenklar und lud dazu ein, seine Gedanken bis zum Horizont und noch viel weiter schweifen zu lassen.

Am frühen Morgen ging dem Wind abermals die Puste aus und der Motor

## 15. Abschied von der Karibik und Zwischenstopp auf Bermuda

durfte für zwei Stunden für unsere Fortbewegung sorgen. Seit halb fünf heute Morgen zieht uns die ausgebaumte Genua mit vier bis sechs Knoten Fahrt über Grund unserem Ziel entgegen.

Unsere Windpilot Windfahnensteuerung sorgt dafür, dass die „Amazone" auf ihrem Kurs bleibt. „Peter" macht seine Sache gut. Nur ab und zu bedarf es eines kurzen Zupfens an der Steuerungsleine, um eine kleine Korrektur vorzunehmen. Hin und wieder müssen wir allerdings das Steuerungsruderblatt vom Seetang befreien.

Da sind sie wieder, nicht, dass wir sie tatsächlich vermisst hätten: die Fliegenden Fische. Gestern und auch heute Morgen lagen jeweils drei kleine, getrocknete Exemplare an Deck. Sie haben eine ordentliche Seebestattung bekommen. Inzwischen ist das Wasser wieder „flacher" - nur noch 5.300 Meter tief. In der ersten Nacht segelten wir auf über 7.000 Meter tiefem Wasser. Noch nie zuvor hatte die „Amazone" so viel Wasser unter dem Kiel.

3. Bericht von hoher See, Karibik - Bermudas
Sonntag, 03.05.2015, 12.00 Uhr
Position 24°03,8' N; 63° 37,2' W;
Etmal: 123 Seemeilen, 500 Seemeilen Rest

Gestern Nachmittag hat mal wieder ein großer Mahi Mahi angebissen! Das Tier war 1 Meter lang und sehr kräftig, Fisch satt für drei Tage.

Wir zuckeln mit etwa vier Knoten nur mit ausgebaumter Genua dahin. In der letzten Nacht musste die Maschine hin und wieder angeworfen werden, um schneller voranzukommen. Die Wind- und Wettervorhersage, die wir gerade bekommen haben sagt voraus, dass der Wind heute im Laufe des Tages von Süd auf West, dann auf Nord und später auf Nordost drehen und weiter abnehmen soll. Es soll schwachwindig und regnerisch werden, der Seegang soll etwa zwei Meter betragen. Hört sich nicht besonders gemütlich an, aber es könnte schlimmer sein.

Die Temperaturen werden allmählich fallen. Tagsüber erreichen sie jetzt noch 26 Grad, nachts 24 Grad. Bei unserer Ankunft, die wahrscheinlich am Donnerstag sein wird, sollen auf den Bermudas tagsüber 20 Grad und nachts 18 Grad herrschen.

Mit Schlafen, Lesen, Kochen, Essen, Duschen und natürlich die „Amazone" auf Kurs halten und die Segelstellung kontrollieren, die Wind- und Wettervorhersage herunterladen und einen Bericht schreiben, vergehen die Tage schnell.

Heute Morgen kamen kurz nach dem Sonnenaufgang einige Delphine vorbei und umspielten „Amazones" Bug. Dieser Besuch ist immer wieder sehr gerne gesehen.

4. Bericht von hoher See, Karibik - Bermudas
Montag, 04.05.2015, 12.00 Uhr
Position 25°48,0' N; 63° 47,5' W;
Etmal: 106 Seemeilen, 396 Seemeilen Rest

Von dem vorhergesagten Regen haben wir nur ein paar Tropfen abbekommen, worüber wir jedoch nicht traurig sind. Wie vorhergesagt nahm der Wind zunächst ab, drehte auf Nordost, kam aber im Laufe der Nacht zurück und nahm auf vier Beaufort zu. Heute Vormittag legte der Wind noch etwas zu, wir segeln jetzt bei vier bis fünf, in Böen fünf bis sechs Beaufort am Wind. Die Sonne lacht vom Himmel, die Wellen haben Schaumkronen und sind knapp zwei Meter hoch. Leider haben wir seit einiger Zeit etwa ein Knoten Gegenstrom, was auch zu dem etwas mageren Etmal von 106 Seemeilen beigetragen hat. Wegen des immer wieder überkommenden Spritzwassers können wir leider die Luke im Salon nicht öffnen, so dass es bei 30 Grad im Boot stickig ist.

Trotz der erheblichen Zuladung durch Proviant, volle Tanks und Kanister prescht die „Amazone" ungerührt durch die bewegte See. Sie und „Peter" sind inzwischen eine harmonische Beziehung eingegangen. Wie in jeder Beziehung sind auch die beiden sich nicht immer ganz einig, in welche Richtung es gehen soll. Doch ein Eingreifen durch den jeweils Wachegehenden ist nur ab und zu nötig.

Wir gehen im Vier-Stunden-Rhythmus unsere Wachen, während der Freiwachen versucht jeder, so viel Schlaf wie möglich zu bekommen. Bei diesem Am-Wind-Kurs ist das allerdings nicht ganz so einfach. An der Außenhaut zischt gurgelnd das Wasser vorbei, der volle Einbauwassertank gluckert vor sich hin, ab und zu knallt eine Welle heftig an den Rumpf, die ganze Schaukelei ist anstrengend.

Laut der aktuellen Wind- und Wettervorhersage werden wir wohl noch bis heute Abend so weiter preschen. Dann soll der Wind allmählich etwas abflauen und ein paar Grad günstiger kommen, so dass wir nicht mehr ganz so schräg unsere Bahn ziehen.


5. Bericht von hoher See, Karibik - Bermudas
Dienstag, 05.05.2015, 12.00 Uhr
Position 28° 7,0' N; 64° 7,7' W;
Etmal: 141 Seemeilen, 258 Seemeilen Rest

Gestern hat der Wind im Laufe des Nachmittags noch etwas zugelegt. Gegen 16 Uhr haben wir das zweite Reff ins Segel gebunden, zum ersten Mal auf dieser Reise und damit auch zum ersten Mal in dieses Segel. Mit kleiner Fock und zwei Reffs preschten wir trotz dieser Verkleinerung der Segelfläche immer noch mit gut sechs Knoten Fahrt durch die unruhige See. Jede Menge

## 15. Abschied von der Karibik und Zwischenstopp auf Bermuda

Spritzwasser nehmen wir über, so dass das Bimini uns jetzt im Cockpit nicht nur gegen die Sonne schützt, sondern auch gegen das überkommende Seewasser.

Wir sind aber nicht die einzigen, die sich hier tapfer durch den Nordatlantik wühlen. Ein Boot, dessen AIS-Signal wir seit ein paar Tagen auf dem Plotter sehen, zog gestern Abend in einigen Meilen Abstand an uns vorbei. Am Horizont sahen wir das weiße Segel. Kurz vor Sonnenuntergang überholt uns „Elvis" dicht an Steuerbord. Auch das AIS-Signal hatten wir lange bevor das Segel achteraus am Horizont zu sehen war, auf dem Plotter verfolgt. „Elvis" ist 19 Meter lang, 8 Meter breit und düst mit 10 Knoten Fahrt locker auf zwei Rümpfen an uns vorbei - ein Katamaran.

Bei bis zu sechs Windstärken hoch am Wind ist es an Bord ungemütlich, laut, beschwerlich und stickig. Lüften ist immer noch nicht möglich. Jetzt heißt es auch, sich sehr gut festzuhalten. Der Seegang ist immer noch zwei Meter hoch und einigermaßen konfus. Wir haben alles seefest verstaut, es fällt nichts herunter, in den Schränken klappert nichts. Das einzige, was hin und her geschubst wird, sind wir. Die Wellen poltern weiterhin unablässig und laut an den Rumpf.

Zur Wachablösung um Mitternacht, saßen wir uns erstmals seit Monaten in dicken Jacken gegenüber. Es hatte sich zum ersten Mal empfindlich abgekühlt und ein seit Monaten nicht mehr gekanntes Gefühl stellte sich ein - mir war kalt! Bei der nächsten Wachablösung gegen vier Uhr heute Morgen hatte es soweit abgeflaut, dass wir ein Reff wieder losbinden konnten. Mal sehen, wie die Wind- und Wettervorhersage aussieht, wenn wir sie gleich auf den Rechner bekommen. Zwei Drittel der Strecke haben wir zurückgelegt, übermorgen sollten wir die Bermudas erreichen - was für ein sympathischer Gedanke!

6. Bericht von hoher See, Karibik - Bermudas / Kollision mit einem Wal
Mittwoch, 06.05.2015, 12.00 Uhr
Position 30° 36,0' N; 64° 24,3' W;
Etmal: 152 Seemeilen, 106 Seemeilen Rest

Wir preschten bei fünf bis sechs Windstärken und hohem, konfusem Seegang mit einem Reff im Großsegel und kleiner Fock mit gut sechs Knoten Fahrt durch das mehr als 5.000 Meter tiefe Wasser, als uns vielleicht ein paar Zentimeter Wasser vor einem furchtbaren Unglück, ja sogar vor dem vorzeitigen Ende unserer Reise bewahrten. Wir saßen gegen 17.30 Uhr, etwa 210 Seemeilen südlich der Bermudas, nichts Böses ahnend gemeinsam im Cockpit und plauderten über dies und das. Urplötzlich gab es am Ruder einen lauten Knall und es polterte heftig. Mir war sofort klar, dass wir mit etwas zusammengestoßen sein mussten. Beide blickten wir zur Pinne und in unser

Kielwasser. Ingo hat ihn als erster entdeckt: „Ein Wal! Wir sind mit einem Wal kollidiert!" Wir sahen direkt an unserem Heck, dass ganz knapp unter der Wasseroberfläche eine riesige graue Masse trieb. Das royal-blaue Wasser hatte eine Graufärbung angenommen. Ein großer, eckiger Kopf erhob sich bedrohlich aus dem aufgewühlten Wasser. Ein weißer Punkt wurde immer größer - der Wal öffnete langsam sein Auge und starrte uns an. Ein Pottwal! Er stieß eine Fontäne, den sogenannten Blas, aus. Vielleicht vor Schreck oder vor Empörung, dass wir ihn unsanft geweckt hatten? Als er abtauchte sahen wir seinen riesigen, grauen Rücken. Sofort hielt Ingo geistengegenwärtig nach weiteren Walen Ausschau, konnte aber keine entdecken. Ich nahm die Kette der Windfahnensteuerung aus dem Beschlag an der Pinne und habe von Hand gesteuert. Zu unserer unbeschreiblich großen Erleichterung funktionierte das Ruder einwandfrei und war nicht blockiert. Als nächstes hat Ingo in die Bilge geschaut, ob wir eventuell Wassereinbruch haben. Das war zum Glück nicht der Fall. Wir notierten die Position und den Vorfall als „Besonderes Vorkommnis" im Logbuch.

Wir sind nicht in Panik verfallen, sind ruhig geblieben und haben alle Schritte besonnen überlegt, aber natürlich ist uns ein wahnsinniger Schreck in die Glieder gefahren. Jetzt, wo ich das Ereignis schildere, zittere ich doch wieder ein bisschen. Wir haben den Vorfall so rekonstruiert, dass wir den (schlafenden?) an der Wasseroberfläche treibenden Wal mit unserem Ruder gestreift haben müssen. Wahrscheinlich hat uns eine Welle im richtigen Moment etwas angehoben, so dass die „Amazone" nur relativ leicht von dem Wal genau am Ruder getroffen und leicht von ihm angehoben wurde. Jedenfalls sind wir uns sicher, dass wir das Tier nicht mit dem Kiel berührt haben.

Das Ruderblatt ist bei einem Boot ein sehr exponiertes Teil und macht es dort „verwundbar". Nun ist es bei der „Amazone" allerdings so, dass sie kein völlig freistehendes Ruderblatt hat. Es ist durch ein sogenanntes Skeg geschützt. Das Skeg befindet sich wie ein Aufprallschutz direkt vor dem Ruderblatt. Es ist, genau wie das Ruderblatt selbst, aus Edelstahl gefertigt. Das Skeg ist mit drei Rohren, das Ruder mit einem Rohr, mit dem Rumpf verbunden. Am unteren Ende ist das Skeg mit dem Ruderblatt durch eine Edelstahlplatte verbunden. Es befindet sich dort auch ein Lager.

Wir segeln hier ganz allein durch diese endlos scheinende Weite, Platz ohne Ende sollte man meinen. Wie hoch war die Wahrscheinlichkeit, dass der Wal und die „Amazone" sich ausgerechnet hier treffen? Das war ein Szenario, vor dem sich alle Crews fürchten. Letztlich hatten wir großes Glück im Unglück und sind im wahrsten Sinne des Wortes an einer Katastrophe vorbeigeschrammt.

Im Laufe der Nacht hat der Wind abgeflaut, wir haben im Morgengrauen

## 15. Abschied von der Karibik und Zwischenstopp auf Bermuda

das Großsegel ganz ausgerefft und die Genua ganz ausgerollt. Bei etwa vier Windstärken zuckeln wir jetzt bei östlichem Wind friedlich dahin. Der Seegang hat sich beruhigt, das Leben an Bord ist wieder leichter geworden. Morgen im Laufe des Vormittags sollten wir die Bermudas erreicht haben. Nur noch eine Nacht um die Ohren schlagen, was für eine tolle Aussicht!

Angekommen in St. George/Bermudas
Donnerstag, 07.05.2015

Heute Morgen um 9.45 Uhr haben wir nach 876 Seemeilen St. George auf den Bermudas erreicht. Etwa die letzten 70 Seemeilen mussten wir leider unter Maschine zurücklegen, weil der Wind gegen 20 Uhr einschlief. Vor genau einer Woche haben wir die Karibik verlassen und schon sind lange Hosen, Socken, Schuhe und eine kuschelige dicke Bettdecke gefragt. Der Himmel ist bedeckt, es ist um die 20 Grad warm/kalt.

Wir hatten uns wie gewünscht per Mail bei der Hafenbehörde der Bermudas angemeldet und eine Registrierungsnummer bekommen. Etwa 25 Seemeilen vor der Ankunft haben wir per UKW-Funk Kontakt zu Radio Bermuda aufgenommen. Der aufmerksame Mitarbeiter hatte uns bereits auf dem Schirm und hieß die „Amazone" aus Bremerhaven herzlich auf den Bermudas willkommen. Er stellte noch ein paar Fragen und bat uns, uns erneut zu melden, wenn wir den St. George's Channel, die Einfahrt in die Ankerbucht vor St. George, erreicht haben. Als es soweit war und wir die betonnte Zufahrt erreicht hatten, gab er uns weitere Informationen. Noch nirgends sind wir so kompetent und freundlich empfangen worden. Dieser Service ist vor allem bei Dunkelheit und schlechtem Wetter eine unschätzbare Hilfe.

Die „Takamaka", „Anne", „Rote Grütze" und „Lubini" liegen hier schon vor Anker und so drehen wir eine fröhliche „Winke-winke-wir-sind-auch-da!"-Begrüßungstour durch das Ankerfeld auf dem Weg zum Anleger von Customs und Immigration.

Die beiden Mitarbeiter von Customs und Immigration sind ausgesprochen freundlich und zugewandt. Pläne der Insel und einige Informationsbroschüren händigen sie uns aus. Das Büro ist an jedem Tag von 8 bis 24 Uhr geöffnet. Wenn wir demnächst wieder ausklarieren, genügt es, eine Stunde vor dem geplanten Auslaufen dort zu erscheinen.

Die Formalitäten sind schnell erledigt und wir dürfen uns jetzt drei Monate auf den Bermudas aufhalten. Bezahlt wird hier entweder mit US-Dollar oder dem farbenfrohen Bermuda-Dollar (Umrechnungskurs 1 : 1). Gekostet hat der Verwaltungsakt 35 Dollar und keine 300, wie uns vorher von anderen Seglern erzählt worden war. Ja, die Ankerplätze sind wie schwimmende Dörfer. Ab und zu kommt jemand mit dem Schlauchboot längsseits, es wird eine Runde geschnackt und Verabredungen getroffen. Zwar kein Schnack über den Gartenzaun, aber über die Reling. Man bildet eine Gemeinschaft auf Zeit und hilft sich gegenseitig. Genauso wie in einem Dorf an Land gibt es aber auch Klatsch und Tratsch und manchmal eben auch Informationen mit einem nicht ganz so hohen Wahrheitsgehalt.

Wir ankern hier in fünf Meter tiefem Wasser und Ingo taucht gerade, um sich das Unterwasserschiff nach der Kollision mit dem Wal aus der Nähe genau anzusehen. Außer ein bisschen Farbe scheint dem Ruder nichts zu fehlen - unglaubliches Glück gehabt! Der Wal hat vermutlich eine Schramme abbekommen, das tut uns leid. Die „Amazone" und der Wal waren eben zur falschen Zeit am falschen Ort. In unserem „Handbuch für den Atlantischen Ozean" von Jane Russell habe ich übrigens zu dem Thema „Kollisionen" folgendes gelesen: „... Es gibt viele Berichte von Crews, die sehr enge Begegnungen mit Walen hatten. Es kommt zwar selten vor, doch es hat schon Kollisionen mit den Tieren gegeben. Pottwale dösen häufig an der Oberfläche und können dabei von einer sich nähernden Yacht völlig übersehen werden." Wir glauben, dass es tatsächlich ein an der Oberfläche dösender Pottwal war, dem wir in die Quere gekommen sind. Auch der für Pottwale typische eckige Kopf, den wir gesehen haben, spricht dafür.

Kaum dass wir den Anker geworfen und ein bisschen zur Ruhe gekommen sind, werden wir zum Barbeque eingeladen. Der britische Skipper eines Nachbarbootes kommt vorbei geschwommen und lädt uns zu der Grillparty ein, die heute Abend auf einer der kleinen Inseln hier in der Bucht stattfindet. Wir schlafen erst mal ein bisschen, kaufen dann etwas zum Grillen. Es ist eine richtig große, bunte internationale Runde, die sich da abends zum Barbeque auf der kleinen Insel hier in der Bucht einfindet. Jeder trägt etwas zum leckeren Buffet bei, Rezepte werden ausgetauscht. Einige bekannte Gesichter sind dabei, viele neue Bekanntschaften schließen wir. Es gibt eine Menge zu erzählen und es ist schon lange dunkel, als wir mit dem Schlauchboot zurück an Bord fahren und todmüde in unsere Kojen fallen.

Hier in der Bucht von St. George liegen wir ganz geschützt. Die „Amazone" kommt nach ihrem Marathon auf See richtig zur Ruhe und wir können tief und fest schlafen. Sogar eine ganz passable Internetverbindung haben wir hier. Irgendwann im Laufe des Vormittags fängt es an zu regnen, so dass die „Amazone" eine lang ersehnte Süßwasserdusche bekommt. In einer kurzen Regenpause fahren wir an Land und sehen uns ein wenig in dem hübschen Ort um. Den Landgang schließen wir mit einem Besuch in einer gemütlichen Kneipe ab. Habe ich in der Karibik immer gerne ein Tonic Water mit ganz viel Eis bestellt, bin ich jetzt lieber auf heißen Kaffee umgestiegen. Es regnet unaufhörlich, alles ist grau in grau und trotz langer Hose ist mir kalt. Die Crews der „Lubini" und der „Rote Grütze" leisten uns

## 15. Abschied von der Karibik und Zwischenstopp auf Bermuda

Gesellschaft, so dass es gar nicht mehr so schlimm ist, dass es draußen Bindfäden regnet.

Am Abend machen wir es uns an Bord richtig gemütlich. Draußen regnet es in Strömen und bei einem Becher Kaffee sortieren wir Fotos für den Blogbeitrag. Als der Beitrag und die Fotos gerade ins Netz gestellt sind, stellen wir fest, dass der Wind sich gedreht hat. Diese Winddrehung hat zur Folge, dass ein Ankerlieger, der am Nachmittag hier eingetroffen ist und ganz in unserer Nähe den Anker geworfen hat, der „Amazone" gefährlich nah auf die Pelle gerückt ist. Mit seinem Bugspriet ist das Boot im Begriff, die Antennen von unserem Heckkorb abzurasieren. Ingo versucht, den Skipper des englischen Bootes durch Klopfen an dessen Bugkorb zu wecken. Ein wahres Trommelfeuer geht auf die Yacht hernieder, aber es rührt sich rein gar nichts. Schließlich klettert Ingo auf das fremde Boot, späht in die Kajüte, entdeckt aber auf den ersten Blick niemanden. Nun lässt er die Ankerkette um einige Meter weiter ab, so dass das Boot sich achteraus entfernt. Mit einer zuvor belegten Leine ziehe ich Ingo anschließend mit dem fremden Boot zu uns heran, so dass er wieder zu uns an Bord klettern kann. Am nächsten Morgen, im hellen Sonnenschein, suchen wir uns hinter dem Engländer einen anderen Ankerplatz, nach dem Motto: „Der Klügere gibt nach". Als der fremde Skipper sich im Cockpit blicken lässt, erzählt Ingo ihm, was sich ereignet hat und wie er das Problem gelöst hat. Er habe doch extra Fender aufgehängt, bekommt Ingo von ihm zur Antwort! Was für Schäden sein derber Bugspriet anrichten kann, hat er anscheinend überhaupt nicht bedacht. Unglaublich, was für einen festen Schlaf der Mensch gehabt haben muss. Ja, das sind Ankerfreuden!

Heute steht ein Ausflug in die Hauptstadt Hamilton auf dem Programm. Eine Autovermietung gibt es hier nicht. Das angesagte Verkehrsmittel ist der Motorroller. Wir nehmen allerdings den Bus. Alle 15 Minuten fährt er von hier aus nach Hamilton. Etwa 45 Minuten dauert die Fahrt vom Osten der Insel in den Westen. Der Busfahrer trägt natürlich Bermuda-Shorts und Kniestrümpfe. Hamilton ist eine moderne Stadt mit mehreren Parks, einem Fort, vielen Kirchen, großen Bürogebäuden, Geschäften und Restaurants. Dass morgen Muttertag ist, ist hier nicht zu übersehen. Kaum ein Schaufenster, in dem nicht für den „Happy Mother's Day" geworben wird. Im Supermarkt gibt es grellbunte Torten mit dem Schriftzug „Relax, Mom". An der Kasse wünscht mir die Mitarbeiterin sogar einen schönen Muttertag. Bei angenehmen 21 Grad Lufttemperatur unternehmen wir einen ausgedehnten Stadtbummel. Am frühen Abend sind wir zurück an Bord und ziemlich geschafft.

Regelmäßig wechseln sich „freie" Tage und „Arbeitstage" ab. Gestern war ein Ausflugstag, heute ist ein „Arbeitstag". Bevor wir demnächst

Richtung Azoren aufbrechen, ist mal wieder eine große Inspektion des Motors fällig. Dann wird es an Bord richtig ungemütlich und für mich höchste Zeit, das ungastliche Boot zu verlassen. Während Ingo das Motor- und Getriebeöl wechselt, allerlei kontrolliert und Filter reinigt oder austauscht, suche ich den Waschsalon im Ort auf. In der Zeit, in der die großen Profimaschinen für mich arbeiten, schreibe ich Postkarten. Auch auf der „Takamaka" ist Waschtag, so dass ich auch noch Gesellschaft von Clarissa und Jonathan habe.

Im Laufe des Nachmittags trifft auch die „Muline" ein. Zuletzt sind wir uns in den British Virgin Islands begegnet und wir freuen uns über das Wiedersehen. Die „Muline" segelt allerdings nicht zurück nach Deutschland. Katja und Christoph haben das Boot, wie von Anfang an geplant, während der Reise über das Internet verkauft. Die „Muline" wird nach Portugal gesegelt und dort dem neuen Besitzer übergeben.

Wir sind wieder mit dem Bus unterwegs. Die Damen und Herren, die die pinkfarbenen Busse über die Insel lenken, geben beherzt Gas und brausen unerschrocken durch die Gegend. An Bord der „Amazone" werde ich nicht seekrank, aber hier im Bus stellt sich nach ein paar eng genommenen Kurven ein flaues Gefühl in der Magengegend ein. Unser heutiges Ziel ist der South Shore Park und die vorgelagerten Buchten. Von St. George geht es zunächst nach Hamilton, dort müssen wir umsteigen und noch ein Stück weiter westlich nach Southampton fahren. Die Sonne lacht vom Himmel und wir unternehmen einen Spaziergang durch den Park. Der Weg führt zwischen den Bäumen bergauf und schon bald haben wir einen wunderschönen Blick über die East Whale Bay und die Horseshoe Bay. Der Strand ist gut besucht. Die Passagiere der beiden Kreuzfahrtschiffe, die in Hamilton angelegt haben, genießen das Strandleben. Zurück an Bord gönnen wir uns eine kleine Pause, bevor wir zum zweiten Highlight des Tages aufbrechen. An Bord der „Rote Grütze" gibt es etwas zu feiern, Gunther hat Geburtstag! Das Geburtstagskind hat gekocht und so lassen wir uns gerne verwöhnen. Anschließend werden Shantys gesungen. Ein vielstimmiger Chor, unter dem Sternenhimmel Bermudas, bei Rumpunsch oder einem guten Rotwein.

Entdeckt wurde Bermuda 1503 von dem Spanier Juan de Bermúdez. Wegen der gefährlichen Riffe ist er allerdings nicht an Land gegangen. 1511 erschien die erste Landkarte, auf der die Inselgruppe eingezeichnet ist. Darauf trägt sie den Namen La Bermuda. Spanische und portugiesische Schiffe liefen die Bermudas an, um sich mit Wasser und Fleisch zu versorgen. Die schwierigen Seeverhältnisse und auch die Angst vor bösen Geistern hielt die Europäer zunächst davon ab, Bermuda zu besiedeln. Die ersten Siedler waren 1609 Auswanderer aus England auf ihrem Weg nach Amerika, die hier unfreiwillig an Land gingen, nachdem ihr Schiff, die „Sea Venture" auf ein

## 15. Abschied von der Karibik und Zwischenstopp auf Bermuda

Riff gelaufen war. Die 150 Schiffbrüchigen verbrachten hier unter der Führung von Sir George Somers zehn Monate. Und sie waren nicht untätig: Aus den Trümmern der „Sea Venture" und vor Ort gefundenem Holz bauten sie sich zwei kleinere Schiffe, mit denen sie ihre Reise nach Virginia fortsetzten. Eines der beiden Schiffe war die „Deliverance". Ein Nachbau steht hier an Land. 1612 kamen die ersten britischen Siedler, ganz freiwillig und gründeten St. George.

Wir erkunden die Umgebung von St. George. Dabei kommen wir an mehreren Forts vorbei, die Bermuda vor Angriffen der Spanier, Franzosen und Amerikaner schützen sollten. Das erste Fort wurde 1614 erbaut. Zum Schluss unseres Rundgangs kommen wir an der unvollendeten Kirche vorbei. Aus Geldmangel und wegen Schäden, die ein Sturm angerichtet hatte, wurde der 1874 begonnene Bau eingestellt.

Als nächstes steht eine Inselrundfahrt mit den Crews der „Lubini" und der „Rote Grütze" auf dem Programm. Wir wollen die Höhlen Crystal Caves besichtigen und dann über Hamilton weiter zum ganz im Westen gelegenen Royal Naval Dockyard fahren. Die Tropfsteinhöhlen mit ihren Stalaktiten und Stalakmiten sind spektakulär. Etwa 40 Meter geht es über Treppen in die Höhlen hinein, die geschickt ausgeleuchtet sind. In der Crystal Cave führt ein Steg über das Wasser. Die Höhlen wurden 1907 zufällig von zwei Jungen entdeckt, die ihren Cricketball suchten. Der Ball blieb allerdings verschwunden. Nach der Besichtigung geht es mit dem Bus weiter nach Hamilton. Von dort nehmen wir die Schnellfähre und sind etwa zehn Minuten später schon ganz im Westen im Royal Naval Dockyard angekommen. Dies war ursprünglich eine riesige Marinebasis, mit deren Errichtung 1809 begonnen wurde. Heute legen hier die Kreuzfahrtschiffe an. In den historischen Gebäuden sind neben einer Shopping Mall viele Kunsthandwerker mit ihren Ateliers untergebracht. So können wir in einer Glasbläserei dabei zusehen, wie in vielen Arbeitsschritten eine farbenfroh gestaltete Glasschale entsteht. Auch gibt es hier die Gelegenheit, mit Delphinen zu schwimmen - das machen wir aber nur am 1. April. Mit dem Bus geht es über Hamilton zurück nach St. George.

In unserem „schwimmenden Dorf", dem Ankerfeld vor St. George, hat es in den letzten Tagen viele Zuzüge gegeben. Die Yachten kommen aus den USA, den Niederlanden, aus England, Frankreich, der Schweiz und natürlich Deutschland. Am Dinghy Dock gibt es jetzt immer ein großes Gedränge. Inzwischen sind auch die Yachten eingetroffen, die mit der Atlantic Rally for Cruisers Europe über die Azoren nach Europa segeln.

Clarissa und Jonathan sind mit der „Takamaka" seit heute auf ihrem kalten Weg Richtung Norden. Sie wollen über Grönland und die Shetlands zurück nach Deutschland segeln. Das ist die richtig harte Tour. Ihre

Entscheidung, diese herausfordernde Route zu nehmen, nötigt mir Respekt ab.

Wir erhalten weiterhin täglich die aktuelle Wind- und Wettervorhersage. Das Wetter und ein möglicher Abreisetermin Richtung Azoren sind natürlich die Hauptthemen in unserem „Dorf vor Anker". Bis zum Ausklarieren werden aber noch einige Tage vergehen.

Den heutigen Tag nutzen wir für einen Ausflug an das Ostende der Insel. Mit dem Bus geht es am Flughafen und am Leuchtturm St. Davids vorbei. Wir nehmen den Weg zum Cooper's Island Nature Reserve. Hier donnern die landenden Flugzeuge dicht über unsere Köpfe hinweg. Schließlich erreichen wir nach einem kurzen Fußmarsch die ebenso weißen wie menschenleeren Strände von Clearwater Beach und der Turtle Bay. In der Soldier Bay finden wir eine von Felsen umschlossene Mini-Bucht für zwei Personen. Wir gehen schwimmen und lassen uns hinterher von der Sonne aufwärmen. 21 Grad Wassertemperatur sind wir eben nicht mehr gewöhnt, in der Karibik waren es um die 26 Grad.

Als wir am Vormittag aus dem Bus gestiegen waren, hatte uns die Busfahrerin gesagt, dass der Bus immer um viertel vor zurück nach St. George fährt. So stehen wir an der Haltestelle und warten geduldig auf den überfälligen Bus. Da hält ein Auto mit einem älteren Ehepaar darin und erklärt uns, dass der Bus in dieser Stunde nicht führe, da er um diese Zeit als Schulbus eingesetzt sei. Sie würden uns aber gerne mitnehmen. Das lassen wir uns nicht zweimal sagen und steigen ein. Die beiden erzählen uns, dass sie schon einmal in Deutschland waren, und zwar zu einem Treffen ihrer Glaubensgemeinschaft, den Zeugen Jehovas. Der Name der Stadt, in der das Treffen stattfand, fällt ihnen nicht gleich ein. Sie erinnern sich aber an ein ganz imposantes Fußballstadion, das es dort gibt. Wir schlagen „Munich" vor und liegen damit richtig. Beim Abschied werden wir gebeten, den Brüdern der Zeugen Jehovas in Deutschland herzliche Grüße auszurichten. Na, das machen wir doch gerne.

In der Karibik gehörten sie auf einigen Inseln einfach dazu - die Boatboys. Sie kamen mit ihren teils sehr phantasievoll gestalteten kleinen Booten angebraust und hatten allerlei anzubieten. Ob Fisch, Obst, Gemüse, Wäscheservice oder eine Mooringboje, ihr Angebot war so bunt wie ihre Boote. Die letzte Insel, auf der wir Besuch von Boatboys hatten, war Dominica. Danach waren sie verschwunden. Bis heute, denn am Vormittag tuckert ein kleines Boot durchs Ankerfeld. Der fahrende Händler spricht Deutsch und hat Möhren aus eigenem (biologischem!) Anbau dabei. Da greifen wir gerne zu. Einen Obst- und Gemüsemarkt gibt es auf Bermuda nicht.

Unsere To-Do-Liste, die wir vor unserer Weiterreise abzuarbeiten haben,

## 15. Abschied von der Karibik und Zwischenstopp auf Bermuda

ist ziemlich lang. Natürlich müssen wir noch Diesel und Wasser tanken, Proviantlisten anlegen, einkaufen, Wäsche waschen und vieles mehr. Außerdem kramen wir jetzt die dicken Pullover, Socken und langen Hosen hervor.

Ganz in der Nähe unseres Ankerplatzes liegen einige der ARC-Europe-Teilnehmer in einer kleinen Marina. Dort hielt Tania Aebi einen Vortrag über ihre Weltumseglung, die sie 1985 im Alter von 18 Jahren begann und 1987 beendete. Sie war die erste Amerikanerin, die die Welt einhand umsegelt hat. In ihrem Buch „Die Welt im Sturm erobert" hat sie ihre Erlebnisse veröffentlicht. Eine sympathische Frau und ein interessanter Vortrag.

Anschließend sind wir auf die „Lubini" eingeladen. Es ist Petras Abschiedsabend, da sie heute zurück nach Deutschland fliegt. Abschiede sind immer noch nicht leicht und dieser fällt mir besonders schwer.

Ingo und ich unternehmen am Tag darauf noch einmal einen Ausflug nach Hamilton und zum Royal Naval Dockyard. Zurück nach St. George nehmen wir die Fähre. Eine richtig gute Entscheidung, wie wir an Bord feststellen. Mit von der Partie ist nämlich Mr. E. Michael Jones, seines Zeichens Ex-Bürgermeister von St. George und ein wahrer Entertainer. Er unterhält mühelos die Passagiere und wir erfahren einiges Wissenswertes über Bermuda. Er lädt alle Anwesenden ein, mit ihm eine Stadtführung durch St. George zu machen. Kurzentschlossen nehmen wir daran teil. Auf sehr witzige und kurzweilige Art bringt er uns seine Stadt nahe. Wir besuchen die Kirche St. Peter's. Sie wurde 1612 erbaut, ist die älteste anglikanische Kirche außerhalb Englands und die älteste protestantische Kirche der Welt, in der heute noch Gottesdienste abgehalten werden. Am Wegesrand gibt es allerlei Pflanzen, die Mr. Jones uns erklärt. Er pflückt Früchte von einem Baum und erklärt uns, dass es sich um Bermuda-Kirschen handelt. Eine kurze Regenpause legt die Gruppe unter einem Maulbeerbaum ein und auch diese leckeren Früchte dürfen wir probieren. Er führt uns auch ins altehrwürdige Rathaus, wo sein Foto in der Ahnentafel der Bürgermeister zu entdecken ist. „Machen Sie ein Foto von meinem Foto!" fordert er die Gruppe lachend auf. Nebenbei erzählt Mr. Jones uns, dass die Häuser auf Bermuda auf große Regenwasser-Sammelbecken gebaut sind, die Häuser seien im Grunde „überdachte Swimmingpools". Die Dächer seien mit einer speziellen weißen Farbe gestrichen, die keine Schadstoffe enthalte, so dass das gesammelte Regenwasser bedenkenlos getrunken werden könne. Übrigens ging der ehemalige Bürgermeister während der gesamten Führung rückwärts und ermahnte uns, immer gut aufzupassen, wohin wir treten. Ja, das war eine Stadtführung der ganz besonderen Art!

… und die „Amazone" segelte zum Regenbogen

Die weißen Dächer von Bermuda

15. Abschied von der Karibik und Zwischenstopp auf Bermuda

Stadtrundgang mit Mr. Jones

Gesellige Geburtstagsrunde an Bord der „Rote Grütze"

# 16.

## Atlantiküberquerung über die Azoren

Bye, bye Bermuda - auf zu den Azoren!
Die Wind- und Wettervorhersage erscheint uns passend, Bermuda zu verlassen und Kurs auf die Azoren zu nehmen. Bermuda hat uns sehr gut gefallen, wir haben uns hier in dem „schwimmenden Dorf" sehr wohlgefühlt. Trotzdem ist es jetzt Zeit, weiterzuziehen. Noch schnell frisches Obst und Gemüse einkaufen, ausklarieren, das Schlauchboot verstauen, dann können wir Segel setzen.
Die zweite Atlantiküberquerung steht jetzt an, ca. 1.700 Seemeilen liegen vor unserem Bug.
Nun noch etwas Wissenswertes zu unserem Ziel, den Azoren:
Die Azoren sind eine autonome Region Portugals und somit Mitglied der EU. Es wird rechts gefahren, Portugiesisch gesprochen und mit Euro bezahlt. Es sind insgesamt neun Inseln, die drei Gruppen bilden und sich von West nach Ost über mehr als 300 Seemeilen durch den Atlantik erstrecken. Alle Inseln sind vulkanischen Ursprungs.
Ach ja, die Inseln sind ein Zentrum für Walbeobachtung... Auf Pico gibt es ein Walmuseum mit dem lebensgroßen Skelettmodell des größten Pottwals, der je auf den Azoren erlegt wurde. Es gibt auch eine Beobachtungsplattform, von der aus Pottwale, die sich der Küste nähern, beobachtet werden können.

1. Bericht von hoher See, Bermudas - Azoren
Mittwoch, 20.05.2015, 12.00 Uhr
Position 33° 22,5' N; 64° 40,5' W;
zurückgelegte Distanz: 103 Seemeilen; Rest: 1.579 Seemeilen
Bevor wir unseren Anker in St. George auf Bermuda am Dienstag, 19.05.15, um 14.30 Uhr, lichten konnten, gab es noch einiges zu erledigen. Als wir gerade an Land fahren wollten, kam der „Boatboy" mit seinem Bio-Gemüse vorbei. Kartoffeln, Wurzeln, Rote Beete und Salat kauften wir ihm gerne ab. Er hatte sogar Grünkohl im Angebot! Kasseler und Pinkel hatte er nicht, so dass wir den Kohl nicht gekauft haben. Anschließend fuhren wir an Land, wuschen Wäsche und kauften frische Lebensmittel im Supermarkt. Die letzten bunten Bermuda-Dollar habe ich in Schokolade angelegt. Die Ausklarierung war schnell erledigt und nachdem wir die aktuelle Wind- und Wettervorhersage bekommen hatten, konnte es losgehen.

## 16. Atlantiküberquerung über die Azoren

Das Ankerfeld hatte sich schon ziemlich gelichtet. Die „Anne" hatte kurz vor uns abgelegt, „Lubini" und „Rote Grütze" bleiben noch. Wir drehten eine kurze Abschiedsrunde durch das Ankerfeld und meldeten uns bei Bermuda Radio. Der Mitarbeiter stellte noch ein paar Fragen und gab uns die Erlaubnis, die Bucht durch den engen Kanal zu verlassen. Die emotionale Achterbahn nahm Fahrt auf und brauste in den ersten Looping. Abschied vom türkisblauen Wasser, von Bermuda und seinen ungemein offenen und gutgelaunten Menschen. Vor uns die zweite Atlantiküberquerung, knapp 1.700 Seemeilen, schlafen im Vier-Stunden-Rhythmus, leben auf engem, schwankendem Raum, bei sinkenden Temperaturen. Und dann kamen sie angeschlichen und steigerten sich bis zur Übelkeit, Kopfschmerzen. Ein Migräneanfall wie aus dem Lehrbuch. Alsbald hing ich über der Reling und fütterte die Fische. Eine Tablette setzte dem Übel ein Ende und nach ein paar Stunden Schlaf ging es mir auch schon besser. Mit vollem Groß und ausgerollter Genua starteten wir bei vier Windstärken am Wind. Herrliches Segeln im Sonnenschein, Bermuda verschwand am Horizont. In der Nacht ließ der Wind immer mehr nach und schlief ein. Der Motor musste heute Morgen um vier Uhr gestartet und die Segel geborgen werden. Der Motor brummt immer noch, wir rechnen erst für heute Nachmittag mit Wind.

2. Bericht von hoher See, Bermudas - Azoren
Donnerstag, 21.05.2015, 12.00 Uhr
Position 33° 36,2' N; 60° 30,2' W;
Etmal: 125 Seemeilen; Rest: 1.454 Seemeilen

Tatsächlich kam der Wind gestern gegen 17 Uhr mit einem Dreher zurück und seitdem laufen wir mit ausgebaumter Genua mit ungefähr vier bis sechs Knoten Fahrt bei vier Beaufort, in Böen fünf. Der Wind weht aus Südwest, kommt also für uns fast achterlich und erinnert uns an das Passatsegeln. Die „Amazone" schaukelt, rollt und geigt. Trotz der erheblichen Zuladung verhält sie sich im konfusen Seegang aber ganz souverän.

Gestern hatten wir noch einmal kurz Funkkontakt mit der „Anne". Jetzt ist sie allerdings außerhalb unserer UKW-Funkreichweite. Fast hätte es gestern Fisch zum Abendbrot gegeben! Ein sehr großer Mahi Mahi hatte angebissen. Das war ein richtiger Kämpfer. Wunderschön blau, grün und gelb schimmernd schwamm er eine Weile neben der „Amazone". Er schlug einen Haken und die Angelleine riss ab. So ein Mist, jetzt sind wir unseren erfolgreichen Köder los.

Auch die zweite Nacht verlief ruhig. Die ausgebaumte Genua zog uns durch die sehr dunkle Nacht. Kein Mondschein, eine geschlossene Wolkendecke verhinderte den Blick auf die Sterne. Es fiel sogar etwas Regen. Aber das Meeresleuchten war phantastisch anzusehen. Die „Amazone" zog eine breite leuchtende Bahn durch den dunklen Atlantik.


3. Bericht von hoher See, Bermudas - Azoren
Freitag, 22.05.2015, 12.00 Uhr
Position 33° 53,0' N; 57° 56,7' W;
Etmal: 126 Seemeilen; Rest: 1.328 Seemeilen

Gestern Nacht schlief der Wind kurz ein, so dass der Motor für zwei Stunden für unser Fortkommen zuständig war. Bei weniger als drei Knoten Fahrt im Schiff muss er aushelfen. Alsbald konnte die Genua aber wieder ausgerollt und die Maschine abgestellt werden. Gegen 22 Uhr nahm der immer noch raume bis achterliche Wind soweit zu, dass auch das Großsegel gesetzt werden konnte. Seitdem preschen wir mit guten sechs Knoten Fahrt durch den nicht mehr ganz so konfus aufgewühlten Atlantik. Die Nacht war sternenklar, es gab sogar Sternschnuppen. Da habe ich mir natürlich auch etwas gewünscht. Mal abwarten, ob es in Erfüllung geht.

Als meine Wache um vier Uhr zu Ende war, bin ich todmüde in meine gemütliche Koje geklettert. Um acht Uhr hieß es wieder raus aus der Koje, schon wieder Wachablösung. Die vier Stunden kamen wir vor wie vier Minuten und ich hätte unendlich gerne noch ein paar Stunden weitergeschlafen. Geht aber nicht, der Kapitän ist auch hundemüde, natürlich braucht er auch seinen Schlaf und freut sich auch auf seine Koje.

Beim Frühstück bekamen wir Besuch von Delphinen. Sie blieben eine ganze Weile, schwammen neben uns her, tauchten unter uns hindurch und vollführten tollkühne Sprünge.

Wir kommen gut voran, bei halbem Wind von vier bis fünf Beaufort, 21 Grad Lufttemperatur und Sonnenschein ist es bestes Segeln. So könnte es immer weitergehen. Idealbedingungen. Wie lange es noch so weitergeht, verrät uns gleich die Wind- und Wettervorhersage.


4. Bericht von hoher See, Bermudas - Azoren
Sonnabend, 23.05.2015, 12.00 Uhr
Position 34° 32,3' N; 55° 3,1' W;
Etmal: 149 Seemeilen; Rest: 1.179 Seemeilen

Wir sind jetzt vier Tage unterwegs, aber die Bordroutine, die sich meist am dritten Tag einstellt, will nicht so richtig kommen. Die Bedingungen sind zwar weiterhin sehr gut, trotzdem bin ich immer müde. Bei vier bis fünf Windstärken halbem Wind kommen wir flott voran. Gleich bekommen wir die neue Wind- und Wettervorhersage. Wir hoffen, dass Wind, Wetter und Seegang so moderat bleiben.

Gestern Nachmittag hatten wir wieder Anglerglück. Ein dicker Thunfisch hat angebissen und versorgt uns jetzt mindestens für zwei Tage mit leckeren Filets.

5. Bericht von hoher See, Bermudas - Azoren
Sonntag, 24.05.2015, 12.00 Uhr
Position 34° 54,0' N; 52° 57,4' W;
Etmal: 105 Seemeilen; Rest: 1.074 Seemeilen

Der Wind nahm gestern zwischendurch ab, so dass wir mit Großsegel und ausgebaumter Genua nur noch mit ungefähr vier Knoten vorankamen. Gegen Abend nahm er wieder ein wenig zu und wir kamen mit fünf Knoten vorwärts. Mit Schlafen, Lesen und Essen vergeht der Tag erstaunlich schnell. Das Thunfischfilet hat hervorragend geschmeckt, gleich brate ich die restlichen Filets.

Meine Nachtwache verlief bei schwachem Wind und relativ wenig Seegang ganz ruhig. Kurz nach meiner Ablösung musste Ingo doch den Motor starten, da der Wind, genau wie ich, eingeschlafen war. Der Motor brummt jetzt immer noch und wird es wohl noch einige Zeit machen müssen. Wir sind gespannt, was die neue Wettervorhersage uns gleich beschert. Ein gutes Drittel des Törns haben wir geschafft.

Was hat sich sonst noch ereignet? In der Nacht hat uns in 1,5 Seemeilen Entfernung das Segelschiff „Widago" unter Motorfahrt überholt, jetzt schickt sich die Segelyacht „Mistero Blue" an, uns ebenfalls unter Maschine fahrend, zu überholen. Die „Anne", die uns über ihren Kurs per Mail über das Satellitentelefon auf dem Laufenden hält, fährt etwa 50 Seemeilen vor uns. Die „Lubini" hat uns ebenfalls per Satellitentelefon mitgeteilt, dass sie etwa 120 Seemeilen hinter uns ist. Heute Morgen lagen zwei kleine (ehemals) Fliegende Fische an Deck und haben eine ordentliche Seebestattung bekommen.

Außerdem waren zwei kleinere Reparaturen zu erledigen: „Peter" hatte eine Schraube locker und am Motor musste ein neuer Kupferring zum Abdichten der Entlüftungsschraube der Dieselleitung eingesetzt werden. Malte hatte uns zwei Kupferringe mit nach Martinique gebracht, so wollten wir für den Fall der Fälle vorbereitet sein. Leider hat man Malte nicht die richtigen Ringe mitgegeben, sie sind zu klein. Keine Ahnung, wie das passieren konnte, die Ersatzteilnummer ist jedenfalls richtig. So hat Ingo den alten Kupferring gesäubert und wieder eingesetzt. Wir hoffen, dass das erst mal ausreichend ist.

Feiertage spielen in unserem Mikrokosmos hier draußen keine Rolle. Hier dreht sich alles nur um die Wind- und Wettervorhersage. Trotzdem haben wir natürlich mitbekommen, dass heute Pfingstsonntag ist. In dem

Zusammenhang fällt mir ein, dass wir im letzten Jahr am Pfingstwochenende zu unserer Reise aufgebrochen sind. So vieles hat sich seitdem ereignet, so viele nette und interessante Begebenheiten haben wir erlebt. Wie einen kostbaren Schatz hüte ich all die Erinnerungen, keine soll verloren gehen. Eine Zeit unendlich vieler Eindrücke und neuer Bekanntschaften. In Gedanken gehe ich unsere Reiseroute durch und komme auf 19 Gastlandflaggen, die wir bis jetzt gesetzt haben. Knapp drei Monate werden wir noch unterwegs sein, weitere Eindrücke warten schon auf uns. Wir sind gespannt auf die Azoren und hoffen natürlich, auf angenehme und sichere Törns auf dem weiteren Rückweg durch den Atlantik, den Ärmelkanal und die Nordsee in die Weser. Wir freuen uns auf das Wiedersehen mit der Familie, Zeit mit den Kindern, den Freunden und Bekannten. Freuen uns auf ein richtiges Bett, eine richtige Dusche, die eigene Waschmaschine, unsere Fahrräder, aktuelle Tageszeitungen, sonntags einen „Tatort" gucken und und und...

6. Bericht von hoher See, Bermudas - Azoren
Montag, 25.05.2015, 12.00 Uhr
Position 35° 7,7' N; 50° 39,6' W;
Etmal: 111 Seemeilen; Rest: 963 Seemeilen

Der Motor lief gestern bis zum frühen Nachmittag, bis doch noch der Wind zurückkam. Erst etwas zaghaft, aber dann mit vier Windstärken, später fünf. Wir konnten das Großsegel setzen und die Genua ganz ausrollen. Hoch am Wind ging es flott voran, wobei es im Boot aber wieder ungemütlich wurde. Die Kajüte entwickelte sich wieder zu einer „schiefen Ebene", entsprechend beschwerlich war es, sich darin fortzubewegen. Die Wellen polterten wieder ebenso laut wie unaufhörlich an den Rumpf. Während meiner Nachtwache kamen wir mit fünf, teilweise sechs Knoten Fahrt gut voran. Dunkle Wolken versperrten den Blick auf den Sternenhimmel, „Amazone" zischte durch die bewegte See, als bekäme sie dafür bezahlt und das Meeresleuchten war wieder grandios. Eine Motoryacht (57 Meter lang, 11 Meter breit) zog mit 12 Knoten Fahrt in sechs Seemeilen Abstand an Steuerbord an uns mit Ziel Gibraltar vorbei. Etwa eine Stunde nach meiner Ablösung zogen Regenwolken über uns hinweg und brachten einige Böen mit. Ingo musste die Genua ein Stück einrollen und das Großsegel reffen. Als die Front durchgezogen war, ließ der Wind nach, die Genua wurde eingerollt, der Motor musste gestartet werden und brummt auch jetzt noch. Laut gestriger Windvorhersage soll der Wind bis Donnerstag schwach aus östlicher Richtung wehen, also für uns ungünstig, weil von vorne. Wir und die „Amazone" versuchen, das Beste daraus zu machen. Es könnte schlimmer sein. Auf die neue Vorhersage, die wir gleich bekommen, sind wir gespannt.

## 16. Atlantiküberquerung über die Azoren

Immerhin liegt die Distanz bis zu unserem Ziel jetzt schon im dreistelligen Bereich.

7. Bericht von hoher See, Bermudas - Azoren
Dienstag, 26.05.2015, 12.00 Uhr
Position 36° 6,4' N; 48° 16,2' W;
Etmal: 130 Seemeilen; Rest: 833 Seemeilen

Wir hatten heute Bergfest! Aufgrund des starken Seegangs wird der ausführliche Bericht morgen nachgeliefert.

8. Bericht von hoher See, Bermudas - Azoren
Mittwoch, 27.05.2015, 12.00 Uhr
Position 37° 18,1' N; 46° 23,1' W;
Etmal: 108 Seemeilen; Rest: 725 Seemeilen

Na, da war ja ziemlich was los rings um uns herum. Am späten Montagabend briste der Wind unerwartet heftig auf. Es wehte mit konstanten sechs Beaufort, in Böen sogar sieben, aus nordöstlicher Richtung. Was bedeutete, dass es an Bord sehr ungemütlich wurde. Angekündigt war das nicht, aber dafür blieben die angekündigten Gewitter aus. Das ist doch gar kein schlechter Tausch, oder? Trotz zwei Reffs im Großsegel und ganz kleiner Fock marschierte die „Amazone" mit sechs bis sieben Knoten Fahrt durch die aufgewühlte See. Tapfere Lady, ohne Murren und Knurren steckte sie jeden noch so harten Schlag der See ungerührt ein.

An Schlaf war während der Freiwachen nicht zu denken, die Wachen an sich waren sehr anstrengend. Eine Regenfront nach der anderen zog über uns hinweg und brachte ordentlich Wind mit. Jede Bewegung fiel schwer, an Kochen oder Duschen war nicht zu denken. Bei dem Geschaukel war es gestern auch nicht möglich, einen ausführlichen Bericht zu verfassen. Aber, wie das so ist im Leben, das Blatt wendete sich zum Besseren und inzwischen sieht unsere kleine Welt wieder ganz anders aus.

Gestern, Dienstagnachmittag, flaute es allmählich ab. Das erste Reff konnte losgebunden und die Genua zum Teil ausgerollt werden. Etwas verpasster Schlaf wurde nachgeholt, eine heiße Suppe gekocht. Sogar Besuch kam vorbei, nur etwa eine Bootslänge von uns entfernt tummelten sich sechs Grindwale. Ganz unbefangen kann ich diesen Anblick nicht mehr genießen, was man vielleicht nachvollziehen kann. So segelten wir in den Abend und in die Nacht, auch das letzte Reff konnte losgebunden und das Vorsegel ganz ausgerollt werden. Leider ließ der Wind immer mehr nach, so dass zwischendurch immer wieder die Maschine gestartet werden musste.

Heute Morgen bekamen wir Besuch von Delphinen, sehr vielen

Delphinen sogar. Es waren mehr als einhundert Tiere, die da unterwegs waren. Einige tauchten unter uns hindurch, andere blieben in einiger Entfernung. Es waren auch viele Jungtiere in der Gruppe.

Jetzt scheint die Sonne bei 21 Grad Lufttemperatur, die See hat sich beruhigt, der Wind kommt schwach aus östlicher Richtung. Nur wenig Wind und der genau gegenan, das bedeutet viel Arbeit für den Motor. Immerhin haben wir schon mehr als die Hälfte der Strecke geschafft. Gleich koche ich uns etwas Leckeres, später wird geduscht und vielleicht beißt ja auch noch ein Fisch an.

9. Bericht von hoher See, Bermudas - Azoren
Donnerstag, 28.05.2015, 12.00 Uhr
Position 38° 7,1' N; 44° 45,5' W;
Etmal: 86 Seemeilen; Rest: 639 Seemeilen

Was für ein mageres Etmal! Wie vorhergesagt, nahm der Wind gestern immer mehr ab und seit gestern Nachmittag brummt jetzt schon der Motor. Wir haben auch das erste Mal Diesel aus den Kanistern nachgetankt. Laut der gestrigen Wind- und Wettervorhersage soll es noch einige Tage schwachwindig bleiben. Wir fahren seit einiger Zeit nicht mehr den direkten Kurs zu den Azoren, sondern halten uns nördlicher. Dort weht angeblich zumindest ein laues Lüftchen und so dieseln wir hoffentlich dem Wind entgegen. Wäre prima, wenn wir vielleicht mal unser buntes Zauber-Leichtwindsegel setzen könnten. Wir hoffen auf Wind, denn jede Meile, die wir segeln können, spart nicht nur Diesel, sondern ist einfach ruhiger und gefällt uns auch viel besser.

Gestern hat ein großer, grauer Wal unseren Kurs gekreuzt. Knapp 30 Meter tauchte er an Steuerbord vor unserem Bug auf, stieß dreimal kurz hintereinander seinen Blas aus, zeigte uns seinen riesigen grauen Rücken und verschwand an Backbord in den Tiefen des Atlantiks. Viel lieber war mir da schon heute Morgen der Besuch einiger Delphine. Sie schwammen neben uns her, umspielten „Amazones" Bug und verschwanden alsbald achteraus.

Während ich diesen Beitrag schreibe, geht der Hefeteig für das Brot auf, gleich wird gebacken. Die Sonne lacht vom strahlend blauen Himmel, es ist um die 21 Grad warm. Außer ein bisschen Wind fehlt uns nichts.

10. Bericht von hoher See, Bermudas - Azoren
Freitag, 29.05.2015, 12.00 Uhr
Position 38° 48,7' N; 42° 59,7' W;
Etmal: 89 Seemeilen; Rest: 550 Seemeilen

Weiterhin fehlt uns zu unserem vollkommenen Glück der Wind. Wir dieseln nordöstlichen Kurs, dem vermeintlichen Wind hinterher. Der Motor fragt sich wahrscheinlich schon längst, ob wir ihn vielleicht vergessen haben, einfach vergessen haben, ihn abzustellen. Wir sind mit den Crews der „Anne" und der „Lubini" per Mail und Satellitentelefon in Kontakt. Auch sie dieseln tapfer durchs blaue, unendliche Nirgendwo. Über Funk hören wir Gespräche einiger ARC-Teilnehmer. Sie wollen sich ebenfalls nördlich halten, da dort morgen vielleicht ein Lüftchen weht, das sie gen Osten bringt.

Wir überschlagen unseren Dieselverbrauch und unseren Vorrat. Es steht fest, dass wir auf keinen Fall die ganze restliche Strecke mit Motor fahren können. So weit reicht der Diesel nicht. Wir hoffen auch, dass es gar nicht nötig ist, wir irgendwann wieder Wind bekommen und endlich wieder segeln können.

Die See hat sich weiter beruhigt, sie ist jetzt nicht mal mehr leicht gekräuselt, sondern fast spiegelglatt. Im hellen Mondschein verlief meine Nachtwache bei einem guten Buch und einer Kanne schwarzen Tee völlig unspektakulär. Allerdings sind die Zeiten, in denen nachts barfuß, in T-Shirt und Shorts Wache gegangen werden konnte, endgültig vorbei. Mit langer Hose, Fleecejacke und dicker Teddyfelljacke, an den Füßen dicke Socken und Seestiefel, verbringe ich die Nachtwachen und freue mich über den heißen Tee.

Back-Tag war gestern, heute ist Dusch-Tag, Lese-Tag war vorgestern, gestern und ist auch heute. Die CD der Gruppe „Santiano" dudelt ein ums andere Mal. In einem ihrer Lieder heißt es: (...) „Was macht ein Seemann, wenn mal Flaute ist, was macht ein Seemann dann? Dann flucht er laut, so laut, wie er nur fluchen kann, das macht ein Seemann dann!" Geflucht hat bei uns an Bord bis jetzt noch niemand, wahrscheinlich würde der Motor sich bitter beschweren, wenn er könnte. Aber bis jetzt macht er brav, wozu er schließlich an Bord ist, er sorgt für unser Fortkommen und brummt vor sich hin. Wir nehmen es, wie es kommt. Im Schneckentempo nähern wir uns Meile für Meile dem Ziel. Meilenfressen mal gemächlich.

11. Bericht von hoher See, Bermudas - Azoren
Sonnabend, 30.05.2015, 12.00 Uhr
Position 39° 5,2' N; 40° 21,2' W;
Etmal: 124 Seemeilen; Rest: 426 Seemeilen

Endlich haben wir den Wind erwischt und seit heute Morgen um halb fünf kann endlich wieder gesegelt werden! Es weht mit zwei bis drei Beaufort schräg von achtern, die Genua ist ganz ausgerollt, schaukelnd, rollend und geigend kommen wir mit etwa vier bis fünf Knoten ganz gut voran. Dabei hilft uns auch seit geraumer die Meeresströmung, die mit etwa einem Knoten mitschiebt. Zunächst hatte Ingo den Gennaker gesetzt, der uns auf der Weser und der Nordsee bei leichten Winden schon gut vorangebracht hat. Leider mussten wir aber nach etwa zwei Stunden doch einsehen, dass er hier bei diesem unruhigen Seegang zu sehr schlägt und am Rigg zerrt. Die ausgebaumte Genua flappt nur hin und wieder, leise gurgelt das Wasser am Rumpf, hier und da klappert ein Topf oder ein Teller im Schapp, aber ansonsten herrscht himmlische Ruhe. Unser treuer Freund, der Motor, hat jetzt eine sehr verdiente Ruhepause.

Mit Navigieren, Auswerten der Wettervorhersage, Dieselnachtanken, Kochen, Putzen, Duschen, Essen, Angeln (leider erfolglos), Schlafen und Lesen vergeht die Zeit. Ab und zu kommen Delphine vorbei, so als ob sie sich vergewissern wollten, dass bei uns alles in Ordnung ist. Wir zuckeln friedlich im hellen Sonnenschein über den glitzernden Atlantik, Nachts im silbernen Mondschein unter dem kolossalen Sternenhimmel - alles ist gut.

12. Bericht von hoher See, Bermudas - Azoren
Sonntag, 31.05.2015, 12.00 Uhr
Position 39° 9,5' N; 37° 53,0' W;
Etmal: 115 Seemeilen; Rest: 311 Seemeilen

Die Freude am Segeln hielt leider nur etwa 12 Stunden an. Gestern Abend schlief der Wind erneut ein, der Motor musste uns durch die mondhelle Nacht bringen. Im Morgengrauen konnten wir erneut Segel setzen. Unter Großsegel und voll ausgerollter Genua zuckelten wir bei etwa drei Windstärken raumem Wind in diesen sonnigen Sonntagmorgen. Seit einer Stunde lässt der Wind wieder nach, die Segel schlagen, es geht nur quälend langsam voran. Geduld ist gefragt, um dieses Schneckentempo auszuhalten.

Unsere frischen Vorräte gehen rapide zur Neige. Es sind noch ein Apfel und eine Grapefruit vorhanden, außerdem Kartoffeln und Zwiebeln. Die Schapps sind aber noch gut mit Nudeln, Reis, Keksen, Müsli, Obst- und Gemüsekonserven, Saucen, Fertiggerichten und Getränken gefüllt. Auch Milch, Käse, Marmelade, Wurst und Schinken sind noch ausreichend vorhanden. Die Wasservorräte sind noch üppig. Selbst wenn uns der Wind ab jetzt ganz im Stich lassen sollte, hätten wir genug Diesel, um unser Ziel unter Motorfahrt zu erreichen. Was niemals zur Neige gehen darf, ist Nutella. Auch hier ist für ausreichend Vorrat gesorgt.

Obwohl wir schon 12 Tage unterwegs sind, wird uns die Zeit nicht lang. Wir fühlen uns wohl und genießen den zum Glück friedlichen Atlantik. Hier kann es auch ganz anders zur Sache gehen, was uns sehr bewusst ist. Die Nachtwachen sind trotz der einmaligen Atmosphäre mit dem hellen Mondschein, dem atemberaubenden Sternenhimmel und der endlos scheinenden Weite anstrengend. Mondschein, Sterne und weiter Horizont hin oder her - durchschlafen zu können, wäre uns lieber.

Gerade eben hat wieder ein etwa 20 Meter langer Wal unseren Kurs gekreuzt. Das riesige Tier schwamm von Steuerbord kommend in ca. 20 Meter Entfernung vor unserem Bug durch. Durch den Blas, den es ausgestoßen hatte, hatte Ingo den Wal bemerkt. Schnell haben wir den Motor gestartet und aufgestoppt. Wir sahen seinen grauen glänzenden Rücken, dann verschwand er wieder in den Tiefen der See.

13. Bericht von hoher See, Bermudas - Azoren
Montag, 01.06.2015, 12.00 Uhr
Position 39° 16,5' N; 35° 42,3' W;
Etmal: 102 Seemeilen; Rest: 209 Seemeilen

Mal geht es unter Segeln voran, dann wieder unter Motor. Der Wind ist weiterhin schwach, aber der Seegang hat seit gestern Nachmittag, wie vorhergesagt, auf knapp zwei Meter zugenommen. Die langgezogenen Wellen rollen stetig schräg achterlich von Backbord heran. Sie heben die „Amazone" an, rollen unter ihr hindurch, lassen sie sich zur Seite neigen, ehe sie sich wieder aufrichtet, um erneut angehoben zu werden. Wie ein Baby in seiner Wiege liege ich in meiner Koje und werde sanft geschaukelt. Allerdings ist das ewige Geschaukel auch dafür verantwortlich, dass manch ein Schluck Kaffee nicht getrunken, sondern verschüttet wird. Ständig ist der Körper in Bewegung, um die Bewegungen des Bootes auszugleichen. Brot backen, kochen und abwaschen werden zum Erlebnis.

Das soll aber nur eine Beschreibung unserer Situation an Bord sein, kein Gejammer! Solange die „Amazone" so sanft rollt und schaukelt, ist es noch gut auszuhalten. Viel besser, als wenn bei einem Hoch-am-Wind-Kurs der Bug krachend in die Wellen schlägt.

Leider gibt es einen sehr bedauerlichen Ausfall zu vermelden: Wie schon sein Vorgänger auf unserer ersten Atlantiküberquerung, hat gestern Nachmittag auch unser nagelneuer Steuerarm der elektrischen Selbststeueranlage seinen Dienst quittiert. Malte hatte ihn uns gerade erst nach Martinique mitgebracht. Sang- und klanglos gab der Steuerarm von einem Moment zum anderen nichts mehr von sich. Sein Vorgänger hatte bei seinem Abgang von der Langfahrt-Bühne noch eine große Show abgezogen und mit einem Kurzschluss die Navigationsgeräte lahmgelegt. Der Nachfolger zog einen leisen, bescheidenen Ausstieg vor. Aus, vorbei, macht mal ohne mich weiter. Wir sind nur froh, dass wir noch den uralten Steuerarm dabei haben, der - toi, toi, toi - tapfer durchhält. Was ist nur mit den Geräten los? So schnell wie sie kaputtgehen, kommt die Garantieabwicklung gar nicht hinterher.

14. Bericht von hoher See, Bermudas - Azoren
Dienstag, 02.06.2015, 12.00 Uhr
Position 39° 20,6' N; 33° 23,4' W;
Etmal: 107 Seemeilen; Rest: 102 Seemeilen

Ein paar Stunden konnten wir gestern und in der Nacht noch segeln. Mit ausgebaumter Genua ging es gemütlich durch die unendlich scheinende blaue Weite. Nichts als Wasser, Himmel und wir. Ab und zu schauen Delphine vorbei, begleiten uns eine Weile, um bald wieder weiterzuziehen. Ganz selten sehen wir auch mal einzelne Vögel, die ihre Kreise drehen und wieder am Horizont verschwinden. Hin und wieder ziehen in einigen Meilen Abstand Frachter oder Tanker vorbei. Ihre Ziele sind Häfen an Portugals Küste, im Mittelmeer oder in Afrika. Seit einigen Stunden hat sich der Wind wieder komplett verabschiedet und wir fahren mit Motor. Gestern Nachmittag haben wir wieder Diesel aus den Kanistern nachgetankt. Der Einbautank war danach randvoll, alle Kanister sind jetzt leer. Der Ölstand wurde kontrolliert und der Seewasserfilter gereinigt. Muss alles sein, damit unser Motor weiter brummt und zufrieden ist.

Wir rechnen damit, morgen am frühen Nachmittag auf Flores, der westlichsten der Inseln, die den Archipel der Azoren bilden, anzukommen. Heute vor zwei Wochen haben wir auf Bermuda den Anker gelichtet und wir freuen uns, wenn endlich Land in Sicht kommt. Endlich wieder durchschlafen, endlich wieder die Beine vertreten, endlich wieder andere Farben sehen. Der letzte Apfel ist gegessen, die letzte Grapefruit ist gleich an der Reihe und so freuen wir uns auch auf frisches Obst und Gemüse.

Gut angekommen auf Flores/Azoren
Mittwoch, 03.06.2015

Wir haben es geschafft! Nach 15 Tagen sind wir wohlbehalten auf Flores angekommen. 1.680 Seemeilen und viele Liter Diesel liegen hinter uns. Von Starkwind bis Flaute war alles dabei. Unsere Freude, ohne größere Maleschen angekommen zu sein, ist riesig! Als heute im Morgengrauen die ersten Umrisse von Flores am Horizont zu erkennen waren, war das schon ein gutes Gefühl. Aber als wir parallel zur Insel Richtung Hafeneinfahrt fuhren, sauste die emotionale Achterbahn mal wieder ungebremst in einen Looping. Kein türkisblaues Wasser mehr - sag' mir, wo die Palmen sind, wo sind sie geblieben? Schlagartig wurde mir bewusst, dass ein besonders schöner Reiseabschnitt unwiderruflich zu Ende ist und unser Abenteuer allmählich in die letzte Runde geht.

Im Hafen angekommen waren gleich zwei, drei, vier hilfsbereite Segler zur Stelle, um unsere Leinen anzunehmen. „Obrigado, thank you, danke, merci". Kurze Verschnaufpause, endlich mal wieder ein Bier zischen, aufklaren, Müll entsorgen, beim Hafenmeister anmelden. Und erst mal richtig ankommen!

Nachdem wir uns bei dem kompetenten und freundlichen Hafenmeister angemeldet haben, kümmern wir uns erst einmal um die „Amazone". Diese tapfere Marathonseglerin hat sich eine ausgiebige Süßwasserdusche redlich verdient. Als im Boot alles aufgeräumt und geputzt ist, machen wir uns zu einem ersten Spaziergang auf. Die Wäsche können wir hier im Ort zum Waschen abgeben und sogar einen ganz gut sortierten Supermarkt gibt es hier. Endlich können wir wieder zu normalen Preisen einkaufen. Sogar Weintrauben sind erschwinglich. In einem kleinen Restaurant direkt am Hafen haben wir einen Hamburger mit Pommes gegessen. Hatte diese Köstlichkeit auf Bermuda 16 US Dollar gekostet, bekamen wir sie hier für ganze vier Euro. Später fallen wir todmüde in die Kojen und schlafen tief und fest bis zum nächsten Morgen um elf Uhr.

Die Box neben uns ist heute Vormittag frei geworden und so ist die Freude groß, als Klaus und Felix, der in Bermuda zugestiegen ist, mit der „Lubini" dort anlegen. Sie haben es also auch geschafft und sind wohlbehalten auf Flores angekommen. Wir liegen uns in den Armen und stoßen erleichtert auf die gelungene Atlantiküberquerung an. Am Abend feiern wir Ingos Geburtstag nach. Klaus und Felix sind bei uns an Bord zum Essen eingeladen. Der hiesige Trans-Ocean-Stützpunktleiter, Christan Pfeiffer, schaut auch noch vorbei. Er bietet uns seine Hilfe an und gibt uns viele nützliche Tipps. Später kommen noch Holger und sein Vater dazu, die hier mit ihrem Katamaran vor Anker liegen. Ein geselliger Abend mit interessanten Gästen und Gesprächen.

Wir haben wieder unheimlich viele Mails mit Glückwünschen und lieben Grüßen zur wohlbehaltenen Ankunft auf Flores bekommen. Darüber freuen wir uns sehr. Es tut gut zu wissen, dass wir da draußen nicht ganz allein sind, sondern so viele Menschen uns in Gedanken begleiten.

Christian Pfeiffer hat uns für zwei Tage ein Mietauto vermittelt. Und so machen wir uns gemeinsam mit Klaus und Felix zu einer Inselrundfahrt auf. Flores ist 141 Quadratkilometer groß und hat etwa 4.000 Einwohner. Die höchste Erhebung ist der Morro Alto mit 914 Metern. Die Insel wurde 1452 entdeckt und trägt seit 1475 wegen ihrer Blumenfülle ihren heutigen Namen Flores. Die Menschen leben hauptsächlich von der Landwirtschaft, der Viehzucht und der Herstellung von Milchprodukten sowie dem Tourismus. Die Insel hat sich ihre Ursprünglichkeit bewahrt und bietet wundervolle, reizende Landschaften voller idyllischer Ruhe. Es grünt und blüht überaus üppig. Vor allem fallen die blauen Blüten der unzähligen Hortensien ins Auge. Eine blühende Hortensienhecke reiht sich an die nächste. Die Insel ist von wasserreichen Flüssen durchzogen, die kleine und kristallklare Wasserfälle bilden. Von den Steilküsten aus bieten sich atemberaubende

Ausblicke auf den Atlantik. Nur hin und wieder kommt uns ein Auto entgegen. An den zahlreichen, ausgeschilderten Aussichtspunkten halten wir an und genießen die traumhafte Aussicht. Wir fühlen uns an Dominica und La Gomera erinnert. Aber hier geht es viel beschaulicher zu. So schließt hier niemand seine Haustür ab, im Gegenteil. Entweder steht die Tür weit offen oder der Schlüssel steckt von außen. Die Insel wird von ihren Bewohnerinnen und Bewohnern liebevoll in Schuss gehalten. Alles ist ordentlich und gepflegt.

Waren wir gestern vorwiegend mit dem Auto auf Flores unterwegs, wollen wir heute wandern. Aber zunächst fahren wir zum Morro Alto hinauf. Leider ist seine Spitze in dichte Wolken gehüllt, tolle Aussicht Fehlanzeige. So fahren wir wieder ein Stück ins Tal hinab und wollen wandern. Ein richtiges kleines Abenteuer haben wir uns ausgedacht und einen Plan gemacht. Ingo und ich wandern den Berg hinab nach Faja Grande. Klaus und Felix fahren mit dem Auto nach Faja Grande und beginnen von dort den Aufstieg. Irgendwo auf dem Wanderweg treffen wir vier uns, der Autoschlüssel wird übergeben, Ingo und ich wandern weiter nach Faja Grande und holen mit dem Auto Klaus und Felix auf der anderen Seite des Berges wieder ab. Zur Verständigung haben wir unsere Handys - und ganz verwegen Handfunkgeräte - dabei. Wir fühlen uns wie die Pfadfinder. Zunächst geht es über eine sumpfige Wiese den Kamm entlang, dann beginnt der sehr steile Abstieg. Über treppenförmig verlegte Natursteine geht es in Serpentinen hinab. Wir sind etwa 800 Meter hoch, die grasenden Rinder im Tal sind winzig klein, ebenso die Häuser in Faja Grande. In der Nacht hat es kräftig geregnet, die schmalen, steilen Pfade sind äußerst rutschig. Mit unseren Bootsschuhen schlittern und glitschen wir Richtung Tal und müssen höllisch aufpassen, nicht auszurutschen oder umzuknicken. An Bord sind Bootsschuhe angebracht, auf einer Bergwanderung sind sie fehl am Platze. Eigentlich eine Binsenweisheit, aber so steil und unwirtlich hatten wir uns das hier auch nicht vorgestellt. Ab und an bestaunen wir die üppige Vegetation, die himmlische Ruhe, das Plätschern eines Bächleins und sind überwältigt von der atemberaubenden Aussicht. Die Rinder im Tal werden nur ganz allmählich größer, Meter für Meter kraxeln wir bergab. Hin und wieder nehmen wir per Funk Kontakt mit Klaus und Felix auf. Komisch, Klaus redet von einer Asphaltstraße und einem Flusslauf. Bei uns geht es steil bergab, einen Fluss sehen wir nicht und wenn wir uns hier demnächst irgendwo begegnen wollen, müsste es bei den beiden schon einige Zeit steil bergauf gehen, und zwar auf bemoosten Natursteinen, nichts mit Asphalt! Schließlich haben Ingo und ich ohne Blessuren Faja Grande erreicht, von Klaus und Felix keine Spur. Wir beschreiben uns per Funk gegenseitig, wo wir uns gerade befinden. Irgendwie kommen wir nicht auf einen Nenner und

## 16. Atlantiküberquerung über die Azoren

so beschließen wir, uns beim Auto zu treffen. Es stellt sich dann heraus, dass die drei Wanderwege, die es hier gibt, alle die gleiche Markierung haben - einen gelben und einen roten Balken. Hoppla, da haben Klaus und Felix doch glatt den falschen Wanderweg erwischt. So können wir von unserem Kletterabenteuer berichten und die beiden beschreiben den See mit den vielen tosenden Wasserfällen, den sie auf ihrer Wanderung entdeckt haben.

Bei unserer Anmeldung hat uns der Hafenmeister schon darauf hingewiesen, dass der Wind in absehbarer Zeit auf Ost dreht und uns empfohlen, rechtzeitig den Hafen zu verlassen. Bei Wind aus östlichen Richtungen steht ganz erheblicher Schwell in den Hafen. Auch für unseren Törn nach Faial wäre Ostwind ungünstig, weil er genau von vorne käme. Also verlassen wir Flores gemeinsam mit der „Lubini" rechtzeitig vor dem Winddreher. Wir sind gerade dabei, die Fender und Leinen aufzuklaren, als auf der Kaimauer ein Auto hält, mehrmals laut gehupt wird und jemand zu uns herüber winkt - es ist Christian Pfeiffer. Ein Abschiedsgruß vom Trans-Ocean-Stützpunktleiter.

135 Seemeilen liegen vor uns und nach 25 Stunden kommen wir am nächsten Morgen um 10 Uhr in Horta auf Faial an. Mangels Wind mussten wir die gesamte Strecke mit Motor fahren. Die Marina ist sehr gut besucht, ist sie doch ein Hotspot der Seglergemeinde. In Horta werden Crews getauscht, Heimatflüge angetreten oder die Yacht für die Weiterreise ausgerüstet.

Ein ungeschriebenes Gesetz sagt, dass ein Segler nicht auf den Azoren gewesen sein kann, ohne in Horta angelegt zu haben. Zwei Punkte müssen dort unbedingt erledigt werden: in *der* Seglerkneipe Peter's Café Sport ein Bier trinken und sich auf der Kaimauer mit einem kleinen Bild verewigen. Gestern Abend hat es sich schon ergeben, dass wir im Peter's Café Sport vorbeischauten. Alte und neue Bekannte haben wir getroffen und den letzten der uns anvertrauten OSV-Stander dort gelassen. Damit haben wir jetzt unseren Auftrag erfüllt und alle fünf OSV-Stander aufgehängt sowie einen WVW- und einen WVWo-Stander. Die OSV-Stander hängen im „Green Bolley" auf Bequia, im „Rusty Pelican" auf Antigua, im Restaurant des „Royal British Virgin Yacht Club" auf Tortola (hier hängt auch der WVWo-Stander), im Restaurant des „Bitter End Yacht Club" auf Virgin Gorda (hier hängt ebenfalls der WVW-Stander) und der fünfte hängt nun hier in Horta auf Faial im berühmten Café Sport.

Außerdem kümmern wir uns heute um die Befüllung unserer deutschen Gasflasche. Wir können sie hier ganz in der Nähe der Marina abgeben und übermorgen abholen. Dem Supermarkt statten wir auch einen Besuch ab - hier können wir aus dem Vollen schöpfen! Manches, was wir lange entbehrt haben, ist hier zu einem normalen Preis zu bekommen.

Heute wollen wir uns dem Projekt „Wir verewigen uns an der Kaimauer in Horta" widmen. Gewisse Vorkenntnisse haben wir ja schon in Porto Santo erlangt. Die Farbdosen haben seitdem zweimal den Atlantik überquert, sind aber noch gut in Schuss. Ein freies Plätzchen haben wir uns gestern ausgeguckt. So bewaffnen wir uns mit Drahtbürste, Klebeband, Farben und allerlei anderen Utensilien und legen los. Einige Meter von uns entfernt sind Klaus und Felix von der „Lubini" schwer beschäftigt und kämpfen mit Spraydosen und Schablonen. Jeder favorisiert seine ganz eigene Technik. Ab und zu flitzt Lasse von der „Anne" mit seinem Roller vorbei. Er ist mit seinen Freunden dabei, das „Anne-Logo" auf die Mauer zu zaubern. Endlich sind wir fertig und mit unserem kleinen Bild ganz zufrieden. Hier gibt es künstlerisch anspruchsvollere Werke, aber uns gefällt's. Herr Karge, mein alter Kunstlehrer, hätte mir wahrscheinlich wieder eine Drei gegeben. Am späten Nachmittag wird es Zeit für eine Pause. Wir treffen uns an Bord der „Amazone" und genießen in geselliger Runde den Sundowner. „Sun" war heute nicht unbedingt vorhanden, aber ein entsprechendes Getränk schmeckt ab 18 Uhr trotzdem. Im Laufe des Abends kommen auch noch Holger und sein Papa dazu, die wir auf Flores kennengelernt haben. Sie stammen aus der Nähe von Greifswald und der Papa war bei der Marine der ehemaligen DDR beschäftigt. Ingo war bei der Deutschen Bundesmarine und so ist es gar nicht so unwahrscheinlich, dass sie damals auf der Ostsee im Dienst für ihr jeweiliges Land an einander vorbeigefahren sind. Übereinstimmend stellen wir fest, wie glücklich wir uns schätzen können, dass diese Zeiten vorbei sind. Nebeneinander zu sitzen und miteinander zu reden ist doch wesentlich besser, als an einander vorbeizufahren oder gar auf einander schießen zu müssen.

Die Tage in Horta vergehen wie im Fluge. Sie sind mit allerlei Organisatorischem ausgefüllt, aber auch für gemeinsame Unternehmungen und Treffen mit anderen Crews bleibt Zeit. Die Kontakte ergeben sich ganz zufällig und sind immer wieder interessant und bereichernd. Gestern waren wir zum ersten Mal zu Besuch auf einem Katamaran. Holger und sein Papa hatten uns eingeladen, die „Indiana" kennenzulernen. Tatsächlich unheimlich viel Platz auf so einem Zwei-Rümpfer, ein ganz anderes Leben und Reisen auf so viel Breite.

Am nächsten Morgen steht ein Zahnarzttermin an. Zum dritten Mal auf dieser Reise muss dasselbe Sorgenkind behandelt werden. Die Reparatur ist erstklassig und wird bis Deutschland halten. Anschließend geht es zu einer kleinen Rundfahrt zur Caldeira, einem Krater eines erloschenen Vulkans. Am Kraterrand führt ein Wanderweg entlang. Klaus beschließt, dass wir hier gemeinsam wandern, wenn wir irgendwann wiederkommen.

Seit vier Tagen sind wir hier in Horta und heute ist unser erster Tag, an dem wir (fast) keine Termine haben und einmal ausspannen können.

## 16. Atlantiküberquerung über die Azoren

Allerdings klingelt schon um 7.30 Uhr der Wecker, weil die „Lubini" ablegen und zu einer anderen Insel segeln will. Felix haben wir gestern verabschiedet. Bis England segelt Klaus jetzt mit Bernd. Wir wollen noch etwas bleiben und so entlassen wir die „Lubini" aus dem Päckchen und winken ihr hinterher. „Gute Reise! Bis bald! Wir sehen uns spätestens in England!"

Reise, Reise! Rolling home! Es geht wieder los. Lebensmittel, Diesel und Wasser sind gebunkert, der Motor ist gewartet, die Wäsche gewaschen, die Zähne sind wieder in Ordnung, die Haare geschnitten, Bücher getauscht und Ansichtskarten geschrieben. Die Wind- und Wettervorhersage erscheint uns günstig, um unsere zweite Atlantiküberquerung zu vollenden und Richtung England aufzubrechen. Im Gepäck haben wir viele Eindrücke von den Inseln Flores und Faial. Die Zeit in Horta war bunt und bestimmt durch die vielen Crews, die wir hier getroffen und kennengelernt haben. Die Nachbarinsel Sao Jorge laufen wir nicht mehr an, aber wir haben den leckeren Käse, der dort hergestellt wird, in Horta gekauft und lassen ihn uns unterwegs schmecken. Ein leckerer Abschiedsgruß von den Azoren.

1.300 Seemeilen liegen vor uns, wir queren den Englischen Kanal und müssen uns auf Kälte, Nebel und viel Schiffsverkehr einstellen. Na, dann mal los. Nur kein Moos ansetzen!


1. Bericht von hoher See, Azoren (Horta) - England (Falmouth)
Montag, 15.06.2015, 12.00 Uhr
Position 40° 02,6' N; 27° 22,8' W;
zurückgelegte Distanz: 108 Seemeilen; Rest: 1.192 Seemeilen

Bevor wir gestern um 12 Uhr ablegen konnten, waren noch die Formalitäten im Marinabüro zu erledigen. Für die „Amazone" haben wir rund 15 Euro Liegegeld pro Tag bezahlt, einschließlich Strom und Wasser. Duschen kostete zwei Euro extra, die an der Rezeption des Servicegebäudes zu entrichten waren. Dafür durften wir nicht nur heiß und unbegrenzt lange duschen, sondern bekamen auch noch ein Handtuch und Seife dazu. Ein Verfahren, das wir so noch nirgends erlebt haben. Wir mussten hier zwar im Päckchen liegen, aber es ist alles gut organisiert. Die Päckchen sind nummeriert und bei der Anmeldung bekommt jede Yacht „ihr" Päckchen zugewiesen. Es liegen höchstens vier Boote nebeneinander.

Dann hieß es „Leinen los!". Hier und da wurde uns von einem Boot aus gewunken und eine gute Reise gewünscht. Ein „Nice boat!" schallte zu uns herüber und die „Amazone" wurde sogar fotografiert. Im Vorhafen drehten wir noch eine Abschiedsrunde, um uns von Holger und seinem Papa auf der „Indiana" und noch ein paar anderen Bekannten zu verabschieden. Das war eigentlich ein schöner Abschied – wenn ein Abschied überhaupt schön sein kann - trotzdem war mir das Herz ganz schwer. Immer diese verdammten

Abschiede! Sie gehören nun mal dazu, wie der Christbaum zum Weihnachtsfest. Aber daran gewöhnen, kann ich mich nicht.

Wir setzten den Gennaker und kamen sehr gut voran. Die „Amazone" galoppierte teilweise mit sieben Knoten Fahrt durchs Wasser! Kurz vor Sonnenuntergang tauschten wir den Gennaker gegen die Genua. Leider nahm der Wind im Laufe der Nacht immer mehr ab und schlief heute Morgen gegen 10 Uhr ein. So ein Mist - wir fahren mit Motor. Dabei sollten hier jetzt laut Wettervorhersage vier Beaufort herrschen und wir prima segeln können. Erst in den nächsten Tagen sollte der Wind abnehmen. Na dann Prost Mahlzeit - das lässt nichts Gutes ahnen. Gleich bekommen wir die neue Wind- und Wettervorhersage und sind gespannt, wie es sich entwickeln wird.

2. Bericht von hoher See, Azoren (Horta) - England (Falmouth)
Dienstag, 16.06.2015, 12.00 Uhr
Position 41° 52,3' N; 26° 29,3' W;
zurückgelegte Distanz: 117 Seemeilen; Rest: 1.053 Seemeilen

Am späten Nachmittag kam gestern tatsächlich noch ein bisschen Wind. Wir konnten endlich den Gennaker setzen, der uns bei drei bis vier Beaufort mal mit halbem, mal achterlichem Wind, bis Mitternacht ganz gut voran gebracht hat. Wunderbar, so macht es Spaß, so soll es sein! Dann begann meine Wache und der Wind schlief ein. Seit dem ist der Wind nicht zurückgekommen, wir dieseln also mal wieder durch die unendliche Weite und fragen uns, wie lange das noch so weitergehen wird. Die gestrige Wind- und Wettervorhersage hat ergeben, dass es neben, hinter und vor uns nur sehr wenig bis gar keinen Wind gibt und dass sich daran die nächsten fünf Tage nichts ändern soll. Unser Kurs ist nicht direkt nach Falmouth abgesteckt, sondern wir fahren zunächst mehr nördlich, in der Hoffnung dort auf passenden Wind zu stoßen. Wir können uns nur in Geduld üben, jedes noch so laue Lüftchen ausnutzen und hoffen, dass wir irgendwann doch wieder segeln können.

Wir gehen derweil unsere Wachen, freuen uns über Delphine, die uns besuchen kommen und versuchen tagsüber Schlaf nachzuholen. Außerdem habe ich gestern zur Feier des Tages einen Kuchen gebacken. Es war unser 26. Hochzeitstag und wir zwei sind mit der „Amazone" ganz allein auf dem weiten Atlantik. Hochzeitstag mal ganz anders.

3. Bericht von hoher See, Azoren (Horta) - England (Falmouth)
Mittwoch, 17.06.2015, 12.00 Uhr
Position 43° 26,3' N; 25° 15,3' W;
Etmal: 109 Seemeilen; Rest: 964 Seemeilen

16. Atlantiküberquerung über die Azoren

Gestern Abend kam tatsächlich ein laues Lüftchen, der Gennaker konnte gesetzt werden und zog uns mit drei Knoten Fahrt durch die sternenklare Nacht. Drei Knoten sind nicht viel, aber immerhin konnten wir segeln und der Motor konnte abgestellt werden. Gegen Mitternacht, zum Ende seiner Wache, hat Ingo den Gennaker eingerollt und die Genua ausgerollt. Die Genua mit ihren 36 Quadratmetern Segelfläche kann ich alleine besser handhaben, als den 80 Quadratmeter großen Gennaker. Falls es wegen Schauerböen nötig sein sollte, könnte ich die Genua einrollen und müsste Ingo nicht wecken. Tatsächlich zogen einige Wolken auf, die Sterne verschwanden, aber vom Regen blieben wir verschont. Die Nachtwache ging ereignislos vorüber. Kein Schiff ist in der Nähe.

Mit der „Lubini", die etwa 100 Seemeilen achteraus unterwegs ist, stehen wir über das Satellitentelefon einmal täglich in Kontakt. Mittags teilen wir uns unsere jeweilige Schiffsposition mit.

Am heutigen Morgen hat der Wind etwas gedreht und zugenommen. Wir segeln mit vier Beaufort am Wind und kommen mit etwa fünf Knoten Fahrt gut voran. Seit heute Morgen ist die Distanz bis zum Ziel nicht mehr vier-, sondern dreistellig! Der Seegang ist gut auszuhalten, die Sonne bricht gerade durch die Wolken und ich habe vorhin das herrlich duftende, beste Weißbrot der ganzen Reise aus dem Ofen geholt. Das Leben kann so einfach und so schön sein!

4. Bericht von hoher See, Azoren (Horta) - England (Falmouth)
Donnerstag, 18.06.2015, 12.00 Uhr
Position 44° 24,7' N; 22° 58,2' W;
Etmal: 115 Seemeilen; Rest: 815 Seemeilen

Nachdem wir die neue Wind- und Wettervorhersage ausgewertet hatten, haben wir unseren Kurs etwas geändert und segeln jetzt nicht mehr nördlich, sondern östlicher, direkten Kurs nach Falmouth. Es bildet sich nämlich im Norden ein Tief und bringt bis zu 40 Knoten Wind (acht Beaufort) mit. Es verdrängt das von uns aus nördliche Hoch. Diesem Tief wollen wir nicht zu nahe kommen. Damit laufen wir zwar in ein Gebiet mit schwachem Wind, aber sicher ist sicher.

In den letzten 24 Stunden lief der Motor nur eine Stunde, als nämlich in der Nacht der Wind kurz einschlief. Ansonsten segeln wir mit vollem Groß und ganz ausgerollter Genua bei etwa drei Windstärken hoch am Wind. „Peter" und „Amazone" vertragen sich sehr gut und wir traben Meile für Meile unserem Ziel entgegen. Die Sonne lacht vom Himmel, es ist 18 Grad warm.

Gestern Nachmittag sind wir einer kleinen Gruppe Orcawale begegnet. Wir sind unbeabsichtigt ganz dicht an ihnen vorbeigesegelt. Erst hörten wir ein Prusten, wir sahen die Rückenflossen und ein Tier sprang aus dem Wasser. Trotz der Masse sah es sehr elegant aus. Diese imposanten Wesen hier draußen in ihrer natürlichen Umgebung zu erleben ist einzigartig. Die Show im Loro Park auf Teneriffa fiel mir wieder ein, aber dieses Erlebnis mitten auf dem Atlantik ist damit natürlich überhaupt nicht zu vergleichen.

Einige Zeit später segelten wir in etwa 100 Meter Entfernung an einer großen orange farbenen Boje vorbei. Keine Ahnung, warum sie hier herumtreibt oder was für eine Aufgabe sie hat. Jedenfalls wäre es ziemlich unheimlich, nachts damit zusammenzustoßen. In vier Seemeilen Abstand kam uns ein Frachter entgegen. Ach ja, noch etwas hat sich gestern Nachmittag zugetragen (war ja ganz schön was los, gestern Nachmittag...): Ein Fisch hatte angebissen, Angelleine rollte sich ab und etwas später riss die Leine ab. Oha, da war wohl ein sehr großer Fisch dran. Wieder haben wir einen Köder verloren, schade.


5. Bericht von hoher See Azoren, (Horta) - England (Falmouth)
Freitag, 19.06.2015, 12.00 Uhr
Position 45° 09,3' N; 20° 48,8' W;
Etmal: 102 Seemeilen; Rest: 713 Seemeilen

Gestern Abend haben wir das Schwachwind-, bzw. Flautengebiet erreicht. Seit 18.00 Uhr brummt der Motor vor sich hin und schiebt uns mit 4,5 Knoten Fahrt durch das fast spiegelglatte Wasser. So wird es wohl noch einige Zeit weitergehen, bis wir wieder auf Wind hoffen können. Segeln wäre uns natürlich um ein Vielfaches lieber, aber wenn wir Starkwind - vielleicht sogar Sturm - oder Flaute zur Auswahl haben, nehmen wir doch lieber die Flaute. Hoffentlich hält unser uralter Steuerarm der Selbststeueranlage durch! Durch den Ausfall des neuen Armes, ist er jetzt unser einziger. Unser drittes Besatzungsmitglied sozusagen. Wenn wir segeln, steuert „Peter". Aber wenn wir bei dieser Flautenschieberei selber steuern müssten, wäre es mit dem bequemen Leben an Bord vorbei. Daran will ich gar nicht denken. Bitte, lieber Steuerarm, halte durch!

Wie flüssiges Blei erstreckt sich der Atlantik bis zum Horizont. Nur hier und da kräuselt sich die Oberfläche ein wenig. Laut Wettervorhersage soll es hier in etwa drei Tagen ganz anders aussehen. Bis zu 30 Knoten Wind (sieben Beaufort) sind für dieses Gebiet, in dem wir uns gerade befinden, vorausgesagt.

Was hat sich sonst noch in den letzten 24 Stunden zugetragen? Nicht viel. Auf diesem Törn hat sich die Bordroutine schnell eingestellt. Aufgrund des ruhigen Wetters können wir schlafen (wenn auch mit Unterbrechungen durch den Wachrhythmus), kochen, backen, lesen und auch duschen. Dem Solardusch-Sack müssen wir zwar mit auf dem Herd erhitztem Wasser nachhelfen, aber so eine Dusche ist doch sehr erfrischend. Jetzt tankt Ingo gerade Diesel aus den Kanistern nach, gleich bereite ich das Mittagessen zu. Gestern gab es einen Kartoffelauflauf mit Gemüse, heute steht Spaghetti mit Bolognese Sauce auf der Speisekarte. Die frischen Vorräte gehen schon wieder zur Neige. Äpfel und Grapefruits sind noch da, auch Kartoffeln, Zwiebeln und Möhren. Ich habe auch schon zwei Brote gebacken, so dass es zum Frühstück warmes Weißbrot gab.

Heute Morgen war es zunächst sehr diesig und es nieselte ein bisschen. Inzwischen hat es aufgeklart und die Sonne lugt zwischen den Wolken hervor. Bei 17 Grad Lufttemperatur bleiben die T-Shirts und Shorts im Schrank, lange Hosen, Pullover, Jacke und Schuhe sind angesagt. Immerhin regnet es nicht.

6. Bericht von hoher See, Azoren (Horta) - England (Falmouth)
Sonnabend, 20.06.2015, 12.00 Uhr
Position 46° 15,7' N; 19° 1,8' W;
Etmal: 100 Seemeilen; Rest: 632 Seemeilen

Das war knapp, gerade noch einmal ein dreistelliges Etmal hinbekommen! Leider nicht unter Segeln, sondern immer noch mit der freundlichen Unterstützung unseres Diesels.

Die Auswertung der Wind- und Wettervorhersage hat uns gestern etwas ratlos gemacht. Das böse Tief im Norden ist gar nicht mehr so böse und die Flaute erstreckt sich jetzt über ein noch größeres Gebiet, als zunächst angekündigt. Wir wechseln also wieder unsere Strategie und ändern unseren Kurs erneut nördlicher. Wenn überhaupt, haben wir dort die größten Chancen auf Wind zu treffen. Wenigstens lacht die Sonne vom strahlend blauen Himmel und die kurzen Hosen kommen wieder zum Einsatz.

Gestern Nachmittag hat Ingo das ruhige Wetter dazu genutzt, um ein paar Punkte auf unserer ewigen Liste der zu erledigenden Dinge abzuhaken. Seit einiger Zeit ist nämlich der Ablauf des Ankerkastens verstopft, das Sieb des Kühlwassereinlasses sollte kontrolliert und gereinigt werden, außerdem der Wassereinlass der Antriebswelle. Diese Arbeiten können nur von außen erledigt werden. Also zwängt Ingo sich in seinen Neoprenanzug, legt einen Bleigürtel, Schnorchel und Taucherbrille an und legt allerlei Werkzeug bereit. Der Motor schweigt natürlich, die „Amazone" wiegt sich lautlos in der Atlantikdünung. Mutig steigt Ingo in das 5.000 Meter tiefe Wasser. Zur Sicherheit schwimmt an einer langen Leine ein Fender achteraus. Daran könnte Ingo im Fall der Fälle Halt finden und sich wieder ans Boot ziehen. Das ist aber nicht nötig, es klappt alles hervorragend. Am Ankerkastenabfluss hatten sich Seepocken breitgemacht und wurden entfernt, der Kühlwassereinlass ist gereinigt und der Wassereinlass der Antriebswelle ist auch in Ordnung.

Aber nicht nur der Kapitän war fleißig. Unsere „Einraumwohnung" bedurfte mal wieder einer gründlichen Reinigung. Es wurde gelüftet, gewischt, umgeräumt und geputzt, bis alles wieder blitzte.

Wir wundern uns immer wieder, wie schnell so ein Tag vorüber ist. Und zack, ist heute auch schon Bergfest! Die Hälfte der Strecke ist geschafft.

7. Bericht von hoher See, Azoren (Horta) - England (Falmouth)
Sonntag, 21.06.2015, 12.00 Uhr
Position 47° 29,9' N; 17° 23,7' W;
Etmal: 100 Seemeilen; Rest: 533 Seemeilen

Da passiert eigentlich den ganzen Tag nichts Aufregendes und dann überschlagen sich die Ereignisse geradezu: War das eine Überraschung, als gestern am späten Nachmittag plötzlich die „Amazone" von der „Lubini" über UKW-Funk gerufen wurde! In den letzten Tagen haben wir per SMS über das Satellitentelefon einmal täglich unsere Positionen ausgetauscht. Daher wussten wir, dass die „Lubini" aufholt und alsbald in die Reichweite des Funks kommen musste. Ach, tat das gut, hier draußen eine bekannte Stimme zu hören! Ingo und Klaus haben sich über die Wind- und Wettersituation und die verschiedenen Vorhersagen ausgetauscht. Dass Segler beim Start auf den Azoren Richtung Europa mit wenig bis gar keinem Wind rechnen müssen, aber diese ausgedehnte Flaute ganz ungewöhnlich ist, darin waren sie sich einig.

So plauderten sie miteinander, als ich aus der Pantry heraus mitbekam, dass sich die Angel bewegte. Als Ingo zur Angel blickte, erschrak er. Wir hatten einen Vogel gefangen und zogen ihn hinter uns her. Wie schrecklich! Das Gespräch mit Klaus hat Ingo schnell beendet, Gas weggenommen und die Angel vorsichtig eingeholt. Als der große Vogel (er hatte eine geschätzte Flügelspannweite von etwa 1,50 Meter) zum Greifen nahe war, sahen wir, dass er sich - Glück im Unglück - „nur" in der Angelleine verfangen hatte und nicht, wie zunächst von uns befürchtet, den Köder geschluckt hatte. Der arme Vogel flatterte heftig und wir schnitten sofort den Köder ab. Es gelang Ingo recht schnell, die Angelleine aus den Federn der Schwinge herauszuholen. Der Vogel flatterte davon, landete im Wasser, schlug einige Male mit den Flügeln und sortierte sich erst einmal.

Ein zweiter Vogel war die ganze Zeit in der Nähe geblieben und hatte um uns gekreist. Jetzt landete auch er auf dem Wasser und blieb ganz dicht bei seinem Gefährten oder seiner Gefährtin. Das fand ich unglaublich rührend. Wir wussten nicht, ob der Vogel sich vielleicht verletzt hatte und eingehen würde. So war unsere Stimmung sehr gedrückt und wir beschlossen nicht mehr zu angeln. Die beiden Vögel blieben auf dem Wasser schwimmend achteraus, wir verloren sie alsbald aus den Augen. Kurze Zeit später sahen wir sie wieder. Die beiden Vögel flogen Seite an Seite über die „Amazone" hinweg, drehten eine Runde um uns und verschwanden am Horizont. Oh, wie erleichtert wir waren!

Nachdem der Motor sagenhafte, unglaubliche zweieinhalb Tage fast ununterbrochen gelaufen hat, konnten wir ihn heute Morgen um 10 Uhr abstellen. Endlich, endlich weht ein laues Lüftchen von etwa drei Beaufort halbem Wind! Die Strömung schiebt auch noch mit, so dass wir etwa vier Knoten Fahrt machen. Ach, ist das herrlich! Diese Ruhe im Boot und dazu der strahlende Sonnenschein! Wäre toll, wenn es so - oder noch ein bisschen flotter - weitergehen könnte.

Wir überlegen, eventuell unser Ziel zu ändern. Statt gleich nach Falmouth zu segeln, könnten wir auch die Isles of Scilly anlaufen. Die Inselgruppe besteht aus 48 Inseln, wovon nur sechs bewohnt sind. Sie sind ein reizvolles Ziel, liegen sozusagen auf unserem Weg und unser Törn würde sich um 60 Seemeilen verkürzen. Unsere endgültige Entscheidung hängt aber wie immer von der Wind- und Wettervorhersage ab.

8. Bericht von hoher See, Azoren (Horta) - England (Isles of Scilly)
Montag, 22.06.2015, 12.00 Uhr
Position 47° 59,2' N; 14° 53,8' W;
Etmal: 105 Seemeilen; Rest: 353 Seemeilen

Das Beste an dem mageren Etmal ist, dass wir in den letzten 24 Stunden nur sieben Stunden mit Motor gefahren sind. Erst seit heute Morgen um fünf Uhr brummt der Motor wieder und sorgt für unser Fortkommen. Laut der gestrigen Wind- und Wettervorhersage werden wir auch in den nächsten Tagen mal mit schwachem bis mäßigem (drei bis vier Beaufort) und zeitweise gar keinem Wind zu rechnen haben.

Theoretisch haben wir ausreichend Diesel an Bord, um unter Motor nach Falmouth zu fahren. Wir haben uns aber entschieden, die Isles of Scilly anzulaufen. Am Donnerstag sollten wir dort ankommen und das ist auch gut so. Wir freuen uns darauf, wieder ausreichend Schlaf an einem Stück zu bekommen, uns die Beine vertreten zu können und diese Inseln kennenzulernen.

Das „besondere Ereignis" des heutigen Tages hat sich gerade erst vor einer guten Stunde zugetragen: Ingo hatte Freiwache und schlummerte friedlich in seiner Koje und ich habe gerade den Teig für das Brot geknetet. Von der Pantry aus habe ich dabei immer mal wieder einen Blick auf das Display des Plotters draußen geworfen, um zu sehen, ob sich ein Fahrzeug nähert. War aber alles okay. Außer der „Lubini", deren AIS-Symbol wir seit einiger Zeit auf dem Bildschirm haben, war niemand zu sehen. Ab und zu steige ich auch die Stufen des Niedergangs hoch, um mit einem Rund-um-Blick festzustellen, ob alles in Ordnung ist.

So war ich doch etwas überrascht, als jemand über UKW-Funk die „Amazone" rief. Ach du Schreck, hatte ich etwa jemanden übersehen, der jetzt auf sich aufmerksam macht? Müssen wir jemandem ausweichen? Nein, alles okay. Es war die französische Segelyacht „Tamarin", die einige Seemeilen hinter uns fährt und deren Skipper zum Plaudern aufgelegt war. Sie empfängt zwar die AIS-Signale der anderen Schiffe, sendet aber kein eigenes Signal aus und so hatte ich sie „nicht auf dem Schirm". Auf unserer Reise habe ich die Erfahrung gemacht, dass ein Franzose, der Englisch spricht, ungefähr so selten ist, wie ein Hund der miaut. Aber dieser Segler war eine Ausnahme und die Unterhaltung eine willkommene Abwechslung. Vor allem, weil wir festgestellt haben, dass wir gemeinsame Bekannte haben - Katja und Dietmar von der „Summer".

9. Bericht von hoher See Azoren (Horta) - England (Isles of Scilly)
Dienstag, 23.06.2015, 12.00 Uhr
Position 48° 33,8' N; 12° 16,1' W;
Etmal: 111 Seemeilen; Rest: 240 Seemeilen

111 Seemeilen in 24 Stunden zurückgelegt, das ist doch schon gar nicht so schlecht! Seit gestern Abend hat der Motor Pause und die Segel können endlich wieder die Hauptrolle übernehmen. Die Sonne scheint, die „Amazone" marschiert unter Großsegel und Genua bei vier Beaufort mit gut sechs Knoten am Wind unserem Ziel entgegen. Herrliches Segeln! Ein Kompliment gab es heute Morgen auch schon. Klaus, der mit der „Lubini" zurzeit etwa sechs Seemeilen hinter uns segelt, hat die „Amazone" ein „Rennboot" genannt. Ja, die Lady ist flott unterwegs und macht es etwaigen Verfolgern nicht leicht.

Außer mit der französischen Segelyacht „Tamarin" gab es gestern auch noch Funkkontakt mit der „Liverpool Express". Der 281 Meter lange Frachter ist mit 18 Knoten Fahrt auf seinem Weg von Südamerika nach Hamburg und überholt uns mit etwa fünf Seemeilen Abstand an Backbord. Im breiten Hamburgisch plaudert ein Besatzungsmitglied mit Klaus und gibt auch die aktuelle Wind- und Wettervorhersage weiter. Interessant und aufschlussreich. Seine Wetterinformationen stimmen mit den unsrigen überein.

Genau heute vor sechs Monaten sind wir in Tobago, unserer ersten Insel in der Karibik, angekommen. Sechs unglaubliche Monate, die so viele Eindrücke, besondere Momente und Emotionen mit sich gebracht haben, die ich wie einen Schatz in mir trage. Einzigartig und unbezahlbar.

## 10. Bericht von hoher See, Azoren (Horta) - England (Isles of Scilly)
Mittwoch, 24.06.2015, 12.00 Uhr
Position 49° 09,0' N; 8° 54,6' W;
Etmal: 138 Seemeilen; Rest: 107 Seemeilen

Mit diesem Etmal sind wir endlich mal zufrieden! Und vor allem ist jede Seemeile „ersegelt", der Motor hat seit zwei Tagen Pause. Der Himmel ist zwar heute bedeckt und die Sonne lugt nur hin und wieder zwischen den Wolken hervor, aber es ist immer noch Segeln vom Feinsten! Weiterhin pflügt die „Amazone" bei vier Beaufort halbem Wind mit gut sechs Knoten Fahrt durch den nur mäßig bewegten Nordatlantik. Seglerherz, was willst du mehr? Schon fast vergessen sind die zähen Tage in der Schwachwindphase. Inzwischen zeigt unser Echolot auch wieder die richtige Wassertiefe an. Mit tausenden Metern Tiefe war das Gerät verständlicherweise überfordert. Während der letzten Nacht haben wir den Festlandsockel erreicht. Die Wassertiefe fiel über viele Seemeilen kontinuierlich von 5.000 auf 200 Meter. An der Kante des Sockels, wo sie letztlich von 1.000 auf 200 Meter fiel, waren einige Fischerboote auf Beutezug. Da wir ihnen ausweichpflichtig sind und sie keinen klaren Kurs fahren, sondern mal in die eine und dann wieder in die andere Richtung unterwegs sind, war während der letzten Nachtwache Aufmerksamkeit und auch mal eine Kursänderung erforderlich.

Sehr erleichtert wird das alles durch die Informationen, die wir aus den AIS-Signalen der Schiffe entnehmen können. So lässt sich ablesen, mit welcher Geschwindigkeit das Schiff in welche Richtung fährt und wann sich in welcher Distanz der Kurs der anderen Schiffe mit dem der „Amazone" kreuzen würde. Dumm nur, wenn das Gerät des sich nähernden Schiffes defekt ist und nicht durchgehend sendet. Während Ingos Nachtwache kam uns so ein Schiff an Backbord entgegen, das aufgrund der fehlenden AIS-Daten nicht gleich als knapp 200 Meter langer Tanker zu erkennen war. Schließlich kreuzte er plötzlich zwei Seemeilen vor unserem Bug unseren Kurs und passierte uns in gebührendem Abstand an Steuerbord und fädelte sich wieder hinter uns in unser altes Fahrwasser ein. Seltsam. Richtig wäre es gewesen, sich jeweils mit der Backbordseite zu begegnen. Im Laufe des morgigen Vormittags sollten wir auf den Scillys ankommen. Juhu! Nur noch eine Nachtwache!

## Da sind wir! Gut angekommen auf den Isles of Scilly
Donnerstag, 25.06.2015

Nach elf Tagen und 1.217 Seemeilen sind wir heute Morgen gegen 10.00 Uhr auf der zu den Isles of Scilly gehörenden Insel St. Mary's angekommen. Der Wind hat durchgehalten, mit fünf Knoten Fahrt preschte die „Amazone" durch die Nacht und in den neuen Tag. Ein grandioser Abschluss dieses außergewöhnlichen Törns. In der Bucht St. Mary's Pool schnappten wir uns eine der Mooringbojen und dümpeln jetzt neben einigen anderen Booten friedlich in der Sonne. Es ist geschafft! Die zweite Atlantiküberquerung haben wir glücklich beendet.

Zunächst klaren wir ein bisschen das Boot auf, kommen allmählich zur Ruhe. Die „Amazone" ist an der Mooring fest vertäut, aber bis wir wirklich angekommen sind, wird es noch etwas dauern. Wir trinken im Cockpit ein Bier und schauen uns die Nachbarschaft an. Und plötzlich stellen wir fest, dass die „Amazone" „gewachsen" ist. Im letzten halben Jahr war sie in den Marinas und Ankerbuchten meistens eines der kleinsten Boote. Jetzt wiegt sie sich sanft neben Booten, von denen viele kleiner sind als sie. Für uns ist die gute „Amazone" sowieso die „Größte" und wie groß die anderen Yachten sind, ist für uns nicht wichtig. Es wird aber deutlich, dass hier keine großen Charter-Katamarane und nur wenige Langfahrer unterwegs sind, eher Wochenendsegler. So wie wir es bald auch wieder sein werden.

Seit wir uns am 30.04.2015 von St. Martin in der Karibik aus auf den Heimweg gemacht haben, haben wir 3.900 Seemeilen zurückgelegt - der lange Rückweg. Enormen Respekt hatten wir vor diesem Abschnitt der Reise. Obwohl wir die erste Atlantiküberquerung gut überstanden haben, war mir vor der zweiten Überquerung doch ein wenig mulmig. Wie launisch würde der Atlantik sein, wären wir den Anstrengungen gewachsen? Auf dem Törn von den Azoren nach England segelt man in die Westwindzone. Sie ist die Autobahn der Tiefdruckgebiete. Aber ein stabiles Hoch hat für uns die Tiefs in Schach gehalten, was allerdings mit der langen Schwachwindphase einherging. Wie immer konnten wir uns auf den guten Service der Firma Wetterwelt verlassen und bekamen regelmäßig zuverlässig die Wind- und Wettervorhersage für das jeweilige Gebiet übermittelt. Allerdings waren häufig ein bis zwei Windstärken mehr vorhergesagt, als es tatsächlich gab. Na ja, immer noch besser als zu viel Wind.

Alles ist gut verlaufen, abwechslungsreiche elf Tage liegen hinter uns. Jetzt erst einmal eine Mütze voll Schlaf und später mal an Land schauen. Gerade kam ein freundlicher Mitarbeiter der Hafenbehörde mit seinem kleinen Boot längsseits. Er heißt uns herzlich willkommen, fragt höflich, ob wir wohlauf sind und bittet uns zur Kasse. 18,50 Englische Pfund sind für die Mooringboje pro Nacht fällig. Bucht man von vornherein drei Nächte, ist die vierte umsonst. Wir können uns im Moment nur eine Nacht leisten, mehr Pfund haben wir von unserem Besuch auf Guernsey im letzten Jahr nicht an Bord. Macht aber nichts, im Ort gibt es einen Bankautomaten. So gesehen, haben wir in den Tagen auf See aber mächtig Geld gespart.

Als ich es mir gerade im Cockpit in der Sonne gemütlich gemacht habe und so vor mich hin döse, ruft plötzlich jemand „Amazone!". Die „Lubini" ist angekommen. Klaus hat eine Mooring gleich in unserer Nähe gefunden.

Später unternehmen wir gemeinsam einen ersten Landausflug und stellen fest, dass es uns hier gut gefällt. Hugh Town, die Hauptstadt von St. Mary's, ist ein hübscher, belebter Ort mit Supermarkt, Bank, Post, Restaurants und vielen kleinen Läden.

Geschlafen haben wir wie die Murmeltiere – einfach wunderbar. Nach einem gemütlichen Frühstück geht es an Land. Gemeinsam mit Klaus und Bernd machen wir einen sehr langen Spaziergang über die Insel. St. Mary's ist die größte der fünf bewohnten Inseln, die zu den Isles of Scilly gehören. Die anderen vier Inseln sind St. Martin's, St. Agnes, Bryher und Tresco. St. Mary's kann mit weißen Stränden, bizarren Felsen und einer üppigen Blütenpracht punkten. Die Bienen summen, es duftet herrlich, wir genießen die Ausblicke und das viele Grün. Ein schöner Sommertag bei etwa 18 Grad Lufttemperatur. Ein idyllisch gelegenes Café mit Ausblick auf eine Bucht finden wir auch noch, so dass wir gerne eine Pause einlegen. Am frühen Abend sind wir zurück in Hugh Town. Einen Tisch in einem Restaurant am Hafen haben wir am Vormittag schon reserviert. Das ist auch erforderlich, denn die Lokale sind sehr gut besucht und manche für Tage im Voraus ausgebucht.

Flores/Azoren

Kunst an der Kaimauer in der Marina Horta auf Faial/Azoren

16. Atlantiküberquerung über die Azoren

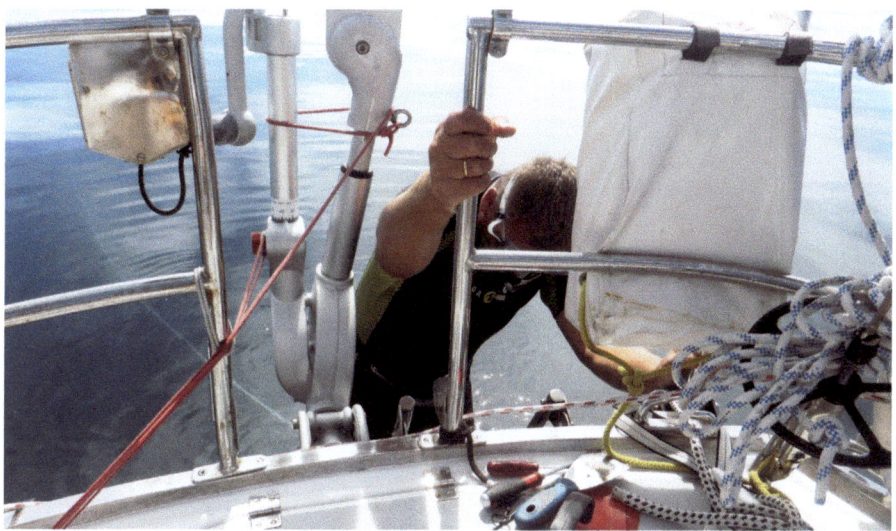
Auf zum Tauchgang in den Atlantik

Ankunft auf den Isles of Scilly

# 17.

# ISLES OF SCILLY BIS DÜNKIRCHEN

Um 5.30 Uhr klingelt am Morgen der Wecker. Kann das denn wahr sein? Schon wieder nicht ausschlafen? Und wer steckt dahinter? Die Tide. Jawohl, wir haben es seit unserer Ankunft auf den Isles of Scilly wieder mit Hoch- und Niedrigwasser zu tun. Und das nicht zu knapp. Zwischen vier und fünf Meter Tidenhub gibt es an Englands Südküste und damit auch entsprechend starke Strömungen. Wir wollen heute nach Falmouth segeln und müssen dabei auch den Tidenstrom berücksichtigen. Außerdem wollen wir nicht bei Dunkelheit dort ankommen, so müssen wir eben sehr früh aufstehen. Ein ordentliches Frühstück soll es vor dem Ablegen auch noch geben, da ist die Nacht um 5.30 Uhr abrupt zu Ende. Gegen 7.00 Uhr lösen wir unsere Leine von der Mooringboje. Bald darauf können wir das Großsegel setzen und die Genua ausrollen.

Es wird ein wunderbarer Segeltag bei Sonnenschein und drei bis vier Beaufort halbem bis raumem Wind und nur wenig Seegang. Der Schiffsverkehr hält sich in Grenzen und so segeln wir gemütlich Richtung Englands Südwestküste. Gegen Mittag zeichnet sich die Steilküste von Cornwall, diesem bezaubernden „Rosamunde-Pilcher-Land", am Horizont ab. Der Wind nimmt am frühen Abend immer mehr ab und so tuckern wir unter Motor zwischen den grünen Hügeln und der Steilküste in die Flussmündung nach Falmouth. Im „Visitors Yacht Haven" sind die wenigen Boxen alle belegt und im Päckchen liegen wollen wir nicht. Wir haben so etwas geahnt und fahren etwa 1,5 Seemeilen weiter den Pennryn River hinauf zur Falmouth Marina. Links und rechts vom Fahrwasser ankern unzählige große und kleine Boote. Nach 64 Seemeilen machen wir gegen 19.45 Uhr in der Falmouth Marina erst einmal am Tankstellenponton fest und suchen den Hafenmeister. Auf unserer Suche treffen wir ein Paar, das gerade sein Boot zum Auslaufen fertigmacht. Die beiden sind sehr aufgeschlossen und rufen für uns im Marinabüro an.

Während wir auf den Hafenmeister warten, wollen die beiden von uns wissen, wo wir herkommen. Dass wir Deutsche sind, haben sie schon bemerkt und loben unser „sehr gutes Englisch". Das ist ebenso höflich wie stark übertrieben. Als wir erzählen, dass wir heute von den Isles of Scilly kommen, erzählt Judith, so heißt die Dame, dass sie dort noch nie gewesen sei und fragt, ob es uns dort gefallen habe. Das war irgendwie komisch, als Fremde einer Einheimischen zu beschreiben, wie schön die Isles of Scilly

## 17. Isles Of Scilly bis Dünkirchen

sind. Schließlich kommt der Marinamitarbeiter und weist uns eine Box zu. Jetzt liegt die „Amazone" seit Wochen zum ersten Mal völlig ruhig, wie ein Brett im Wasser.

Wenn ich die letzten zwei Monate Revue passieren lasse, haben wir in relativ kurzer Zeit 4.000 Seemeilen in unserem Kielwasser gelassen, uns von der Karibik verabschiedet, die Bermudas und Azoren kennengelernt, interessante Bekanntschaften gemacht, einfach unglaublich viel erlebt. Wind und Wetter bestimmen unser Reisetempo und auch die Ziele. Crews, die eher als wir von den Azoren aufgebrochen sind, hatten mit sehr viel Wind und Regen zu tun. Crews, die später als wir die Azoren verlassen haben, sind entweder bald wieder umgedreht oder haben ihr Ziel von England nach Spanien „verlegt", weil herannahende Tiefs ihnen das Leben schwermachen wollten. Wir können erst einmal tief durchatmen, ein wenig zur Ruhe kommen und ein paar Tage hier in Falmouth verbringen. Bernd ist zurück nach Deutschland geflogen, Klaus ist jetzt erst mal allein an Bord.

Uns ist hier in der Marina eine Yacht aufgefallen, die uns gut gefällt. Sie sieht seegängig und solide, doch nicht klotzig oder gar behäbig aus. Gefällige Linien, breites Laufdeck, sehr „schiffig". Jedes Mal auf unserem Weg an Land kommen wir an diesem Boot vorbei. Dann entdecken wir an der Außenhaut den kleinen Schriftzug „Bowman 40". Aha, nie gehört. Im Internet lesen wir, dass diese Boote in Falmouth gebaut worden sind, die Werft aber nicht mehr existiert. Wir sind zwar nicht auf der Suche nach einem anderen Boot, gucken uns aber trotzdem gerne andere Boote an. Von unserem Cockpit aus, können wir in einiger Entfernung das Dach und einen kleinen Teil einer großen Halle sehen. Auf meinem Weg zum Einkaufen kam ich gestern daran vorbei und siehe da - hier werden Boote gebaut. Die Werften Bowman, Starlight und Rustler haben sich zusammengeschlossen und nahmen 2005 an diesem Standort ihren Betrieb auf. So kamen wir auf die Idee, der Werft einen Besuch abzustatten und mal einen Blick hinter die Kulissen zu werfen. Wir sprechen einen Mitarbeiter auf dem Werftgelände an und er ist sofort bereit, uns die Fertigungshalle zu zeigen. Er führt uns herum und erklärt uns die Firmenphilosophie.

Die Werft beschäftigt 28 Mitarbeiter und baut etwa sechs bis acht Boote pro Jahr. Wir sehen zwei blaue Rümpfe, die ausgebaut werden. Genau wie die „Amazone" haben die Rustler Yachten keinen unter den Rumpf gebolzten Kiel, sondern der Kiel ist mit der Kunststoffform des Rumpfes untrennbar verbunden. Und die Boote haben , auch wie die „Amazone", ein Skeg, das das Ruder schützt. Außerdem zeigt uns der engagierte Herr die Lackiererei, die große Tischlerei, einige fertige Schrankteile und massive Holzleisten und Profile. Eine Rustler 42 beispielsweise hat eine Bauzeit von etwa neun Monaten. Sie ist ab 300.000 Pfund (435.000 Euro) zu haben. Auch Ihre

Königliche Hoheit Prinzessin Anne besitzt ein Boot dieser Werft, nämlich eine Rustler 44. Und so hat es sich Prinzessin Anne nicht nehmen lassen, die Eröffnungsfeier der Werft im Jahre 2005 mit ihrer Anwesenheit zu beehren. Zum Schluss des kleinen Rundgangs bekommen wir noch eine Hochglanzbroschüre überreicht. Es ist doch wunderbar, dass es noch Werften gibt, die nicht wie am Fließband produzieren, sondern klassische, makellose Traumyachten in traditioneller Handwerkskunst herstellen. Einige wenige solcher Betriebe gibt es auch in Deutschland. Auch wenn wir nicht zu der zahlungskräftigen Kundschaft dieser Werft gehören, war es interessant, sich dort einmal umsehen zu dürfen.

Es zieht uns mal wieder weiter. Das 40 Seemeilen entfernte Plymouth ist unser nächstes Ziel. Bevor wir ablegen können, ist natürlich noch das Liegegeld abzurechnen. Dafür müssen wir sehr tief in die Tasche greifen: 162,75 Pfund für fünf Tage; 1 Pfund entspricht etwa 1,45 Euro. Wasser, Strom und Duschen sind zwar inklusive, trotzdem ist ein tägliches Liegegeld von 47,20 Euro ein neuer Rekord.

Wir legen im Nieselregen ab und bei zwei Windstärken fahren wir unter Motor an der Steilküste Cornwalls Richtung Osten. Alsbald klart es auf, am späten Nachmittag erreichen wir Plymouth. Auch diese Marina ist kein Schnäppchen. Den Rekord, den die Falmouth Marina gerade erst aufgestellt hat, bricht die Marina hier in Plymouth gleich wieder. Pro Tag sind hier umgerechnet sage und schreibe 52,90 Euro fällig.

Die Wetteraussichten sind günstig, wegen der frühen Tide klingelt der Wecker allerdings schon um 5.30 Uhr. Nach dem Frühstück heißt es um 7.00 Uhr „Leinen los" und wir verlassen Plymouth. Zunächst ist der Himmel bedeckt, mit einem Reff im Groß geht es hoch am Wind hinaus aus der Bucht. Alsbald klart es auf, mit raumem Wind um die vier Beaufort geht es flott voran. Wir können ausreffen, die Sonne lacht vom Himmel und es hätte ein richtig schöner Törn werden können. Hätte, wenn da nicht dieser unmögliche, konfuse Seegang gewesen wäre. Als auch noch der Wind etwas abflaut, ist es eine schlimme Schaukelei. Die Segel schlagen wie wild und zerren am Rigg und an unseren Nerven. Nach der halben Strecke bergen wir das Großsegel und segeln nur noch unter Genua weiter. Gegen Mittag erreichen wir den Fluss Dart und einige Meilen flussaufwärts machen wir in Dartmouth in der Darthaven Marina fest. 37 Seemeilen haben wir heute zurückgelegt. Hier stellen wir mal wieder fest, dass die Liegegelder in den Marinas sehr, sehr hoch sind. Umgerechnet 57 Euro kostet hier eine Übernachtung. Das wird ja immer teuerer!

Wir unternehmen noch einen Stadtbummel. Mit einer kleinen Fähre fahren wir auf die andere Flussseite. Der Ort ist sehr ansprechend, hat Charme und Atmosphäre.

## 17. Isles Of Scilly bis Dünkirchen

Wir segeln an Englands Südküste von „"...mouth" zu „"...mouth" - also von Flussmündung zu Flussmündung. Dartmouth gefällt uns, aber wir wollen keine zweite Nacht bleiben. Die Wind- und Wettervorhersage für den 53 Seemeilen langen Törn zum nächsten „"...mouth", nämlich Weymouth, ist günstig. Aber wir dürfen auch den Tidenstrom nicht vernachlässigen. Das bedeutet, anhand von Tabellen und einem Computerprogramm genau auszurechnen, wann wir welchen Punkt erreicht haben sollten. Auf diesem Törn müssen wir bei mitlaufendem Strom, der bis zu sechs Knoten erreichen kann, an der Landspitze Portland Bill sein, etwa sechs Seemeilen vor Weymouth. Außerdem bilden sich dort die sehr ungemütlichen, sogenannten „races" - Wellen, die mit reißenden Stromschnellen vergleichbar sind. Kurz vor 12 Uhr legen wir ab, um gegen 20 Uhr bei Portland Bill zu sein.

Bei bedecktem Himmel und vier bis fünf Beaufort, in Böen sechs, geht es bei raumem Wind mit gerefftem Großsegel und etwas eingerollter Genua flott durch die bewegte See. Der Wind kommt im Laufe des Tages immer achterlicher, so dass wir das Großsegel bergen und nur mit Genua weitersegeln. Die Sonne lässt sich auch noch blicken, es wird ein toller Segeltag. Wobei wir es mit 18 Grad Lufttemperatur doch als ziemlich frisch empfinden. Als wir die Landspitze Portland Bill erreichen, halten wir uns dicht unter Land, um nicht in die gefährlichen „races" zu geraten. Dabei müssen wir etwa 40 Grad vorhalten, damit wir nicht von dem starken, querlaufenden Ebbstrom in die aufgewühlten, tobenden und schäumenden „races" versetzt werden. Es geht alles gut und bei Sonnenuntergang gegen 21.30 Uhr erreichen wir Weymouth. Die „Lubini" ist kurz vor uns angekommen und ankert bereits in der ruhigen, geschützten Bucht vor dem Strand. Unser Anker fällt ganz in ihrer Nähe. Bei einem heißen Tee mit Zitrone wärmen wir uns auf und lassen bei einem Blick auf die erleuchteten Gebäude an der Strandpromenade den Tag ausklingen. Am nächsten Tag können wir ausschlafen, die Tide ist uns egal, wir verholen in den Hafen von Weymouth. Wir liegen längsseits an einem langen Schwimmsteg. Die Stadt ist durchaus einen Besuch wert und hat sogar einen langen und prämierten Sandstrand. Einer Broschüre entnehmen wir, dass der Strand in Weymouth zu den zehn schönsten Stränden in Europa zählt. Leider ist das Wasser mit 15 Grad aber so kalt, dass kaum jemand badet. Nur am abgeteilten Hundestrand wird begeistert im Wasser geplantscht und der Ball zum Herrchen oder Frauchen zurückgebracht.

Es gibt Orte, die auf Seglerinnen und Segler eine geradezu magische Anziehungskraft ausüben. Da möchte man mal mit dem eigenen Boot gewesen sein. Dazu gehört Helgoland genauso wie Anholt, Bornholm, Haparanda und Cowes auf der Isle of Wight. Die Isle of Wight liegt wenige Seemeilen vor der Südküste Englands. Im Norden der Insel, am River

Medina, liegt Cowes. Im Westen findet man die Needles, jene drei Felsen, die nebeneinander aufgereiht der See trotzen. Das schmale Seegebiet zwischen dem Festland und der Isle of Wight ist der Solent.

Die heutige Aufgabe lautet in etwa so: „Zwei Segelboote wollen von Weymouth nach Cowes auf der Isle of Wight segeln. Wann müssen sie in Weymouth starten, um wohlbehalten in Cowes anzukommen? Zu berücksichtigen ist neben der Wind- und Wettervorhersage das zu querende militärische Schießübungsgebiet und der Gezeitenstrom im Solent." Nun, zwei Segelboote, zwei Skipper, eine übereinstimmende Rechnung: Start in Weymouth um 5.30 Uhr; verlassen des Schießgebietes bis spätestens 9.30 Uhr; erreichen der Needles am Eingang des West-Solent gegen 12.00 Uhr mit auflaufendem Wasser, also mitlaufender Strömung von etwa vier Knoten; Ankunft in Cowes gegen 13.30 Uhr".

Es gilt, die Theorie in die Praxis umzusetzen: Um 4.30 Uhr klingelt der Wecker, pünktlich um 5.25 Uhr legen wir ab. Es herrscht Westwind der Stärke fünf Beaufort, in Böen sieben, wie vorhergesagt. Wir segeln ja nach Osten, also kein Problem. Kleine Fock setzen und ab geht die Post. Das militärische Sperrgebiet, in dem zu bestimmten Zeiten zu Übungszwecken scharf geschossen wird, wollen wir pünktlich hinter uns lassen. Das gelingt uns auch. Viel Wind, wenig Gegenstrom und die „Amazone" galoppiert bei etwa zwei Meter hohen Wellen mit gut sechs Knoten los. An der Landspitze St. Alban's Head heißt es wieder, sich möglichst dicht unter Land zu halten, um den „races" auszuweichen. Der Wind pfeift ganz ordentlich. Als wir gegen 12.00 Uhr den Eingang des West-Solent bei den Needles passieren, finden wir uns bei vier Knoten schneller Strömung in einem Hexenkessel wieder. Die See brodelt und schäumt, unglaublich hohe Wellenberge türmen sich hinter unserem Heck auf. Die „Amazone" lässt sich davon nicht beeindrucken und marschiert da mit unglaublichen zehn Knoten Fahrt über Grund durch. Nach etwa 15 Minuten ist der Spuk vorbei, das Wasser beruhigt sich und wir preschen mit etwa acht Knoten Fahrt Richtung Cowes.

Es heißt, dass in Cowes die Wiege des Segelsports stand. Seit dem späten 18. Jahrhundert wird hier einfach so zum Spaß gesegelt. Seit 1826 findet alljährlich die berühmte Cowes Week Regatta statt. In jedem Jahr werden hier 1.000 Regatten von den verschiedenen Yachtclubs veranstaltet. So ist es denn auch nicht verwunderlich, dass uns heute bei unserer Ankunft in Cowes viele Yachten begegnen, die um die Wette segeln. Es findet immer irgendeine kleinere oder größere Regatta statt, was die Liegeplätze knapp werden lässt. Zum Glück hat die East Cowes Marina noch Liegeplätze frei und so machen die „Lubini" und die „Amazone" gegen 13.30 Uhr dort fest. Die 49 Seemeilen haben wir in acht Stunden zurückgelegt. Nachdem das Boot aufgeklart und die Anmeldeformalitäten im Marinabüro erledigt sind, unternehmen wir einen ersten Ausflug in die Stadt Cowes und stellen fest, dass es uns hier gut gefällt. Das ist ja auch kein Wunder - Segler im Mekka der Segler - da ist der Wohlfühlfaktor entsprechend hoch.

Es gibt Souvenirs, die auf den ersten Blick gar nicht als solche zu erkennen sind. Die im Netz unter dem Solarpaneel fröhlich schaukelnde Kokusnuss aus Tobago gehört dazu. Natürlich haben wir uns aus Hamilton auf Bermuda die einzigen original Bermuda Shorts (weil sie auf Bermuda designed wurden) mitgebracht. Und wenn man in Cowes gewesen ist, muss der Segler sich einfach eine „Cowes-Hose" mitbringen. Diese bordeauxrote Canvashose trugen die Teilnehmer des America's Cup, der bekanntesten und ältesten heute noch ausgetragenen Segelregatta. Diese hat ihren Ursprung in einer Regatta rund um die Isle of Wight im Jahre 1851. Kombiniert mit einem blauen Blazer, Hemd und Krawatte ist „Mann" damit korrekt gekleidet für den großen Auftritt im Yachtclub.

Die Kokusnuss zu bekommen und die Bermuda Shorts zu kaufen war vergleichsweise einfach. Doch eine „Cowes-Hose" zu erwerben, erweist sich als langwieriges und schwieriges Unterfangen. In dem Traditionsgeschäft von 1799 in Cowes sind die roten Hosen gerade ausverkauft. Ein Herrenausstatter hat die Hose nicht in der richtigen Größe, in einem weiteren Spezialgeschäft für Seglerbekleidung haben die Angestellten noch nie etwas von einer „Cowes-Hose" gehört. Nun, sogar AW Niemeyer, der Hamburger Yachtausrüster, führt Cowes-Hosen und benennt sie auch genau so in seinem Katalog. So einfach wollte Ingo es sich aber nicht machen.

Deshalb fahren wir nach Portsmouth, um vielleicht dort fündig zu werden. Es liegt nördlich der Isle of Wight am Solent und ist die am dichtesten bevölkerte Stadt Großbritanniens. 1995 wurde damit begonnen, die alten Hafengebiete umzugestalten. Es entstand eine Shopping Mall sowie der 170 Meter hohe Spinnaker Tower, der vor zehn Jahren eröffnet wurde. Nachdem wir ein wenig durch die quirlige Stadt geschlendert sind, besuchen wir den Spinnaker Tower und genießen bei strahlendem Sonnenschein in 110 Metern Höhe die tolle Aussicht über die Stadt, den Fluss und den Solent.

Wir klappern noch einige Läden ab und haben es schon fast aufgegeben, als wir fündig werden. So kommt der Skipper doch noch zu einer legendären „Cowes-Hose" – wenn auch aus Portsmouth.

Cowes haben wir ein bisschen kennengelernt, sind einige Male mit der urigen Ketten-Fähre über den River Medina übergesetzt und haben die ganz besondere Atmosphäre in dieser Stadt, in der sich alles ums Segeln dreht, genossen. So geht es nun wieder weiter gen Osten, Brighton ist unser nächstes Ziel. Kurz nach 12 Uhr legen wir ab und finden uns auch schon im Gewusel der vielen Boote und Fähren auf dem River Medina wieder. Als wir den Solent erreichen sind bei strahlendem Sonnenschein sehr, sehr viele Segelboote, Motorboote, Schnellfähren, ein Luftkissenboot und große Frachter unterwegs. Ein hohes Verkehrsaufkommen.

Es sind vier bis fünf Windstärken mit Böen der Stärke sieben aus westlicher Richtung vorhergesagt. Wir rollen die Genua aus und ziehen Richtung Osten dahin. Im Laufe des Nachmittags nimmt der Wind zu und weht mit guten fünf Windstärken, in Böen sieben. Der Seegang ist ganz ordentlich und wir sind froh, dass wir vor dem Wind segeln und nicht gegen Wind und Wellen kämpfen müssen. Eine Verkleinerung der Segelfläche bringt etwas Ruhe ins Boot, aber die Schaukelei ist dennoch beachtlich. Auch die „Lubini" hat sich auf den Weg nach Brighton gemacht. Sie segelt mit zwei Seemeilen Abstand hinter uns, über Funk sind wir hin und wieder in Verbindung. Kurz vor 20 Uhr erreichen wir nach 49 Seemeilen die Marina Brighton, werden vor der Einfahrt noch ein letztes Mal durchgeschüttelt und von der Gischt, die über die hohe Mole ins Hafenbecken schießt, geduscht. Per UKW-Funk haben wir unterwegs schon nach Liegeplätzen für die „Lubini" und die „Amazone" gefragt und können gleich in die entsprechende Box fahren. Die Marina Brighton ist die größte Marina in England und hat 1.600 Liegeplätze. Es gibt einen sehr großen Supermarkt, ein großes Kino, viele Restaurants, Bars, Shops, ein Spielcasino und auch eine Busverbindung in die Innenstadt von Brighton.

In Brighton ist es kalt, windig und regnerisch, also richtig ungemütlich. Der kalte Wind pfeift mit bis zu acht Windstärken über den Hafen, die Gischt sprüht eindrucksvoll über die Mole. In der Marina kommen kaum Boote an, es verlässt auch kaum jemand den geschützten Hafen. Trotz des miesen Wetters haben wir uns aber zu einem Ausflug aufgerafft. Mit dem Doppeldeckerbus fahren wir direkt von der Marina in die Innenstadt von Brighton. Haben wir in der Vergangenheit schon oft Städte besucht, die an einem Sonntag wie ausgestorben wirkten, ist das in Brighton ganz anders. Die Geschäfte sind geöffnet, es wird gekauft, was das Zeug hält oder der Geldbeutel hergibt. Überall herrscht geschäftiges Treiben, die Menschen sind mit großen Einkaufstüten beladen. Unsere letzte Shoppingtour in Portsmouth ist ja noch nicht lange her, so dass wir nur durch die Straßen und das Juwelier-Viertel schlendern, ohne etwas zu kaufen. Wobei uns das Viertel mit den vielen Juwelierläden besonders gut gefällt. Diese Gassen mit den vielen kleinen alten Läden könnten für die Harry Potter Romane als Vorbild für die Winkelgasse gedient haben. Den hübschen Royal Pavilion und die angrenzenden Victoria Gardens sehen wir uns ebenfalls an. Dann zieht es uns auch schon zur großen Seebrücke, der Brighton Pier. Diese 1899 eröffnete Seebrücke ist wirklich beeindruckend. Fahrgeschäfte, Restaurants, ein großes Casino mit unzähligen Glücksspielautomaten und Souvenirshops

## 17. Isles Of Scilly bis Dünkirchen

reihen sich auf der Brücke aneinander.

„Morgenstund hat Gold im Mund" - oder „Wie rede ich mir die Tide schön?" Jedenfalls hat uns die Tide heute mal wieder zu Frühaufstehern gemacht. Ganz pünktlich um sechs Uhr legen wir in Brighton mit dem Ziel Dover ab. Gestern Abend haben wir uns von Klaus verabschiedet. Unsere Wege trennen sich vorerst, wir hoffen aber sehr, dass wir uns in der nächsten Woche noch einmal wiedersehen.

In der Nacht hat der Wind abgeflaut. Bei vier bis fünf Beaufort raumem und später achterlichem Wind sind wir mit dem Tidenstrom gut unterwegs. Der Himmel ist bedeckt, zeitweise nieselt es, wir sind in unserem Ölzeug wasserfest verpackt. Später klart es noch auf, doch richtig gutes Segelwetter sieht anders aus. Die „Amazone" legt die 65 Seemeilen in genau neun Stunden zurück und kommt dabei auf eine Durchschnittsgeschwindigkeit von über sieben Knoten! Die solide Lady ist nun wirklich keine Rennziege, aber heute hat sie mal wieder Yachten hinter sich gelassen, die eigentlich schneller segeln müssten als sie. Das macht Spaß und hat sicher auch mit unserem immer noch aalglatten Unterwasseranstrich zu tun. Vielleicht ist sie auch einfach nur gut im Training, nach den vielen Marathontörns, die sie bewältigt hat? Oder sie riecht schon den Stall und galoppiert der Heimat entgegen? Wir nähern uns übrigens dem Heimathafen mit großen Schritten: Seit heute befinden wir uns wieder auf der östlichen und nicht mehr auf der westlichen Halbkugel.

Seit einiger Zeit ist wieder der Reeds Nautical Almanac das meistgelesene Buch bei uns an Bord. Ihm entnehmen wir, dass wir uns vor der Einfahrt in den geschäftigen großen Fährhafen von Dover bei der Dover Port Control per Funk anmelden müssen. Uns wird die Einfahrt erlaubt und wir melden uns als nächstes per Funk bei der Dover Marina an und bekommen einen Liegeplatz zugewiesen. Später unternehmen wir einen Stadtrundgang und wollen das über Dover thronende Dover Castle besichtigen. Es ist aber leider schon geschlossen.

Wind, Wetter und Tide bestimmen, wann und wohin wir segeln. Und so geht es am nächsten Tag auch gleich weiter. Die Bedingungen sind günstig, um den Ärmelkanal zu überqueren und nach Frankreich zu segeln. Es steht also ein anspruchsvoller Törn auf dem Programm. Denn mit einem kleinen Segelboot den vielbefahrenen Ärmelkanal zu queren ist in etwa so, als ob ein Fußgänger eine mehrspurige Autobahn überquert. Wobei das kleine Segelboot im Gegensatz zum Fußgänger nichts Verbotenes unternimmt, aber natürlich die Vorschriften einzuhalten hat. Die besagen zum Beispiel, dass die in den Seekarten verzeichneten Fahrwasser im rechten Winkel zu passieren sind. AIS und Radar erleichtern eine Querung enorm, trotzdem ist volle Aufmerksamkeit und Konzentration gefordert.

Bei westlichem Wind von vier bis fünf Beaufort verlassen wir um 9.30 Uhr Dover, nicht ohne zuvor Dover Port Control um die Erlaubnis zur Ausfahrt gebeten zu haben. Wir kommen mit Großsegel und Genua gut voran, die „Amazone" marschiert mit sechs bis sieben Knoten durch die kaum bewegte See. Es ist wie erwartet einiger Schiffsverkehr, mit dem wir aber gut klarkommen. Ein Besatzungsmitglied eines Frachters funkt uns sogar an und erklärt uns, dass er seinen Kurs ändern will und auf welcher Seite er uns passieren wird. War es schon regnerisch und diesig, so zieht im Laufe des Vormittags auch noch Nebel auf. Aus allen Richtungen dröhnen die Nebelhörner der verschiedenen Fähren, Tanker und Frachter. Dank der AIS-Signale auf dem Plotterdisplay können wir sie aber alle richtig zuordnen. Trotzdem finde ich es unheimlich, als sich die Umrisse des Containerriesen vor unserem Bug aus dem undurchdringlichen Nebel schälen. Fast genauso schnell, wie der Nebel aufgezogen ist, verschwindet er etwa eine Stunde später wieder und es klart auf.

Bobby Schenk, der „Blauwasser Papst", schreibt in seinem dicken Buch „Blauwassersegeln": „Der Englische Kanal ist ein schwieriges Gewässer, allein die graue Farbe des Wassers wirkt schon deprimierend. Ansonsten muss man sich mit Nebel, Großschifffahrt, schlechtem Wetter und Gezeiten herumplagen. Mit Recht können die Segler, die in diesem Gebiet segeln, sagen: „Wer hier segelt, braucht andere Gewässer auf der Welt nicht zu fürchten!"

Gegen Mittag haben wir es geschafft, den Kanal gequert und segeln parallel zur französischen Küste. Kurz nach 16 Uhr erreichen wir nach 43 Seemeilen die Marina Gran Large in Dünkirchen. Dünkirchen? Da waren wir doch schon einmal im letzten Jahr! Ganz genau - wir kreuzen also heute unseren Kurs und schließen damit die Atlantikrunde ab! Fast 11.000 Seemeilen haben wir zurückgelegt, zweimal den Atlantik überquert, 21 Gastlandflaggen gesetzt und 358 Postkarten geschrieben.

17. Isles Of Scilly bis Dünkirchen

Regatta in Falmouth

Querung des Ärmelkanals – virtuell

und in der Realität

# VII

## SIEBTER ZWISCHENRUF UNSERER AMAZONE:

„Es ist schon fast drei Monate her, dass ich mich gemeldet habe. Drei aufregende, anstrengende und bunte Monate waren das. Ich hatte ja vermutet, dass das süße, warme Leben in der Karibik irgendwann zu Ende gehen könnte und ich die vielen Seemeilen wieder zurücksegeln muss. Habe mal wieder recht gehabt. Erst haben die beiden unglaublich viel eingekauft, weitere Dieselkanister kamen an Bord, alles Mögliche wurde kontrolliert, geputzt und gewaschen. Kurzum, es herrschte sehr geschäftiges Treiben bei uns. Aufbruchstimmung machte sich breit, die Kleine Gummiwurst wurde zusammengerollt und verstaut, der Anker wurde ein letztes Mal aus dem weißen Sand aufgeholt und der Moment des Abschiednehmens war da: Good bye Karibik. Das war eine ganz gedrückte Stimmung bei uns an Bord. Hätte nur noch gefehlt, dass einer angefangen hätte zu heulen.

Einige Tage waren wir schon ganz gut unterwegs, als sich uns plötzlich mitten auf dem weiten Meer ein Hindernis in den Weg gelegt hatte. Ich hatte gerade so ein bisschen vor mich hin gedöst und schon an den nächsten Ankerplatz gedacht, wo ich mich ausruhen und einige meiner neuen Bekannten treffen würde. Da taucht doch so mir nichts dir nichts ein riesiger Wal vor mir auf! Liegt der da faul und unbeweglich genau auf meinem Kurs! Unglaublich. Zum Glück kam gerade eine Welle, die mich fast über ihn weggehoben hat. Ganz habe ich es aber nicht geschafft und ihn mit meinem Ruderblatt erwischt. Ist noch einmal gutgegangen, aber der Schreck ist mir unheimlich in die Spanten gefahren. Und wie der Wal mich angestarrt hat! Na ja, vielleicht hat er auch gerade gedöst und sich erschreckt. Wir sind aber gut angekommen auf dieser Insel, die so heißt, wie die kurzen Hosen, Bermuda. Einige meiner Kumpel waren schon da, das gab vielleicht ein Hallo! Ein Rufen und Winken war das! Eine gute Zeit in netter Gesellschaft hatten wir da. Das Wasser war aber nicht mehr ganz so warm und türkis.

Nach ein paar Tagen ging es wieder los. Viele Leute haben uns zum Abschied gewunken, manche haben sogar ganz laut getutet und schon waren wir wieder auf dem großen, tiefen Wasser unterwegs. Wir kamen ganz gut voran. Manchmal, wenn der Wind fehlte, musste der Motor ein bisschen mithelfen. Aber das Schlimmste war, dass es immer kälter wurde. Nicht eisig kalt, aber eben nicht mehr so schön warm, wie ich es in den letzten Monaten gewohnt war. Irgendwann hatten wir es geschafft und diese Inseln erreicht, die mitten im Atlantik liegen. Wie heißen die noch? Ach ja, die Azoren.

Allmählich hätte es mit den langen Strecken auch mal gut sein können. Aber nein, die nächste Etappe war auch noch mal sehr, sehr lang - und anstrengend. Manchmal nur wenig oder gar kein Wind und der Motor musste ganz schön ackern. Brumm, rappel, vibrier, nerv. Irgendwann war es tatsächlich geschafft. In einer Bucht haben wir an einer Mooringboje festgemacht. Wie heißen diese Inseln noch gleich, kurz vor England? Ja genau, die Isles of Scilly.

Hier gab es auch nur eine kurze Verschnaufpause, es ging fröhlich weiter von Hafen zu Hafen. Aber nur noch kurze Strecken. Immer ganz gemütlich an der Küste lang. Das ist aber auch nicht langweilig. Gestern zum Beispiel ging es über den Ärmelkanal, wie ein gehetzter Hase zwischen den ganz dicken Pötten durch. Immer mit viel Abstand, aber trotzdem. So viel Verkehr bin ich gar nicht mehr gewohnt.

Unsere außergewöhnliche Reise geht jetzt bald zu Ende. Noch sechs oder sieben Häfen, dann schwimme ich wieder im Weserwasser! Oh, wie ich mich auf meine Box in Bremerhaven freue! Unterwegs zu sein ist ja ganz wunderbar, aber nach langer Zeit nach Hause kommen ist mindestens genauso schön!"

## 18.

## DÜNKIRCHEN BIS BREMERHAVEN

Als wir vor einem Jahr hier in der Marina in Dünkirchen waren, befand sich das Gebäude, in dem das Büro und die sanitären Anlagen untergebracht werden sollten, gerade im Bau. Inzwischen ist alles fertiggestellt. Der Hafenmeister hat im ersten Stock ein großes Büro mit Hafenblick, im Erdgeschoss befinden sich die Toiletten und Duschen. Eine Waschmaschine und ein Trockner sind ebenfalls vorhanden. Auch die Bauarbeiten rund um das Marinagelände sind abgeschlossen. Eine aufwendige Fußgängerbrücke verkürzt jetzt den Weg an den Strand und zur Promenade ganz erheblich. Schon interessant, die Veränderungen so zu erleben.

Nach zwei arbeitsreichen Tagen - es standen einige Wartungs- und Instandhaltungsarbeiten an - wollen wir heute mal wieder segeln gehen. Bei herrlichem Sonnenschein und drei bis vier Windstärken aus westlicher Richtung ist es das reinste Vergnügen, dicht unter der Küste nach Oostende in Belgien zu segeln. Die 27 Seemeilen legt die „Amazone" unter Großsegel und Genua in 4,5 Stunden zurück. Viele Segelboote sind unterwegs, kommen uns entgegen oder kreuzen unseren Kurs. Es begegnen uns seit einer Weile immer mehr Boote, die kein AIS-Signal senden. Das aufgeräumte Bild, das auf dem Plotterdisplay zu sehen ist, stimmt nicht mehr mit der Realität überein. Wir konnten in den letzten Monaten immer ganz prima am Plotter ablesen, in welchem Abstand uns ein Boot passieren wird. Bei fehlendem Signal müssen wir das jetzt wieder selbst abschätzen.

Im Royal Yacht Club Oostende, weist uns der sehr bemühte Hafenmeister eine Box zu und versorgt uns mit Informationsbroschüren über die Stadt. Viele Kringel hat er in den Stadtplan gemalt - Supermarkt, Fischmarkt, gute Restaurants, kostenloser Fahrradverleih. Nachdem an Bord alles aufgeklart ist, machen wir uns zu einem Stadtbummel auf. Der Yachtclub liegt etwa 20 Gehminuten vom Zentrum entfernt. Von der Innenstadt sind wir ganz überrascht. Wir haben uns die Stadt gar nicht so groß und lebendig vorgestellt.

In Oostende könnten wir noch einen oder zwei Tage bleiben und eine Menge unternehmen. Zum Beispiel eine Fahrt mit der „Kusttram", der Küstenstraßenbahn. Mit einer Länge von 68 Kilometern und 69 Haltestellen ist sie die längste Straßenbahnlinie der Welt. Sie führt von De Panne an der Grenze zu Frankreich über belgische Küstenorte bis nach Knokke an der Grenze zu den Niederlanden. Teilweise führt die Strecke direkt an der

Nordseeküste entlang, teilweise auch durch Dünenlandschaften. Eine Haltestelle befindet sich gleich hier am Yachthafen. Die „Kusttram" muss aber ohne uns fahren, da es uns wieder weiterzieht.

In dem Hafenmeister des Yachtclubs hat die „Amazone" übrigens einen weiteren Fan gefunden. Er findet sie sehr hübsch und als ich ihm erzähle, dass sie schon seit 13 Monaten mit uns auf großer Fahrt ist, meint er, wir Drei sähen aber gar nicht verwildert aus. Zum Abschied winkt er uns hinterher und ruft zu uns herüber: „Kommt wieder! Ich warte auf Euch!" *Ich warte auf Euch und werde da sein, wenn ihr irgendwann wiederkommt* - genau das hatte Shrimpy auf St. Martin beim Abschied zu uns gesagt.

Mit Großsegel und ausgebaumter Genua segeln wir bei vier bis fünf Beaufort westlichem Wind nach Breskens, unserem heutigen Ziel. Immer an der mit Betonklötzen gesäumten Küste entlang. Die Tide hat uns eine komfortable Abfahrtszeit von 12.30 Uhr beschert. Der Tidenstrom lässt die „Amazone" mit bis zu zehn Knoten über Grund dahinschießen. Nach 4,5 Stunden haben wir die 29 Seemeilen bei schönstem Wetter zurückgelegt. In der großen Marina in Breskens, dem südlichsten Hafen der Niederlande, gibt es einen „Meldesteiger", also einen Steg, an dem die ankommenden Gäste kurz festmachen und sich über ein dort installiertes Telefon im Marinabüro anmelden. Hat auch geklappt, wir bekommen einen Platz zugewiesen. Und welches Boot legt kurz nach uns drei Boxen weiter an? Richtig, die „Lubini". Klaus lädt uns ein und so kommen wir noch in den ganz besonderen Genuss, fern der Heimat ein sonntägliches Ritual zu pflegen: Tatort gucken! Dass es eine Wiederholung von 2013 ist, stört niemanden.

Wir sind jetzt also in den Niederlanden, was bedeutet, dass wir in zwei Tagen drei Länder bereist haben. Gestern Morgen waren wir noch in Frankreich, gestern Abend in Belgien und jetzt sind wir in Holland! Die Gastlandflaggen unter unserer Saling wechseln sich fröhlich ab. Wobei die französische Flagge insgesamt am längsten und häufigsten dort geweht hat.

Wir nutzen den verregneten Vormittag, um einiges am Computer zu erledigen, die „Amazone" aufzuräumen und Klar Schiff zu machen. Als am Nachmittag der Himmel aufreißt, machen wir uns auf den Weg, um uns Breskens mal ein bisschen anzusehen. Wir sind zum ersten Mal hier, vom Namen her kennen wir den Ort aber schon länger. Unser vorheriges Boot, eine Standfast 27, ist bei der ehemaligen Standfast Werft 1978 hier in Breskens gebaut worden. Und tatsächlich finden wir den verblassten Schriftzug „Standfast Jachtbouw" noch an der Halle, in der jetzt ein anderer Betrieb untergebracht ist.

Es steht wieder mal ein Abschied an. Wir müssen uns endgültig von Klaus und der „Lubini" trennen. Die „Amazone" segelt weiter über Ijmuiden und verschiedene Nordseeinseln nach Hause, während die „Lubini" ab Vlissingen

## 18. Dünkirchen bis Bremerhaven

binnenwärts zu ihrem Heimathafen nach Lemmer fährt. In Jolly Harbour auf Antigua haben wir uns kennengelernt. Damals kam Klaus barfuß und gut gelaunt zu uns an Bord. Barfuß und gutgelaunt ist Klaus in Breskens immer noch, aber unsere gemeinsame Segelzeit ist jetzt vorbei. Abschiede sind einfach fürchterlich und traurig, aber leider auch ebenso unausweichlich. Seit Bermuda sind wir zusammen unterwegs gewesen und werden Klaus und seine „Lubini" vermissen. Ausnahmen bestätigen die Regel – unsere gemeinsame Zeit mit Klaus und der „Lubini" ist die schöne Ausnahme der Regel, dass wir lieber allein und ohne Absprachen unseren Zielen entgegensegeln. Mit ihm war es ganz unkompliziert, es hat einfach gepasst. Besonders in diesem letzten Teil der Reise war es sogar ein wenig tröstlich, gemeinsam unterwegs zu sein und die letzten Etappen des Abenteuers zusammen zu durchsegeln.

Wir wollen um kurz nach acht ablegen. Klaus hat sich extra den Wecker gestellt, um dabei zu sein. Wir nehmen uns zum Abschied in die Arme, wollen tapfer sein, wünschen uns eine gute Weiterreise und freuen uns auf ein Wiedersehen an Land. Wir werfen die Leinen los, fahren aus der Box und winken Klaus ein letztes Mal zu.

Bei westlichem Wind von vier bis fünf Beaufort (was sind wir für Glückspilze!) segeln wir mit Großsegel und ausgebaumter Genua an der niederländischen Küste entlang. Es herrscht reger Schiffsverkehr, besonders als wir die Zufahrt nach Rotterdam queren, heißt es aufpassen. Wie an einer Perlenschnur reihen sich die Frachter, Tanker und Fähren aneinander, die in den Hafen von Rotterdam fahren wollen. Die „Amazone" wird in Ijmuiden bereits erwartet. Simone und Dirk, die mit ihrer „Germane" dort liegen und unsere Reise in unserem Blog verfolgen, haben unser AIS-Signal ausgemacht und uns per UKW-Funk gerufen. Auch einen Liegeplatz haben sie für uns organisiert. Nach 83 Seemeilen erreichen wir gegen 22.30 Uhr die Marina in Ijmuiden und verbringen noch einen unterhaltsamen Abend mit Simone und Dirk. Mal wieder bestätigt sich, dass es die Begegnungen sind, die diese Reise so besonders machen.

Die Tide jagt uns wieder früh aus der Koje. Um 7.30 Uhr werfen wir die Leinen los, um nach Texel zu segeln. Bei schönstem Sonnenschein und drei bis vier Beaufort westlichem Wind legen wir die 39 Seemeilen in sechs Stunden zurück. Die Marina ist wesentlich voller, als bei unserem ersten Besuch im letzten Jahr. Jetzt ist Hochsaison, da ist das auch kein Wunder.

Es war ein ganz eigenartiges Gefühl, an Texel entlangzusegeln und sich zu erinnern, im letzten Jahr in die entgegengesetzte Richtung gesegelt zu sein. Was wir damals noch alles vor uns hatten! Mit so vielen unterschiedlichen Hoffnungen, Erwartungen und Gefühlen im Gepäck waren wir gestartet. Sooo viele Monate hatten wir Zeit für unser Abenteuer, sooo weit entfernt schien der Tag der Rückkehr. Und jetzt? Die Zeit ist verflogen, der Tag der Rückkehr in greifbare Nähe gerückt. Und was ist aus den Hoffnungen und Erwartungen geworden? Sie wurden erfüllt, sogar mehr als das, sie wurden übertroffen.

Beim Studieren der Wind- und Wettervorhersage für die nächsten Tage standen uns gestern Abend die Haare zu Berge. Was kommt denn da angebraust? Für einen Herbststurm ist es doch noch viel zu früh! Sturm aus Nordwest der Stärke neun mit Böen von zehn Beaufort sind vorhergesagt. Tief „Zeljko" ist im Anmarsch. Unsere Reisepläne müssen wir ändern, werden im Marinabüro vorstellig und zahlen erst mal für zwei weitere Tage das Liegegeld. Außerdem verholen wir in eine andere Box, in der wir den Seitenausleger der Steganlage auf der richtigen, nämlich der Luvseite haben. So wird der Sturm die „Amazone" nicht auf den Ausleger drücken, sondern sie davon fernhalten. Zusätzliche Leinen mit Ruckdämpfern haben wir auch ausgebracht.

Als wir diese Vorbereitungen erledigt haben, machen wir uns auf den Weg zur Fahrradvermietung, die hier am Hafen zu finden ist. Wir radeln quer über die Insel nach De Koog. Während der Hafen Oudeschild auf der Wattenseite der Insel liegt, liegt De Koog auf der Nordseeseite. Flaches Land, (noch) wenig Wind, der Himmel bedeckt - da macht das Radfahren Spaß. Seit mehr als einem Jahr haben wir auf keinem Fahrrad mehr gesessen, verlernt haben wir aber nichts. In De Koog spazieren wir zum Strand, schauen uns in der Fußgängerzone um und essen in einem Fischrestaurant zu Mittag. Hier müssen mehrere Gäste ihr Essen gegen räuberische Möwen verteidigen. Eine Möwe hat sich gleich die ganze Kunststoffschale, in der der Fisch und die Pommes Frites angerichtet sind, geschnappt. Kurzerhand nimmt sie die Schale in den Schnabel und fliegt davon. Auf dem Rückweg machen wir noch einen Abstecher in den Ort Den Burg. Hier kaufen wir nach einem Jahr zum ersten Mal wieder eine deutsche Tageszeitung. Wir müssen ja an unserer Wiedereingliederung arbeiten. Zurück an Bord baut Ingo das Bimini, unseren Sonnenschutz, ab und die Cockpitpersenning, die sogenannte Kuchenbude, auf. Seit einem Jahr lag sie unbeachtet in der Backskiste, niemand hat sie vermisst. Bei einem leckeren Stück Kuchen weihen wir sie auch gleich ein. Wenn es morgen stürmt und regnet, können wir gemütlich darunter im Cockpit sitzen, Zeitung lesen und hoffen, dass sich das Wetter bald wieder bessert.

Der Barograph hat eine zuvor noch nie dagewesene steile Abwärtskurve aufgezeichnet, was sehr Schlimmes ankündigt. Wäre diese Kurve und die dramatische Windvorhersage nicht gewesen, hätte man heute Vormittag bei blauem Himmel und nur wenig Wind noch an einen sehr schönen Tag glauben können. Es ziehen aber immer mehr dunkle, Unheil verkündende

## 18. Dünkirchen bis Bremerhaven

Wolken auf. Kurz nach 14 Uhr bricht sehr plötzlich der Sturm los, acht Beaufort, in Böen zehn. Von einer Minute zur anderen fängt es an zu stürmen. Es pfeift und heult in den Masten und Wanten, Fallen schlagen und klappern, der Sturm drückt die Boote auf die Seite, die an den Leinen reißen. Der Wind zerrt an den Fockschläuchen und Segelpersenningen, die im Wind knattern. Es ist ein ohrenbetäubender Lärm, wütendes Sturmgeheul, von kräftigem Regen begleitet. Eine Demonstration von Macht und Gewalt, Naturgewalt. Auf den Stegen ist alles auf den Beinen und gemeinsam werden Boote abgehalten, zusätzliche Leinen ausgebracht und weitere Fender aufgehängt. Jede helfende Hand ist willkommen. Wir haben Glück im Unglück, dass der viele Wind bei Tageslicht und nicht in dunkler Nacht über uns hergefallen ist. Gut, dass die „Amazone" allein in einer Doppelbox liegt und nirgends an einem Fender scheuert. Der Höhepunkt des Sturms ist etwa gegen 17 Uhr erreicht. Die Böen verlieren an Heftigkeit, es weht nur noch mit etwa sieben Beaufort. Im Laufe der Nacht soll der Wind weiter abnehmen, aber es bleibt wohl weiterhin windig, regnerisch und kühl.

Am nächsten Morgen weht tatsächlich nur noch ein laues Lüftchen. Nichts ist kaputt gegangen, Glück gehabt. Die Lufttemperatur hat sich abgekühlt, mehr als 18 Grad sind heute nicht drin. Leider ist das nächste Tief schon in Sicht, ab übermorgen wird das Tief „Andreas" dafür sorgen, dass es ungemütlich und wenig sommerlich bleibt. Die Wind- und Wetteraussichten bringen unsere Reisepläne durcheinander. Wir hatten es uns so schön ausgemalt, verschiedene Inseln anzulaufen und Freunde mit ihren Booten zu treffen, die gerade dort ihren Urlaub verbringen. Aber so ist das nun einmal - wir können den ausgefeiltsten Törnplan im Kopf haben, das Wetter bestimmt letztlich, was davon umgesetzt werden kann und was nicht.

Wir wenden uns dem kulturellen Leben auf der Insel zu und besuchen das Kaap Skil Museum van Jutters & Zeelui, also das Strandräuber- und Seefahrtmuseum. Sehenswert und informativ. Neben einer großen Sammlung von Fundstücken, die aus versunkenen Wracks geborgen wurden, gibt es auch ein Freilichtmuseum und eine sogenannte Jutterei. In einer Scheune sind besondere Fundstücke vom Texeler Strand ausgestellt. Unglaublich, was so alles angeschwemmt wird. Eine Abteilung widmet sich Schuhen und unter den unzähligen Badelatschen und Turnschuhen, die am Strand gefunden wurden, findet sich auch ein Skistiefel.

Texel, 10 Uhr, 14 Grad, Regen, windig - und die Frisur sitzt. Aber nicht wirklich. Unter der dicken Pudelmütze hat keine Frisur eine Chance, Haarspray hin oder her. Kalt und ungemütlich ist es, zu jedem Spaziergang müssen wir uns aufraffen, geschickt die Lücken zwischen den Regenschauern nutzen. Die vielen Kinder sind trotzdem guter Dinge und mit Eimer und Kescher unterwegs. Auf dem Kunstrasenfußballfeld spielen die älteren

Kinder Fußball oder Wasserball, wie man es nimmt. Auf der Wiese gleich bei der Marina lassen einige Kinder ihren Drachen steigen. Das Beste draus machen, sich nicht grämen und es nehmen, wie es kommt.

Ein paar Tage später steigt das Barometer wieder und damit auch die Stimmung. Nicht nur bei uns an Bord, sondern in der Marina ganz allgemein. Nach den gruseligen, windigen Regentagen scheint heute endlich wieder die Sonne. Das Leben findet wieder im Freien statt. Die Kuchenbude, die uns so prima vor Wind und Regen geschützt hat, verschwindet in der Backskiste, das Bimini wird wieder angebracht. Viele Yachten verlassen heute die Marina, es ist hier ziemlich leer geworden. Da fällt es uns fast ein bisschen schwer, dem Herdentrieb zu widerstehen und bei unseren Plänen zu bleiben. Morgen soll ja hier im Norden der Sommer stattfinden, das wollen wir nicht verpassen und aktiv dabei sein! Wir wollen morgen früh ablegen und in einem Rutsch nach Helgoland segeln. Etwa 160 Seemeilen liegen vor uns, ein letzter Törn über Nacht. Schon wieder etwas, das auf dieser Reise zum letzten Mal geschieht.

In 29 Stunden legen wir die 160 Seemeilen zurück und sind kurz nach 12 Uhr am nächsten Tag auf Helgoland. Es war ein anstrengender Törn. Zwar konnten wir die meiste Zeit gut bei südlichem Wind segeln, aber sich eine Nacht um die Ohren zu schlagen, ist immer anstrengend. Es kamen uns viele Yachten entgegen und der eine oder andere Rudergänger war leider mit den Ausweichregeln nicht vertraut. Ingo war auf der Hut und so ist zum Glück alles gutgegangen. Kurz vor dem Helgoländer Hafen passiert uns die Wasserschutzpolizei sehr dicht. Die große Heckwelle des Schiffs hat die „Amazone" so unglücklich getroffen, dass ich im Cockpit patschnass werde. Kurz vorher hatte ich mich gerade landfein gemacht, so darf ich mich erneut umziehen.

Diese Unwägbarkeiten sind allerdings sehr schnell vergessen, als die „Amazone" ihren Bug in den Nordosthafen steckt! Kirsten und Burkhard, die zwei, die uns im letzten Jahr bis Norderney begleitet und auf Teneriffa besucht haben, stehen auf der Mole. Auf vielen Booten wird getutet und von überall wird uns zugewunken! In welche Box die „Amazone" fahren soll, ist auch klar, denn es hängt dort ein großes Transparent „Welcome Back Amazone". Dort werden wir in Empfang genommen und mit einem Gläschen Sekt begrüßt. Die emotionale Achterbahn rast dermaßen in die Kurven und Loopings, dass es mir schwerfällt die Tränen der Rührung zurückzuhalten. Was für eine wunderbare Überraschung!

Es ist doch immer wieder erstaunlich, was wir so alles erledigen müssen und wie schnell so ein Tag vorüber ist. Es gibt hier ein Wiedersehen mit Familie und Freunden, worüber wir uns besonders freuen. Einiges ist zu organisieren, was auch mit unserem „Leben danach" zu tun hat. Und ein

## 18. Dünkirchen bis Bremerhaven

Interview habe ich heute gegeben. Die Nordsee-Zeitung will über unsere Reise berichten. Der sympathische junge Reporter hat mit mir telefoniert. Über eine Stunde lang texte ich ihn zu, gerate ins Schwärmen, lasse die Reise Revue passieren und bin kaum zu bremsen. Der gelungene Artikel erscheint auf den Tag genau 14 Monate nach unserem Aufbruch.

Wenn wir in die Blogs unserer Segelfreunde schauen, die wir unterwegs kennengelernt haben, sind die meisten Reisen schon zu Ende oder enden demnächst. Wir genießen jetzt unsere unwiderruflich letzten Auszeittage, die sich hier auf Helgoland wie Urlaubstage anfühlen. Noch einmal durchatmen und Kräfte sammeln für den letzten Abschnitt. Die letzten Seemeilen, dann erwartet uns der Heimathafen. Wenn es soweit ist, bloß nicht die ganze Zeit heulen, das habe ich mir fest vorgenommen. Wir werden ja sehen.

Nach 14 Monaten und zwei Tagen laufen wir am 08.08.2015 in unserem Heimathafen in Bremerhaven ein. Ob auf der Mole, der Schleuse oder im Wassersportverein Wulsdorf - überall fröhliche Gesichter, es wird heftig gewunken und laut getutet. Im WVW sind viele Boote mit Flaggen geschmückt und sogar „Amazones" Box ist mit Flaggen und einem sehr persönlichen Willkommensspruch ausgestattet. Der ganz große Bahnhof! Unter dem Jubel und Beifall der vielen Gäste legen wir an und machen ein letztes Mal die Leinen fest. Ingo stellt die Maschine ab, Ruhe im Boot. Ein Blumenstrauß und eine Flasche Sekt werden uns überreicht, wir werden in die Arme genommen. Familie und Freunde sind erleichtert, dass wir wohlbehalten von unserem Abenteuer zurückgekehrt sind. Es geht ins Bootshaus, wo wir mit einem Sektempfang begrüßt werden. Anschließend sorgen Henning und Malte für das leibliche Wohl der Gäste und grillen 100 Würste. Es wird eine tolle Party mit allem Drum und Dran. Sogar „selbstgemachte" Musik und ein kleines Feuerwerk fehlen nicht.

Jetzt ist die Reise zu Ende, wir sind zurück. Es wird Deutsch gesprochen, rechts gefahren, Schwarzbrot gegessen und mit Euro bezahlt.

Es war eine intensive, eine wunderschöne Zeit, eine andere Art zu leben. An meiner Eingewöhnung muss ich jetzt arbeiten: Ich habe heute tatsächlich versucht, mit dem Schlüssel für „Amazones" Kajüte die Haustür aufzuschließen.

Abschied von Klaus („Lubini") in Breskens

An Bord der „Germane" beim Treffen mit Simone und Dirk in Ijmuiden

18. Dünkirchen bis Bremerhaven

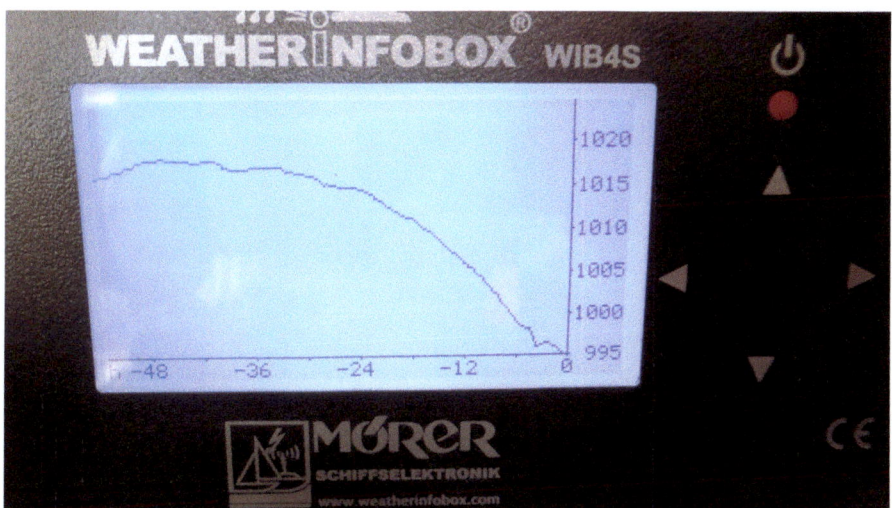

Steile Abwärtskurve auf dem Barographen bedeutet nichts Gutes

Die Ente der „Cellisten" hat es auch geschafft

Empfangskomitee auf Helgoland

Gipfelkreuz auf Helgoland

18. Dünkirchen bis Bremerhaven

Wiedervereinte Familie

Herzlicher Empfang im Heimathafen im WVW in Bremerhaven

# VIII

## LETZTER ZWISCHENRUF UNSERER AMAZONE:

„Auf meine Box in Bremerhaven, aus der ich vor 14 Monaten zum letzten Mal herausgefahren bin, hatte ich mich ja schon irgendwie gefreut. Nach Hause kommen, alte Freunde treffen und mit ihnen die Erlebnisse teilen, darauf war ich schon gespannt. Aber dann war es mit dem Ankommen so, wie mit der ganzen Reise - es war schöner, als ich es mir vorstellen konnte. Ehrlich! Und das Schönste: Eigentlich sind wir nicht nur ein Mal angekommen, sondern zwei Mal. Das erste Mal auf Helgoland. Bei unserem Eintreffen ist das neugierige Polizeiboot sehr dicht an uns vorbeigefahren, seine Heckwelle klatschte heftig an meine Außenhaut. Hat mir nichts ausgemacht, aber das Wasser ist sogar ins Cockpit gespritzt, da hört für mich der Spaß auf. Am liebsten hätte ich „Mach das nicht noch einmal du Angeber!" hinübergerufen. Kurz bevor wir in den Hafen fahren wollten, kam die „Funny Girl" mit ihren vielen Fahrgästen hinter uns her. Und was macht sie? Sie tutet, drei Mal, lang und sehr laut. Das macht sie eigentlich nur zwei Mal im Jahr, und zwar wenn sie zum Saisonbeginn zum ersten Mal nach Helgoland kommt und wenn sie sich im Herbst verabschiedet. So haben es uns die Helgoländer erzählt. Wir kamen in den Hafen und ich wusste gleich, in welche Box wir fahren sollen. Es hing dort nämlich ein großes weißes Laken mit der Aufschrift: WELCOME BACK „AMAZONE". Das fand ich so super! Von den anderen Booten im Hafen wurde uns zugewunken und laut getutet. Mit so einem tollen Empfang hatten meine Leute bestimmt nicht gerechnet, sie wirkten jedenfalls ganz gerührt. Ich dachte schon, dass hier gleich jemand an zu heulen fängt, wie damals, als wir auf St. Martin der Karibik Good bye gesagt haben. Aber sach man nix, sie haben sich gut gehalten, sind ordentlich in die Box gefahren, haben mich festgemacht und mit dem Empfangskomitee auf die glückliche Ankunft angestoßen. Das war wirklich gelungen.

Und schließlich kamen wir zum zweiten Mal an und liefen in unseren Heimathafen in Bremerhaven ein. Schon auf der Mole und in der Schleuse sahen wir viele fröhliche Gesichter und es wurde natürlich auch wieder laut getutet. Die Sonne lachte vom Himmel, als hätten wir es so bestellt und wie auf Bestellung ging pünktlich das Schleusentor auf. Tja und dann bin ich abgeholt und bis zum Verein begleitet worden. Das war auch gut so, nicht ganz allein durch den Fischereihafen zuckeln zu müssen. In Wulsdorf gab es den „ganz großen Bahnhof" - viele Menschen, die gewunken und getutet haben, geschmückte Boote, der 1. Vorsitzende begrüßte uns mit einer Flasche Sekt für Ingo und einem großen Blumenstrauß für Antje. Die beiden haben sehr viele Hände geschüttelt und wurden oft in den Arm genommen und gedrückt. Später wurde gefeiert. Jedenfalls haben meine Leute mit den Gästen gefeiert. Ich habe mich da zurückgehalten und die glückliche Ankunft still für mich genossen.

Am nächsten Morgen haben wir uns noch einmal verlegt, nämlich in unsere richtige Box. Am Tag zuvor waren wir daran vorbeigefahren und hatten da angelegt, wo an Land die vielen Leute standen. In die eigene Box zu fahren, fühlte sich noch einmal ganz komisch an. Ein Willkommensgruß war dort aufgehängt und zwei große Flaggen flatterten im Wind. Als wir hier festgemacht hatten, waren wir wirklich angekommen. Reise zu Ende, Klappe zu, Affe tot.

Später haben die beiden ihre Sachen gepackt und Tasche für Tasche kam von Bord. Und irgendwie ganz plötzlich war er da, der Moment des Abschieds. Nach 14 Monaten und drei Tagen gingen die beiden von Bord und diesmal würden sie nicht nach ein paar Stunden zu mir zurückkommen. Wie in alten Zeiten strich Antje mir beim Weggehen über meinen Bugkorb und raunte mir ein „Mach's gut und bis bald!" zu. Mit Sack und Pack machten sie sich auf den Weg, nicht ohne sich noch einmal umzudrehen.

Nun war ich nach so langer Zeit und den vielen gemeinsamen Erlebnissen und Abenteuern, die wir bestanden hatten, allein. Aber ganz allein war ich natürlich nicht - meine lieben Stegnachbarn waren ja da und warteten schon gespannt auf meine Geschichten. Als ich anfing, von dem Wal zu erzählen, der sich uns so frech in den Weg gelegt hatte, fragten sie wie aus einem Mund: „Was ist denn ein Wal?" Okay, es gibt also mehr zu erzählen, als ich dachte.

Zum Schluss nur noch eins - falls meine Leute irgendwann wieder auf eine lange Reise ins Warme gehen wollen - ich wäre gerne dabei! Und die Kleine Gummiwurst, die nehmen wir auch wieder mit."

# 19.

## WAS DANACH GESCHAH –
## 100 TAGE ZURÜCK AN LAND

Seit 100 Tagen sind wir nun zurück in Bremen, zurück in unserem alten Leben. Zurück in unserem alten Leben? Nein, so einfach ist das nicht. Wir können nicht nach 14 Monaten zurückkommen und nahtlos da weitermachen, wo wir vor der Reise aufgehört haben. Das ist für uns auch nicht überraschend und gehört zum Projekt „Ich gönne mir eine Auszeit" dazu.

Natürlich hat sich in Bremen einiges geändert, während wir durch das extra-blaue Wasser gesegelt sind. Diese Veränderungen haben sich auf unseren beruflichen Wiedereinstieg durchaus positiv ausgewirkt. Ingo und ich gehen wieder einer geregelten Arbeit nach, sind damit sehr glücklich und dankbar, es so gut getroffen zu haben. Das war besonders für Ingo nicht selbstverständlich. Wir haben auf unserer Reise Seglerinnen und Segler getroffen, die Rente bezogen oder in den vorgezogenen Ruhestand gegangen sind, die sich beurlauben lassen konnten oder ihren Betrieb verpachtet oder verkauft haben. Wir haben aber auf unserer Reise niemanden in unserem Alter von Anfang 50 getroffen, der seine gut dotierte, sichere Arbeitsstelle gekündigt hat. Zu kündigen war für Ingo ein harter, schwerer Schritt, der ihm nicht leichtgefallen ist. Diesen Mut aufzubringen und auf die eigenen Fähigkeiten und die Zukunft zu vertrauen, das war eine der größten Herausforderungen dieser Reise – ja, es hat die Reise sogar erst möglich gemacht. Das Abschiedsfoto, das die Kolleginnen und Kollegen damals mit ihm vor dem Firmengebäude aufgenommen haben, betitelten sie „Last day in paradise". Heute war Ingos erster Arbeitstag in seiner früheren Firma und dementsprechend Ingos „First day in paradise".

„Habt ihr euch schon wieder eingelebt? Wie ist das, sich nach so einer langen und schönen Zeit wieder an den Alltag zu gewöhnen?" Das sind die uns mit Abstand am häufigsten gestellten Fragen. Und auch ich habe während unserer Reise die Frage nach dem Wiedereinstieg in den Alltag einem gestandenen Salzbuckel, den wir unterwegs getroffen haben und der das schon einmal durchgemacht hat, gestellt. „Schwer, sehr schwer." Mehr hat Adolf nicht gesagt, als ich ihn auf Lanzarote bei einem Sundowner in unserem Cockpit danach fragte. Eigentlich keine überraschende Antwort und doch hätte ich lieber etwas Anderes gehört. Er hätte ja auch sagen können „Ganz leicht! Du kommst gut gelaunt und gut erholt voller positiver

Eindrücke und Erfahrungen zurück. Im Gepäck wirst du unglaublich viele wunderbare Erinnerungen haben, die dir keiner nehmen kann und von denen du ein Leben lang zehren kannst. Viele neue Bekanntschaften wirst du machen, bei manchen wird eine Freundschaft daraus. Du wirst magische Nächte auf dem Atlantik erlebt haben, Orte besucht haben, deren Namen du zuvor noch nie gehört hast. Endlich wirst du deine Familie und Freunde wiedersehen und voller Schwung wirst du an die Aufgaben gehen, die an Land auf dich warten. Es wird wieder Jahreszeiten geben, die Menschen um dich herum sprechen deine Sprache und du kannst im Supermarkt um die Ecke Rote Grütze kaufen, die du auf deiner Reise schon so lange vermisst."

Und tatsächlich liegt es irgendwo dazwischen - zwischen „sehr schwer" und „sehr schön, wieder zu Hause zu sein".

Wir hatten unterhaltsame Grillabende mit den Nachbarn, Klönschnackrunden mit unseren Freunden, meine Ehrennadel für 25jährige Mitgliedschaft im WVWo wurde mir verliehen und wie versprochen, haben wir gemeinsam darauf angestoßen.

14 Monate haben Ingo und ich auf engstem Raum zusammengelebt, waren nur ganz selten mehr als ein paar Stunden voneinander getrennt. Streit gab es nur ein einziges Mal, den wir aber schnell beilegen konnten. Wir haben einander vertraut und uns blind auf den anderen verlassen können. Wir waren aufeinander angewiesen und das in einem ganz anderen Umfang, als im normalen Alltag an Land. Wir haben aufeinander aufgepasst. An Bord legten wir gerade während der Nachtwachen unser Leben in die Hand des Anderen. Niemand wurde überfordert, jeder hat sein Bestes gegeben, gegenseitiges Unterstützen war selbstverständlich.

Unsere Jungs haben Haus und Garten während unserer Abwesenheit sehr gut in Schuss gehalten und die Verpflichtungen an uns zurückübertragen. Sie haben mit ihrer Zweier-WG viele Erfahrungen gesammelt und werden demnächst ausziehen und ihren eigenen gemeinsamen Hausstand gründen. So ist das Leben, so muss und soll es sein - Kinder wachsen heran und gehen ihre eigenen Wege.

Das Modehaus „Harms Am Wall" ist ein Raub der Flammen geworden. Im Einkaufszentrum Weserpark sind die umfangreichen Umbauarbeiten inzwischen abgeschlossen. Bei unserem ersten Besuch dort haben wir uns gefühlt wie in einem Irrgarten. Bremen hat einen neuen Bürgermeister, Senat und Bürgerschaft haben sich nach der Bürgerschaftswahl im Mai 2015 neu konstituiert. Es war schön, im Oktober mal wieder über den Freimarkt zu bummeln, „Eis wie Sahne" zu genießen und den Duft von gebrannten Mandeln in der Nase zu haben. Ingo hat seine Fortbildung zum Qualitätsmanager sehr erfolgreich abgeschlossen und festgestellt, dass Lernerfolg nicht vom Alter abhängt. Raschelndes Herbstlaub und Tage, die grau und verregnet sind, geheizte Räume und überfüllte Busse gehören wieder zu unserem Alltag. Da ist es wohl ganz normal, dass wir aktiv an der ersten Erkältungswelle dieses Herbstes teilgenommen haben.

Per E-Mail sind wir weiter in Kontakt mit Segelfreunden, die wir unterwegs getroffen haben. Elke und Walter von der „Sunrise" und Robert von der „Cello" waren im August bei unserer Ankunft in Bremerhaven dabei. Auch in Bremen haben wir schon Besuch bekommen und es gab ein Wiedersehen mit den Crews der „Man suutje", der „Rote Grütze", der „Lubini" und der „Anne" beim Trans-Ocean-Jahrestreffen in Cuxhaven.

Und die heimliche Hauptdarstellerin, die „Amazone"? Wie ist es ihr ergangen? Wir haben sie nach und nach von ihrem Übergewicht befreit und einige Wagenladungen mit Ausrüstung von Bord geholt. Sentimentale Stimmung kam bei mir auf, als die Kokusnuss, die seit Tobago an Bord war und unser geliebter ADAC-Karibik-Reiseführer mit vielen anderen Dingen, die sich im Laufe der Reise angesammelt haben, von Bord kamen. Zentimeter um Zentimeter kam die „Amazone" weiter aus dem Wasser. Wir haben uns doch gewundert, dass sie trotz der enormen Zuladung ihre guten Segeleigenschaften behalten hatte.

12.000 Seemeilen und 800 Motorstunden haben Spuren hinterlassen, was ja auch nicht sonderlich überraschend ist. Wir haben 14 Monate auf und mit der „Amazone" gelebt, sie ist während der Reise nicht an Land geholt worden, wir haben jede Nacht an Bord verbracht. Nach unserer Rückkehr Anfang August sind wir nur noch einmal dazu gekommen, mit ihr zu segeln. Ingos Fortbildung ließ es zeitlich einfach nicht zu, mit ihr unterwegs zu sein. Im Herbst kam sie an Land auf ihren Winterlagerhallenplatz in Bremerhaven-Wulsdorf. Einige Überholungsarbeiten stehen an und bald werden wir wieder auf der Weser und auf der Nord- und Ostsee mit ihr unterwegs sein.

Für den Jahreswechsel haben wir eine kurze Reise gebucht. Wir werden mit Meerblick reisen. „Ihr habt doch so viel Meerblick gehabt, reicht das denn nicht?" wurden wir gefragt. Offenbar reicht es uns noch nicht. Es gibt Dinge, von denen bekommen wir nie genug.

Es gibt nichts zu bereuen. Tief in uns spüren wir eine große Dankbarkeit, dass wir unseren großen Traum leben durften und es nicht nur beim Träumen geblieben ist.

# 20.

## UNSER BOOT UND DIE AUSRÜSTUNG

Unsere „AMAZONE" ist 10,50 m lang, 3,20 m breit, Baujahr 1971 und mit der Bau-Nr. 79 die erste HANSEAT 70 dieser Bauserie der Asmus-Werft.

Von Oktober 2005 bis Oktober 2006 befand sich die „Amazone" im Selbstbauteil der Halle unseres Wassersportverein Wolmershausen e.V. zur kompletten Überholung im Bereich Ausbau, Aufbau, Deck und Cockpit.

Über das Refit unseres HANSEAT 70 gibt es auf unserer Webseite: www.hanseat-yacht.de ausführliche Informationen.

---

### Gebrauchtboot-Test

In der Ausgabe 10/2009 der Zeitschrift „Yacht" ist ein Gebrauchtboot-test unserer „AMAZONE" veröffentlicht.
Dazu waren am 15.09.08 die Redakteure Dr. Lasse Johannsen und Martin-Sebastian Kreplin (als Fotograf) von der Zeitschrift Yacht und Heiner Asmus († 2015) vom HANSEAT Yacht-Service bei uns an Bord.
Auch dazu mehr auf unserer Webseite: **www.hanseat-yacht.de**

# HANSEAT 70
## Seekreuzer in Kunststoff

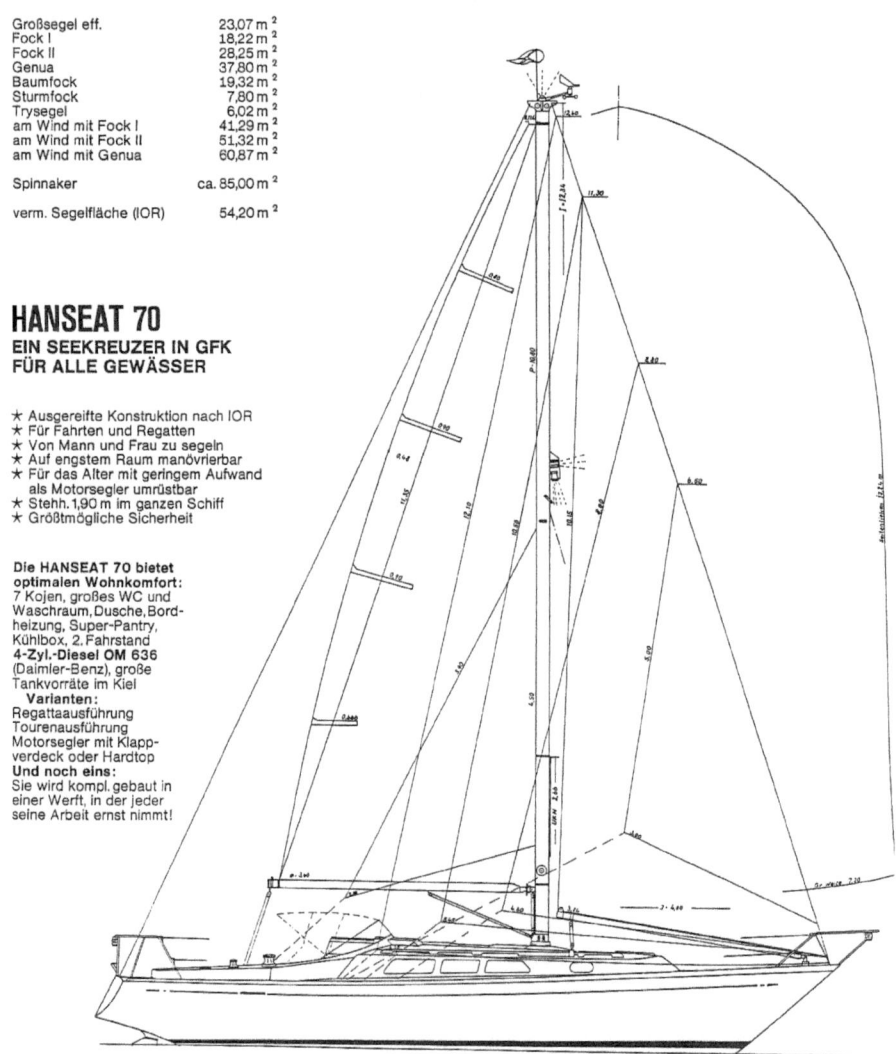

| | |
|---|---|
| Großsegel eff. | 23,07 m² |
| Fock I | 18,22 m² |
| Fock II | 28,25 m² |
| Genua | 37,80 m² |
| Baumfock | 19,32 m² |
| Sturmfock | 7,80 m² |
| Trysegel | 6,02 m² |
| am Wind mit Fock I | 41,29 m² |
| am Wind mit Fock II | 51,32 m² |
| am Wind mit Genua | 60,87 m² |
| Spinnaker | ca. 85,00 m² |
| verm. Segelfläche (IOR) | 54,20 m² |

## HANSEAT 70
### EIN SEEKREUZER IN GFK FÜR ALLE GEWÄSSER

★ Ausgereifte Konstruktion nach IOR
★ Für Fahrten und Regatten
★ Von Mann und Frau zu segeln
★ Auf engstem Raum manövrierbar
★ Für das Alter mit geringem Aufwand als Motorsegler umrüstbar
★ Stehh. 1,90 m im ganzen Schiff
★ Größtmögliche Sicherheit

**Die HANSEAT 70 bietet optimalen Wohnkomfort:**
7 Kojen, großes WC und Waschraum, Dusche, Bordheizung, Super-Pantry, Kühlbox, 2. Fahrstand
**4-Zyl.-Diesel OM 636** (Daimler-Benz), große Tankvorräte im Kiel
**Varianten:**
Regattaausführung
Tourenausführung
Motorsegler mit Klappverdeck oder Hardtop
**Und noch eins:**
Sie wird kompl. gebaut in einer Werft, in der jeder seine Arbeit ernst nimmt!

**W. u. H. ASMUS, Jachtbau**
2208 Glückstadt / Elbe, Rhinstraße 1 · Tel. (04124) 21 93
(Aus dem Werftprospekt der ehemaligen ASMUS-Werft)

20. Unser Boot und die Ausrüstung

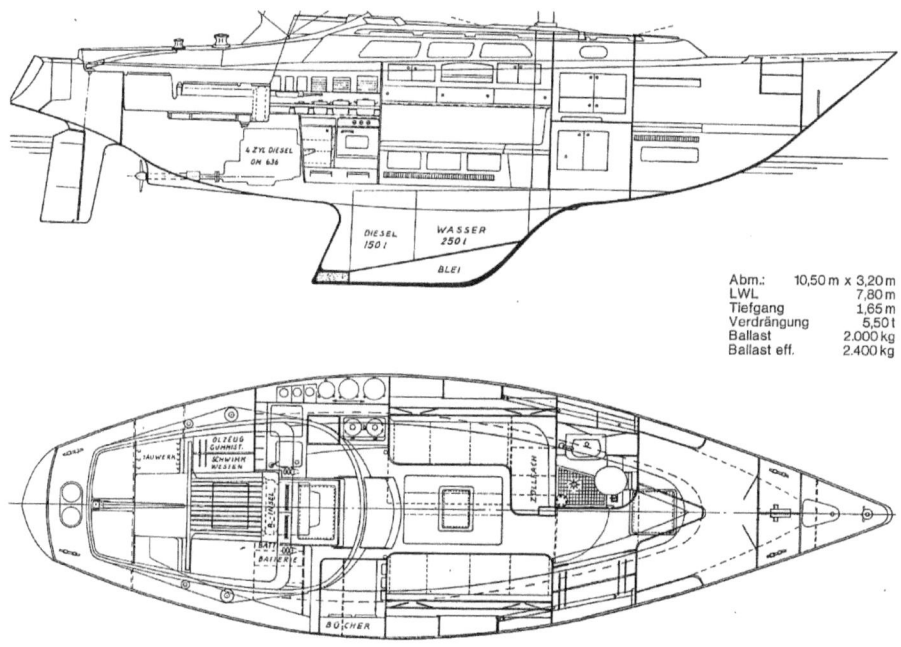

| Abm.: | 10,50 m x 3,20 m |
| LWL | 7,80 m |
| Tiefgang | 1,65 m |
| Verdrängung | 5,50 t |
| Ballast | 2.000 kg |
| Ballast eff. | 2.400 kg |

Besondere Ausstattungsmerkmale

Was zeichnet die Ausstattung unserer „Amazone" für so eine Reise aus?

I. Rumpfkonstruktion
- Gemäßigter Langkieler für ruhiges Seeverhalten
- Keine Kielbolzen die lecken könnten, da der Bleiballast in den Rumpf eingesetzt ist
- Komplett massives GFK-Rumpfmaterial (18 mm dick im Wasserpassbereich)
- Wassertank (250 l) und Dieseltank (120 l) unterhalb der Bodenbretter
- Edelstahlruder durch ein Edelstahl-Skeg geschützt
- Abschlagbares Kutterstag mit Ratschenspanner
- Zum Schutz des Rumpfes noch eine Teakscheuerleiste mit Messingschiene

Als wir gut 200 Seemeilen vor Bermuda mit 6 Knoten Fahrt mit einem schlafenden Wal kollidiert sind, waren wir sehr froh, dass wir trotz knallendem Aufschlag unseres Ruders auf dem Wal ohne Schaden einfach weitersegeln konnten. Der soliden Konstruktion sei Dank! ☺

II. Kutterrigg und komplette Segelgarderobe

Das nachgerüstete Kutterstag (7 mm) ist am Unterwant eingehakt und kann leicht mit Hilfe des Wichard-Schnellspanners montiert werden.

Je nach Wind können die noch nicht eingesetzte leuchtend orangefarbene Sturmfock (6 qm) die Selbstwendefock (18 qm) oder die Genua III (28 qm) am Kutterstag gefahren werden.

Unter normalen Windbedingungen wird die Rollgenua (36 qm) an der Rollreffanlage von Harken eingesetzt. Zum optimalen UV-Schutz wird sie im Hafen mit einem Schlauch überzogen.

Bei leichtem Wind steht der „Amazone" noch ein Rollgennaker (79 qm) an einem Selden Furling-System zur Verfügung.

Zur einfachen Kraftübertragung auf die Schoten stehen zwei 46er und zwei 40er Winschen zu Verfügung.

Es fehlt natürlich auch nicht an mindestens einem Großsegel: 1 x mit zwei Reffreihen (23 qm) und 1 x mit drei Reffreihen (22 qm)

III. Flautenschieber

Bei Flaute kommt der mit 29 KW/40PS überdimensionierte Volvo MD2040D zum Einsatz und damit er beim Segeln nicht bremst, ist er mit einem SPW Verstellpropeller ausgestattet.

Für den ruhigen Lauf ist er auf Gummis gelagert und mit einer Bullflexkupplung mit der Welle verbunden.

IV. Crewmitglieder Peter und Ray

Zur Entlastung der Stammcrew kommt unter Segeln Peter (Windpilot, Peter Foerthmann) und unter Motor Ray (Raymarine Autopilot) zum Einsatz.

V. Komfortables Ankergeschirr für den ruhigen Schlaf vor Anker

Die elektrische Ankerwinde mit Funkfernbedienung, 60 m Kette, 50 m Leine und 20 kg Spade Anker hat immer zuverlässig funktioniert. Der Spade Anker hat sich auch auf dichten Grasflächen beim ersten Setzen sofort eingegraben.

Unseren 16 kg Rocna Reserveanker mit 10 m Kette und 70 m Gurtband auf Edelstahlrolle haben wir nie einsetzen müssen.

VI. Aufgepeppte Ausstattung

Die Vinylplatten im Innenbereich vor den isolierten Rumpfflächen wurden durch lackierte Wegerungsplatten ersetzt. Ebenfalls wurden erneuert: Polster, Salontischplatte, Kleiderschranktüren, Türen vom Niedergang, Gasherd, Pinne Kartentischplatte, Pantrybeschichtung.

Für den Schlaf unterwegs sind die 2 m langen Kojen im Salon mit Leesegeln ausgestattet.

Zum sicheren Ein- und Ausstieg wurden die Sparstufen beim Niedergang durch zwei breite Teakstufen ersetzt.

Die Spritzkappe, das Segelkleid und die Kuchenbude wurden für den Sonnen- und Regenschutz durch ein Bimini ergänzt.

Verchromte Fenster wurden neu verchromt und eloxierte Fenster wurden neu eloxiert.

Außen wurden die Plexiglasscheibe in der Schiebeluke und die Teakholzplatten im Cockpit ausgetauscht. Die verwitterten Mahagonihandläufe auf dem Kajütdach wurden durch pflegeleichte Teakhandläufe ersetzt. Ebenfalls pflegeleicht ist unsere Fußreling, die nur beim Prototyp und unserem Hanseat 70 aus Teak anstelle von Mahagoni besteht.

Der Mast wurde 2010 komplett überholt, lackiert und mit neuen Wanten und Stagen ausgerüstet. Die Püttingbügel und die komplette Reling mit Füßen wurden 2006 erneuert.

VII. Navigatorisches Sorglospaket

Für die perfekte Orientierung bei Nacht und Nebel werden dem 8" großen Plotter sowohl detailgetreu C-Map Karten als auch RADAR-Signale und AIS-Symbole angezeigt.

Zur Kollisionsverhütung können vielfältige Alarmfunktionen eingeschaltet werden und andere Schiffe jederzeit per UKW-Funkgerät mit DSC zur Kursabsprache angerufen werden. Damit ausweichpflichtige Seeschiffe gar nicht erst zu nahe kommen, sendet der AIS-Transponder die Position, Kurs und Geschwindigkeit der „Amazone" an alle Schiffe im Umkreis von bis zu 30 Seemeilen.

Zur Notfallmeldung gibt es nicht nur eine Notfalltaste am Funkgerät, sondern auch noch für den AIS-Transponder eine PAN-PAN Meldetaste und am Satellitentelefon eine extra Notruftaste zur Meldung der Positionsangabe an eine Rettungsorganisation.

Im Falle eines Blackouts aller drei unabhängiger Stromkreise stehen neben dem wassergeschützten Satellitentelefon mit GPS-Positionsanzeige auch noch ein Handplotter und ein wasserdichtes DSC-Handfunkgerät mit GPS-Navigator zur Verfügung. Diese Geräte werden bei Gewitter zum Blitzschutz in Alufolie eingewickelt und in den Backofen gelegt, um sie im Fall der Fälle zusammen mit den bereitliegenden Papierseekarten verwenden zu können.

Zusätzlich gibt es auch noch zwei Laptops mit Navigationsprogramm, weltweitem Kartensatz und GPS-Empfänger an Bord. Zur Navigation dienen sie nur als Backup, aber sie können auch in Verbindung mit dem Satellitentelefon Wetterdaten empfangen und diese mit einem speziellen Programm der Firma Wetterwelt für unsere Törnplanung bereitstellen.

Permanent ist noch ein Wetterempfänger eingeschaltet, der parallel auf drei Frequenzbändern nationale und internationale Wetter- und Warnmeldungen aufzeichnet, die jederzeit abgerufen werden können.

VIII. Weltweite Kommunikation

Für den Kontakt mit unserer Familie, zum Empfang von Wetterdaten, Internet und für Notfälle steht jederzeit die passende Hardware zur Verfügung.

Ob über die eingebaute Satellitenempfangsanlage mit Hotspot, einem Hotspot vom installierten Webboat 4G mit integrierter SIM-Karte und WLAN-Verstärker, anderer WLAN-Verstärkeranlagen von ALFA oder Smartphones, die einen Hotspot liefern, ist der Datenverkehr über E-Mail und dem Internet zu unseren Laptops gesichert.

IX. Unabhängige Energieversorgung

Als Quellen für unseren hohen Energiebedarf unserer Navigationselektronik, Ankerwinde mit 1.000 W, Sinuswechselrichter mit 1.800 W und unserem Crewmitglied Ray haben wir einen Windgenerator mit 200 W, drei Solarpaneele mit zusammen 280 W und einem Hochleistungsregler für die Lichtmaschine des Motors mit 60 W. Zusätzlich sind ein 20 Ampere und ein 40 Ampere Ladegerät vorhanden.

Für die drei unabhängigen Stromkreise, die je nach Bedarf auch zusammengeschaltet werden können, stehen insgesamt 720 Ah zur Verfügung:

1. Starterbatterie 1 x 100 Ah, Säure geschlossen
2. Verbraucherbatteriebank 2 x 180 Ah, Säure offen
3. Zusatz-Verbraucherbatteriebank 2 x 160 Ah AGM

Zur Überwachung der Batteriebänke werden zwei Batteriemonitore eingesetzt.

X. Abgerundete Sicherheit

Die erwähnten Ausstattungsmerkmale zeigen schon ein sehr hohes Maß an Sicherheit unserer „Amazone" im Verhältnis zu anderen Schiffen, bei denen das eine oder andere Ausstattungsmerkmal fehlt. Dennoch kann

## 20. Unser Boot und die Ausrüstung

niemals ein Worst Case wie Feuer oder Wassereinbruch ausgeschlossen werden.

Daher haben wir drei verschiedene Arten von Feuerlöschern und eine Feuerlöschdecke sowie zwei elektrische und eine manuelle Lenzpumpe an Bord.

Wenn schließlich nichts mehr hilft, haben wir unser Schlauchboot und eine 4 Personen Rettungsinsel mit zusätzlicher Notfalltasche parat. Eine EPIRP-Rettungsboje steht ebenfalls zur Einleitung von Rettungsmaßnahmen durch die automatische Übermittlung unserer Position an Rettungsorganisationen über Satellit bereit.

Für die persönliche Sicherheit gibt es Sicherheitsleinen und Befestigungsaugen zum Einhaken an Bord sowie moderne Rettungswesten mit integrierten AIS-Sendern zum Auffinden der Person über die angezeigte Position.

## DIE AUTOREN

Antje Paulus *1964

Ihre Eltern haben sie schon als sieben Wochen altes Baby an Bord ihres Jollenkreuzers an die Weser mitgenommen. Es folgten die klassischen Segler-Stationen: Segeln lernen in einem Bremer Segelverein in der vom Papa gebauten Optimisten-Jolle, Umstieg auf die Pirat-Jolle, später Jollenkreuzer segeln, dann mit verschiedenen Kielyachten auf Nord- und Ostsee mit Mann und schließlich den gemeinsamen Kindern unterwegs.

Sie war viele Jahre als Chefsekretärin tätig. Organisationsgeschick, starke Nerven und Humor waren hier ebenso gefragt wie sichere Rechtschreibung und die ansprechende Formulierung von Texten. So wurde schon der während der Reise täglich geführte Blog mit Antjes ebenso erfrischenden wie spannenden Beiträgen zu einem großen Erfolg mit einer treuen Fangemeinde.

Sie ist die eigentliche Autorin dieses Buches und hat auch die Rolle der Lektorin übernommen.


Ingo Paulus *1964

Mit 17 Jahren stieß er durch einen befreundeten Arbeitskollegen zu einer munteren Jugendgruppe eines Bremer Segelvereins. Als Mitsegler diverser Jollen lernte er auf der Weser das Segeln von der Pike auf und sammelte erste Erfahrungen auf Nord- und Ostsee. Bald kaufte er sich ein eigenes Boot, einen schmucken Jollenkreuzer. Später folgten Törns auf verschiedenen Kielyachten mit der Familie.

Ihm lag die gründliche Planung und sichere Durchführung des Auszeit-Projekts als besondere Herausforderung am Herzen.

Für die Veröffentlichung dieser wunderbaren Reisegeschichte hat er in erster Linie Cover und Layout gestaltet.

21. Die Autoren

Glücklich auf Teneriffa

Ankunft in Bremerhaven

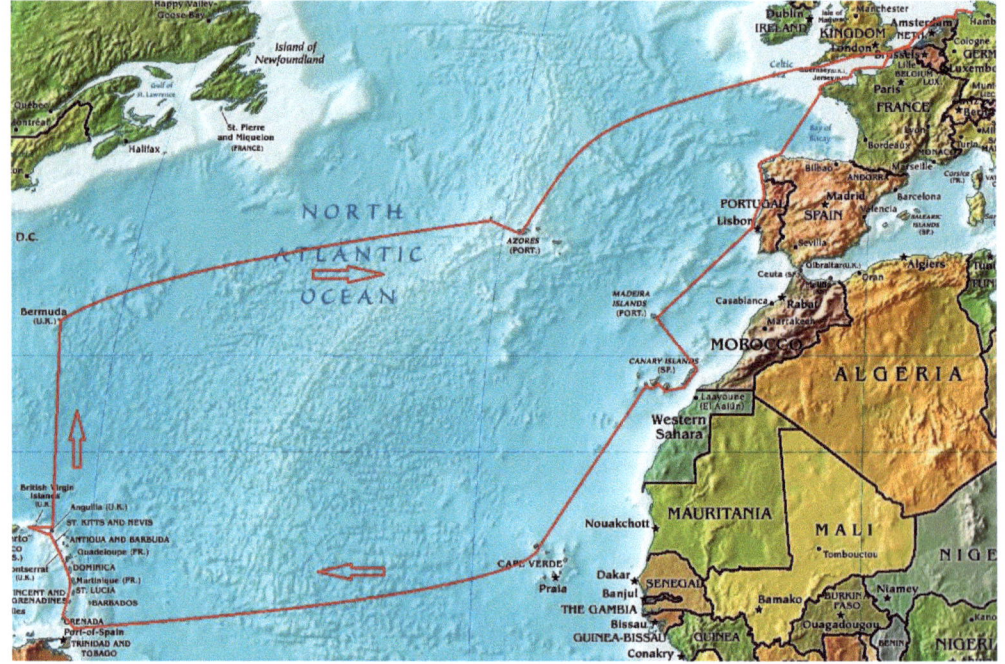

**Und hier noch einmal die Route:**

- Bremerhaven - Niederlande - Belgien - Frankreich - Spanien – Portugal
- Madeira
- Kanaren
- Kapverden
- Karibikinseln: Tobago, Union Island, Mayreau, Bequia, St. Lucia, Martinique, Dominica, Guadeloupe, Antigua, Nevis, St. Kitts, St. Martin, Anguilla
- British Virgin Islands
- Bermuda
- Azoren
- England – Belgien – Niederlande - Bremerhaven